Brian M. Fagan
Die ersten Indianer

Brian M. Fagan

Die ersten Indianer

Das Abenteuer
der Besiedlung Amerikas

Verlag C. H. Beck München

Aus dem Englischen übersetzt von Christine Goetz
Der Übersetzung liegt folgende Ausgabe zugrunde:
Brian M. Fagan, The Great Journey.
The Peopling of Ancient America
© 1987 Thames and Hudson Ltd., London

Mit 47 Text- und 78 Tafelabbildungen

Für John Desmond Clark und Marie Wormington
in Zuneigung und Dankbarkeit

CIP-Titelaufnahme der Deutschen Bibliothek

Fagan, Brian M.:
Die ersten Indianer : das Abenteuer der Besiedlung Amerikas /
Brian M. Fagan. [Aus d. Engl. übers. von Christine Goetz]. –
München : Beck, 1990
    Einheitssacht.: The Great Journey ⟨dt.⟩
    ISBN 3 406 34679 0

ISBN 3 406 34679 0

© C. H. Beck'sche Verlagsbuchhandlung (Oscar Beck), München 1990
Gesamtherstellung: Kösel, Kempten
Printed in Germany

Inhalt

Einleitung

Ein archäologisches Drama. 9
Die Suche nach der Vergangenheit des Menschen 9 - Untergegangene
Kulturen und mutige Abenteurer 11 - Umsicht und Widerstreit 12

Erster Teil
Theorien

1. Mönche, Altertumsforscher und Hügelbauer 19
Verschwundene Stämme, versunkene Kontinente 19 - „Kurze Strecken
zu Wasser" 22 - Hügel und Hügelbauer 24 - „Die Archäologie der
Vereinigten Staaten" 28

2. „Paläolithen" und ausgestorbene Tiere 31
Steinwerkzeuge und der „Eiszeitmensch" 31 - „Gefährlich für die Sache
der Wissenschaft" 34 - „In meiner Hand halte ich die Antwort..." 38 -
10000 Jahre oder älter...? 40

Zweiter Teil
Die Abstammungsgeschichte

1. Am Anfang... - Afrika, Europa und Asien von vor zwei Millionen bis
vor 35000 Jahren 47
Die ersten menschlichen Wesen 48 - Louis Leakey und Calico Hills 52 -
Torralba und der Ursprung der Großwildjagd 54 - Die Neandertaler
55 - Der Fall frühester Besiedlung 59

2. Der moderne Mensch betritt die Szene - Europa und Asien von vor
35000 bis vor 15000 Jahren 61
Ozeanfahrer? 62 - Die Mammutjäger der russischen Steppe 64 - Zusammenarbeit und Vereinigung 66 - Sibirische Siedlungen 68 - Ein
Fund zeigt seine Zähne 72 - Mikroklingen, Rentiere und Wanderrouten 74 - Die Bühne ist bereit 76

Dritter Teil

Die Überquerung

1. Beringland – Die Beringstraße von vor 35 000 bis vor 15 000 Jahren 81

Die Entdeckung von Beringland 81 - Eine ständig wechselnde Landschaft 83 - See- oder Landweg? 86 - Das Leben auf der Landbrücke 88 - Mammute und die Tierwelt gegen Ende der Eiszeit 91 - Das Fruchtbarkeitsparadox 94 - Ein vages Szenarium 97

2. Alaska und das Yukongebiet - Der Nordwesten der Neuen Welt 99

„Der traditionelle Zugang nach Amerika...?" 99 - Nach welcher Art Jäger suchen wir? 100 - Das Rätsel von Old Crow 102 - Bluefish Caves 106 - Die Landbrücke wird überflutet 107 - Jäger der altarktischen Tradition 107 - Aufs Geratewohl leben und sich anpassen 113

Vierter Teil

Die ersten Amerikaner

1. Der eisfreie Korridor? 117

Wisconsin – die letzte große Eiszeit 117 - Der eisfreie Korridor: Mythos oder Realität? 118 - Hautboote und Routen entlang der Küste 121 - Ein „Beweis" für eine frühe Besiedlung? 121

2. Auf den Spuren der frühesten Siedler – Der amerikanische Kontinent vor 11 500 Jahren 126

Waffenspitzen und Mammute - der Westen der Vereinigten Staaten 126 - Abris und Einsturzdolinen: der Osten der Vereinigten Staaten 131 - Die ersten Südamerikaner? 138 - Lebten schon vor mehr als 15 000 Jahren Menschen in Amerika? 148

3. Die Clovis-Menschen und ihre Vorfahren – Nordamerika am Ende der Eiszeit 150

Die Lebensweise der Clovis-Menschen 150 - Woher kam die Clovis-Kultur? 157 - Nördliche Verbindungen? 160 - Ausgestorbene Tiere 162 - Die ersten Amerikaner 168

Fünfter Teil

Die große kulturelle Vielfalt

1. Die Bisonjäger 173

Warum überlebte der Bison? 173 - Die Archäologie der Plains-Indianer 175 - Die Bisonjagd 178 - Das Aufkommen von Pferd und Gewehr 183

2. Die Welt des Nordens 187
Die Nachfahren der Paläoindianer 187 - Alëuten und Eskimos 188 -
Die Fähigkeiten der Arktisjäger 190 - Norton, Dorset und Thule 192 -
Die Nordwestküste 198

3. Ausklang 205
Jäger und Sammler in Wüste und Waldland 205 - Bauern im Östlichen
Waldland 208 - Die Pazifikfischer und die Pueblos des Südwestens 214

Danksagung 220

Abbildungsnachweis 221

Register 225

Ein archäologisches Drama

Dieses Buch erzählt die Geschichte der Suche nach den ersten Amerikanern. Die Geschichte ist kompliziert und bisweilen dramatisch, sie ist die Suche nach frühen Artefakten und menschlichen Überresten, die die lange Vergangenheit der Menschheit auf dem Kontinent Amerika eindeutig beweisen. Die Geschichte gleicht einem Kriminalroman, aber anstelle des Mörders, des unheimlichen Butlers und der schlauen Spürnase, haben wir es hier mit wissenschaftlichen Schurken und Helden zu tun. Darüber hinaus ist sie auch eine Chronik der sich wandelnden Vorstellungen über die ersten Anfänge der amerikanischen Geschichte; denn entsprechende Theorien entstanden seit dem Augenblick, als die ersten Eroberer in der Neuen Welt landeten.

Auch nach fünf Jahrhunderten unsystematischer, bisweilen fieberhafter Forschung, bleibt das Thema voll ungelöster Rätsel und Anlaß kontroverser Theorien. Jeder, der sich mit den frühen Amerikanern befaßt, kreuzt in unsicheren akademischen Gewässern und trifft allenthalben auf leidenschaftliche Emotionen und gegensätzliche wissenschaftliche Standpunkte. Unsere Reise führt uns also durch ein Labyrinth der Gegensätze. Sie beginnt jedoch mit einer Frage, die sich alle Menschen stellen: der Frage nach unserer Vergangenheit.

Die Suche nach der Vergangenheit des Menschen

Jeder Mensch interessiert sich für seine Ursprünge. Er versucht, seiner Existenz in vielschichtigen Legenden und Ritualen Sinn zu geben. Die europäischen Neandertaler waren vielleicht vor mehr als 100 000 Jahren die ersten Menschen, die über das Übernatürliche und das Leben nach dem Tod nachdachten. Ihr Nachfolger, der *Homo sapiens sapiens*, entwickelte sehr viel kompliziertere Mythen zur Erklärung und Ordnung der Natur, Mythen, die sich in jedem Winkel des Erdballs in Liedern, Gedichten, Gesängen und Vorträgen wiederfinden.

Zu den charakteristischen Eigenschaften westlicher Zivilisation gehört die Sehnsucht, die Mythen auf ihre Richtigkeit zu überprüfen, nicht nur unsere nächste Umgebung zu erforschen, sondern auch die Welt über den heimatlichen Horizont hinaus. Diese Neugierde führte Alexander den Großen zum Indus, brachte die Griechen zum Nachdenken. Um 1271 brach der venezianische Kaufmann Marco Polo nach China auf. Nicht allein sagenumwobene Reichtümer, sondern eine tiefe innere Neugier trieben ihn und seinen Vater über die Seidenstraße nach Osten. Im 15. Jahrhundert, dem Zeitalter der Entdeckungen, schickten Heinrich der Seefahrer und seine Nachfolger eine Expedition nach der anderen entlang der Westküste Afrikas und noch weiter – auf der Suche nach neuen Märkten, im Dienste Gottes und aus dem schlichten, letztlich irrationalen Drang, neue Welten zu erkunden: vielleicht das Goldene Land, das Paradies auf Erden. Das Zeitalter der Entdeckungen brachte nicht das Paradies, aber es führte zu dem sensationellsten Fund überhaupt, zur Entdeckung des Kontinents Amerika.

Für uns, die wir in einer von Flugzeug und rascher Kommunikation geprägten Welt leben, ist es schwer vorstellbar, was die Entdeckung eines vollkommen neuen Kontinents bedeutete, der nicht nur unbekannte Pflanzen und Tiere, sondern auch eine überraschende Vielfalt menschlicher Bewohner aufzuweisen hatte. Heute liegen unsere Grenzen in der menschenleeren Wildnis des Weltraumes, aber vor 500 Jahren befand sich diese Grenze auf der Erde – vor einem Land, das von so exotischen Menschen bewohnt war, daß sich ihre Entdecker fragten, ob es sich überhaupt um Menschen handelte. Das waren die Indianer, eine Völkergemeinschaft von so großer kultureller Vielfalt, daß es über 2000 verschiedene Stammeseinheiten umfaßte.

Es vergingen Jahrhunderte, bis die Europäer die Existenz der amerikanischen Indianer ernsthaft zur Kenntnis nahmen und sich über die Grenzen roher Ausbeutung, gelegentlicher Neugier und romantischer Illusion hinauswagten. Aber schon vom ersten Tag der europäischen Besiedlung an war es reine Neugier, die Geistliche und Gelehrte gleichermaßen dazu trieb, sich über die amerikanische Urbevölkerung den Kopf zu zerbrechen. Die frühen spanischen Mönche hörten den Indianern zu, wenn sie von ihrer mythischen Welt sprachen: „Es wird erzählt, daß, als alles im Dunkel lag, als noch keine Sonne geschienen hatte und keine Dämmerung angebrochen war – so wird berichtet –, die Götter zusammentrafen und miteinander beratschlagten" – so der Beginn einer aztekischen Legende. Lebensphilosophie und Einstellung zur eigenen Geschichte waren vollkommen anders als die der Christen. Die aztekischen Traditionen erregten die Neugier der europäischen Gelehrten. Wer waren diese seltsamen Leute? Woher kamen sie und seit wann lebten sie in ihrem riesigen Land? Die spanischen Theologen und Historiker jener Zeit blickten jenseits der Stammesüberlieferungen der Indianer selbst in eine zeitlose geschichtliche Leere, so gestaltlos und unbekannt wie das All.

Vor fünf Jahrhunderten wandten sich die Gelehrten den einzig bekannten Quellen zu, die historische Anhaltspunkte über die Indianer enthalten konnten – der Heiligen Schrift und den klassischen Werken der griechischen und römischen Antike. Es überrascht kaum, daß die ersten Theorien über die Indianer von Phöniziern sprechen, von Tataren und anderen exotischen Völkern, die im Alten Testament erwähnt sind. Diese Spekulationen hielten sich über drei Jahrhunderte. Erst im 19. Jahrhundert sollten archäologische Entdeckungen in Nordamerika und Mexiko die theoretischen Mutmaßungen durch harte wissenschaftliche Fakten ersetzen. Und für Generationen, bis in die 40er Jahre des 19. Jahrhunderts, fristete das unschätzbare Wissen, das von den katholischen Mönchen des 16. Jahrhunderts bei den Azteken und anderen indianischen Völkern gesammelt wurde, ein kümmerliches Dasein in kirchlichen Archiven – unterdrückt von einer vom Kampf gegen Götzendienst und Ketzerei besessenen Bürokratie.

Von der ersten Begegnung an waren die Europäer von den amerikanischen Eingeborenen und ihren Bräuchen fasziniert. Cortés brachte aus Mexiko eine Gruppe von Indianern mit, die am spanischen Hof zur Schau gestellt wurden, darunter ein Mann mit einem herrlichen Federumhang (links), ein Jongleur (Mitte) und ein Krieger mit einem Papagei und einem aztekischen Feldzeichen.

Untergegangene Kulturen und mutige Abenteurer

Während frühe Gelehrte über ihren Dokumenten brüteten, trieben Legendenspinner ihr Unwesen und wurden nie wieder ganz verdrängt. Wie die altägyptischen Pyramiden, Stonehenge und die Schriftrollen vom Toten Meer zogen die ersten Amerikaner jede Art von Mystikern, Spintisierern und Anhängern religiöser Kulte an. Solch wildes Herumtheoretisieren wäre für das 18. und 19. Jahrhundert, als über die Indianer kaum etwas bekannt war, nicht weiter erstaunlich. Aber wie so oft, haben heute viele Leute diese Theorien in Glaubenssätze verwandelt, in pseudo-wissenschaftliche Dogmen, die keinen Widerspruch dulden. Die Phönizier, die sich niemals so weit vom Mittelmeerraum wegwagten und der verlorene Kontinent Atlantis sind im Amerika des 20. Jahrhunderts nach wie vor lebendig und putzmunter.

Warum halten sich derart abenteuerliche Fantastereien? Vielleicht liegt es am Thema, dem Geheimnis um die ungeklärte Besiedlung eines ganzen Kontinentes. Viele Fanatiker käuen ihre ideologischen Axiome wieder, die häufig auf rassistischen Unterstellungen beruhen, wie der, daß die Indianer zu nichts anderem als zu den allerprimitivsten Tätigkeiten fähig gewesen seien. Diese Randliteratur ist voll fragwürdiger Bibelzitate und rührseliger Geschichten. Dort ist die Rede von brutalen Kriegen sich befehdender Heere, gewaltigen Reisen über Atlantik und Pazifik, aber auch von Überlebenden versunkener Kontinente, die die Neue Welt besiedelt haben sollen. Wenn man diese überspannte Literatur über die ersten Amerikaner liest, gerät man in die Fantasiewelt seltsamer, oft besessener Autoren, die ihre Vorstellungen mit einem komplizierten Jargon aus Schlagworten und „wissenschaftlichen" Daten stützen. Manche erfinden auch neue religiöse Kulte, in denen sie selbst die Rolle des Propheten übernehmen oder die einer höchsten Gottheit...

Wer wollte bestreiten, daß diese Themen irgendwo auch unterhaltend sind. Aber die Archäologen sind der Überzeugung, daß die wissenschaftliche Erforschung der ersten Amerikaner unvergleichlich spannender ist.

Umsicht und Widerstreit

Wie auch Pseudowissenschaftler sind Wissenschaftler naturgemäß mit Ideen befaßt, allerdings mit einem Unterschied: ihre Ideen sind Hypothesen, d. h. Annahmen, die auf wissenschaftlichen Daten basieren, und die anschließend geprüft und anhand weiterer Daten modifiziert werden. Solche Hypothesen können sich folglich ändern, manchmal wenig, manchmal dramatisch, immer dann, wenn der Wissenschaftler in das Gebiet eines Kollegen vordringt und seine Arbeit überprüft. Aber selbst wenn man sich einig ist, daß sich Wissenschaft und Pseudo-Wissenschaft grundlegend unterscheiden, gibt es dennoch kaum Übereinstimmung unter den amerikanischen Archäologen über die Ursprünge oder die zeitliche Einordnung der ersten Amerikaner.

Eine kleine Gruppe von Archäologen hat sich der Erforschung dieses Themas verschrieben. Manche sind nüchterne Gelehrte. Andere sind so in ihren Überzeugungen befangen, daß sie extravagante Thesen vertreten, obwohl das Gegenteil eindeutig bewiesen ist. Ein Treffen der mit der Erforschung der ersten Indianer beschäftigten Gelehrten ist niemals langweilig, weil unweigerlich Kontroversen aufbrechen, unter Umständen verschleiert hinter vorsichtig einstudierter Höflichkeit und unerschütterlichen Überzeugungen, manchmal in akademischen Brüllkämpfen lautstark ausgetragen. Häufig sind die Argumente eher durch die Vehemenz, mit der sie vorgetragen werden, als durch ihre wissenschaftliche Stichhaltigkeit bemerkenswert.

Diese Leidenschaftlichkeit verwundert kaum, denn die Besiedlung Amerikas war ein Ereignis bzw. eine Serie von Ereignissen, die in der Weltgeschichte einmalig ist. Wie konnten sich Menschen und an sich tropische Tiere aus ihrer urzeitlichen afrikanischen Umgebung befreien und von Asien aus in eine riesige, scheinbar unbewohnte Landmasse wandern? Diese gewaltige Reise zählt zu den größten Abenteuern menschlicher Erfahrung; ihre Erforschung ist weit aufregender als die verschwundenen Stämme oder überfluteten Kontinente verrückter Außenseiter.

Die frühesten wissenschaftlichen Datierungen setzen die Besiedlung vor 100 000 oder 200 000 Jahren an, vielleicht sogar noch früher. Diese Richtung wurde einst von dem verstorbenen Louis Leakey angeführt, der durch die Entdeckung früher Fossilien in der Olduvaischlucht in Ostafrika weltberühmt wurde. In seinen letzten Jahren glaubte er, daß auf dem amerikanischen Kontinent ganz frühe menschliche Fossilien und Artefakte zu finden sein würden. „Die Amerikaner wissen nicht, wie diese Dinge aussehen", so sagte er mir vor vielen Jahren. „Jemand aus Afrika sollte das anschauen. Wir wissen, wie die frühen Werkzeuge aussehen." Damals war ich ein junger auf Afrika spezialisierter Archäologe. Er brachte mich dazu, in Nordamerika nach Hacksteingeräten und Artefakten wie in Olduvai zu suchen. Im südkalifornischen Calico Hills glaubte Leakey dann mit Steinwerkzeugen, die er für 200 000 Jahre alt hielt, den Beweis gefunden zu haben.

Was er da für Calico Hills in Anspruch nahm, hätte bedeutet, daß die Werkzeugmacher dort Vorfahren des modernen Menschen gewesen wären, den es erst seit 40 000 Jahre gibt, möglicherweise ein *Homo erectus* oder ein früher *Homo sapiens*, d. h. Menschen mit sehr viel begrenzteren geistigen Fähigkeiten, als wir sie besitzen.

Aber wenn schon nicht vor 200 000–100 000 Jahren, warum konnten sich in Amerika nicht wenigstens in der Zeit vor 100 000–40 000 Jahren Menschen angesiedelt haben? Das war die Zeit der Neandertaler in der Alten Welt. Neandertaler sind durch die Bestseller von Jean Aurel wie *Ayla und der Clan des Bären* und *Mammut-Jäger* populär geworden. Sie waren, wie wir noch sehen werden, geschickte Jäger und Sammler, die sich einer sehr breiten Skala tropischer, gemäßigter und kalter Klimabedingungen anpaßten. Letztlich gibt es theoretisch keinen Grund, warum sie in der Neuen Welt nicht gesiedelt haben sollten. Manche Gelehrte sind der Ansicht, daß dies der Fall war.

Die letzte große eiszeitliche Vergletscherung hatte den Beginn ihrer größten Ausdehnung vor 35 000 Jahren, ihren Gipfel erreichte sie vor 25 000–15 000 Jahren. Viele vereinzelte Steinwerkzeuge und Höhlenfunde sollen als Beweis für eine erste Besiedlung während der kalten Jahrtausende vor 25 000 Jahren, vielleicht sogar noch bis zu 10 000 Jahren früher gelten. In dieser Zeit starben die Neandertaler aus. Wissenschaftler dieser Richtung sind folglich der Ansicht, daß die erste Besiedlung mit der Entstehung des modernen Menschen – des *Homo sapiens sapiens* – in der Alten Welt und einer raschen Besiedlung von bislang unbevölkerten Gebieten, wie Australien und Amerika, zusammenfiel. Demzufolge hätten in der Neuen Welt in den letzten Jahrtausenden der Eiszeit Jäger und Sammler gelebt. Die jüngsten Behauptungen, im Nordosten Brasiliens sei ein vor 32 000 Jahren besiedelter Abri entdeckt worden, ist von denjenigen Archäologen mit Begeisterung aufgenommen worden, die für eine relativ frühe Datierung der ersten Amerikaner plädieren.

Der konservativste Standpunkt geht davon aus, daß bis zum Ende der Eiszeit in Amerika überhaupt kein menschliches Wesen lebte. Kleine Horden von Großwildjägern erschienen südlich der großen nordamerikanischen Eisschichten, als sich die Gletscher vor 14 000 Jahren zurückzogen. Die Neuankömmlinge folgten eiszeitlichem Großwild in gemäßigtere Breiten. Sie verbreiteten sich rasch über riesige Gebiete unberührten Jagdlandes, ihre unmittelbaren Nachkommen sind die berühmten Clovis-Menschen, deren prägnante steinerne Speerspitzen in Nord- und Mittelamerika zahlreich gefunden wurden.

Diese Hypothese unterstellt, daß kulturelle und geografische Schranken die Menschen daran hinderten, in das gemäßigte Zentrum der Neuen Welt vorzudringen, bis das Klima nach der Eiszeit wärmer wurde. Eisdecken, rauhe Klimaverhältnisse, unwegsames Terrain, vielleicht der Arktis nicht angemessene Kleidung und Werkzeuge, auch der Mangel an brauchbaren Wasserfahrzeugen, mögen eine frühere Besiedlung verhindert haben.

Dieses Buch ist eine Erzählung und gleichzeitig ein Krimi. Es läßt archäologisches und anderes wissenschaftliches Beweismaterial gegen mindestens vier einander widersprechende Standpunkte antreten. Die Geschichte zusammenzusetzen ist eine Herausforderung, hauptsächlich deshalb, weil das Beweismaterial noch unvollständig ist – ein Drehbuch aus archäologischem Bruch- und Stückwerk.

Das Wort „Drehbuch" ist insofern zutreffend, weil die Archäologie mit einem nicht aufgeführten Stück verglichen worden ist, mit einer Reihe getrennter Szenarien, die die Schauspieler zu einem in sich stimmigen Ganzen zusammenfügen sollen. Unsere Reise in Amerikas Vergangenheit gleicht einem solchen Stück, einer Folge von Szenen, die miteinander verbunden und gleichzeitig selbständig sind. Nicht so sehr im Detail als in dem daraus entstehenden Gesamtbild der Vorgeschichte finden wir die Anhaltspunkte, die die auseinanderdriftenden Hypothesen der Archäologen festigen oder untergraben. Deshalb ist die Erzählung in der Form des Dramas geschrieben, mit mehreren Akten und die Summe des Ganzen enthält gleichsam als Gesamthypothese unsere Lösung des Rätsels.

Der erste Akt beginnt nicht in Amerika, sondern weit weg in der Alten Welt, wo Jäger- und Sammlerhorden Hunderttausende von Jahren lebten, lang bevor menschliche Wesen in der Neuen Welt Fuß faßten. Das Verständnis für die Geschehnisse in der Alten Welt in vorgeschichtlicher Zeit ist grundlegend, denn zu den Hauptstreitpunkten gehört die Annahme, daß die Bewohner Amerikas von woanders her gekommen sein müssen. Ihre kulturellen und biologischen Wurzeln – so die Argumentation – liegen Tausende von Kilometern vom nordamerikanischen Kernland, den mexikanischen Regenwäldern und den Andenwüsten entfernt. Sie liegen in der Alten Welt. Insofern haben die Ereignisse des ersten Aktes entscheidenden Einfluß auf die späteren Szenen, die in Amerika selbst spielen.

Der dauernde Wechsel der klimatischen Verhältnisse, das Steigen und Fallen der Meereshöhen, massive Eisdecken und die Gewohnheiten des Groß- und Niederwildes, spielen in der Geschichte der Neuen Welt eine große Rolle, sowohl dort, wo sich heute Alaska und das Yukongebiet befinden als auch in südlicheren Breiten. Die Erzählung erreicht ihren Höhepunkt mit dem Erscheinen der Clovis-Menschen vor etwa 11 500 Jahren. Es ist der Moment, von dem an die Errungenschaften des Menschen in der Neuen Welt kontinuierlich überliefert sind. Der letzte Akt spielt ihre opportunistische, höchst anpassungsfähige Lebensweise nach, die nicht nur auf dem heute ausgestorbenen Mammut und anderem Großwild beruhte, sondern auch auf jeder Art kleinerer Tiere und pflanzlicher Nahrung.

Das Drama mag das zentrale Rätsel der ersten Besiedlung gelöst haben, aber dafür führt es nur weitere verwirrende und faszinierende Geheimnisse vor Augen. Warum starb das riesenhafte Großwild auf dem amerikanischen Kontinent am Ende der Eiszeit aus? Waren die Jäger schuld oder gab es eine Naturkatastrophe? Wie konnten sich die Folsom-Menschen der großen Ebenen, Nachfahren der Clovis-Menschen, ohne das Mammut als Beute am Leben erhalten? Gab es mehrere Einwanderungswellen aus Asien hintereinander oder sind die Kulturen, die die Europäer der Renaissance entdeckten, alle aus diesen ersten eiszeitlichen Horden entstanden? Unsere letzten drei Kapitel erforschen diese Rätsel und die große Vielfalt, die die amerikanischen Ureinwohner erreichten.

Aber unsere Geschichte beginnt im 15. Jahrhundert, als die Gelehrten über kaum mehr als die Heilige Schrift und antike Literatur als Quellen der Weltgeschichte verfügten. Fast vierhundert Jahre mußten vergehen, bis die Archäologie eine Wissenschaft wurde und die Archäologen der 5oer bis 8oer Jahre des 19. Jahrhunderts die entscheidenden Fragen stellten, die uns bis heute beschäftigen.

Erster Teil

Theorien

„Seit der Entdeckung Amerikas wurde der Ver-
stand Gelehrter und genialer Geister sehr zur
Erklärung seiner Besiedlung durch Mensch und
Tier angestrengt."

Samuel Haven, 1856

Frontispiz einer astronomischen Schrift von 1537, auf dem Amerika richtig als getrennter Erdteil dargestellt ist, obwohl man die genaue Lage noch nicht kannte.

1. Mönche, Altertumsforscher und Hügelbauer

Am 12. Oktober des Jahres 1492 ging Christoph Kolumbus, Admiral des Weltmeeres unter spanischer Flagge, an der winzigen Insel San Salvador, einem Teil der heutigen Bahamas, an Land. Er fand dort nackte Menschen vor, „sehr schön gebaut, mit sehr stattlichen Körpern und sehr schönen Gesichtern". Des Admirals erster Impuls ging dahin, die Menschen zu bekleiden und arbeiten zu lassen. Sie sollten sich zu guten „Dienern von großem Geschick eignen", Menschen, „die leicht zu Christen zu machen sein würden". Vor allem seinen spanischen Auftraggebern gab er zur Kenntnis, daß die Insulaner nichts sehnlicher wünschten, als Christen und gute Untertanen der Krone zu werden. Innerhalb einer Generation wurde die Bevölkerung der exotischen Inseln durch Krankheit und Mißhandlung dezimiert, versklavt und praktisch bis zur Auslöschung bösartig ausgebeutet. Wenige nahmen sich die Zeit, darüber nachzudenken, woher sie stammten oder seit wann sie in ihrer Heimat lebten.

Kolumbus selbst glaubte, daß er die äußeren Inseln Ostasiens erreicht habe. Deshalb nannte er die Bewohner der neuen Länder „Indianer". Zu der Zeit bezog sich der Name „Indien" auf alle Gebiete Asiens, die östlich des Indus lagen. Deshalb war es für ihn vollkommen logisch, alle Länder, die er für Spanien beanspruchte, „die indischen" zu nennen und die Bevölkerung *Indios*. Dieser Name hat sich bis heute gehalten. Aber nur sieben Jahre nach Kolumbus' Tod im Jahre 1506 zog Vasco Nuñez de Balboa durch Mittelamerika und erblickte den Pazifischen Ozean. Die „Indischen Länder" waren keineswegs Teil von China, sondern das „was wir mit Recht als Neue Welt bezeichnen können, die dichter bevölkert und reicher an Tieren ist als Europa, Asien oder Afrika". Die Entdeckung dieser Welt war ein Wendepunkt in der Geistesgeschichte des Abendlands, der spannende und grundlegende Fragen über den Ursprung der einheimischen Bevölkerung Amerikas auslöste.

Verschwundene Stämme, versunkene Kontinente

Die Auseinandersetzung über die Indianer begann, als Kolumbus einige seiner Gefangenen am spanischen Hof zur Schau stellte. Wer waren diese fremdartigen Menschen? Waren es vernunftbegabte menschliche Wesen, die man zum rechten Glauben bekehren konnte? Papst Alexander VI. verkündete eigens in einer Erklärung, daß die Indianer „Menschen (sind), die sehr wohl befähigt sind, den christlichen Glauben anzunehmen". Dies eröffnete den Weg für die Flut von Forschungsreisen und europäischer Besiedlung. Die meisten Spanier meinten, daß die Indianer primitive Wilde seien, die am Rande Asiens lebten. Als solche würden sie exzellente Sklaven abgeben. Tatsächlich erwiesen sich die Indianer als wenig profitable Investition im Sklavenhandel, weil sie den europäischen Krankheiten in der Regel schnell erlagen. Ihre Verschleppung wurde deshalb schon bald verboten.

Anfangs hielt man die Indianer für einfache, unkultivierte Menschen. Aber dann eroberte Hernán Cortés im Jahre 1521 Mexiko und entdeckte die schillernde, exotische Welt der Azteken. Wie vom Donner gerührt starrten seine Konquistadoren auf Tenochtitlán, die Hauptstadt der Azteken. „Diese großen Städte … und Bauwerke, die aus dem Wasser ragen und alle aus Stein gemacht sind, erschienen wie ein Zauberbild", schrieb der Konquistador Bernal Diaz. Die Spanier gingen durch eine indianische Metropole, in der über 200000 Menschen lebten, und staunten beim Anblick eines riesigen Marktes, der denen von Sevilla und Konstantinopel in nichts nachstand. Die Azteken waren geschliffene Krieger und Diplomaten, ein Volk voller Anmut und gepflegter Sitten, etwas völlig anderes als die Indianer der Bahamas, auch wenn bei ihnen Menschenopfer üblich waren.

Der König von Spanien beobachtet die Landung des Kolumbus auf den „Indischen Inseln"
(Holzschnitt, 1493).

Schon bald konnten die Daheimgebliebenen in Europa eine überraschend breite Vielfalt von Eingeborenen Amerikas besichtigen, die von den Eroberern, den Missionaren und den Sklavenhändlern nach Europa geschifft wurden. Die aztekischen Edelleute und Akrobaten, die den spanischen Hof in den 20er Jahren des 16. Jahrhunderts in Bann schlugen, waren die bei weitem kultiviertesten Gefangenen, die je europäische Gefilde erreichten. Die anderen waren einfachere Menschen von

„rußiger Farbe". Kaufleute aus Bristol brachten einige Nordamerikaner mit, die „mit Tierhäuten bekleidet" waren, die rohes Fleisch aßen und Sitten wie „wilde Tiere" hatten. Und als König Heinrich II. von Frankreich 1550 nach Rouen kam, tanzten, kämpften und jagten nicht weniger als 50 brasilianische Indianer in einem eigens angelegten Urwalddorf an den Ufern der Seine. Selbst den unbedarftesten Beobachtern fiel auf, daß es nicht einfach „Indianer" waren, sondern Dutzende von verschiedenen Stämmen, Verbänden und Kulturen, darunter waren etliche miteinander verfeindet. Aber wie kann es sein, so fragten sich die Gelehrten, daß es bei den indianischen Gesellschaften derartige Gegensätze zwischen primitiven Jagdverbänden und hochentwickelten Kulturen gibt, die nur ein paar hundert Kilometer voneinander entfernt lebten? Das einzige historische Beispiel dafür lieferte die Heilige Schrift. Das Alte Testament sagte, daß alle Menschen von Adam und Eva und den acht Überlebenden der großen Sintflut in Noahs Arche abstammten. Ihre Nachkommen hatten nicht nur Europa, Afrika und Asien besiedelt, sondern auch die Neue Welt. Wie hatten die Indianer den Kontinent Amerika erreicht? Von Asien aus über den Land- oder Seeweg? Oder hatte ein „unbekannter Steuermann" lange vor Kolumbus den Atlantik vom Mittelmeer aus überquert? Hatten die Europäer vielleicht die Neue Welt schon Jahrhunderte früher entdeckt und dann einfach vergessen? Im 16. Jahrhundert hatten die „Atlantiker" die Oberhand mit dem Argument, daß die alten Karthager den amerikanischen Kontinent auf endlos langen Reisen 2000 Jahre vor Kolumbus besiedelt hätten. Diese Hypothese bereitete der Legende vom verschwundenen Kontinent Atlantis den Boden. 1535 las der spanische Schriftsteller Fernandez de Oviedo in den Werken *Timaios* und *Kritias* des griechischen Philosophen Plato von der untergegangenen, einst die Welt beherrschenden Atlantis-Kultur im westlichen Ozean. „Später ereigneten sich heftige Erdstöße und Flutwellen; und in einem einzigen Tag und einer Nacht voll Unglück ... verschwand die Insel Atlantis in den Tiefen des Meeres." Oviedo und seine Nachfolger ließ die Geschichte nicht mehr los, aber sie veränderten sie so, daß sie zu ihren religiösen Grundsätzen paßte. Sie glaubten, daß Atlantis ein riesiger überfluteter Kontinent gewesen sei, der sich einst von Cádiz in Spanien bis zum amerikanischen Kontinent erstreckte. Er wurde angeblich von Noahs Nachfahren nach der großen Flut besiedelt. Die Katastrophe überlebten nur die Indianer, die die Eroberer dann Jahrhunderte später begrüßten. Die Atlantissage ist wohl die hartnäckigste aller früher Theorien. Bis heute setzten Gerüchte über versunkene Tempel auf den Bahamas und den Küsten Spaniens „wissenschaftliche" Expeditionen in Bewegung und regen romantische Vorstellungen an.

Dann gab es die Ideen eines fragwürdigen niederländischen Theologen namens Joannes Fredericus Lumnius. 1567 behauptete er, daß sich die zehn Stämme Israels, die der assyrische König Salmanassar im Jahre 721 v. Chr. ins Exil verbannte (2 Könige 17,6), über die ganze Welt zerstreut hätten, selbst nach Asien und bis in die Neue Welt. Er und etliche seiner Anhänger waren mehr als geneigt, den Indianern einen vergleichbar armseligen Status wie vielen Juden in Europa zuzuweisen. Die Theorie von den untergegangenen Stämmen war seit dem 16. Jahrhundert eng verknüpft mit religiösen Glaubensgrundsätzen. Sie sind ein zentraler Punkt des *Buches Mormon,* das davon ausgeht, daß die Indianer von den Israeliten abstammen. Die umfangreiche Literatur über die zehn Stämme verfolgt kulturelle Parallelen in der ganzen Welt. Sie handelt von Sonnenkulten, körperlichen Merkmalen wie lange Nasen und seltsamen Begräbnisritualen – alles Charakteristika, die die Indianer mit den Israeliten vermeintlich in Beziehung setzten. Obwohl Lumnius' Theorie sich durchzusetzen begann, befaßten sich doch ein paar seriöse Gelehrte in Neu-Spanien (Mexiko) und Peru eingehender mit der Geschichte der Indianer.

„Kurze Strecken zu Wasser"

Spanische Mönche, eifernde Missionare des wahren Glaubens, waren die ersten ernstzunehmenden Erforscher der Indianer. Bartolomé de Las Casas war um 1500 Landbesitzer in Kuba gewesen, der wegen der Behandlung der Indianer in eine Gewissenskrise geriet. Er wurde Dominikanermönch und verbrachte den Rest seines Lebens damit, für die Sache der Indianer einzutreten. Obwohl ihm kaum Zeit blieb, ihre Ursprünge zu erforschen oder darüber zu spekulieren, entdeckte er doch etliche Spuren früher Besiedlung in Mexiko, die von neueren Erdschichten bedeckt waren: „Weil dies nur im Verlauf vieler Jahre und in sehr früher Zeit geschehen konnte", schrieb er vorausschauend, „besteht keine große Uneinigkeit darüber, daß die Menschen dieser Inseln und dieses Kontinentes sehr alt sind."

Ein anderer, etwas jüngerer Dominikanermönch, Bernardino de Sahagún, widmete sein Leben der chronologischen Aufzeichnung der aztekischen Geschichte und der Bräuche, die sich in den schnell in Vergessenheit geratenen mündlichen Überlieferungen erhielten. Er lernte ihre Sprache, Nahuatl, und verbrachte Jahre damit, mit den Überlebenden der spanischen Eroberung zu sprechen. Er hörte von der reichen Symbolwelt der Azteken, einer Welt, bekannt als die Fünfte Sonne, der es bestimmt war, in der Verheerung zu enden, er hörte vom schnellen Aufstieg der Azteken im Tal von Mexiko und von ihrer hochentwickelten Religion und Philosophie. Sahagúns Forschungen stießen auf den Widerspruch seiner Vorgesetzten. Sein großes zwölfbändiges Werk *Historia general de las cosas de Nueva España* (1547–1569) galt als indianerfreundlich und potentiell aufrührerisch und wurde von den kirchlichen Behörden zu den Akten gelegt. Eine Veröffentlichung hätte dem Götzendienst Vorschub geleistet und so verstaubte die *Historia general* in den Archiven der katholischen Kirche bis in das toleranter gesinnte 19. Jahrhundert.

Sahagúns Zeitgenosse, der fanatische Bischof Diego de Landa, arbeitete unter den Maya-Indianern in Yucatán. Er sprach den lokalen Dialekt so fließend, daß er den Indianern in ihrer Sprache predigen konnte. De Landa suchte längst verlassene Tempel der Mayas und ihre Weihestätten auf. Er bewunderte „viele schöne Bauten ... alle sehr schön in Stein gehauen" und untersuchte wertvolle Maya-Kodices (Dokumente aus Rindenbastpapier), auf denen er sogar einige kunstvolle Hieroglyphen entzifferte. Dann kehrte er ihnen in aller Gemütsruhe den Rücken und verbrannte die kostbaren Dokumente, weil „sie nichts enthielten, das nicht

*Wie aus dieser Jagdszene aus Florida von 1590 hervorgeht, hielten die Europäer des 16. und
17. Jahrhunderts die Indianer Nordamerikas für einfache Menschen, die spärlich bekleidet
waren und ein primitives Leben führten.*

Aberglauben und Lügen des Teufels zeigte". „Die massenhafte Verbrennung"
verursachte ihnen [den Mayas] großes Leid", schrieb er voller Genugtuung. Auch
moderne Archäologen bedauern bitter seine Tat.

Da keine anderen historischen Quellen als die Heilige Schrift zur Verfügung
standen, glaubten die Mönche wie jedermann auch, daß alle Indianer, selbst die
Azteken und die Mayas, letztlich auf die bekannten alten Kulturen des Alten Testa-
mentes wie die Tataren, Skythen und biblischen Juden zurückzuführen seien.

Die weniger kultivierten Indianer in Nordmexiko waren sogar noch verwirren-
der in ihrer Vielfalt. Die persönlichen Eigenschaften, die man ihnen zuschrieb,
werfen ein Licht auf die Vorurteile ihrer Beobachter. So beschrieben beispielsweise
die Mitbegründer des elisabethanischen Virginia ihre indianischen Nachbarn als
freundliche, edle Menschen, die in Eintracht mit der Natur lebten. Die nördliche-
ren Stämme waren offensichtlich wilder, wie die Baffinland-Eskimos des Forschers Martin Frobisher. 1576 brachte er einen Mann und eine Frau mit nach
England. Der Jäger war so liebenswürdig, mit seinem Boot aus Tierhäuten den
Avon bei Bristol entlang zu paddeln und Enten mit Pfeil und Bogen zu schießen.

Die wenigen nordamerikanischen Indianer, die in Europa im 16. und 17. Jahrhundert bekannt wurden, hielt man für einfache Menschen, da viele kaum bekleidet waren und nur sehr primitive Geräte gebrauchten. Damit standen sie in auffälligem Gegensatz zu den Azteken und den peruanischen Inkas. Dem christlichen Glauben vom Sündenfall zufolge dachten die meisten Beobachter, daß alle Indianer, auch die zivilisiertesten, degenerierte, religionslose Menschen waren, die aus dem Garten Eden weggezogen waren und noch nicht lange in der Neuen Welt lebten. Der Philosoph Francis Bacon faßte die allgemein vorherrschende Meinung treffend zusammen: „Man wundere sich nicht über die dünne Besiedlung Amerikas oder über die Roheit und Unwissenheit der Menschen", schrieb er, „denn man muß anerkennen, daß die Bewohner Amerikas ein junges Volk sind: mindestens tausend Jahre jünger als der Rest der Welt."

Wenn die Indianer tatsächlich aus dem Garten Eden gekommen waren, wie waren sie dann aber in die Neue Welt gelangt? Sibirien war auf den Landkarten des 16. Jahrhunderts noch ein weißer Fleck, aber es gab einige Gelehrte, die in Erwägung zogen, daß die Indianer zu Fuß statt mit dem Schiff in ihre Heimat gelangt sein könnten. Der Jesuitenmissionar José de Acosta war in den 70er und 80er Jahren des 16. Jahrhunderts unter den Indianern Mexikos und Perus tätig. Die Spekulationen zu diesem Thema in seiner berühmten 1589 erschienenen *Historia Natural y Moral de las Indias* waren bemerkenswert. Es sei durchaus möglich gewesen, so schrieb er, daß „Menschen ahnungslos vom Wind getrieben in die indischen Gebiete kamen". Dennoch meinte er, daß die meisten Indianer die Neue Welt auf die gleiche Weise erreicht hätten wie die unbekannten wilden Tiere, die auf dem amerikanischen Kontinent im Überfluß vorhanden waren: auf dem Landweg. Er hatte die Vorstellung von kleinen Verbänden „wilder Jäger, die durch Hunger oder irgendeine andere Not aus ihrer Heimat vertrieben wurden" und eine Überlandroute durch Asien zu ihrer jetzigen Heimat genommen hatten. Es gab dabei, so seine Überlegung, „nur kurze Strecken zu Wasser". Zunächst, so fuhr er fort, lebten nur wenige Indianer auf dem amerikanischen Kontinent. Aber sie ließen sich nieder und ihre Nachfahren entwickelten nicht nur eine Landwirtschaft, sondern auch kulturell hochstehende Staaten wie die der Azteken und Inkas. Seiner Berechnung zufolge fanden die ersten Einwanderungen schon ein paar tausend Jahre vor der Eroberung Mexikos statt. Erst etwa 150 Jahre, nachdem er all dies geschrieben hatte, segelte Vitus Bering 1728 durch die Beringstraße.

Hügel und Hügelbauer

Im Jahre 1856, 200 Jahre, nachdem José de Acosta über die „nur kurzen Strecken zu Wasser" geschrieben hatte, saß ein weiser und nüchtern gesonnener Altertumsforscher mit Namen Samuel Haven in seinem komfortablen Arbeitszimmer in Massachusetts und schrieb an einem Aufsatz über die Archäologie der Vereinigten Staaten. Haven war 19 creignisreiche Jahre lang Bibliothekar der American Antiquarian Society gewesen. Jedes bedeutende Buch und jeder Aufsatz über amerikanische Archäologie war durch seine Hände gegangen. Eine Generation

1 *Sioux-Indianer aus Nebraska:* Hollow Horn Bear, 1907 fotografiert, stolzer Nachfahre der ersten Siedler Amerikas. Sein glattes Haar, die dunklen Augen und die bartlose Haut sind Kennzeichen der Indianer. Trotz zahlreicher physischer Ähnlichkeiten untereinander entwickelten sich die Indianer Amerikas zu einer sehr bunten Völkergemeinschaft.

2 *Die Erde aus heutiger Sicht:* Nordamerika und Sibirien (oben links), die arktische Polarkappe (oben Mitte) und Nordeuropa (oben rechts) wie sie von einem Satelliten aufgenommen sein könnten. Heute liegen die Grenzen der Forschung in der Wildnis des Weltraums, von wo aus wir zum ersten Mal die Erde als ein zerbrechliches Ganzes sehen können. Aber die moderne Wissenschaft ermöglicht es uns auch, die Vergangenheit weiter zurück zu erforschen als je zuvor. Wann und wo entstand die Menschheit? Wer waren die ersten Amerikaner? Neue Entdeckungen der Archäologie in den letzten Jahrzehnten haben unser Wissen über die Ursprünge des Menschen revolutioniert. Die Besiedlung Amerikas kann nur als Teil des weltweiten Besiedlungsprozesses verstanden werden.

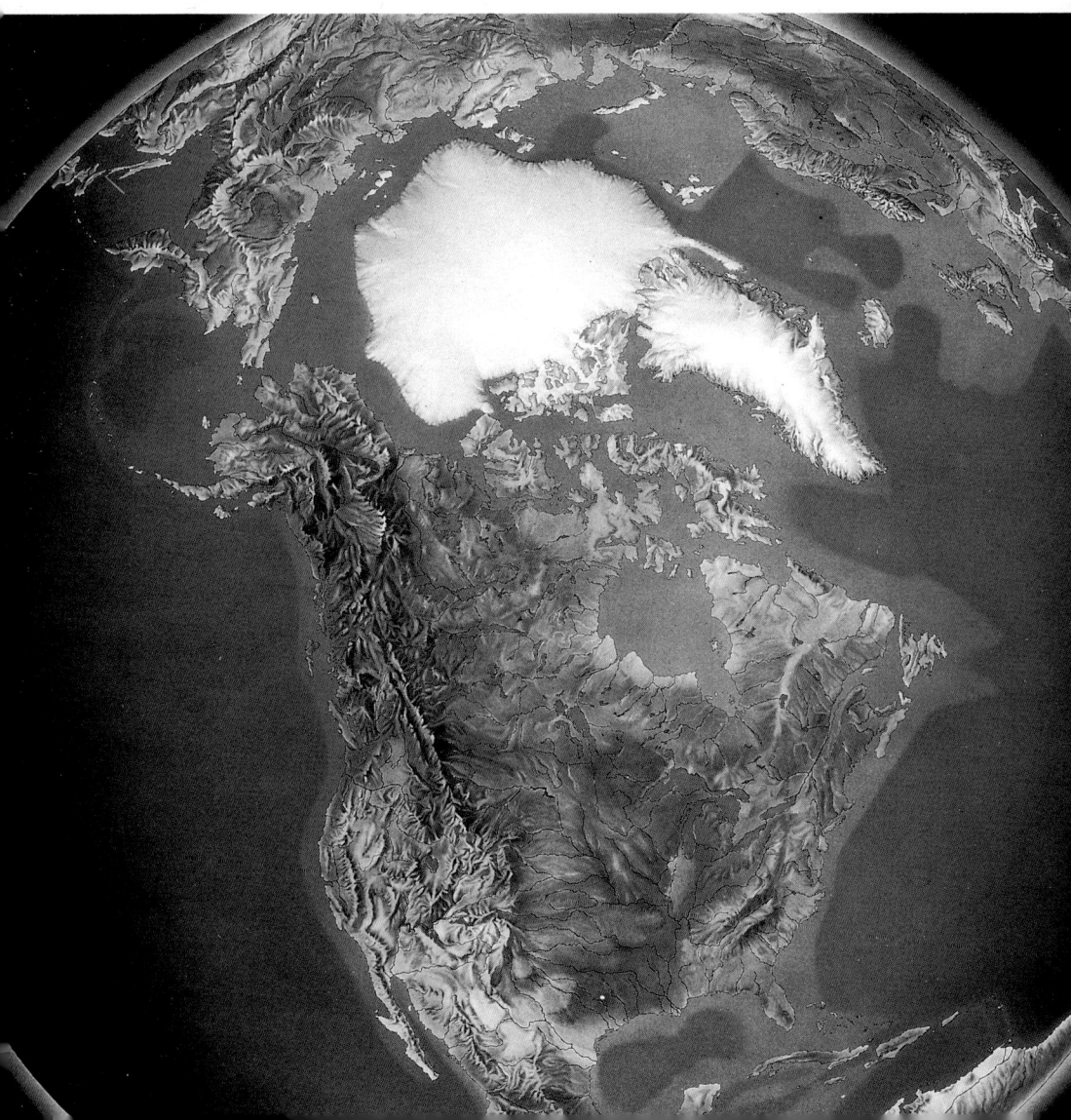

3 *Die Welt aus aztekischer Sicht:* Im Gegensatz zu uns lebten die Azteken in einer eng umschriebenen Welt. Obwohl sie die Geschicke von über 5 Millionen Menschen beherrschten, beschränkten sich ihre geografischen Kenntnisse auf Mittelamerika. Sie stellten sich eine Symbolwelt vor, in der ihnen andere Kulturen vorausgegangen waren und die eines Tages untergehen würde. Ihre Weltsicht beruhte auf alten Mythen über den Kosmos, die teilweise auf dem berühmten Kalenderstein festgehalten sind, einem Opferaltar, der um 1470 geweiht wurde. Er stellt Tonatiuh, den Sonnengott, dar. Sein Antlitz ist von Relieftafeln mit den Daten, an denen vier frühere Welten endeten, umgeben. Die Fünfte Sonne, die Welt der Azteken, die Welt aus Stein, würde ebenfalls zuende gehen. Die Azteken glaubten, daß sie den Fortbestand des Lebens sichern könnten, wenn sie die Sonne mit dem Zauberelexier aus Menschenherzen nährten. Aber alles, was sie tun konnten, war das Ende der Fünften Sonne hinauszuschieben. Für viele Azteken endete die Fünfte Sonne mit der spanischen Eroberung.

4 *Tenochtitlan:* die Hauptstadt der Azteken, eine eindrucksvolle Metropole mit über 200 000 Einwohnern. Auf dem riesigen Platz in der Mitte – hier in der Rekonstruktion des Künstlers Ignacio Marquina – konnten „8600 Männer im Kreis tanzen". Der Große Tempel, der dem nationalen Kriegsgott Huitzilopochtli und dem Regengott Tlaloc geweiht war, beherrschte die Nordseite. Moctezuma wohnte in einem Palast an der Ostseite. Der Platz war ein belebter Ort voll leuchtender Farben und glänzender Uniformen.

5 *Jan Mostaert,* „Episode aus der Eroberung Amerikas" (um 1542). Das Bild könnte den Angriff des Spaniers Coronado darstellen, den er und seine Männer im Jahre 1540 auf die Zuñi-Indianer im Südwesten unternahmen. Mostaerts Fantasielandschaft zeigt ein einfaches Hirtenvolk, das sich gegen fremde Eindringlinge zur Wehr setzt. Derartige Bilder zogen Forschungsexpeditionen verschiedener konkurrierender europäischer Mächte nach sich.

6–9 *Das Amerika von John White:* Der elisa-
bethanische Künstler John White stellte das Leben der Virginia-Indianer in den Carolina
Sounds liebevoll und romantisch dar und prägte
damit für Generationen das Indianerbild der
Europäer. Um 1585 malte er eine umfriedete
Siedlung strohgedeckter Häuser mit Familien,
die um ein Feuer sitzen, und einem Vorratshaus
(unten). Der Krieger mit Bogen (rechts) trägt
vielfältige Tatuierungen am Körper und eine
Feder im Haar. Die Häuptlingsfrau hält eine
Kürbisflasche; sie ist von ihrer „acht- bis zehn-
jährigen" Tochter begleitet. Ähnliche männliche
und weibliche Figuren sind auch als Teilnehmer
eines kultischen Tanzes (gegenüberliegende
Seite, unten) dargestellt; sie tanzen „in allen
erdenklichen possierlichen Stellungen" um hölzerne Pfosten herum, in die menschliche Gesichter geschnitzt sind.

Whites Zeichnungen von Eskimos aus Baffin-land aus dem Jahre 1577 (rechts) zeigen die genähte Kleidung, mit der sie sich an das extreme Klima der Arktis anpaßten. Der Mann hält einen einfachen Bogen. Mann und Frau tragen Ano-raks mit eng anliegenden Kapuzen (aus der Ka-puze der Frau lugt ein Kind). Die Kleidungs-stücke der Eskimos boten erheblich besseren Schutz als zeitgenössische europäische Winter-kleidung; sie stießen bei den Forschungsreisen-den auf großes Interesse.

10 *Die Franzosen in Florida:* Der französische Künstler und Kartograf Jacques Le Moyne malte 1564 den Forscher René de Laudonnière gemeinsam mit Häuptling Athore. Trotz des friedlichen Bildes wurde die französische Expedition schnell durch Meuterei und Krankheit aufgerieben.

lang stand er mitten im Zentrum der Forschung über das Alte Amerika. Dieser aufrechte, zurückhaltende Gelehrte war wie geschaffen für die mühsame Aufgabe, die vor ihm lag. Mit kühlem, leidenschaftslosem Skeptizismus bohrte er sich durch Jahrhunderte der Spekulation. Er begann mit den Berichten der ersten Reisenden wie Robert Beverley, einem in Virginia geborenen Engländer, dessen *History and Present State of Virginia* 1705 erschienen war. Beverly war zutiefst fasziniert von den Algonkin-Indianern, die seine Nachbarn waren. Er bewunderte ihre Anatomie: „Sie sind gerade gebaut und gut proportioniert, mit den reinsten und genauesten Gliedmaßen der Welt..." Er beschrieb ihre Wohnstätten, ihre befestigten Niederlassungen und ihren Alltag. Der ehrbare Beverly hatte letztlich einen romantisch verklärten Blick auf die Indianer, ganz wie es in den intellektuellen Kreisen Europas zu jener Zeit Mode war.

John Lawson war ein Zeitgenosse von Beverley, der weit in das Gebiet des heutigen Carolina reiste. Sein Bericht über die Indianer erschien im Jahre 1709. Er schwärmte für die Waxhaw-Indianer mit ihren durch Einbinden in der Kindheit platt geformten Köpfen. Sie zeigten ihm, wie man sich mit einer Attrappe an Hirsche heranpirscht, und er beklagte den rapiden Niedergang ihrer Lebensweisen. Lawson war kein Romantiker, aber er war der einheimischen Bevölkerung gegenüber wohlwollend eingestellt, die unter einer harten kulturellen Belastung zu leiden hatte: „Wir betrachten sie mit Verachtung und Herablassung", schrieb er. „Aber trotz all unserer Religion und Erziehung kennen wir größere moralische Deformationen und mehr Böses als diese Wilden." Er klagte die Siedler an, den Weg zu einer christlichen Kolonie „durch eine Bahn von Blut" zu ebnen.

Haven las auch Berichte über das Leben der Indianer von Reisenden, die weit ins Innere des unbekannten Landes westlich der Appalachen vorgedrungen waren. Ein Holländer namens Antoine Simon Le Page du Pratz erforschte ab 1718 über 16 Jahre den Mississippi im Auftrag der von Frankreich finanzierten Compagnie de l'Occident. Seine *Histoire de la Louisiane* von 1758 faßte nicht nur seine Erfahrungen bei den Natchez-Indianern und anderen Mississippi-Völkern zusammen, sondern auch die Reisen anderer französischer Forscher entlang der Pelzhandelsstraßen, die bis zum westlichen Kansas reichten. Le Page du Pratz überlegte, daß „die Eingeborenen Nordamerikas ursprünglich aus dem gleichen Land kommen, da sie im Grunde alle die gleichen Sitten und Gebräuche haben und auch die gleiche Art zu sprechen und zu denken". Er glaubte, daß sie von den Tataren Asiens abstammten – mit Ausnahme seiner geliebten Natchez, die er auf phönizische Abstammung zurückführte.

Im Zeitalter der Aufklärung kam in den intellektuellen Kreisen des 18. Jahrhunderts die Wissenschaft in Mode. Private Vereinigungen von Laienbotanikern und -zoologen in London und anderen europäischen Hauptstädten korrespondierten mit Reisenden und begeisterten Kollegen in Amerika. Mit der Zeit entstand ein vergleichbar enger naturgeschichtlicher Kreis in Philadelphia. Dieser Kreis schloß viele berühmte Leute ein, darunter Benjamin Franklin, Benjamin Smith Barton und Thomas Jefferson, ebenso Mitglieder der Bartram-Familie, wohl die berühmtesten Botaniker, die je in Nordamerika tätig waren.

Die Bartrams, Vater John und Sohn William, waren kenntnisreiche Sammler,

Der Grave Creek Mound in West Virginia, eine Illustration aus den Mound-Vermessungen von Squier und Davis, die 1848 veröffentlicht wurden. Dort vertraten die beiden irrtümlich die Ansicht, daß die amerikanischen Indianer nicht die Erbauer dieser Hügel waren.

deren botanischer Garten in der Nähe von Philadelphia, der erste Amerikas, mit Tausenden von Pflanzensorten der gesamten Südküste und anderer Gebiete gefüllt war. William Bartram reiste in den 70er Jahren weit umher, zu den Seminolen in Zentralflorida, ebenso zu den Cherokee- und Creek-Völkern weiter nördlich. Er war zutiefst vom Adel der Menschheit überzeugt und sah in den Indianern „großmütige und echte Söhne der Freiheit". Seine *Travels* setzten die Indianer in ein tropisches Sommerparadies, die Cherokee lebten in dort errichteten Dörfern, umgeben von uralten künstlichen Hügeln. Hunderte dieser Erdhügel lagen verstreut in der Landschaft, aber die Cherokee konnten ihm nur berichten, daß sie schon da waren, als ihre Vorfahren sich in dieser Gegend ansiedelten.

Bartrams *Travels* erschienen 1791 und lösten in Amerika Enttäuschung aus, denn dort sah kaum jemand die Indianer in romantischem Licht. Aber europäische Wissenschaftler begrüßten das Buch mit Begeisterung. Es wurde zur Inspirationsquelle für Coleridge, Wordsworth und andere englische Dichter. Der eigens nach London gebrachte Indianerhäuptling war nicht länger eine Kuriosität sondern der lebendige Beweis dafür, daß die „edlen Wilden" würdevolle und unkomplizierte Menschen waren.

Thomas Jefferson war ein Freund der Bartram-Familie und – ganz untypisch für seine Zeit – ein seriöser Wissenschaftler mit großem Interesse und Respekt für die Indianer Amerikas. Jefferson hatte indianisches Werkzeug gesammelt und war eine Kapazität für ihre Sprachen. Er hielt es für notwendig, das Vokabular der Indianer zu sammeln, „um denjenigen, die in den Sprachen der Alten Welt gebildet sind, Gelegenheit zu geben, sie mit diesen zu vergleichen . . . und daraus den besten Beweis für die Abstammung dieses Teils der menschlichen Rasse abzuleiten". Nicht zu Unrecht ist Jefferson der „Vater der amerikanischen Ethnologie" genannt worden. Während Stubengelehrte in Philadelphias Kaffeehäusern saßen und über Bartrams rätselhafte Erdhügel grübelten, grub Jefferson um 1780 unermüdlich in einem solchen prähistorischen Hügel in der Nähe seines Familiensitzes in Virginia. Bei Amerikas erster Ausgrabung fand er Schichten von Knochen und schloß daraus, daß dieser Hügel zumindest eine alte indianische Grabstätte gewesen sein mußte. Samuel Haven erkannte, daß Thomas Jefferson als erster wissenschaftlich an die alten Indianer heranging. Allerdings hatten seine Schlußfolgerungen keine sonderliche Wirkung, denn weiter westlich wurden weit aufregendere Entdeckungen gemacht. In den 80er und 90er Jahren des 18. Jahrhunderts ergoß sich eine Flut von Siedlern über die Allegheny Mountains in den unbekannten Westen. Als sie dort ankamen, waren sie erstaunt, Hunderte von künstlichen Erdaufschüttungen und großen Erdhügeln vorzufinden. „Ein Schatz, ein Schatz", riefen die verarmten Farmer. Aber sie fanden weder Gold noch Silber, sondern nur Dutzende von menschlichen Skeletten, die verschiedensten Arten seltsamen Kupfer- und Glimmerschmucks und Waffen, die ganz anders aussahen als die der überlebenden Stämme des Mittelwestens. Bis um 1850 hatte man solche verlassenen Erdhügel überall in einem riesigen Gebiet von Nebraska und den Großen Seen über den Mittelwesten bis in den tiefen Südosten Floridas hinein entdeckt.

Wer hatte diese stummen Hügel errichtet? Die meisten Gebildeten wie auch das einfache Volk gingen davon aus, daß die Indianer sie niemals geschaffen haben konnten. Wenn sie es nicht waren, wer war es dann gewesen? Haven kannte die weitverbreiteten Werke der Legendendichter und Populärschriftsteller, Leute wie Josiah Priest, dessen *American Antiquities and Discoveries in the West* in den frühen 30er Jahren des 19. Jahrhunderts mit über 20 000 Exemplaren verkauft wurde. In schwärmerischem Stil schrieb er von großen Armeen weißer kriegerischer Mound-Builder, die sich mit den Armeen Alexanders des Großen messen konnten und die „auf diesen riesigen Ebenen vielleicht in ihre Fanfaren stießen und in die Schlacht gingen". Tödliche Schlachten, kühne Heerführer, selbst große Kriegselefanten und mythische Helden würzten die Seiten von Dutzenden literarischer Fantasieprodukte, die nicht nur bei Lehnstuhlenthusiasten sehr beliebt waren, sondern auch an zahlreichen Lagerfeuern unerschlossener Gegenden.

Nur wenige Forscher gingen die Mounds systematisch an. Caleb Atwater, Postmeister in Circleville, Ohio, grub Anfang des 19. Jahrhunderts eine große Zahl von Hügeln aus und untersuchte sie. Er fand Hunderte von Grabstätten und etliche fein gearbeitete Geräte, darunter Muskovit-Glimmer in Form von Vogelklauen und Menschen. Atwater weigerte sich, zu glauben, sie seien von Indianern gemacht. Er bestand darauf, daß die Hügelbauer nicht Indianer gewesen sein

konnten, sondern Schäfer und Bauern aus Asien, die kurz nach der Flut über die
Beringstraße dorthin gekommen waren. Bezüglich der Indianer war er der Ansicht, daß sie ebenfalls von Asien herübergekommen sein könnten, aber lange
nachdem die Hügel verlassen worden waren.

Wenden wir uns noch den Forschungen von Ephraim Squier zu, einem intelli-
genten, sensiblen Mann mit ausgeprägtem Interesse für die Vergangenheit. Er war
Kleinstadt-Journalist in Ohio, reiste gern, wurde später ein erfolgreicher Diplo-
mat und einer der ersten, die in den 70er Jahren des 19. Jahrhunderts archäologische Inka-Stätten in Peru beschrieben. 1845 beauftragte ihn die American Ethno-
logical Society, die Hügel des Ohio-Tales zu erforschen. Er tat sich mit dem
ortsansässigen Arzt Edwin Davis zusammen, und sie verbrachten zwei Jahre mit
Untersuchungen, Ausgrabungen und Nachdenken über die Mounds in diesem
Tal. Einige ihrer Zeichnungen sind so genau, daß sie heute noch von Besuchern der
Hügelgruppen Ohios als Führer benutzt werden! 1848 veröffentlichte die neu
gegründete Smithsonian Institution ihre dreihundertseitige Studie *Ancient Monu-*
ments of the Mississippi Valley. Samuel Haven las sie Seite für Seite und war
bekümmert, als er feststellte, daß die Autoren geistige Gefangene ihrer Zeit waren.
Sie weigerten sich zu glauben, daß die Indianer die Hügel errichtet hatten.
Stattdessen sollten sie von Verteidigungs-Experten errichtet worden sein, die vom
Nordosten durch „feindliche wilde Horden" angegriffen wurden. Die Indianer
erachteten sie als „der Arbeit abgeneigte Jäger" und damit vollkommen unfähig,
auch nur einen einzigen Erdhügel zu bauen.

„Die Archäologie der Vereinigten Staaten"

Samuel Haven widersprach Atwater und Squier sehr heftig. Mehr als jedem an
amerikanischer Archäologie Interessierten war ihm bewußt, daß sich der Wissensstand über die Vergangenheit schnell änderte. Er hatte eine ganze Reihe sensatio-
neller Entdeckungen in Europa, Mesopotamien und Mexiko verfolgt. Um 1840
entdeckte der französische Altertumsforscher Boucher de Perthes primitive Steinäxte und Knochen ausgestorbener Tiere im Schotterbett der Somme – der archäologische Beleg, der dann Darwins *Origin of Species* (1859) das hohe Alter der
Menschheit bestätigen sollte. In diesen Jahren voller Abenteuer und Archäologen-
diplomatie entlang des Tigris deckten Paul Emile Botta und Austen Henry Layard
die Kultur der Assyrer aus dem Zweiten Buch der Könige auf. Und die 40er Jahre
des letzten Jahrhunderts waren auch die Zeit, in der die Azteken- und Mayakultur
nach Jahrhunderten geschichtlicher Dunkelheit ans Licht gelangten.

Zwischen 1839 und 1843 offenbarten John Lloyd Stephens und Frederick
Catherwood einer erstaunten Welt die Maya-Stätten in Mexiko und Guatemala.
Stephens war ein brillanter Reiseschriftsteller, sein Partner ein außerordentlich
talentierter Zeichner. Ihre Bestseller führten die Leser in exotische Welten mit
verlassenen Pyramiden und Tempeln in der tiefsten Wildnis der Regenwälder, die
zu Zeiten in so helles Mondlicht getaucht waren, daß man um Mitternacht Zeitung
lesen konnte. Während Catherwood fieberhaft zeichnete, wanderte Stephens

Eine Stele aus Copan, Honduras. Frederick Catherwood zeichnete sie auf einer seiner Pionierreisen mit John Lloyd Stephens nach Mittelamerika, bei denen die beiden die versunkene Welt der alten Mayas wiederentdeckten.

verzückt über die reich geschmückten Plätze von Copán, Palenque, Uxmal und Chichén Itzá, Plätze mit Figuren und Hieroglyphen, die ganz anders aussahen als die des Nilgebiets. Er war davon überzeugt, daß die Maya-Kultur ausschließlich indianische Wurzeln hatte und von Vorfahren der Menschen geschaffen wurde, die in den 40er Jahren noch in Yucatán lebten. „Nichts berechtigt uns, für die Erbauer dieser Städte auf irgendeine Nation der Alten Welt zurückzugreifen", schrieb er 1843, gerade als Squier und Davis mit ihrer Arbeit in Ohio begannen.

Haven traf nicht nur Stephens und Catherwood, sondern auch den Bostoner Historiker William Prescott. Fünf Jahre lang hatte Prescott spanische Dokumente aus Archiven in Sevilla und Mexiko-Stadt durchgearbeitet und die Geschichte der Eroberung der Azteken durch die Spanier vor einem reichen, bislang unbekannten historischen Hintergrund zusammengesetzt. In einer romantischen, blumigen Sprache beschrieb er, wie die Azteken in nur wenigen Jahrhunderten ein großes Reich schufen, das sich nach dem Niedergang der vorausgegangenen toltekischen

Kultur aus der Dunkelheit erhob. *The History of the Conquest of Mexico* wurde
1843 sofort ein Bestseller. Zum ersten Mal erfuhren die amerikanischen Leser
etwas von den einheimischen indianischen Kulturen, die Jahrhunderte vor der
spanischen Eroberung geblüht hatten, Kulturen mit weit in prähistorische Zeit
zurückreichenden Wurzeln.

Havens ehrgeizige Studie mit Dutzenden von gelehrten Einzelabhandlungen
entstand aus einem großen Materialkomplex von zusammenhanglosen Fakten.
„Wir wollen dort aufhören, wo uns die Beweise fehlen", schrieb er entschieden. Er
war kein Prescott, sondern ein nüchterner Wissenschaftler. Haven verfügte über
sehr viel mehr Beweisstränge als Squier und Davis – nicht nur durch Stephens und
Prescott, sondern durch die ständig zunehmenden Reisebeschreibungen zeitge-
nössischer Indianerstämme im Mittelwesten. Ein paar Historiker hatten ebenfalls
begonnen, das Potential der spanischen Archive zur Erforschung des nördlichen
Amerikas im 17. Jahrhundert wahrzunehmen. Es gab außerdem auch brauchbares
biologisches Beweismaterial. 17 Jahre zuvor, 1839, hatte der berühmte Anthropologe Samuel Morton eine Reihe von acht Moundbuilder-Schädeln aus Ohio und
einen neuzeitlichen Indianerschädel vermessen. Er kam zu dem Schluß, daß die
alten und die neuen Exemplare einer gemeinsamen „mongolischen" Rasse angehörten, auch wenn sie sich kulturell unterschieden. Mit anderen Worten: die ersten
Amerikaner waren asiatischen Ursprungs und ihre Nachfahren lebten noch in der
Neuen Welt.

Haven las monatelang, analysierte, untersuchte Werkzeuge, korrespondierte
mit Kollegen. Dann entwarf er *The Archaeology of the United States*, die erste
Abhandlung, die über die Ursprünge der Indianer geschrieben wurde. Für ihn gab
es keinen Zweifel, daß die ersten Amerikaner aus Asien stammten. „All ihre [der
Indianer] charakteristischen Eigenschaften sind in den frühen Wurzeln der asiatischen Rassen begründet", schrieb er. Es war so gut wie sicher, daß die ersten
Amerikaner über die Beringstraße gekommen waren. Zu welchem Zeitpunkt war
noch ein Geheimnis, aber er vermutete, daß sie weit älter waren, als die meisten
glaubten. Ihre Steinwerkzeuge waren leicht zu finden und ihre Nachkommen
waren die noch lebenden Indianer.

Wissenschaftlich gesehen riskierte Haven Kopf und Kragen, denn für seine
Altershypothese gab es herzlich wenig Beweise. Aber ironischerweise lag der
Beweis bereits auf der Hand. 1839 stieß der Fossilien-Jäger und Schauspieler
Albert Koch in Missouri auf die Knochen eines Mastodons, eines seit langer Zeit
ausgestorbenen Elefanten. In Verbindung mit den Knochen grub er auch einige
Steinwerkzeuge aus. Er betrachtete seinen Fund aus rein kommerziellem Blick-
winkel; das Mastodon stellte er in einer Wandershow aus, die Knochen verkaufte
er dem British Museum und die Werkzeuge einem deutschen Sammler. Der
Gedanke, daß beides aus der gleichen Zeit stammen könnte, galt als abwegig!
Niemand, außer vielleicht Samuel Haven, glaubte ernsthaft, daß in Nordamerika
gleichzeitig mit den ausgestorbenen Elefanten auch menschliche Wesen gelebt
hatten.

2. „Paläolithen" und ausgestorbene Tiere

1856, zu dem Zeitpunkt, als entscheidende neue biologische und geologische Theorien die Wissenschaft von den Fesseln der Heiligen Schrift, die sie seit dem Mittelalter umklammerten, befreiten, veröffentlichte die Smithsonian Institution Samuel Havens *The Archaeology of the United States*. Darwins *Origin of Species* sollte drei Jahre später, also 1859, erscheinen, aber die geistige Revolution innerhalb der Wissenschaft hatte schon sehr viel früher begonnen. Gelehrte wie Descartes und Newton hatten bereits im 17. Jahrhundert die Ansicht vertreten, daß die Wissenschaft mit der stofflichen Materie (dem Profanen) und die Religion mit dem Geistigen (dem Heiligen) befaßt sei. Damit war die Wissenschaft von der Theologie geschieden und fromme Wissenschaftler konnten ihrer Arbeit nachgehen, ohne ihren Glauben zu verraten. Schließlich stieß die Wissenschaft an neue Grenzen. In den 20er und 30er Jahren des 19. Jahrhunderts verlegten europäische Geologen das Alter der Erde immer weiter in die Vergangenheit zurück. Aber sie ließen, teilweise aufgrund der Allmacht der Kirche, die heikle Frage nach dem Alter des Menschen beiseite. Der Welt fehlte immer noch der wissenschaftliche Beweis für die gleichzeitige Existenz von Menschen und ausgestorbenen Tieren. Jede Mutmaßung, daß die Menschheit älter als die in der biblischen Weltschöpfung angesetzten 6000 Jahre sei, kam der Ketzerei gefährlich nahe und galt als Anfechtung der historischen Wahrheit der Heiligen Schrift. Viele Jahre später erinnerte sich der große Biologe der viktorianischen Ära, Thomas Huxley, fast zärtlich an seine Jugendzeit, als jeder Versuch, die orthodoxen Standpunkte in Frage zu stellen, auf eine unsichtbare Schranke stieß, die hieß: „Kein Durchgang. Befehl von Moses".

Steinwerkzeuge und der „Eiszeitmensch"

Die Mauer begann in den 40er und 50er Jahren des 19. Jahrhunderts rasch zu bröckeln, als Amateur-Fossiliensucher in ganz Europa Tunnel in die Erdschichten prähistorischer Höhlen gruben. Mehrfach fanden sie die Knochen ausgestorbener Tiere zusammen mit eindeutig als solche erkennbaren Geräten aus Stein. Das wissenschaftliche Establishment weigerte sich, diese Funde anzuerkennen. Aber die Zeiten änderten sich spätestens 1859, als eine Gruppe englischer Geologen Jacques Boucher de Perthes und seine Ausgrabungen im Flußbett der Somme bei Abbeville besuchten. Der exzentrische, extravagante Boucher de Perthes war Zollbeamter und Altertumsforscher und behauptete, fein gearbeitete alte Steinäxte gefunden zu haben, allerdings keine menschlichen Fossilien, und diese in den gleichen Schichten wie die Knochen ausgestorbener Tiere wie des Flußpferdes und des Elefanten. Zunächst ignorierte man de Perthes, aber die englischen Besucher

waren doch erstaunt, daß von Menschen gemachte Steinäxte aus geologischen
Schichten ausgegraben worden waren, die auch Fossilien enthielten. Sie ließen sich
überzeugen und verbreiteten sich bald öffentlich über das hohe Alter der Mensch-
heit. Wenige Monate später lieferte Darwins *Origin of Species* das theoretische
Gerüst für Zehntausende von Jahren unbekannter Vorgeschichte, die alles ein-
schloß: die ersten Menschen bis zu den Hügelbauern, die Azteken und die zu dem
Zeitpunkt noch unentdeckten ersten Amerikaner. Aber wie alt waren diese ersten
Amerikaner? Waren sie so alt wie die Somme-Leute oder sehr viel jüngere
Ankömmlinge? Die Nachricht von den Somme-Ausgrabungen erreichte die Verei-
nigten Staaten in den schweren Zeiten des Bürgerkrieges. Joseph Henry, Vorstand
an der Smithsonian Institution und an archäologischen Fragen interessierter
Gelehrter, gehörte zu denen, die davon Kenntnis nahmen. Er gab Haven die
Publikationserlaubnis für seine Abhandlung, tief beeindruckt von der Tragweite
der de Perthesschen Funde und des neuzubestimmenden Alters der Menschheit.
Henrys lebhafter Verstand stellte alle möglichen Fragen. Hatten auf dem amerika-
nischen Kontinent Zehntausende von Jahren Menschen gelebt wie in Europa?
Hatten sie längst ausgestorbene Tiere gejagt? Würden ihre Geräte in den gleichen
Schichten zu finden sein wie die verschwundenen Großwildarten? Henry sammelte die dürftigen Quellen der offiziellen Wissenschaft, um auf solche Funde zu
stoßen. Die Smithsonian Institution ihrerseits bereitete die *Instructions for
Archaeological Investigations in the United States* vor, eine Publikation für
Reisende und Bewohner des „Indianerlands" im Westen. Sie gab Hinweise,
worauf man achten sollte, nicht nur auf relativ junge Artefakte und Schädel,
sondern auf ältere Höhlenfunde und Mounds aus Meermuscheln, Stätten wie sie
auch in Europa gefunden worden waren. Joseph Henry und seine Zeitgenossen
nahmen an, daß die geologischen Schichten der Neuen Welt mit denjenigen der
Alten Welt zu vergleichen seien. Leider war dies nicht der Fall, wie eine neue
Generation von Wissenschaftlern bald entdecken sollte.

In den 60er und 70er Jahren suchten amerikanische Wissenschaftler, Amateure
und Profis, überall – in Höhlen, Muschelhügeln, Flußbetten, selbst in Sümpfen –
nach Verbindungen zwischen menschlichen Artefakten und ausgestorbenen Tieren. Nur wenige Funde hielten, wenn überhaupt, auch nur den einfachsten
Prüfungen der Experten stand. Die tiefen alluvialen Schotterflächen und steinzeitlichen Höhlen, die in Westeuropa so verbreitet waren, wurden in Nordamerika
nicht gefunden. Entweder waren die an amerikanischen Grabungsstätten gefundenen Steinwerkzeuge mit dem, was ein Beobachter „entwickeltere" Geräte nannte,
in Verbindung zu bringen, oder sie glichen eindeutig neuzeitlichen indianischen
Produkten. Somit war es so gut wie unmöglich, ein vorzeitliches Gerät von einem
modernen Werkzeug zu unterscheiden.

Außerdem stammten keinerlei Steinwerkzeuge in Amerika aus eiszeitlichen
Ablagerungen. Der Schweizer Geologe Louis Agassiz nahm eine Berufung an die
Harvard University im Jahre 1846, eigens um die eiszeitliche Geologie Nordame-
rikas zu erforschen, an. Ein gründlicher Wissenschaftler, hatte er seine erste
Karriere damit verbracht, die eiszeitliche Geologie der Schweizer Alpen zu
erforschen. Er hatte dabei gezeigt, daß ein „Großes Eiszeitalter" mit wechselnden

Perioden von bitterer arktischer Kälte und regelrecht tropischem Klima für Tausende von Jahren weite Gebiete Europas mit gewaltigen Eisdecken überzogen hatte. Steinzeitmenschen hatten diese dramatischen Klimaschwankungen überlebt. Agassiz entdeckte bald ausgedehnte Spuren eiszeitlicher Gletscher von Kanada bis weit in den Süden nach Saint Louis. Aber weder er noch irgendein anderer Archäologe fanden in eiszeitlichen Ablagerungen irgendwelche Spuren von Steinäxten oder anderen menschlichen Artefakten.

Trotz des scheinbaren Mangels an steinzeitlichen Funden brach eine heftige Kontroverse aus, die ein halbes Jahrhundert, bis in die 20er Jahre unseres Jahrhunderts, dauern sollte. Der Disput konfrontierte die Anhänger eines steinzeitlichen Amerikaners mit der eindrucksvollen Masse der offiziellen Wissenschaftler, die behaupteten, daß die ersten Amerikaner viel später kamen, lange nach der Eiszeit.

Die Verteidiger einer Besiedelung im Paläolithikum wurden von Charles Abbott angeführt, einem Arzt aus New Jersey mit einer Leidenschaft für Naturkunde und Steinwerkzeuge. In den 60er Jahren suchte er immer wieder den Flußkies auf der Familienfarm bei Trenton, New Jersey, ab und sammelte Dutzende von Geröllgeräten. Zunächst glaubte er, daß es sich um relativ junge indianische Geräte handelte, aber er änderte seine Meinung, nachdem er 1876 Frederick Putnam, den Kurator des Peabody Museum of Archaeology and Ethnology in Harvard getroffen hatte. Abbott behauptete, daß seine Werkzeuge aus der Eiszeit stammten, obwohl die von Putnam geschickten Geologen sich nicht festlegen wollten. „Diese Spuren von Menschen müssen sehr alt sein", schrieb er. Abbott und Putnam legten die „Faustkeile" aus Trenton neben Stücke, die Boucher de Perthes an der Somme gesammelt hatte. Insgesamt schienen etwa 400 Steinwerkzeuge den französischen Proben zu gleichen. Abbott war hingerissen und begann, Vorträge über „River-Drift"-Leute zu halten, primitive Menschen, die in Nordamerika zur gleichen Zeit lebten wie ihre europäischen Vettern an der Somme. In Europa wurde Abbott von manchen als wissenschaftlicher Prophet bezeichnet und mit Boucher de Perthes verglichen.

Als die Leute von Abbotts Entdeckung erfuhren, konnte es nicht ausbleiben, daß überall „Paläolithen" auftauchten, in Ohio, dem District of Columbia und im Westen bis hin nach Minnesota. Niemand dachte dabei daran, zu definieren, was ein „Paläolith" sei. Es spielte keine Rolle, wie alt die Funde waren, Hauptsache sie sahen aus wie die aus Europa. Abbott und seine Anhänger hielten die amerikanischen Indianer lediglich für die letzten Ankömmlinge einer ganzen Reihe nicht verwandter Einwanderergruppen, die zu einem lange zurückliegenden, unbekannten Zeitpunkt auf dem amerikanischen Kontinent gesiedelt hatten. In ihrem Denken waren alle die herrlichen Zeugnisse der Indianer in der Smithsonian Institution und anderen Museen der Welt in Anbetracht der übergreifenderen Frage nach der steinzeitlichen Besiedlung der Neuen Welt und dem „Eiszeitmenschen" völlig unbedeutend.

Diese Theorien brachten die Anhänger der steinzeitlichen Besiedlung in unmittelbaren Konflikt mit vielen renommierten Wissenschaftlern, die Geologie und Anthropologie schon bald von Amateurbeschäftigungen in professionelle Disziplinen verwandelten. Viele dieser Gelehrten hatten sich ihr geologisches und anthropologisches Fachwissen in den Bergen und Hochebenen des fernen Westens hart erarbeitet.

Um 1880 besetzten Männer wie John Wesley Powell, der sich am Colorado einen Namen gemacht hatte, verantwortungsvolle wissenschaftliche Positionen in Washington. Powell war Geologe, Forscher, Ethnograph und Direktor des Bureau of Ethnology an der Smithsonian Institution, als der Kongreß ihn 1882 beauftragte, die Hügelbauer zu erforschen. „Hügel bauende Stämme gab es in der frühen Entdeckungsgeschichte dieses Erdteils", schrieb er mutig, und stellte einen Entomologen und Archäologen, den ehemaligen Geistlichen Cyrus Thomas, ein, der beweisen sollte, daß „die Hügelbauer und die historischen [Indianer-]Stämme Teil des gleichen Gefüges einer ungebrochenen kulturellen Entwicklung waren". Nach sieben Jahren Feldforschung und Hunderten von Ausgrabungen zwischen Florida und Nebraska bewiesen Thomas und eine Reihe von Fachleuten zweifelsfrei, daß die Hügelbauer Indianer waren.

Powell, Thomas und viele ihrer Zeitgenossen waren Fachleute einer Wissenschaft, die sie lehrte, sich von neueren Schichten aus in immer tiefere Schichten geologischer Zeit zurückzuarbeiten. Was lag näher, als Archäologie vom gleichen Ansatz her zu betreiben? Sie machten exakte, sorgfältige und analytische Beobachtungen. Die gleichen Männer arbeiteten auch in ihren theoretischen Abhandlungen logisch und vorsichtig. Viele Wissenschaftler der Regierung hatten die Werke des Pionier-Anthropologen Henry Lewis Morgan gelesen. Sein brillantes Werk *Ancient Society* (1877) ging davon aus, daß die Menschheit sich über verschiedene Stadien entwickelt habe, von einem Zustand der Wildheit zu einem „Zustand der Zivilisation". Powell und andere hatten Morgans Evolutionstheorie aufgegriffen und die Indianer als im Zustand der „Wildheit" befindlich bezeichnet. Im Rahmen der Morganschen Theorien war es stimmig, sich einen allmählichen Fortschritt von den frühesten Bewohnern Amerikas bis zu ihren noch lebenden Nachfahren in den 80er Jahren vorzustellen.

Von Anfang an lehnten die meisten Vertreter der offiziellen Wissenschaft Abbotts Ideen vollkommen ab. Sie anzuerkennen hätte bedeutet, eine riesige Kluft im archäologischen Befund zwischen der steinzeitlichen Besiedlung der früheren Jahrtausende und jüngeren Indianerstätten zu akzeptieren. Das war eine unannehmbare Vorstellung für jeden guten stratigrafisch arbeitenden Geologen, besonders für die Wissenschaftler, die glaubten, daß die Indianer eine neuzeitliche Rasse seien, deren Kultur sich in den wenigen Jahrhunderten seit Ankunft in ihrer Heimat kaum geändert habe. Mit anderen Worten, sie waren sich sicher, daß die ersten Amerikaner nur kurze Zeit vor den Europäern gekommen waren.

„Gefährlich für die Sache der Wissenschaft"

John Wesley Powell war in erster Linie ein Mann der Tat. Seine Antwort auf akademische Fragen bestand darin, Leute einzustellen, die daran arbeiteten. Zur Erforschung der Paläolithikum-Frage stellte er William Henry Holmes an. Holmes hatte seine Laufbahn in den 70er Jahren als geologischer Illustrator im Westen

PUNCH'S ALMANACK FOR 1882.

MAN · IS · BVT · A · WORM ·

Darwins Origin of Species, *1859 erstmals veröffentlicht, lieferte für viele wissenschaftlichen Entdeckungen in der ersten Hälfte des 19. Jahrhunderts den entwicklungsgeschichtlichen Rahmen. Ihre Bedeutung für die Evolution des Menschen wurde in dieser Karikatur des* Punch, *in der Darwin selbst im Mittelpunkt steht, verspottet.*

begonnen. Er verbrachte Monate mit dem Zeichnen verzwickter geologischer Schichten im Tal des Colorado. Durch die Art wie sie die plastische Struktur des Gesteins wiedergeben, können seine Panoramaansichten bis heute mit den besten Fotografien konkurrieren. Von der Geologie wandte er sich der Archäologie zu. In Powells Auftrag schrieb er zwischen 1882 und 1898 eine Reihe brillanter Fachartikel über die „Töpferei der Eingeborenen" der östlichen Vereinigten Staaten, Grundlage aller späteren Forschungen. Es waren systematische, klassifizierende Arbeiten. Er hatte gerade mit seinen Forschungen begonnen, als Powell ihn 1887 in den Streit um das Paläolithikum hineinzog.

Das Problem des „Eiszeitmenschen" wurde in diesem Jahr brandaktuell, als Thomas Wilson, Kurator für Archäologie am National Museum, nach fünfjähriger

Arbeit im Schotterbett der Somme und den Höhlen der Dordogne in Südwestfrankreich zurückkehrte. Er startete eine Kampagne zur Auffindung steinzeitlicher Besiedlung in Nordamerika und brachte die Smithsonian Institution dazu,
einen Fragebogen mit der Aufforderung an die Bevölkerung zu verschicken,
„paläolithische" Werkzeuge oder irgendwie „primitiv geformte Steine" einzusen-
den. Mehr als 800 schlecht dokumentierte Exemplare trafen bei der Smithsonian
Institution aus allen Teilen des Landes ein. Bald veröffentlichte Wilson Artikel
über diese „Geräte" und stützte seine Argumentation auf Abbott und Putnam:
wenn ein Werkzeug einem europäischen Paläolithfund ähnele, dann sei es ein
steinzeitliches Werkzeug und Beweis für den „Eiszeitmenschen".

Wilson arbeitete mit dem Geologen G. Frederick Wright zusammen, einem
großen Verfechter der Evolutionstheorie. Seine beiden Bücher über die amerikanische Eiszeit und den „Eiszeitmenschen", 1889 und 1892 publiziert, erfreuten sich
einer breiten Leserschaft. Unisono erhob sich Protest von seiten der offiziellen
Wissenschaft und Powell beauftragte Holmes mit einer fünfjährigen Studie über
den „Eiszeitmenschen".

Holmes wußte kaum, wo er beginnen sollte. Powell schlug vor, einen Stein-
bruch in der Nähe von Washington zu untersuchen, wo Wilson „Paläolithen"
gefunden hatte. Holmes hockte sich zwischen die Gesteinsbrocken und sammelte
Serien, die letztendlich zeigten, daß sie allesamt de facto Kernsteine waren, die bei
der Herstellung indianischer Pfeilspitzen übrig geblieben waren. Nicht nur das:
tatsächlich stellte er auch einige identische „Schildkrötenpanzer-Paläolithen"
selbst her. Dieses spannende Experiment zerstörte auf eindrucksvolle Weise
Wilsons Vergleiche mit den Faustkeilen der Somme.

Anschließend richtete Holmes seine Aufmerksamkeit auf den geologischen
Zusammenhang amerikanischer „Paläolithen" in anderen Gebieten. Er reiste bis
ins ferne Kansas und Minnesota und untersuchte jeden vermeintlichen steinzeitli-
chen Fund, den er auftreiben konnte, einschließlich der von Abbott so geliebten
Trentoner Schottergebiete. Einen Monat lang beobachtete Holmes' Assistent, wie
Arbeiter eine Drainage in den Felsen gruben, wo die „Geräte" aufgetaucht waren.
Es wurde nicht ein einziges Werkzeug bei diesen Grabungen gefunden. Abbotts
Steinzeitgeräte stellten sich als neuerer Schutt von Steinbrüchen heraus, der sich in
den Oberflächenschichten eingelagert hatte. Seine 10 000 Jahre indianischer Besiedlung entpuppten sich als die Tagesarbeit eines indianischen Steinbrucharbei-
ters, schrieb Holmes empört.

Die Diskussion über den Eiszeitmenschen wurde schriftlich und auf Konferen-
zen geführt. Wann immer die beiden Seiten aufeinandertrafen, war Holmes
zurückhaltend und vorsichtig, immer mit sorgsam zusammengetragenem Beweis-
material in den Händen, das die Positionen seiner Kontrahenten unterminierte.
Charles Abbott kochte vor Wut und sprach von einer offiziellen Verschwörung.
Die Nichtexistenz des „Eiszeitmenschen" in Amerika sei „etwas, das um jeden
Preis *bewiesen* werden muß", schrieb er 1893 über Powells Wissenschaftler.
„Oder wenn es nicht bewiesen werden kann, wird es den Unbedarften unterge-
schoben, um die wissenschaftliche Prominenz von ein paar archäologischen
Besserwissern zu sichern." Das waren bittere Worte, aber Holmes blieb unge-

rührt. Die ganzen 20er Jahre hindurch, untersuchte er jeden neuen Fund mit objektiver Sorgfalt. Er glich einem wissenschaftlichen Monolithen, der die Archäologie der ersten Amerikaner als Domäne wissenschaftlich ausgebildeter Forscher erachtete und nicht begeisterter Amateure. Sein Standpunkt setzte sich so weit durch, daß es für die jungen Archäologen der 20er Jahre schwierig wurde, anzutasten, was inzwischen zum Dogma geworden war: daß die menschliche Besiedlung des amerikanischen Kontinents höchstens ein paar tausend Jahre alt war.

Während sich Holmes auf die Steinwerkzeuge konzentrierte, suchten andere Forscher nach physischen Überresten der Steinzeit-Menschen. Seit der Entdeckung eines menschlichen Schädels in der Calaveras-Mine in Kalifornien im Jahre 1866 war man auf der Suche nach vorzeitlichen Skeletten. Die meisten Funde, einschließlich des Calaveras-Fundes, erwiesen sich als neuzeitlich. Um 1890 hielt man eine Handvoll höchst fragwürdiger Knochenfossilien für mögliche Steinzeit-Amerikaner. Sie gelangten unter den prüfenden Blick eines jungen tschechischen Anthropologen mit Namen Aleš Hrdlička, ein brillanter Gelehrter, der im Jahre 1903 dem Team der Smithsonian Institution beitrat. Wie Holmes war auch Hrdlička ein aufgeklärter Wissenschaftler und sein Wissen über europäische Fossilfunde hatte er aus erster Hand. Zwischen 1899 und 1912 ging er jeder erdenklichen Spur nach, die die Existenz eiszeitlicher Menschen in der Neuen Welt hätte beweisen können. Bald stellte er fest, daß die zeitgenössischen Archäologen mit Grabungstechniken arbeiteten, die um Jahre veraltet waren. Diese groben Methoden waren verantwortlich für die Fülle unbegründeter Behauptungen zum Thema Vorzeitmensch. Er startete eine große Kampagne, um strengere wissenschaftliche Methoden unter Einbeziehung von Paläontologie und Geologie zur Anwendung zu bringen. Seine Kriterien für den „Eiszeitmenschen" waren streng: „unanfechtbares stratigrafisches Beweismaterial", eine gewisse Versteinerung der Knochen und ausgeprägte anatomische Unterschiede zu neuzeitlichen Skelettresten.

Hrdlička wandte diese Kriterien bei jedem vermeintlichen Fund menschlicher Fossilien, den er aufsuchte, an. Ausnahmslos waren alle Plätze, die er untersuchte, weit nach der Eiszeit angelegt worden. Und nicht nur das; alle Skelettreste lagen in der üblichen Bandbreite von Indianerskeletten. Aufgrund seiner Detailkenntnis fossiler Funde in der Alten Welt, war er sich sicher, daß sich der Mensch zuerst dort entwickelt hatte. 1907 schrieb er seinen großen Bericht *Skeletal remains suggesting or attributed to early man in North America*. Er kam zu dem Schluß, daß Amerika „durch Einwanderung [aus Asien] bevölkert wurde ..., die erst nach einer großen Vermehrung und weiten Verteilung der menschlichen Spezies und der Entwicklung eines gewissen kulturellen Niveaus stattfinden konnte". Er stellte außerdem fest, daß die Siedlungsbewegungen nach Amerika wahrscheinlich gegen Ende der Eiszeit oder kurz nach der Eiszeit stattgefunden hatten.

Aleš Hrdlička war ein unerbittlicher, herrischer Mensch mit wenig Verständnis für wilde Spekulationen. Er wies jede Vermutung zurück, daß auf dem amerikanischen Kontinent auch schon früher als vor 4000 Jahren – so seine eigene Schätzung – Menschen gelebt haben könnten. Nur wenige Gelehrte wagten es, seinen unerschütterlichen Glauben an diese Zeitrechnung anzugreifen. Unterdessen fuhr er selbst mit seinen Recherchen über die Besiedlung der Neuen Welt fort. Er konzentrierte sich auf die „schaufelförmigen" Schneidezähne, die bei den Indianern weit verbreitet sind. (Die Bezeichnung nimmt Bezug auf die Schaufelform der Innenseite der vorderen Schneidezähne.) Das höchste Vorkommen wurde bei den Eingeborenen der Neuen Welt und Asiens nachgewiesen, in Europa und Afrika kamen sie seltener vor. Hrdlička hielt die schaufelförmigen Schneidezähne für eine notwendige Anpassung, um die Zähne für das Essen zu stärken. Er argumentierte, daß dieses Merkmal in dem Augenblick verschwand, als sich die Methoden der Nahrungszubereitung verbesserten und eine höher entwickelte Werkzeugtechnik die primitiven Geräte früherer Zeiten ersetzte. Er fand auch bei den Neandertalern ein hohes Vorkommen von schaufelförmigen Schneidezähnen und war der Ansicht, daß ihr häufiges Auftreten bei den Indianern der Beweis sei, daß die Lebensweise des „Jungpaläolithikums" auf dem amerikanischen Kontinent länger erhalten blieb.

Hrdlička hielt Europa für die Wiege der Menschheit und glaubte, daß Gruppen des *Homo sapiens* mit einer Lebensform, die in vielem auf den älteren Neandertaler zurückging, zuerst Sibirien und das nordöstliche Asien besiedelt hätten und dann in die Neue Welt vorgedrungen seien. Dies war Teil eines weit umfassenderen Entwurfes für die Besiedlung der Welt, bei dem „der westliche paläolithische Mensch" sich in eine Anzahl getrennter geografischer Gruppierungen aufspaltete. Diese führten letztendlich zu den heute existierenden Rassen. Obwohl viele Ideen Hrdličkas durch unzählige Fakten überholt sind, ist es dennoch interessant, daß heutige Gelehrte wie Christy Turner und andere immer noch schaufelförmige Schneidezähne bemühen, um die ersten Amerikaner zu erforschen.

Mehr als 20 Jahre lang wachten die strengen Persönlichkeiten Holmes und Hrdlička über die Forschung der ersten Amerikaner. Hrdlička war besonders unnachgiebig und beharrte bis zu seinem Tod im Jahre 1943 darauf, daß die morphologischen Merkmale menschlicher Knochen und nicht geologisches Beweismaterial über die Altersbestimmung der ersten Amerikaner ausschlaggebend seien. In gewisser Hinsicht kann man den beiden Männer ihren Dogmatismus kaum vorwerfen. Sie kannten zu viele wilde Spekulationen der Art, die Holmes einst „gefährlich für die Sache der Wissenschaft" genannt hatte. Es bedurfte des Zufallsfundes eines Cowboys in New Mexico, um die Fesseln ihres wissenschaftlichen Diktats zu lockern, auch wenn Hrdlička selbst niemals restlos überzeugt werden konnte.

„In meiner Hand halte ich die Antwort..."

An einem schönen Frühlingsmorgen des Jahres 1908 ritt ein schwarzer Cowboy namens George McJunkin langsam am Rande eines ausgetrockneten Bachbettes in der Nähe der kleinen Stadt Folsom in New Mexico entlang. McJunkin war Hunderte, wenn nicht Tausende, solcher Arroyos entlanggeritten, ausgetrocknete Bäche, die sich kilometerweit durch das Land schlängelten. An diesem Arroyo war nichts Besonderes und so ließ er den Blick umherschweifen auf der Suche nach einem verlorenen Rind. Aber als er nach unten schaute, sah er einige sonnengebleichte Knochen aus dem Boden herausragen. Er stieg ab und stocherte mit seinem Messer an den Knochen herum. Ein spitzes Stück Stein fiel ihm in die Hände, eine steinerne Speerspitze, ähnlich wie die, die auch auf der Ranch herumlagen. Merkwürdig waren allerdings die Knochen – viel größer und kräftiger als Rinderknochen. Er brachte seine Fundstücke auf die Ranch, wo sie etwa 17 Jahre liegenblieben. Aber 1925 landeten sie auf dem Tisch von Jesse Figgins, Direktor des Colorado Museum of Natural History. Figgins war einer der wenigen Experten für Knochenfossilien im Westen. Er erkannte die Folsomer Knochen sofort. Sie stammten von einem lange ausgestorbenen Bison, der am Ende der Eiszeit vor Tausenden von Jahren durch die Ebenen zog. Etwas anderes war die Geschoßspitze. Gehörte sie zu den Bison-Knochen oder war sie jünger? Hatten historische Jäger die ausgestorbenen Tiere getötet? Um das herauszufinden, grub Figgins 1926 im Folsomer Gebiet. Er fand etliche Werkzeuge aus Stein und Knochen, darunter eine Feuersteinspitze zusammen mit Resten von Bison-Knochen. Der Zusammenhang war so schlagend, daß Figgins den Erdblock als ganzen aushob und ins Museum transportierte. Zu seiner großen Enttäuschung waren die Kollegen skeptisch. Sie warnten vor voreiligen Schlußfolgerungen. Die Spitzen hätten doch auch zu einem späteren Zeitpunkt in diese Erdschicht gelangt sein können? Der einförmige Glaubenssatz Holmes' und Hrdličkas stand dem glücklosen Figgins im Wege, als er mit seinem Fund von Museum zu Museum reiste. Nur seine Kollegen vom American Museum of Natural History in New York ermutigten ihn, mit seiner Arbeit fortzufahren.

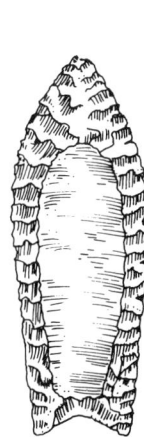
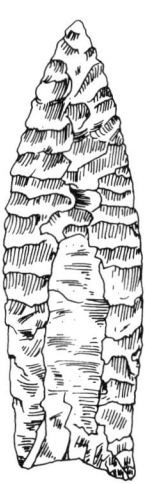

Charakteristische Clovis- (links) und Folsom-Spitzen, deren korrekte stratigrafische Zuordnung die Forschung über die ersten Amerikaner revolutionierte. Die Clovis-Spitze ist 7 cm lang.

Als er 1927 nach Folsom zurückkehrte, war seine Geduld fast am Ende. Als er weitere Werkzeuge und Knochen fand, schickte er Telegramme an verschiedene Institutionen und lud sie ein, ihre Zusammengehörigkeit vor Ort zu überprüfen. Zwei renommierte Wissenschaftler reagierten: der Paläontologe Barnum Brown vom American Museum of Natural History und Frank Roberts, Archäologe am Bureau of American Ethnology. Roberts traf ein, als Brown gerade die Erde von einer Projektilspitze wegbürstete, „die noch zwischen den Rippen des Tierskelettes eingebettet war". Roberts wurde klar, daß das die Entdeckung war, auf die alle gewartet hatten. Da sich seine Archäologenkollegen des möglichen Zornes von Holmes sehr wohl bewußt waren, beschnupperten sie den Fund zunächst vorsichtig. Aber viele waren von dem Fundzusammenhang und von den kunstvoll bearbeiteten Steinspitzen überzeugt. Die Archäologen waren wohlwollend eingestellt, aber die Geologen schüttelten immer noch die Köpfe. Was die Anthropologen anging, so äußerte sich Hrdlička kaum, selbst als Barnum Brown in einem New Yorker Seminar einige Speerspitzen zeigte. „In meiner Hand halte ich die Antwort über das Alter des Menschen in Amerika", rief er. „Es ist nur noch eine Frage der Interpretation."

Die Grabungssaison 1928 brachte eine regelrechte Lawine von Wissenschaftlern nach Folsom. Sie verließen den Ort in der Überzeugung, daß in Nordamerika tatsächlich menschliche Wesen zu einer Zeit lebten, als die eiszeitlichen Tiere noch das Festland durchstreiften. Aber sie waren überrascht vom Niveau der Geräte, die zusammen mit den Knochen gefunden wurden. Die Folsom-Spitzen, benannt nach dem Fundort McJunkins, waren weit entfernt von den „groben Werkzeugen", nach denen Charles Abbott und seine Mitstreiter so eifrig gesucht hatten.

10 000 Jahre oder älter...?

Folsom war viel mehr als nur eine bahnbrechende Entdeckung. Es eröffnete ein neues Kapitel der amerikanischen Archäologie. Nachdem sie generationenlang Holmes und Hrdlička und ihrer kurzen 4000jährigen Chronologie gefolgt waren, faßten die Archäologen nun einen weit größeren Zeitraum ins Auge. Am Anfang standen die Funde von Folsom, die man bald „paläoindianisch" nannte und die Brown und Roberts auf der Basis der Bisonknochen auf etwa 10 000 Jahre oder gar noch älter schätzten. Am Ende standen die neuzeitlichen Eingeborenenstämme der nordamerikanischen Indianer, die nur ein paar Jahrhunderte alt waren. In der Mitte lag eine Kluft, in der man vermutlich die unmittelbaren und die entfernteren Vorfahren der zeitgenössischen Indianer zu suchen hatte.

In gewisser Hinsicht entsprach die Entdeckung von Folsom der Veröffentlichung von Darwins *Origin of Species* ein dreiviertel Jahrhundert früher in Europa. Sie führte zu einer kleinen Explosion in der wissenschaftlichen Forschung. Bald bekam Folsom Gesellschaft: mit Fundstätten wie Lone Wolf Creek in Texas, wo Knochen vorzeitlicher Bisons und Steinwerkzeuge gefunden wurden, kurz bevor Figgins mit seiner Arbeit in Neu-Mexiko begonnen hatte. Es gab nicht nur eine Kultur von Bisonjägern, sondern bald identifizierte man Dutzende von ihnen, zu

11, 12 John Lloyd Stephens (links) gehörte zu den Begründern der Maya-Archäologie. Er und der Künstler Frederick Catherwood erforschten um 1840 die vom Wald überwucherten Stätten Copan und Palenque. Catherwoods Gemälde des Castillo von Tulum im nördlichen Yucatán (unten) zeigt einen großartigen Ausschnitt aus dem Werk des begabten Künstlers. Stephens vermutete, daß die Ruinen „Schöpfungen der gleichen Rassen waren, die das Land zur Zeit der spanischen Eroberung bewohnten".

13, 14 *Die „Moundbuilder"-Kontroverse:*
Ephraim Squier (links) war einer der ersten, die
Ende der 40er Jahre des 19. Jahrhunderts die
Hügel und Erdbauten des Ohio-Tales beschrie-
ben. Allerdings nahm er an, daß sie nicht von
Indianern errichtet worden waren. Der Große
Schlangen-Mound in Ohio (unten) wurde durch
den Archäologen Frederick Putnam 1887 vor der
Zerstörung gerettet. Er ist fast 400 m lang und
durchschnittlich 6,7 m breit und sieht aus wie
eine sich windende Schlange mit einem kleinen
Hügel im Maul.

15, 16 *Die Archäologie der Vereinigten Staaten:* Im Jahre 1856 schrieb Samuel Haven (links) seinen unsterblichen Essay über die Archäologie Amerikas. Er war ein peinlich genau arbeitender Gelehrter, der die fantastischen Erfindungen über die frühen Hügelbauer durch wissenschaftliche Argumente entkräftete. Dr. Munro Dickeson, der im 19. Jahrhundert archäologische Funde sammelte, konnte sich rühmen, über 1000 Mounds geöffnet zu haben. Bei seinen Vorträgen, die er im gesamten Mittelwesten hielt, verwendete er ein 8,3 m langes Stoffgemälde als Hintergrundsprospekt. Dargestellt sind die Ausgrabungen vor Ort und die verschiedenen Schichten des Hügels.

17–20 *Das Ende des „Moundbuilder"-Mythos:* Bei der Widerlegung des Hügelbauer-Mythos spielten drei Wissenschaftler eine entscheidende Rolle: Cyrus Thomas (rechts), John Wesley Powell (unten links) und Frederick Putnam (unten rechts). Powell, berühmt für seine Forschungen im Grand Canyon, bemühte sich als Direktor des Bureau of Ethnology um den Erhalt der Sprachen und der materiellen Kultur der Indianer. Als der Kongreß die nötigen Mittel für Ausgrabungen bewilligte, beauftragte man Cyrus Thomas mit der Überwachung und Ausgrabung von Mounds im ganzen Mittelwesten und Osten. Er wies nach, daß die dort gefundenen Artefakte von Indianern gefertigt worden waren.

Frederick Putnam grub ebenfalls Hügel aus und legte indianische Artefakte frei. Er ist hier (unten) bei der Arbeit an der Fundstätte im Little Miami Valley, Ohio, abgebildet. Putnam war auch eine der Hauptfiguren der Kontroverse um die steinzeitlichen Menschen in Nordamerika. Er machte den Fehler, prähistorische Steinäxte aus dem Somme-Tal in Nordfrankreich (rechts) mit Charles Abbotts „Paläolith" (rechts außen) zu vergleichen, ohne das geologische Alter der Proben aus Trenton zu berücksichtigen.

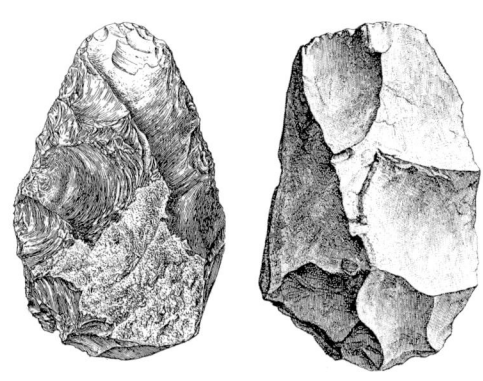

21 *Aleš Hrdlička* von der Smithsonian Institution (oben), ein strenger, dogmatischer Gelehrter, war überzeugt, daß es in Nordamerika erst vor 4000 Jahren Menschen gegeben haben konnte. Er entwickelte grundlegende Kriterien zur Altersbestimmung fossiler Schädel, die in Amerika gefunden worden waren. Man sieht ihn hier in hohem Alter (1931) bei der Begutachtung eines *in situ* gefundenen Schädels. Hrdlička gehörte zu den ersten amerikanischen Wissenschaftlern, die die Morphologie fossiler Schädel und Zähne erforschten und sie mit denen heutiger Indianer verglich.

22 *William Henry Holmes* (rechts) war das archäologische Pendant zu Hrdlička. Er bestand auf der sorgfältigen Untersuchung der Stratigrafie und der natürlichen geologischen Prozesse, die die „Artefakte" geformt haben konnten. Er war ein ruhiger, beherrschter Mensch; man sieht ihn hier um das Jahr 1890, seinen eigenen Worten zufolge „in einem Meer von ‚Paläolithen' von Abbott, Putnam, Wilson und den übrigen begeisterten Erstentdeckern amerikanischer Altertümer. Sie sind lediglich Abfall indianischer Werkzeugherstellung."

23–26 *Fortschritt im 20. Jahrhundert:* Der erste Durchbruch bei der Forschung über die ersten Amerikaner erfolgte in den 20er Jahren mit den steinernen Waffenspitzen, die in Assoziation mit Knochen ausgestorbener Bisons in Folsom gefunden wurden (unten rechts). Kurz darauf entdeckte man an einer weiteren paläoindianischen Fundstätte Clovis-Spitzen (unten links außen) unter Schichten mit Folsom-Spitzen (unten Mitte). Vorläufige Schätzungen ergaben für Folsom ein Alter von etwa 10000 Jahren; sie wurden durch Radiokarbonmessungen des Physikers Willard Libby zu Beginn der 50er Jahre bestätigt (oben links). Der Paläoethnologe Louis Leakey (oben rechts) revolutionierte die Forschung über die ersten Menschen mit den Entdeckungen, die er zwischen den 20er und 60er Jahren in Ostafrika machte. Er vermutete, daß auch in Amerika schon so früh Menschen gelebt hatten.

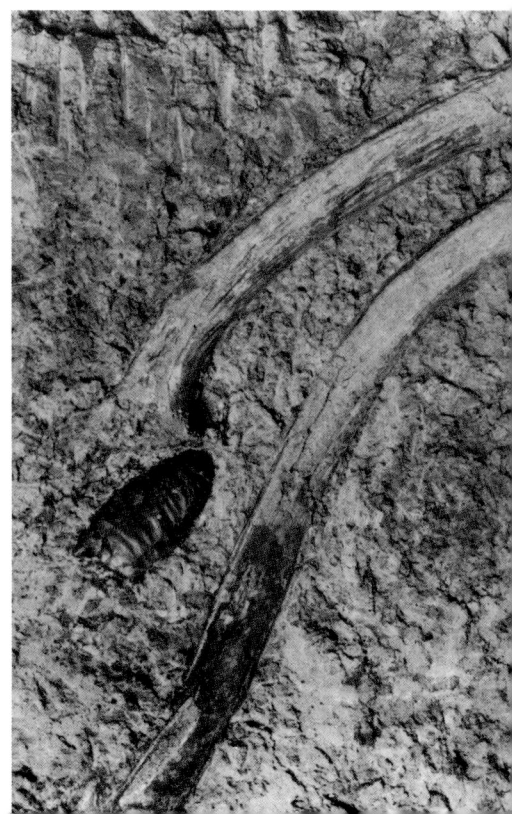

erkennen an den unterschiedlichen Formen der Steinspitzen. Welche aber war die älteste? In welcher Zeit hatten die Bisonjäger gelebt?

Ein großer Durchbruch ereignete sich im Jahre 1932 in Clovis, New Mexico. Zwei Amateursammler fanden Speerspitzen und Knochen von Säugetieren an den Ufern längst ausgetrockneter Seen. 5–12,5 cm lange Speerspitzen steckten zwischen den Rippen einiger Tiere. Diese furchterregenden Spitzen waren erheblich länger als die kurzen Spitzen von Folsom. Waren sie älter oder jünger? Der Zweite Weltkrieg kam, und die Kontroverse wurde schließlich in den drei Grabungsperioden 1949–1951 entschieden. Die beiden obersten Lagen enthielten Spitzen wie in Folsom, darunter aber befanden sich die Skelette von vier eiszeitlichen Mammuten zusammen mit den charakteristischen Clovis-Spitzen. Somit war Clovis älter als Folsom.

Während einige Archäologen in den Ebenen arbeiteten und eine Fülle paläoindianischer Kulturen entdeckten, begannen ihre Kollegen andernorts, die zeitliche Lücke zu schließen, die Folsom von der jüngeren Vorgeschichte trennte. Zunächst war die Forschung noch etwas unsystematisch, aber die Große Depression führte zu staatlichen Bauprojekten, die großangelegte Vermessungen von Flußbecken in vielen Teilen des Landes mit sich brachten. Tausende von Fundorten und Geräten aus diesen Untersuchungen und andere Recherchen ergaben ein Puzzle zeitlicher Abfolgen, die Flußtal mit Flußtal, Bezirk mit Bezirk und ganze Regionen mit ihren Nachbarregionen verbanden. Ende der 40er Jahre war ein vorläufiges prähistorisches Grundgerüst erstellt.

Zuerst kamen die Paläoindianer, vertreten durch Clovis und Folsom, dann ein ganzes Spektrum von Jäger- und Sammler-Kulturen, die sich von der einen Küste zur anderen erstreckten. Manche lebten von der Großwildjagd, andere, wie das Wüstenvolk im Südwesten und manche Verbände des Mittelwestens, auch von wilden Pflanzen. Die Nachkommen der letzteren entwickelten die Kulturen der Hügelbauer, die kurz vor dem Erscheinen der Europäer ihren Höhepunkt erreichten. Die bedeutenden Kulturen von Mexiko und Peru im Süden entstanden mehr als 1000 Jahre, bevor Kolumbus in der Neuen Welt landete.

Dennoch gab es trotz dieser weitgehenden Präzisierung bis in die 50er Jahre hinein kein geeignetes Mittel zur Datierung von archäologischen Fundstätten, die älter als 2000 Jahre waren. Von einer vagen Schätzung von etwa 10000 Jahren abgesehen, hatte niemand eine Ahnung, wie alt die Paläoindianer waren.

Im Jahre 1949 entwickelte dann ein Wissenschaftler der Universität Chicago namens Willard Libby die „Radiokarbondatierung“, eine Methode zur Altersbestimmung organischer Substanzen wie Holzkohle und Knochen bis auf ein Alter von 50000 Jahren. Diese revolutionäre Zeituhr maß die Zerfallsraten des radioaktiven Kohlenstoffisotops (Carbon-14 oder C^{14}), die in lebender Materie wie Baumstämmen, Tieren und Menschen gefunden wurden, ein Zerfall, der in dem Augenblick, wo ein Organismus starb, begann. Nachdem Libby die Methode an Objekten getestet hatte, deren Alter bekannt war, z. B. an den antiken ägyptischen Booten, wandte er seine Aufmerksamkeit prähistorischen Proben zu. Bald glich sein Laboratorium einem altmodischen Kuriositäten-Kabinett, wo ägyptische Mumien neben verkohlten Holzstücken aus steinzeitlichen Sümpfen lagen, Proben von prähistorischem Menschenhaar neben 30 000 Jahre alten Geräten aus Holz. Aus diesem Durcheinander von Werkzeugen, Kohlestücken und anderen organischen Proben entstand die erste prähistorische Zeitskala, die einen außerordentlichen Einfluß auf die internationale Archäologie hatte. Zum ersten Mal konnten große Entwicklungen wie die frühe Besiedlung des amerikanischen Kontinentes durch eine objektive Untersuchung datiert werden und die Resultate mit anderen Proben aus Tausende von Kilometern entfernt liegenden Gebieten verglichen werden.

Die amerikanischen Archäologen waren sich über die Möglichkeiten der neuen Methode sehr schnell im klaren. Sobald sie ausgegraben waren, schickte Frank Roberts Libby einige speziell zusammengestellte Proben aus Folsom. Die endgültigen Messungen datierten die Fundstätte auf etwa 10 800 Jahre, erstaunlich nahe an der ursprünglichen Schätzung von 10 000 Jahren. Daten von anderen Grabungen bei Folsom konnten Libbys ursprüngliche Messungen bald bestätigen. Sie lagen zwischen 1000 und 10 000 Jahren. (Neuere Eichungen der Radiokarbon-Uhr mithilfe dendrochronologischer Befunde könnten eines Tages diese Daten noch weiter zurückschieben.) So hatte sich der zeitliche Zirkel der ersten (bekannten) Amerikaner geschlossen: von der Annahme einiger tausend Jahre zu ein paar Jahrhunderten, dann zurück zu 4000 Jahren und schließlich wieder zu 11 000 Jahren.

Aber waren die Clovis-Menschen die allerersten Amerikaner? Trotz der neuen Radiokarbondaten blieben die Paläoindianer vage und kaum faßbare Gestalten, Phantome am äußersten Ende der prähistorischen Welt. Eine Zeitlang führte die junge Radiokarbon-Methode zu einer neuen Welle konservativer Chronologie. Tagungen von Archäologen standen unter der Überschrift „12 000 Jahre und nicht mehr". Aber es gab auch wieder eine Gegenreaktion, und Ausgräber begannen, Zusammenhänge zwischen Steinwerkzeugen und Knochen ausgestorbener Tiere, die 15 000, 20 000, sogar 200 000 Jahre alt sein sollten, zu verkünden. Diese Entdeckungen, meistens aus den 6oer, 7oer und 8oer Jahren haben die Archäologen in Amerika in die heute bestehenden Fraktionen aufgespalten.

Die neuen Funde stammten aus ganz Amerika, vom Yukongebiet im hohen Norden, dem Mittelwesten, der kalifornischen Wüste und den Anden. Es gab viele vereinzelte Reste von Steinwerkzeugen, manchmal in Verbindung mit Tierknochen oder sogar Menschenschädeln; sie wurden mittels neu entwickelter Techniken datiert. Manche Thesen waren äußerst gewagt, nur wenige konnten bestätigt werden. In der Tat gestaltete sich in dem Maße, wie archäologische Ausgrabung und Analyse immer anspruchsvoller wurden, die Aufgabe der Beweisführung entsprechend schwieriger, selbst (oder besonders) wenn bekannte Wissenschaftler mit ihrem Ruf und ihrer Karriere für die umstrittenen Entdeckungen bürgten.

Eine der international bekannten Figuren, die die Suche aufnahmen, war Louis Leakey, der in den 6oer und frühen 7oer Jahren von Ostafrika bis Nordamerika regelmäßig Vorlesungen über fossile Funde hielt. Er ließ keine Gelegenheit aus, um seine Überzeugung vorzutragen, daß eine sehr frühe menschliche Besiedlung in der Neuen Welt ans Licht kommen werde, weit älter als alles, was bislang entdeckt worden war. Am Ende seines Lebens lenkte er die Aufmerksamkeit auf einen Fundort in Calico Hills bei Yermo in Kalifornien: diese Fundstätte sollte über 200 000 Jahre alt sein. Er selbst hielt einige der steinernen Geräte von dort für sehr alt, eine Behauptung, die innerhalb der Wissenschaft allgemeine Konsternierung auslöste, außer bei ein paar mutigen Enthusiasten.

Viele Behauptungen über die frühe Besiedlung wurden aus geologischen oder chronologischen Gründen widerlegt. Zum Beispiel entzündete sich in den 70er Jahren eine Kontroverse um eine Serie menschlicher Schädel aus Südkalifornien. Jeffrey Bada vom Scipps Institute of Oceanography benützte 1975 die Radiokarbon-Methode und eine Technik, die sich Aminosäuredatierung (Racematmethode) nennt.

Die neue Methode mißt den langsamen Prozeß des Übergangs von L-Aminosäuren, die Kollagen im Knochen produzieren, zu D-Aminosäuren, ein Übergang, der sich über Zeiträume von etwa 100 000 Jahren vollzieht. Bada verwendete einen mittels der Radiokarbonmethode datierten Schädel aus Laguna Beach als Vergleichsobjekt, um die Stimmigkeit seiner Aminosäure-Messungen nachzuweisen. Die Aminosäuren-Angleichung konnte auf die Knochenfossilien unmittelbar angewendet werden, selbst bei alten Funden, die bar jedes geologischen Zusammenhangs waren. Keiner der südkalifornischen Schädel stammte aus gut dokumentierten geologischen Horizonten, noch standen sie mit Steinwerkzeugen oder besiedelten Stätten in Zusammenhang. Zur allgemeinen Überraschung erbrachten die Messungen einen Zeitraum zwischen 70 000 und 15 000 Jahren, die meisten Funde stammen etwa aus der Zeit von vor 20 000–50 000 Jahren.

Die neuen Daten waren ein komplettes Rätsel, denn die Schädel waren anatomisch gesehen neuzeitlich. Heftige Emotionen entzündeten sich an diesen Schädeln. Viele Gelehrte verwarfen die neuen Daten mit der Begründung, sie stammten aus isolierten Funden. Aber einige Archäologen behaupteten begeistert, daß die Schädel der Beweis für erheblich ältere steinzeitliche Besiedlungen als Clovis oder Folsom seien.

Der „Archäologe des Geistes" Jeffrey Goodman ging noch weiter. Er verkündete, daß sie die frühesten *Homo sapiens sapiens*-Schädel der Welt seien. Somit habe die moderne Menschheit in Amerika ihren Ursprung und habe sich von dort in die Alte Welt verbreitet. Wie die Gefühle der Archäologen bezüglich der ersten Amerikaner auch ausgesehen haben mögen, nur wenige, wenn überhaupt jemand, stimmten ihm darin zu!

Die Schädel aus Kalifornien, und weitere aus Ekuador und Kanada, die ohne Begleitfunde und schon vor langer Zeit aus ihrer ursprünglichen Fundstätte entfernt worden waren, blieben eine seltsame Anomalie. Schließlich datierten Fachleute der University of California in Riverside die gleichen Funde mit einem verfeinerten radiometrischen Verfahren: der Massenspektrometrie zur Altersbestimmung organischer Anteile von versteinerten Knochen. Sie gelangten bei ihren Messungen nicht in den Bereich von 15 000–70 000 Jahre, sondern in Bereiche, die 6300 Jahre nicht überschritten. „Die Zahl menschlicher Skelette in der westlichen Hemisphäre, die man in das Pleistozän datierte, ist nun erheblich reduziert", stellten die Wissenschaftler in Riverside fest. Jetzt besteht allgemeine Übereinstimmung, daß keiner der im Aminosäurentest datierten Schädel älter als ein paar tausend Jahre ist. Bada selbst überprüfte seine Aminosäurendaten nochmals mithilfe der neuen C-14-Messungen bei dem 5100 Jahre alten Laguna-Schädel (im Vergleich zu 17150 Jahren) und teilte mit, daß sie nun mit den Riverside-Radiokarbondaten übereinstimmten.

Die Neudatierung der kalifornischen Schädel hat die Begeisterung für die frühe Besiedlung nicht gedämpft. Der Brennpunkt der Forschung hat sich nun nach Mittel- und Südamerika verlagert, wo Ausgrabungen in Abris und in offenem Gelände eine Fülle von Behauptungen über eine menschliche Besiedlung vor 14000 Jahren hervorbrachten. Die neuesten bestehen in einer Serie von Radiokarbon-Datierungen von Feuerstellen, die in den tieferen Schichten eines großen Abris im Nordosten Brasiliens gefunden wurden und von denen einige ein Alter von mehr als 32000 Jahren haben sollen.

Trotz der Ungewißheiten und der sich widersprechenden Ansätze, hat man doch genau herausgefunden, wie ein Grundgerüst für die Darstellung der Besiedlung der Neuen Welt zusammengestellt werden kann. Stück für Stück steht wissenschaftlich bewiesenes Material für die Konstruktion eines archäologischen Dramas zur Verfügung, das nicht in Amerika, sondern in Asien und Afrika mit der Morgenröte menschlichen Lebens seinen Anfang nimmt.

Zweiter Teil
Die Abstammungsgeschichte

„Die Stadtmenschen von heute können sich kaum vorstellen, daß es möglich war, mit einfachen Waffen aus Holz, Stein oder Knochen Jagd auf große ausgewachsene Elefanten zu machen."

Hans Müller-Beck, 1982

Torralba
Monte Circeo
Neandertal
Lehringen
Lebenstedt
Ehringsdorf
Dolní Věstonice/Pavlov
Mežirič
Mezin

Olden
Tešik-Taš

Calico Hills

ARKTIS

ATLANTISCHER
OZEAN

60°
40°
20°

SIBIRIEN

Don

Schwarzes
Meer

CHINA

PAZIFISCHER
OZEAN

AFRIKA

40°

20°

0°

AUSTRALIEN

Die Welt in der Zeit von vor 2 Millionen bis vor 35 000 Jahren mit Fundstätten die im Text genannt sind. Der früheste Benutzer von Werkzeugen, der Australopithecus *(unten links) tauchte zuerst in Afrika auf. Sein Nachfolger, der* Homo erectus *(unten rechts) besiedelte als erster Teile Europas und Asiens. Dieser Expansionsprozeß wurde vom Neandertaler (oben links) fortgesetzt. Aber erst der* Homo sapiens sapiens *(oben rechts) konnte sich den extremen Lebensbedingungen der Arktis anpassen.*

1. Am Anfang... –
Afrika, Europa und Asien von vor zwei Millionen bis vor 35 000 Jahren

Die mit Häuten bedeckten Behausungen der Mammutjäger ducken sich auf einem niedrigen Vorgebirge mit Blick auf das breite Flußtal. Feine Rauchschwaden steigen von den Hütten in die stille, kalte Luft dieses Spätfrühlingstages vor 25 000 Jahren auf. Eine Gruppe fellbekleideter Männer schabt Fleisch von einem großen Beinknochen. Daneben spielen Kinder, ein Jugendlicher beobachtet das Tal unten. Plötzlich ruft er leise. Die Männer hören auf zu arbeiten und schauen aufmerksam in die Ferne. Sie sehen eine kleine Herde weniger Mammute auf ihrem Weg zum Fluß. Die Jäger greifen nach ihren Waffen und steigen ins Tal hinab. Die Kinder hören auf zu spielen und schauen zu, wie die Mammute nichtsahnend weiterstapfen. Die Leitkuh bleibt stehen, als wittere sie Gefahr. Beruhigt bewegt sie sich auf den Fluß zu und die anderen folgen ihr. Ein junges Tier bleibt zurück. Die Jäger konzentrieren sich auf dieses eine Tier.

Die speerschwingenden Jäger pirschen sich an ihre Beute in Windrichtung heran, von Weidendickicht zu Weidendickicht bis zum Ufer schlüpfend, den Blick gegen den Wind auf den sumpfigen Teich zwischen Mammut und Fluß gerichtet. Inzwischen bewegen sich zwei Männer in die entgegengesetzte Richtung. Sie nähern sich dem Nachzügler immer mehr, der sie jetzt wittert und sich gegen den Wind richtet. Das Signal für die Jäger, aufzustehen und zu rufen. Das vereinzelte Tier ist nun von der restlichen Herde getrennt und läuft im Trab in Richtung Sumpfloch. Der weiche Schlamm ist die Falle für das sich wehrende Mammut, das immer tiefer im Morast einsinkt. Die Speermänner kreisen es ein, stoßen Waffen mit Steinspitzen in das Herz ihrer Beute und warten, bis der hilflose Elefant verendet.

Die Jäger brechen in Triumphgeschrei in Richtung der zuschauenden Familien aus. Die Frauen ergreifen Haumesser und Häute und bringen sie an den Rand des Sumpfes. Die Schlächter arbeiten paarweise mit Steinwerkzeugen, schneiden und ziehen Fell und Fleisch ab, zergliedern den Kadaver Knochen für Knochen. Dann hören alle auf mit ihrer Arbeit und stürzen sich auf die eßbaren Eingeweide und die weiche Zunge. Sie häufen das frische Fleisch auf die Häute und tragen es zurück zum Lager. Bei Einbruch der Nacht ist von der Beute der Jäger kaum etwas liegengeblieben. Während Raubtiere wie Wölfe und Polarfüchse sich in Ruhe um den Kadaver scharen, um sich satt zu fressen, laben die Menschen sich am frischen Fleisch. Was übrigbleibt, wird zum Trocknen aufgehängt. Die Frauen haben das Fell des Mammuts bereits zum Trocknen auf dem Boden ausgespannt.

Was haben diese westrussischen Jäger der späten Eiszeit mit der Geschichte der

ersten Amerikaner zu tun? Um das herauszufinden, müssen wir zeitlich noch
weiter zurückgehen, in die Welt unserer frühesten Vorfahren vor mehreren
Millionen Jahren.

Die ersten menschlichen Wesen

Wir beginnen in Afrika, weil – wie Charles Darwin vor mehr als einem Jahrhun-
dert voraussah – alles dafür spricht, daß sich menschliche Wesen zuerst auf diesem
Kontinent entwickelten. Die Besiedlung der Neuen Welt kann deshalb nur in
Zusammenhang mit einem viel umfassenderen Phänomen verstanden werden: der
Besiedlung des gesamten Erdballs. Was aber gibt den Wissenschaftlern von heute
die Gewißheit, daß die Ursprünge des Menschen in der Alten und nicht in der
Neuen Welt liegen? Wäre es nicht denkbar, daß unsere entfernten Ahnen eines
Tages in Brasilien, Mexiko und den USA entdeckt werden? Ganz abgesehen
davon, daß bis heute keine ganz frühen Fossilien auf dem amerikanischen Kontinent gefunden wurden, gibt es für den traditionell anerkannten Standpunkt eine
gewichtige biologische Grundlage. Sie fußt auf den überall in der Welt verteilten
Vorfahren der Menschheit. Wir Menschen sind Mitglieder der Ordnung der
Primaten, die taxonomisch in Anthropoide („menschenartige" höhere Primaten),
einschließlich Menschenaffen, Menschenwesen und Affen, und niedere Primaten,
einschließlich Lemuren und Makis aufgeteilt ist. Eine Reihe von Evolutionssträn-
gen trennen die Primaten von den übrigen Säugetieren; sie hängen meist mit der
primären Adaptionsstufe der Primaten, dem Leben in den Bäumen, zusammen.
Die Primaten haben einen gemeinsamen „Bauplan", beweglichere Finger und
Zehen und reicher gegliederte Gehirne. Diese Tendenzen sind innerhalb der
Primatenordnung seit ihrem Beginn vor etwa 70–80 Millionen Jahren fortgeschrit-
ten. Die Anthropoiden, allesamt soziale und tagaktive Lebewesen, umfassen drei
verschiedene Oberfamilien – Altweltaffen, Neuweltaffen und Hominoiden, also
Menschenaffen und Menschen. Alle bis jetzt gefundenen fossilen Beweisstücke
lassen vermuten, daß die Menschen abstammungsgeschichtlich zu den Hominoiden gehören, Primaten, die in der Alten Welt verbreitet sind, nicht in der Neuen.
  Wenn Menschen auf dem amerikanischen Kontinent entstanden sein sollten,
müßten ihre Ahnen von Affen der Neuen Welt abstammen. Diese Gruppe von
Primaten existiert vom südlichen Mexiko bis tief nach Südamerika hinein. Alle
Neuweltaffen leben auf Bäumen und in kleinen Gruppen. Manche haben Greif-
und Klammerschwänze, die um Äste herumgewickelt werden können. Sie zeigen
eine größere Bandbreite in Anatomie und Verhalten als ihre Verwandten in der
Alten Welt, vermutlich haben sie sich aus einem gemeinsamen Vorfahren mit den
Primaten der Alten Welt entwickelt, bevor der amerikanische Kontinent vor etwa
60 Millionen Jahren von dieser abgespalten wurde.
  Die Affen der Alten Welt sind durchsetzungsstarke Tiere, die an das Leben auf
Bäumen und am Boden angepaßt und in ganz Afrika, Indien und Südostasien
verbreitet sind. Sie sind Vierfüßler, die sich auf allen vieren fortbewegen. Keine
Art hat einen Greif- und Klammerschwanz wie die Affen der Neuen Welt. Die

primitiven Vorfahren der Hominoiden wurden in Ägypten gefunden – in Ablagerungen, die etwa 30 Millionen Jahre alt sind. Unsere Suche nach den ersten Amerikanern muß demnach an der Wiege der Menschheit beginnen – im tropischen Afrika.

Vor zwei Millionen Jahren umfaßten Hominoiden in Ost- und Südafrika nicht nur mehrere Arten von Vorläufern der Menschenaffen, sondern auch Geschöpfe mit gewissen primitiven menschlichen Eigenschaften. Das waren die Australopithecinen, benannt nach einem Fossilfund genannt *Australopithecus* („südlicher Affe"), der von dem südafrikanischen Anatomen Raymond Dart 1924 identifiziert wurde. Die *Australopithecus*-Populationen waren äußerst vielfältig. Manche Individuen verfügten über ein größeres Hirnvolumen und kleinere Zähne, Eigenschaften, die viele Fachleute heute dazu bringen, sie als frühe Mitglieder der menschlichen Abstammungslinie *(Homo habilis)* zu betrachten. Wie immer die korrekte Klassifizierung auch sein mag, es ist gesichert, daß sich die Australopithecinen von anderen höheren Primaten unterschieden. Sie hatten einen aufrechten Gang und einen größeren Gehirnumfang als die Menschenaffen ihrer Zeit. Die fortgeschrittensten unter ihnen fertigten sogar Werkzeuge. Das war eine entscheidende Neuerung, die den Australopithecinen einen Vorteil im Kampf ums Überleben verschaffte, den die Archäologen als „materielle Kultur" bezeichnen. (Heutige Schimpansen können auch gewisse Werkzeuge herstellen, in erster Linie ist dies jedoch eine Fähigkeit des Menschen.) Somit beeinflußten nicht mehr nur biologische Fakten – dergestalt, daß z. B. Eisbären über dickes Fell und dicke Fettschichten gegen die arktische Kälte verfügen mußten – die Anpassung an die Umwelt. Werkzeuge und materielle Kultur befähigten letztendlich menschliche Wesen, ihre Umwelt zu gestalten und zu verändern: Bäume zu fällen, Höhlen zu bauen, zu jagen und mit anderen Tieren fertig zu werden.

Normalerweise sterben mit dem Tod von Tieren auch ihre Erfahrungen. Aber mit der Entwicklung der materiellen Kultur und später mit der Sprache, waren die Menschen fähig, was sie hervorgebracht hatten, von einer Generation zur nächsten weiterzugeben. Sie konnten Ideen mitteilen, die umgekehrt wieder Verhaltensmuster wurden, die immer wieder wiederholt wurden. Diese Verhaltensmuster sind durch Millionen von Steinwerkzeugen und andere Produkte dokumentiert, durch prähistorische Behausungen, Schlachtplätze und alle die materiellen Überreste vergangener menschlicher Aktivitäten, aus denen die „archäologischen Quellen", die Archive der Vorgeschichte der Welt, bestehen.

Über eine Million Jahre bewegte sich die biologische und kulturelle Evolution des Menschen in einem unsäglich langsamen Tempo. Die frühesten primitiven menschlichen Wesen (die sog. „Hominiden") mit Hirnmassen zwischen 600 und 670 ccm im Vergleich zu unserer eigenen durchschnittlichen Größe von 1350–1450 ccm, überlebten mit den simpelsten aller Werkzeuge – dem Hackstein, dem aus Abschlägen hergestellten Messer und dem Schaber. Möglicherweise gebrauchten sie auch Werkzeuge aus Holz und Knochen, aber diese sind nicht erhalten. Es waren tropische und subtropische Gemeinschaften, die in kleinen Horden lebten und immer auf Wanderschaft waren. Die anatomische Erforschung der Schädel läßt den Schluß zu, daß ihre Sprechorgane rudimentär ausgebildet waren, so daß

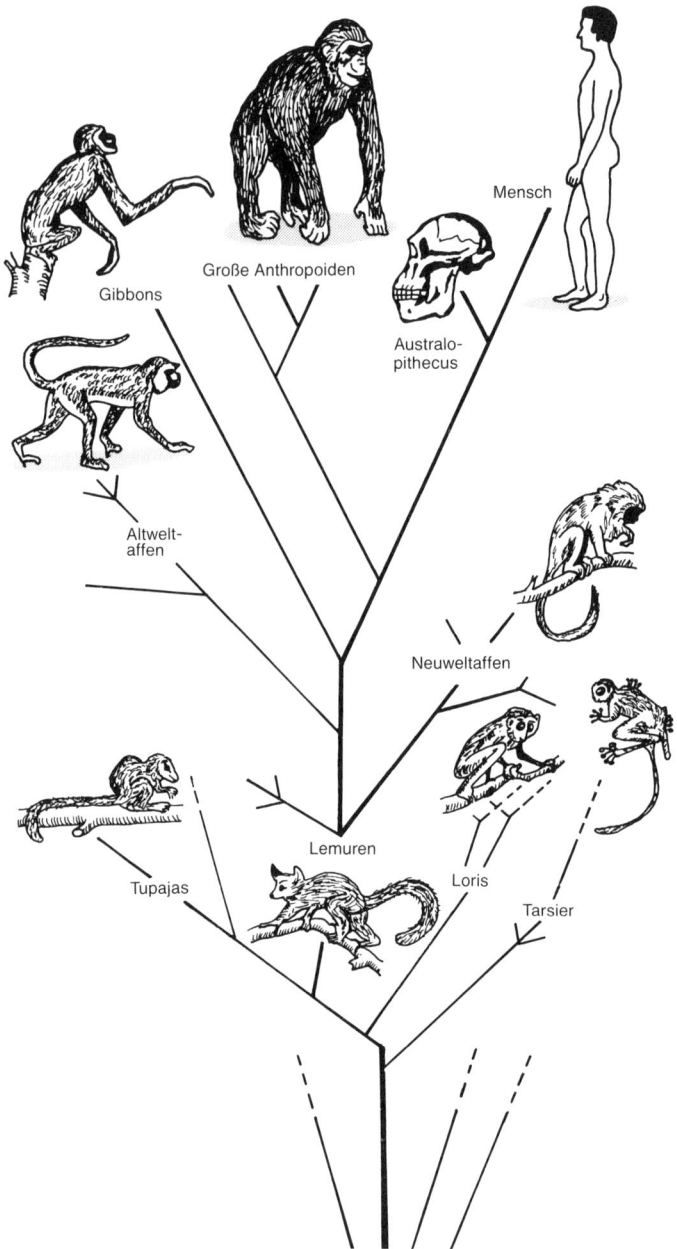

Ein vereinfachter Stammbaum der Entwicklung von den frühen Säugetieren zu den Prima-ten. Die Neuweltaffen zweigten relativ früh ab und hatten mit der Linie, die dann zum modernen Menschen führte, nichts zu tun.

sie sich vermutlich durch Grunzlaute und Zeichen verständigen konnten – bei Gefahr und um Freude oder Angst zum Ausdruck zu bringen. Die von ihnen bevorzugte Savanne war reich an eßbaren Pflanzen, die das ganze Jahr über wuchsen. Damals bevölkerten wie heute riesige Herden von Säugetieren das Gras- und Weideland. Aber sehr wahrscheinlich fehlten unseren frühesten Vorfahren die Mittel zur Jagd größerer Tiere. Sie waren geschickte Aasesser, schnappten sich das rohe Fleisch von Tieren, die andere Raubtiere bereits getötet hatten, jagten vielleicht kleinere Tiere mit Steinen und einfachen angespitzten Stöcken. Sie kannten kein Feuer, keinen festen Wohnsitz, keine Mittel, sich vor Kälte zu schützen. Die Menschheit war beschränkt auf Afrika und vielleicht auf Teile des Küstenstreifens des Nahen Ostens. Soweit wir wissen, waren die menschlichen Wesen bis dahin nicht fähig, sich gemäßigten oder arktischen Breiten anzupassen. Ein Großteil des Globus, mit Sicherheit aber der amerikanische Kontinent, war von Menschen nicht bewohnt.

Vor etwa 1,5 Millionen Jahren entstand in Ostafrika eine neue Art menschlicher Wesen, der *Homo erectus*. Bis vor etwa 500000 Jahren hatte dieser sich dann viel kälteren Klimabedingungen angepaßt als seine Vorfahren. Die Besiedlung der nichttropischen Welt hatte begonnen. Der *Homo erectus* hatte einen runderen Schädel als die früheren Hominiden, einzelne Exemplare verfügten über eine Gehirnmasse von 1250 ccm. Manche Anatomen glauben, daß diese Menschen mit ihren größeren Gehirnen zu einem höheren Grad von Vernunft befähigt waren als ihre Vorläufer. Sie vermuten auch, daß sie über ein ausgezeichnetes Sehvermögen verfügten. Wie auch immer seine geistigen Fähigkeiten beschaffen waren, der *Homo erectus* entdeckte, wie man Feuer macht – eine der revolutionärsten Erfindungen der Menschheit. Niemand weiß, wie und wann die Menschen zum ersten Mal das Feuer unter Kontrolle brachten. Vielleicht griffen sie nach einem brennenden Holzstück eines vom Blitzschlag entfachten Feuers und hielten es Tag und Nacht am Brennen, bis sie lernten, wie man selbst Feuer macht. Wie auch immer es gewesen sein mag, die Entdeckung des Feuers war ein bedeutendes Ereignis. Zum ersten Mal konnten die Menschen sich im Winter gegen Kälte schützen, tiefe Höhlen bewohnen, die dort hausenden Raubtiere vertreiben und Essen kochen. Die Feuerstelle wurde damit zum Zentrum sozialer Aktivitäten und erlaubte den menschlichen Wesen, auch in den Nachtstunden aktiv zu sein.

Vor 350000 Jahren bestand die Weltbevölkerung aus höchstens ein paar zehntausend Menschen, die in kleinen Horden über Afrika, den Nahen Osten, Südostasien und China verstreut waren und vielleicht, dank des Feuers, auch über die gemäßigteren Breiten West- und Mitteleuropas und Ostasiens. Die einfachen Faustkeile, Spalter, Messer und Hacksteine, die vom *Homo erectus* angefertigt wurden, tauchten zu Hunderten in Felshöhlen, an offenen Lagerstätten und Schlachtplätzen auf. Vermutlich waren es Mehrzweckwerkzeuge, die meisten speziell für das Ausschlachten von Tierkadavern gemacht. Diese unverwechselbaren Werkzeuge entstanden vor Hunderttausenden von Jahren. Aber in großen Teilen der Welt gab es sie nicht – in Australien und Neu-Guinea, den arktischen Regionen der Alten Welt... und in Amerika. Es existiert keinerlei Beweis, daß der

Homo erectus je in der Mongolei oder Sibirien oder irgendwo in nennenswerter Nähe zur Neuen Welt gesiedelt hätte.

Der archaische *Homo sapiens*, „der vernunftbegabte Mensch", könnte den *Homo erectus* vor etwa 350 000 Jahren abgelöst haben. Anatomisch glichen die neuen Menschen weit mehr dem heutigen Menschen, mit größeren Hirnmassen und runderen Köpfen. Sie waren alles andere als große Erfinder; doch sie entwikkelten nach und nach anspruchsvolleres Werkzeug und waren vielleicht bessere Jäger, wie wir noch sehen werden. Die Entwicklungen wurden vielfältiger, denn die Jäger und Sammler ließen sich in extremeren tropischen Regionen wie Regenwäldern und halbtrockenen Wüstengebieten nieder. Diese Menschen konnten zwar in relativ kalten Wintern überleben, aber es fehlten ihnen Techniken, genähte Kleidung und Spezialwerkzeuge für die Jagd in Eis und Schnee oder arktischer Kälte zu fertigen. Das Feuer war nicht genug. Schon aus diesen Gründen ist es sehr unwahrscheinlich, daß schon vor 100 000–200 000 Jahren menschliche Wesen auf den amerikanischen Kontinent gelangten.

Louis Leakey und Calico Hills

Was ist in Anbetracht dieses negativen Beweismaterials von Louis Leakeys Behauptung zu halten, Calico Hills zeige die menschliche Besiedlung der Neuen Welt vor 100 000 oder 200 000 Jahren?

Leakey wurde nicht müde, dem amerikanischen Publikum zu erzählen, daß in Nordamerika zu einem viel früheren Zeitpunkt, als von vielen Archäologen angenommen, Menschen gelebt hätten. 1963 hielt er eine Reihe von Vorträgen in Riverside, Kalifornien. Dabei lernte er Ruth de Ette Simpson vom San Bernardino County Museum kennen. Sie erzählte ihm von einigen primitiv aussehenden Artefakten, die aus eiszeitlichen Ablagerungen im Wüstengebiet östlich der Calico-Berge stammten. Leakey und Simpson besichtigten die Fundstelle, die im Yermo Fan liegt, einer alluvialen Ablagerung, die vor langem durch Erd- und Geröllauswaschungen der nahe gelegenen Canyons entstanden war.

Leakey hielt nicht viel von Simpsons „Artefakten", aber die Umgebung interessierte ihn. Vor dem Yermo Fan lag „eine weite Ebene, die einst begrünt gewesen sein mußte, mit Tieren und Pflanzen, die sich als Nahrung eigneten. Es war ideal." Mit der ihm eigenen Begeisterung und Energie wanderte Leakey über das umliegende Terrain, bis er zwei Chalzedon-Fragmente in der Wand eines von einem Bagger ausgehobenen Grabens fand. Das, so sagte er, war der Ort für Ausgrabungen. Und Ruth Simpson und eine Gruppe überzeugter Anhänger begannen zu graben – bis heute. Die Ausgrabungen in Calico Hills förderten bald vielversprechende „Artefakte" zutage, die für Leakey beiseite gelegt wurden, damit er sie bei seinen gelegentlichen Besuchen in Kalifornien begutachten konnte. Die meisten stammten aus den zwei bis drei Meter tiefen Schichten; es kamen an die 12 000 Proben zusammen. Nur bei drei von ihnen meinte Leakey, es könnten Artefakte sein. Aber selbst da war er noch im Zweifel. „Niemand wird sie mögen", sagte er. Aber die Grabungen gingen weiter, in einer zweiten „Hauptgrube", die 12 m von der ursprünglichen entfernt lag. Dieses Mal ließ er 43 Proben aus einer 2,7 m tiefen Schicht gelten. Dort befand sich ein Kreis von Flußkieseln, die ein flaches Becken umrundeten. Weil ein Stein an einem Ende Hitzespuren aufwies, hielt man den Kreis sogleich für eine Feuerstelle. Dies und die vermeintlichen „Geräte" wurden als Beweis für eine frühe menschliche Besiedlung in Calico angeführt. Der Geologe Thomas Clements datierte die Stätte vorläufig auf ein Alter von 50 000 bis 100 000 Jahre.

Louis Leakey stand nicht zum ersten Mal im Mittelpunkt der Kontroverse. Die meisten seiner wissenschaftlichen Kollegen hielten diese Fundstätte für äußerst zweifelhaft, nicht nur hinsichtlich der Artefakte, sondern auch hinsichtlich der Möglichkeit, in so frühen Schichten wie in Calico menschliche Besiedlung nachzuweisen. Einige Geologen vermuteten sogar, daß der Ort noch älter sei, als Clements meinte. Sogar Leakeys Frau Mary, selbst eine bedeutende Wissenschaftlerin, lehnte diese „Artefakte" ab, weil sie glaubte, daß sie durch natürliche geologische Prozesse entstanden seien.

1968 berief die L.S.B. Leakey Foundation im San Bernardino County Museum eine internationale Tagung mit etwa 100 Archäologen und Geologen ein, die ihr Urteil über den Grabungsort abgeben sollten. Leakeys These von der frühen Besiedlung basierte auf der ungewöhnlichen Konzentration von Steinfragmenten an einem Ort, auf der Tatsache, daß seine „Werkzeuge" nur aus Chalzedon bestanden, als hätten Menschen die Gesteinsart bewußt ausgewählt und natürlich auf der Feuerstelle. Zu dieser Zeit war Leakey ein schwerkranker Mann, der bald darauf im Jahre 1972 starb. Deshalb verhielten sich die Kollegen bei ihren öffentlichen Stellungnahmen rücksichtsvoll. Sie wiesen darauf hin, daß die „Werkzeuge" von Calico sehr unterschiedlich beschaffen seien, noch vielfältiger als zwei Millionen Jahre alte Geräte aus Koobi Fora in Ostafrika, die zweifelsfrei echt waren. Die Gesteinskonzentration konnte durch natürliche geologische Kräfte zustande gekommen sein, in Form von Ablagerungen, die mittels Wassertransport entstanden waren. Chalzedon war als eher zerbrechliches Gestein bekannt und konnte somit unter natürlichem Druck brechen. Auch die Feuerstelle konnte natürlich entstanden sein. Es gab keine Brandrisse an den Steinen, wie bei den Steinen einer Feuerstelle zu erwarten wäre. Vielleicht stammten die Hitzeeinwirkungen bei dem analysierten Stein von einem natürlichen Buschfeuer. Die Tagung endete in grundsätzlicher, wenn auch weitgehend unausgesprochener, Unstimmigkeit zwischen Leakey und seinen Calico-Gräbern und der übrigen wissenschaftlichen Gemeinde.

Seitdem wird in Calico Hills noch immer geforscht, vor allem von seiten einer kleinen Gemeinde von Gläubigen, die fest davon überzeugt sind, daß es sich um eine frühe menschliche Lagerstätte handelt. Eine Versuchsreihe unter kontrollierten Bedingungen ist darum bemüht, herauszufinden, wie die Calico-„Geräte" gemacht wurden. Inzwischen zeigen Uran-Thorium-Datierungen am Kalziumcarbonat der Calico-Ablagerungen, daß die „Artefakte führenden" Schichten viel älter sind als ursprünglich angenommen; sie sollen 200 000 Jahre alt sein.

Letzten Endes spricht jede archäologische Logik gegen diesen Ort. Auf dem amerikanischen Kontinent gibt es keine vergleichbaren Fundstätten, trotz über einem Jahrhundert intensiver Forschung. Es gibt auch keine Besiedlungen vergleichbaren Alters in der entsprechenden geografischen Region Nordostasiens. Die meisten Archäologen lehnen die „Artefakte" als Erzeugnisse von Menschenhand rundweg ab. Sie als solche anerkennen hieße, eine Besiedlung Kaliforniens vor der Zeit der Neandertaler zu akzeptieren, wofür es keinen wie auch immer gearteten Anhaltspunkt gibt.

Ein endgültiges Urteil der Calico-Grabung ist erst mit der Veröffentlichung des ausführlichen Abschlußberichts über die Gesteinsansammlungen möglich. Dieser wurde uns in Aussicht gestellt. In der Zwischenzeit bleibt Leakeys Vision von der ganz frühen Besiedelung des amerikanischen Kontinents, wenn man nach dem bislang zugänglichen Beweismaterial und den „Artefakten" selbst urteilt, ein Traum; ganz zu schweigen vom Gewicht der jetzt verfügbaren Daten über die Bevölkerung der Alten Welt vor 200 000 Jahren. Calico Hills ist wahrscheinlich ein archäologischer Mythos.

Torralba und der Ursprung der Großwildjagd

Kein Mythos ist es, daß vor etwa 200 000 Jahren Gemeinschaften des archaischen *Homo sapiens* einen Großteil Afrikas, Europas und Asiens in ihren tropischen und gemäßigten Regionen besiedelten. Von manchen Wissenschaftlern wird behauptet, daß die Menschen in dieser Zeit mit der systematischen Großwildjagd begannen, indem sie viel größere Tiere verfolgten anstatt sich vom Aas bereits von Raubtieren erlegter Tiere zu ernähren. Sie nennen mehrere Beispiele von großen Jagd- und Fangplätzen, wo die Menschen lagerten und das Wild ausnahmen. Einer dieser Orte ist Torralba in der Nähe von Madrid.

Die ursprüngliche Torralba-Ausgrabung entwarf ein faszinierendes prähistorisches Szenario. Verschiedene Jagdverbände lebten in einem tiefen sumpfigen Tal, setzten regelmäßig das Unterholz in Brand und trieben große Elefanten in die Sümpfe. Sie töteten die hilflosen Tiere und nahmen die Kadaver vor Ort aus, möglicherweise benutzten sie jahrelang immer wieder die gleiche Stelle. Lehmabdrücke, die in den archäologischen Ablagerungen erhalten geblieben sind, zeigen offenbar, daß die Jäger zum Erlegen ihrer Beute hölzerne Lanzen und Speere gebrauchten. Leider wurde dieses Szenario durch neuere Forschungen über die Verteilung der noch vorhandenen Elefantenknochen abgewandelt. Diese legen die Vermutung nahe, daß die Jäger die Sümpfe regelmäßig aufsuchten, um die Elefanten auszuschlachten, die dort bereits feststeckten. Damit bestehen wieder Zweifel an der Fähigkeit der Torralba-Menschen zur Großwildjagd.

Zu welchem Ergebnis die Untersuchungen über Torralba letztendlich auch kommen mögen, sicher ist, daß irgendwann vor einer Million Jahren und vor dem Auftauchen des *Homo sapiens*, die Menschen ihre Jagdtechniken allmählich verbesserten. Vielleicht fingen oder schlachteten sie schon vor 300 000 Jahren nicht nur Elefanten, sondern auch anderes Groß- und Niederwild. Sobald sie einfache Jagdmethoden entwickelt hatten, konzentrierten sich die Menschen offenbar auf größere Pflanzenfresser. Dies hatte mehrere Vorteile: die Kadaver boten große

Mengen Fleisch, die jährlichen Weidezüge waren vorhersehbar, soziale Verhaltensweisen ließen sich leicht beobachten und ausnutzen.

Die Jagdmethoden waren dennoch wohl erst rudimentär ausgebildet, und die Fähigkeit des frühen *Homo sapiens,* Gebiete mit extremen klimatischen Verhältnissen zu besiedeln, war damit eingeschränkt. Vermutlich verließen sich die Jäger auf ihre Geschicklichkeit beim Anpirschen und auf die einfache Treibjagd, um an ihre Beute heranzukommen. Das wissen wir von einem der frühesten Jagd- und Fangplätze der Welt, der im norddeutschen Lehringen gefunden wurde. Irgendwann vor 130000 Jahren überfiel eine Gruppe von Jägern einen einsamen, 45 Jahre alten Elefanten in der Nähe eines lehmigen Teiches. Eine Eibenholzlanze verwundete das Tier an Brust und Unterleib. Es ergriff die Flucht und blieb im Wasser stecken. Dort starb es. Die Jäger kamen heran, weideten den Kadaver mit Steinabschlägen aus und ließen die Teile, die sie nicht gebrauchen konnten, im Teich zurück. Tausende von Jahren später fanden Ausgräber die 1,98 m lange Eibenholzlanze in dem Elefanten stecken. (Interessanterweise war Eibenholz das bevorzugte Material englischer und französischer Bogenschützen im Mittelalter.)

Wenig später begann die Temperatur auf der Welt schnell zu sinken. Vor 75000 Jahren etwa ereignete sich der letzte größere Kälteeinbruch der Eiszeit. Riesige, von den Alpen und Skandinavien ausgehende Eisflächen bedeckten auch Teile West- und Mitteleuropas. Ein Großteil Nordamerikas lag ebenfalls unter Eis. In den südlicheren Breiten wurde es mit der Zeit kälter und feuchter, auf der ganzen Welt fielen die Meeresspiegel drastisch und ließen in vielen Teilen der Welt Landbrücken zurück, die etwa Alaska mit Sibirien und viele südostasiatische Inseln mit dem Festland verbanden. Die Klimaverschlechterung veränderte überall auf der Welt die Gestalt der Landmassen und damit auch die Verteilung der menschlichen Besiedlung.

Die letzte Vereisung erlebte einen gewaltigen Fortschritt der technischen Entwicklung des Menschen und seiner Anpassungsfähigkeit und die erste Besiedlung arktischer Regionen. Der Beginn dieser Anpassung an kältere Klimazonen wird mit einem der bekanntesten vorgeschichtlichen Menschen-Typen in Verbindung gebracht – dem Neandertaler.

Die Neandertaler

Der erste Neandertaler *(Homo sapiens neanderthalensis)* kam im Jahre 1856 ans Licht, als Steinbrucharbeiter einen primitiv geformten Schädel in einer Höhle im Neandertal bei Düsseldorf fanden. Die Wissenschaftler spalteten sich in zwei Lager. Der deutsche Anatom Rudolf Virchow hielt den Schädel aufgrund seiner groben Stirnwülste für den Schädel eines pathologisch Geisteskranken. Andere, darunter der bedeutende englische Biologe Thomas Huxley, waren der Ansicht, daß es sich um den Schädel eines vorzeitlichen Menschen handelte. Bald tauchten Neandertaler-Knochen auch in belgischen und französischen Höhlen auf und zwar in so ausreichender Menge, daß eine erste Beschreibung der Anatomie des Neandertalers erstellt werden konnte. Leider beruhte eine der ersten Studien auf

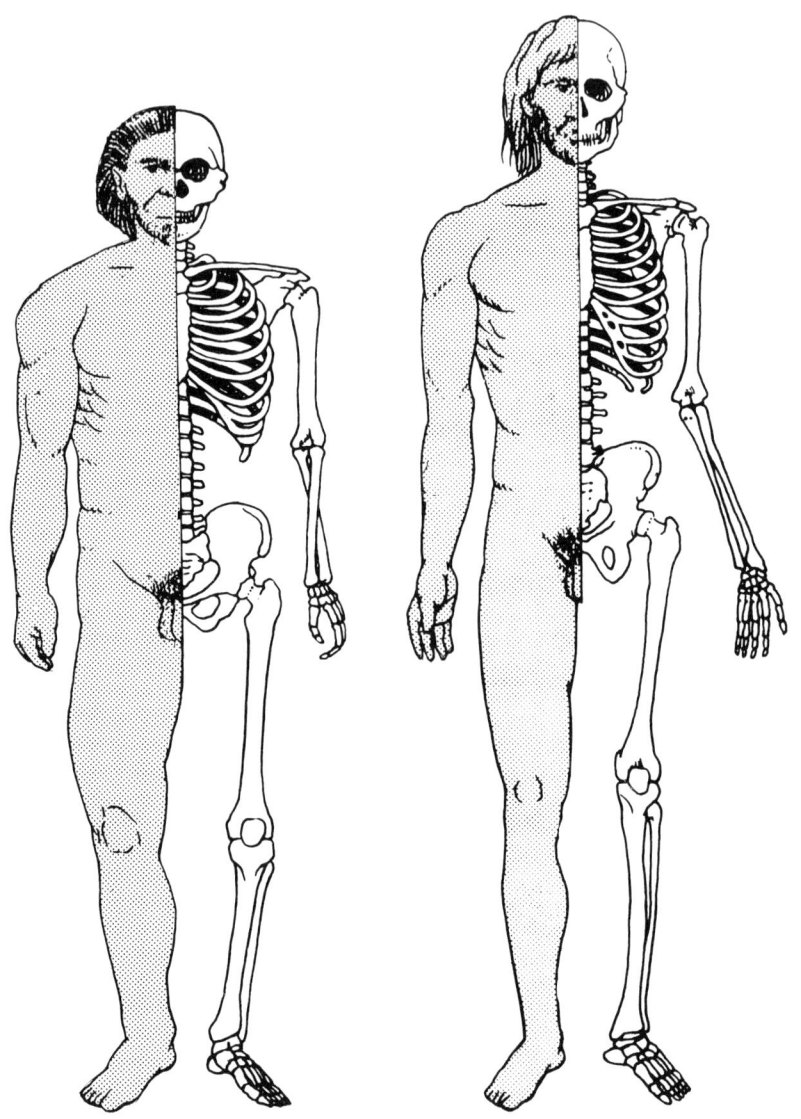

Der europäische Neandertaler (links) im Vergleich mit dem modernen Menschen.

dem Skelett eines älteren, an Arthritis erkrankten Neandertalers. Dadurch wurde Generationen lang ein verzerrtes Bild von den Fähigkeiten der Neandertaler geprägt. Mehr als ein halbes Jahrhundert waren sie als „primitive" Wesen gebrandmarkt, Menschen mit schleppendem Gang, deutlich gebückter Haltung und affenähnlichen Zügen, die ausschließlich in Höhlen lebten und Holzkeulen schwangen. Sie wurden zu den bei Karikaturisten beliebten „Höhlenmenschen",

Prototyp des vor unserer Zeitrechnung spielenden Comics in vielen der heutigen Zeitungen.

Neue anatomische Untersuchungen zeigen, daß die Neandertaler keineswegs vertiert oder degeneriert waren. Sie hatten die gleiche Hirnkapazität wie wir. Den Vergrößerungen gewisser Gehirnpartien nach zu schließen, die an Abgüssen der Innenseiten von Neandertaler-Schädeln zu erkennen sind, waren sie zumindest gewisser Formen des Sprechens und Denkens mächtig. Wir wissen außerdem, daß der Begriff „Neandertaler" eine Gruppe prähistorischer Menschentypen umfaßt, die sich in ihrer physischen Konstitution stark unterschieden, je nachdem, welcher Klimazone sie sich angepaßt hatten. Über den europäischen Neandertaler sind wir am besten unterrichtet. Wie seine Vettern andernorts war er offenbar ein tüchtiger Jäger und Sammler, der vor etwa 100 000 Jahren zum Wärmen und Kochen Feuer benutzte. Er war robust und gedrungen, dem arktischen Klima Westeuropas mit seinen langen, eiskalten Wintern und den sehr kurzen, warmen Sommern gut angepaßt. Er lebte nicht nur in Höhlen und im Schutz von Felsen, sondern in den wärmeren Monaten vermutlich auf freiem Feld in Zelten aus Tierhäuten.

Die Neandertaler gebrauchten immer noch Speere für die Jagd, aber sie verbesserten ihre Steinbearbeitungstechniken. Anstelle der Faustkeile und simplen Abschläge der vorangegangenen Jahrtausende schlugen sie Rohlinge aus sorgfältig bearbeiteten Feuersteinkernen, die sie zu Speerspitzen mit doppelseitiger oder einseitiger Retuschierung weiterverarbeiteten. Derartige, teilweise erheblich verfeinerte Steinspitzen waren dann in vielen späteren Gesellschaften Asiens, Sibiriens und Amerikas von Bedeutung. Ein weiterer Fortschritt war der sparsamere Gebrauch des Feuersteines. Das war ein sehr wichtiger Aspekt überall dort, wo die Großwildjäger mit einem knappen Vorrat an Feuerstein über die offenen Ebenen zogen.

Die verfeinerte Steintechnologie spiegelt nicht nur eine besser durchdachte Fleischverarbeitung wider, sondern auch die Entwicklung besserer Werkzeuge für die Holzbearbeitung, das Präparieren von Fellen und die Herstellung von Geräten aus Knochen. Die neuen Werkzeugformen setzten wohl auch höhere intellektuelle Fähigkeiten voraus, die die Neandertaler auch dazu brachten, ihre Toten zu bestatten.

Grabstätten von Neandertalern wurden in Höhlen und Abris Frankreichs und Westasiens gefunden. Die Skelette liegen zusammengekauert in flachen Gräbern, manchmal zusammen mit Nahrungsbeigaben. Das Skelett eines Kindes aus der Tešik-Taš-Höhle in der UdSSR, südlich von Samarkand gelegen, fand sich mit fünf oder sechs Paar Hörnern des sibirischen Steinbocks, deren Spitzen senkrecht nach unten angeordnet sind. Die Hörner umringen das Grab. Höchstwahrscheinlich glaubten die Neandertaler an ein Leben nach dem Tod.

Es gibt auch Anzeichen für religiöse Rituale. Eine Horde, die in der Nähe von Rom lebte, enthauptete einen etwa 40jährigen Mann und begrub den verstümmelten Schädel in einem flachen Graben in einer Höhle des Monte Circeo. Vor ungefähr 60 000 Jahren wurde die Höhle durch einen Erdrutsch verschüttet.

Es steht außer Frage, daß die Neandertaler vernunftbegabte, denkende menschliche Wesen waren, deren Riten und Glauben die unvergleichlich viel kultivierteren Gebräuche des *Homo sapiens sapiens* ankündigten. Aber wir haben Grund zu der Annahme, daß sie „primitiver" und mit einer einfacheren Kultur ausgestattet waren als der moderne Mensch. Ihr Sprachsystem war möglicherweise weniger gut entwickelt. Sicher machten sie weniger Gebrauch von Knochen und begründeten auch keine vergleichbar hochstehenden künstlerischen Traditionen, die für die Menschen des Jungpalöolithikums so charakteristisch waren. (Die Altsteinzeit oder das Paläolithikum [griechisch: palaios = alt, lithos = Stein] wird von den Archäologen der Alten Welt in drei große Entwicklungsphasen eingeteilt: das *Altpaläolithikum* mit einer auf einfachen Abschlagmethoden beruhenden Steintechnologie, die charakteristisch für die ersten Menschen, die Australopithecinen, den *Homo erectus* und den frühen *Homo sapiens* ist; das *Mittelpaläolithikum*, das im allgemeinen mit der Technologie der Neandertaler assoziiert wird, d. h. dem Gebrauch sorgfältig bearbeiteter Steinknollen und der Herstellung zahlreicher mehr oder weniger standardisierter Abschlaggeräte; das *Jungpaläolithikum*, für das Klingentechnologie und Klingengeräte in Zusammenhang mit dem modernen Menschen typisch sind. Diese Begriffe sind nur praktische Übereinkünfte, die so gut wie keinen chronologischen Wert besitzen, es sei denn in ganz allgemeinem Sinn.)

Vor über 100000 Jahren begegneten ein paar Prä-Neandertaler vermutlich als erste dem zottigen Mammut in Mitteleuropa, an Orten wie Weimar-Ehringsdorf in Deutschland, wo Elefanten aus dem Hinterhalt angegriffen und in die Sümpfe getrieben wurden. Vor 70000–80000 Jahren, vielleicht auch früher, schlachteten Neandertaler im kalten Steppengebiet bei Salzgitter-Lebenstedt westlich des Harzes (52. nördlicher Breitengrad) Mammute, Rentiere, Steppenwisente und Wildpferde. Lanzenspitzen aus Mammutrippen wurden für die Jagd verwendet. Hier und in der 60000 Jahre alten Fundstätte am Ascherslebener See bei Königsaue schlugen Neandertaler ihre Lager an den Seeufern und in den Tälern auf und jagten am Rande der Steppen-Tundra. (Steppe ist eine trockene winterkalte Graslandschaft; die Tundra ist ein kaltes, baumloses Gebiet, bedeckt mit Zwergsträuchern.)

Irgendwann vor 60000 bis 40000 Jahren lebten Neandertaler-Jäger zeitweilig, d. h. vermutlich während des Sommers, auf der kontinentalen Steppen-Tundra bei Wolgograd am Don im östlichen Rußland (49. nördlicher Breitengrad). Sie jagten Mammute, Steppenwisente, Wildpferde und die Saiga-Antilope, eine Art, die auch heute noch in der trockenen kontinentalen Steppe lebt. Hier wie überall lebten die Jäger in ständiger Nähe zum Wasser, an Orten, die vor starken Winden geschützt, mit Galeriewäldern bestanden und gleichzeitig auch nahe zu den offenen Ebenen gelegen waren. Die Funde zeigen, daß die Neandertaler-Mammutjäger zumindest im Sommer und Frühherbst in die gemäßigte subarktische und die trockene arktische Steppe vordrangen, mindestens bis zum 53. nördlichen Breitengrad in Mitteleuropa und dem 49. nördlichen Breitengrad im Osten der Sowjetunion.

In den gut 20000 Jahren vor dem Erscheinen des modernen Menschen in diesen Breiten, also vor etwa 40000 Jahren, zogen verstreute Jagdverbände der Neandertaler über die kalten, windgepeitschten Ebenen, die sich ohne Unterbrechung von Mitteleuropa bis nach Sibirien erstreckten. Dieser allmähliche Zug nach Norden in arktische Breiten dürfte wohl ein jahreszeitlich bedingtes Phänomen gewesen sein, das sich an Dutzenden Orten zwischen dem Schwarzen Meer und Nordostasien wiederholte. Zum ersten Mal begannen Menschen bis an arktische Grenzen vorzustoßen. Warum, ist ein Rätsel. Eine Erklärung mag das allmähliche Vordringen von Jägern und Sammlern in die gemäßigteren Klimazonen sein, was die Kapazität der alten Jagdterritorien nicht nur in West- und Mitteleuropa, sondern auch in Asien überforderte.

Nur wenige Fundorte belegen steinzeitliche Besiedlungen aller Perioden in den weiten Gebieten Zentralasiens, der Mongolei und Südsibiriens. An solchen jungpaläolithischen Fundstellen wurden an der Oberfläche grobe Hacksteine und Abschläge gefunden, deren geologische Zusammengehörigkeit und Alter mehr als fragwürdig sind. Stätten mit einem Alter von etwa einer Million oder mindestens 500000 Jahren alt, sind in Zentral- und Nordchina hinreichend belegt; dort ist auch eine gelegentliche spätere Besiedlung nachweisbar, zumindest bis zum 40. nördlichen Breitengrad. Aller Wahrscheinlichkeit nach war die Situation in Zentralasien und im Fernen Osten in etwa die gleiche wie in Mitteleuropa: jahreszeitlich bedingtes Jagen auf den nördlichen Ebenen, aber bestenfalls vereinzelte Besiedlung durch Neandertaler am Rand der Ebenen.

Dutzende von Ablagerungen vorzeitlicher Seen belegen, daß sich vor etwa 40000 Jahren die klimatischen Verhältnisse langsam verbesserten; die Sommer wurden wärmer und länger und gaben den Menschen die Möglichkeit, auch ohne hochspezialisiertes Werkzeug allmählich Richtung Norden zu ziehen. Aber die warmen Sommer waren nicht von langer Dauer. Bis spätestens vor etwa 35000 Jahren hatte der moderne Mensch, der *Homo sapiens sapiens*, die Führung übernommen, die Neandertaler starben aus oder wurden assimiliert.

Der Fall frühester Besiedlung

Gab es nun vor 200000 Jahren Menschen auf dem Kontinent Amerika oder besiedelten sie die Neue Welt zur Zeit der Neandertaler, also irgendwann zwischen 100000 und 40000 Jahren vor unserer Zeit?

Vor 200000 Jahren war der Mensch noch weitgehend an tropische und gemäßigte Breiten gebunden. Louis Leakeys „Artefakte" von Calico Hills anerkennen hieße, die menschlichen Vorfahren nicht in der Alten Welt sondern in der Neuen suchen. Das ist nun aber, so unsere Argumentation, biologisch unmöglich. Und es gibt ja auch keine fossilen Vorläufer oder lebenden Verwandten.

Zogen vor 40000 Jahren Neandertaler in die Neue Welt? Wiederum legen die verfügbaren Beweismaterialien nahe, daß dies nicht der Fall war. Die nördlichsten bekannten Fundstätten von Neandertalern liegen etwa auf dem 52. nördlichen Breitengrad, also ein ganzes Stück weiter südlich als der 60. Breitengrad, wo Sibirien, das äußerste Nordostasien und die Beringstraße zu finden sind. Jeder Anspruch auf eine einheimische Evolution des Neandertalers auf dem amerikanischen Kontinent bleibt die Erklärung schuldig, warum es von ihnen (oder ihren Vorläufern) keinerlei Fossilien auf diesem Kontinent gibt.

Dieses Kapitel hat die allmähliche, über zwei Millionen Jahre sich erstreckende

Besiedlung eines Großteils der Alten Welt nachgezeichnet. Wenn man die erste Besiedlung Amerikas im Rahmen dieses langsam sich bewegenden Szenarios betrachtet, so ist es fast unmöglich, die Thesen von Calico Hills oder dem „amerikanischen Neandertaler" zu unterstützen. Global gesehen erscheint es plausibler, daß die Besiedlung der Neuen Welt mit der raschen Ausbreitung der Menschen einherging, die den *Homo sapiens sapiens* vor etwa 35 000 Jahren in alle Teile der Welt führte.

Die beiden Theorien von der ganz frühen Besiedlung zurückzuweisen heißt, daß die urzeitlichen Siedler auf dem amerikanischen Kontinent richtige moderne Menschen waren. Wie aber gelangten sie zum ersten Mal in ihre neue Heimat? Über den Land- oder den Seeweg? Und wann kamen sie an? In einem Zeitraum vor 35 000–15 000 Jahren oder später als vor 15 000 Jahren, am Ende der letzten Vereisung? Das sind die Streitfragen, mit denen sich die Archäologen seit Generationen beschäftigen.

2. Der moderne Mensch betritt die Szene – Europa und Asien von vor 35 000 bis vor 15 000 Jahren

Vor 40 000–35 000 Jahren vollzog sich in vielen Teilen der Alten Welt die vielleicht dramatischste Entwicklung der Menschheitsgeschichte. In Afrika, im Nahen Osten und in Asien erschien plötzlich der *Homo sapiens sapiens*, der moderne Mensch. Dieser vom archaischen *Homo sapiens* abstammende Mensch vermehrte sich innerhalb eines Zeitraumes von ein paar zehntausend Jahren, nach biologischen Maßstäben eine winzige Zeitspanne. Bald drang er in jeden vorher unbewohnten Teil der Erde vor und ersetzte oder assimilierte den Neandertaler. Der Selektionsschub, der zu diesem plötzlichen entwicklungsgeschichtlichen Sprung nötig war, bleibt nach wie vor rätselhaft. Manche Anthropologen vermuten, daß dieser Wechsel auf eine entscheidende, wenn auch unauffällige Fortentwicklung der Lebensbedingungen zurückzuführen sei, z. B. auf effektivere Jagdmethoden. Aus archäologischen Befunden ist dieser Wechsel nicht zu ermitteln. Höchstwahrscheinlich wurde der wuchtige Körperbau des Neandertalers zu einer überflüssigen Belastung, die zu viel Nahrung in Anspruch nahm und gab den Anstoß für die rasche Rückbildung des massiven Körpers und vielleicht auch anderer typischer Züge wie des dicken Schädelknochens. Die zunehmende Verbesserung der Techniken bei der Werkzeugherstellung, wie sie an den späteren Neandertaler-Fundorten ablesbar wurde, könnte auch eine Rolle gespielt haben; der zwar weniger robuste, aber anpassungsfähigere *Homo sapiens sapiens* hatte dadurch einen Selektionsvorteil.

In dem Augenblick, als der *Homo sapiens sapiens* die Weltbühne betrat, wurden die menschlichen Kulturen sichtlich differenzierter. So produzierten die Jäger und Sammler im südwestlichen Frankreich vor 35 000 Jahren ein erheblich verfeinerteres und höher entwickeltes Geräteinventar. Abgesehen von den hervorragenden neuen Steinwerkzeugen verwendeten sie Knochen und Hirschgeweihe zur Herstellung von Harpunen, Speerspitzen und sogar Nadeln zum Nähen von Kleidungsstücken. Solche Erzeugnisse konnten auch in holzarmen baumlosen Regionen hergestellt und zur Jagd auf Wild jeglicher Größe verwendet werden, die brauchbaren Nebenprodukte dieser Beutetiere wurden voll ausgeschöpft. Innerhalb von ein paar tausend Jahren hatten die neuen Jäger die erste Kunsttradition der Welt entwickelt, die in Tausenden von Felsgravierungen, Höhlenmalereien und Artefakten mit anspruchsvollen Verzierungen zum Ausdruck kam. Dieser Kunst lagen ein tiefgründiger Symbolgehalt und eine zeremonielle Ordnung zugrunde, soziale Verhaltensrituale, die weit entwickelter waren als alles, was in früheren Zeiten praktiziert wurde.

Wo immer der *Homo sapiens sapiens* auftauchte wuchs die Bevölkerung stetig an und Jagdverbände drangen über die Grenzen früherer Besiedlung hinaus. Mit ihren fortgeschrittenen Werkzeugen und größeren geistigen Fähigkeiten waren die Neuankömmlinge offenbar auch in der Lage, sich sehr viel härteren klimatischen Verhältnissen anzupassen. Nur ein paar Jahrtausende nach dem Erscheinen des modernen Menschen in Asien und dem Nahen Osten hatten Jäger und Sammler offene Gewässer bis nach Australien überquert, tropische Regenwälder erobert und waren weit über die nördlichen Jagdgründe der Neandertaler, vielleicht bis nach Sibirien, gezogen.

Ozeanfahrer?

Es waren moderne Menschen, die die beiden großen menschenleeren Kontinente, Australien und Amerika, besiedelten. Zweifellos kamen die ersten Australier über den Seeweg, aber gilt das auch für ihre amerikanische Vettern? Nach heutigem Wissensstand erreichten menschliche Einwanderer aus Südostasien Australien zum ersten Mal vermutlich vor ca. 35 000 Jahren, vielleicht auch ein paar tausend Jahre früher. Selbst in Perioden mit niedrigem Meeresspiegel, lag vor den ersten Einwanderern eine offene Wasserfläche von rund 90 km. Um diesen breiten Kanal zu durchqueren, brauchte man seetüchtige Wasserfahrzeuge, auch wenn die Überquerung zufällig erfolgte. Die Archäologen James O'Connell und Peter White fanden heraus, daß die Gefährte der australischen Ureinwohner nur einfache Baumstämme und Flöße aus Binsen waren. Selbst die am weitesten entwickelten Arnhemland-Boote aus zusammengenähten Rindenstücken wurden nur für kurze Fahrten auf dem offenen Meer verwendet, vielleicht zu küstennahen Inseln, die in Sichtweite lagen. Mangelnde Tragfähigkeit verhinderte längere Fahrten. Aus diesem Grunde, so das Argument, war die erste Besiedlung eine zufällige, unbeabsichtigte Reise, Küstenwinde oder unvorhergesehene Strömungen hatten eine Familie an Land getrieben. So war es nicht, sagen andere Forscher. Sie glauben, daß die Reise ganz bewußt geschah, vielleicht in Richtung einer großen Rauchsäule von einem natürlichen Buschfeuer, das wie ein Leuchtfeuer eines fremden Landes am Horizont wirkte. Andere stellen auch die Hypothese auf, daß die ersten Australier geschickte Bootsbauer waren, die ihre Kunst angesichts des Luxus eines riesigen Kontinentes, den es zu besiedeln galt und der sich von ihrem Herkunftsgebiet stark unterschied, wieder vergessen hatten. Welche Hypothese man auch immer favorisieren mag, sie bleibt eine Hypothese. Grundsätzlich legt die einfache Bauweise moderner australischer Boote nahe, daß sie niemals über sehr viel besser entwickelte Wasserfahrzeuge verfügten, und daß die ursprüngliche Überquerung ein Zufall war, der eine Handvoll Menschen zu dem neuen Kontinent brachte.

Welche Art von Gefährt sie auch benutzten, die Bevölkerung dehnte sich in Australien erfolgreich aus. Vor 20 000 Jahren lebten nur an den Küsten und am Rand der zentralen Wüste Menschen. Vor 10 000 Jahren machten sich die Australier bereits jede wichtige Naturzone des Kontinentes nutzbar.

Aber kamen die ersten Amerikaner auch über das Meer? Hier müssen wir unterscheiden zwischen der kurzen möglichen Überquerung der Beringstraße und der riesigen Ozeanreise, die die Durchquerung des Pazifiks (bzw. des Atlantiks) notwendig machte. Samuel Haven leitete ein neues Forschungszeitalter ein, als er die Aufmerksamkeit auf den natürlichen Landweg von Sibirien über die Beringstraße lenkte. Dieser vereiste Kanal trennt die Alte Welt von der Neuen durch etwa 80 Kilometer, vergleichbar mit der Entfernung, die zur Landung in Australien zurückzulegen war. Ob erste Pioniersiedler nun tatsächlich Wasserfahrzeuge benutzt haben, um die Straße zu überqueren oder ob sie trockenen Fußes über Packeis oder zu einem Zeitpunkt, als der Meeresspiegel niedrig war, über eine Landbrücke kamen, wird im nächsten Kapitel erörtert. Zunächst interessiert uns die Frage nach der Überquerung des offenen Meeres im allgemeinen.

Sowohl der Atlantik als auch der Pazifik sind riesige Wassermassen, die eine erschreckende Vielzahl an Wetterlagen hervorbringen. Der einfachste Weg, den Atlantik von der Neuen zur Alten Welt über das offene Meer zu überqueren, ist die Route des Kolumbus von Europa aus den nordöstlichen Handelsweg entlang, von den Kanarischen zu den Karibischen Inseln. Selbst diese Strecke erfordert seetüchtige Segelschiffe, die fähig sind, Winde von über 35 Knoten und Wellen von über 3,5 Metern Höhe auszuhalten. Eine Nordatlantik-Überquerung ist noch viel gefährlicher: ständige Gegenwinde, unberechenbare Stürme und erheblich höherer Seegang. Die früheste authentisch belegte Überquerung des Atlantiks unternahmen um 1000 n. Chr. die Wikinger, die zu den erfahrensten Seeleuten gehörten, die es jemals gab. Nicht einmal Thor Heyerdahl – der mit der Fahrt in seinem Schilfboot Ra vor einiger Zeit die Gemüter erregte, aber den Beweis über die mögliche Verbindung des alten Ägyptens mit Südamerika schuldig blieb – hält eine Atlantiküberquerung in Zusammenhang mit der ersten Besiedlung Amerikas zu einem so frühen Zeitpunkt für unmöglich. Der Atlantik wirkt klein im Vergleich zum Pazifik mit seinen gewaltigen Dimensionen offener Meeresfläche und der Länge der Passagen, die zu seiner Überquerung von Asien zum amerikanischen Kontinent nötig sind, selbst wenn man unterwegs von Insel zu Insel springt. Die kürzeste Strecke von Japan aus zu den äußeren Aleuten heißt auf offenem Meer durch stürmische, eiskalte und oft nebelverhangene Gewässer segeln. Die tropischen Routen sind Tausende von Kilometern länger und bedeuten unberechenbare Windrichtungen, lange Flauten und Wochen ohne Land in Sicht. Welche pazifische Strecke die vorzeitlichen Fahrer auch immer einschlugen, sie mußten über eine Technik verfügen, mit der sie kräftige Boote für das offene Meer bauen konnten. In diesem Zusammenhang ist es sinnvoll, einen Blick auf die erste Besiedlung Polynesiens, des riesigen pazifischen Dreiecks, das Neuseeland, Hawaii und die Osterinsel umfaßt, zu werfen. Zahlreiche Ausgrabungen konnten zeigen, daß die ganze Gegend erst vor 3500 Jahren mit der Entwicklung des Auslegerbootes besiedelt wurde. Bis dahin gab es keine menschlichen Bewohner. Es ist kaum vorstellbar, daß etliche tausend Jahre vorher Menschen den amerikanischen Kontinent über den pazifischen Ozean erreicht haben sollen, ohne wie auch immer geartete Spuren auf den dazwischenliegenden Inseln hinterlassen zu haben. Wie der Fall Australien nahelegt, konnten Menschen vor 10000, 20000 oder 30000 Jahren dank einfacher Wasserfahrzeuge kurze Strecken von 80 oder 90 km zurückzulegen, aber nicht Tausende von Kilometern auf offenem Meer ohne unterzugehen.

Sehr wahrscheinlich gelangten die ersten Amerikaner über Asien in den hohen Norden der Neuen Welt, über die Beringstraße und Sibirien. Aber wie und wann gelangten sie dorthin? Für die Beantwortung dieser Frage müssen wir uns die ersten *Homo sapiens sapiens*-Bevölkerungen genauer ansehen, die sich jenseits der nördlichen Siedlungsgrenzen der Neandertaler niederließen.

Die Mammutjäger der russischen Steppe

Mit der Ankunft des *Homo sapiens sapiens* vor etwa 35 000 Jahren nehmen die archäologischen Befunde im östlichen Europa schlagartig zu. Dutzende von Fundstätten – im Vergleich zu einer Handvoll früher – bezeugen eine beträchtliche Zunahme der Großwildjagd.

Vor etwa 25 000 Jahren lagerten Mammutjäger in Pavlov und Dolní Věstonice in der heutigen Tschechoslowakei; beide Orte lagen an häufig benutzten Mammutpfaden. Jedes Jahr zogen die Mammute einen festen Wanderweg entlang. Die Jäger überfielen die Tiere an einer geeigneten Stelle, wo ein nahegelegener Abhang einen guten Fangplatz ergab. Die Dolní Věstonice-Menschen schlugen im Spätherbst ihr Lager am Rand eines sumpfigen Flußtales auf. Wie bei der heutigen Jagd auf Moschusochsen in der kanadischen Arktis dürften die Jäger das Fleisch als Grundnahrungsmittel für die langen vor ihnen liegenden Wintermonate eingelagert haben. Sie trockneten das Fleisch an dem windigen und sonnigen Abhang in der Nähe. Da der Boden wenige Zentimeter unter der Oberfläche ständig gefroren war, konnten sie durch die aufgetaute Schicht durchgraben und das Fleisch in ausgezeichneten natürlichen Kühlschränken aufbewahren.

In den drei großen Flußläufen der russischen Ebene – Dnjestr, Don und Dnjepr –, die in das Schwarze Meer und das Asowsche Meer münden, wurden Dutzende von jungpaläolithischen Lagerstätten gefunden. Die Horden sammelten sich in diesen Flußtälern und legten ihre Lagerplätze auf den niedrigen Vorgebirgen mit Blick auf die großen Schwemmebenen der Flüsse an. Trotz der relativ geschützten Plätze mußten die Jäger ein strenges Klima mit Wintertemperaturen bis zu − 40 °C und einer durchschnittlichen Julitemperatur von 18 °C durchstehen. Auf den Ebenen mit ihren verstreuten Wildherden und den großen Entfernungen war auch die Herstellung von Werkzeug schwierig, denn geeignete Felsen aus feinkörnigem Gestein waren selten und nur in großen Abständen anzutreffen. Die Werkzeugmacher des Jungpaläolitikums entwickelten deshalb eine äußerst sparsame Steintechnik, die auf gut zu tragenden Brocken basierte, die wochenlang verwendet und transportiert werden konnten. Bei Bedarf schlugen sie Klingen aus dem kostbaren Kernstück, und fertigten so leichte, gebrauchsfertige Werkzeuge. Sie transportierten und tauschten vielleicht auch den feinkörnigen Stein über Hunderte von Kilometern und schufen eine Vielfalt von Steinartefakten: Messer, Bogenschaber, Geschoßspitzen, Bohrer und Stichel – charakteristische Schneidewerkzeuge mit meißelartigen Enden. Sie benutzten sie zur Herstellung einer beachtlichen Anzahl

Rekonstruktion einer 25 000 Jahre alten Hütte, die in Dolní Věstonice in der Tschechoslowakei ausgegraben wurde. Das Holzgerüst war vermutlich mit Häuten bedeckt und mit Mammutknochen, Zweigen und Erde beschwert. Der Jäger hält in der Hand eine kleine Figur, die er im Feuer gebacken hat. An diesem Fundplatz wurde eine dieser sogenannten Venus-Figuren entdeckt.

von Artefakten aus Knochen und Geweihstangen. Die Ebenen ernährten eine außerordentliche Vielfalt großer Säugetiere, neben Mammuten auch Wollnashörner, Steppenwisente, Rentiere und Wildpferde – eine Skala, die so ausschließlich und so eng mit den Jägern der Steinzeit verbunden ist, daß die russischen Paläontologen sie als „jungpaläolithische Fauna" bezeichneten. Die Jäger ergänzten ihre Nahrung mit Fischen wie Lachs, Barsch und Hecht – und mit Enten, Gänsen und Schneehühnern, außerdem mit eßbaren Pflanzen.

Die russischen Jäger lebten in verschiedenen Behausungen, die häufig aus Vertiefungen bestanden, die sie aus dem Boden aushoben. Manchmal verwendeten sie große Mammutknochen als Wandgerüst und deckten diese Hütten vermutlich mit jungen Bäumen und Häuten ab. Vor etwa 18 000–14 000 Jahren bauten in Mežirič im Dnjepr-Tal lebende Verbände kunstvolle Konstruktionen aus Mammutknochen, indem sie sorgfältig arrangierte Schädel und andere große Knochen zur Fundierung symmetrischer Wandbefestigungen verwendeten. Für jedes Haus sammelten sie bis zu 46 000 Pfund Mammutknochen, die von der Jagd oder vielleicht auch von aufgefundenen Kadavern stammten. Das waren feste Wohnsitze, die wahrscheinlich in den kalten Wintermonaten gebraucht wurden. Andere Verbände lebten in oval angelegten Wohnstätten, vermutlich konischen Zelten aus Tierhäuten.

Die ukrainischen Jäger schufen Bilder und Symbole, die von einem differenzierten, fantasievollen Leben zeugen. Sie verzierten Mammutknochen mit roten Ockerzeichnungen, schnitzten stilisierte menschliche Figuren und ritzten geometrische Ornamente auf Elfenbein. Sie trugen durchbohrte Wolfs- und Fuchszähne, Ketten aus Bernstein und Muschelperlen. Manche ihrer Schmuckstücke kamen von weit her. Fossile Muschelfunde in Mezin stammten von 600–800 km weit entfernten Meeresablagerungen, Bernstein stammte von einem Ort in der Nähe von Kiew, der 150 km weit entfernt lag. Der Tauschhandel, der diese exotischen

Dinge bis zum Dnjepr brachte, erstreckte sich bis zum Schwarzen Meer im Süden und weit in den Westen hinein. Dies waren Menschen mit weitreichenden Verbindungen zu Großwildjägern über Tausende von Kilometern Steppe und Flußtäler.

Zusammenarbeit und Vereinigung

Alle in Mežirič und anderen Orten gefundenen Spuren sprechen für eine höher entwickelte Sozialstruktur als die des Neandertalers. Olga Soffer von der University of Illinois zählt zu den wenigen westlichen Gelehrten, die mit russischen Wissenschaftlern in der Ukraine zusammengearbeitet haben. Aus der Tatsache, daß die Mežirič-Leute ihre Lagerplätze lange Zeit beibehielten, läßt sich ihrer Meinung nach schließen, daß sie ein Verfahren zur Lösung von Konfliktfällen entwickelt haben mußten. Bei einer beweglichen Horde gehen Streithähne einfach auseinander. Hier aber lebten sie offensichtlich größere Zeiträume miteinander, dabei mußten sie über soziale Regeln zur Erhaltung des Friedens verfügen.

Wir wissen nicht, wie diese Regelungen ausgesehen haben, aber sie könnten mit dem Entstehen einer gewissen Form von sozialer Stratifizierung zusammenhängen. Soffer stellt an manchen Stätten des Dnjepr-Gebietes eine ungleiche Verteilung von Vorratsgruben fest, als hätten manche Haushalte über mehr Nahrungsmittel verfügt als andere. Vielleicht leiteten sozial höher stehende Familien oder Einzelpersonen mit zusätzlichen Nahrungsvorräten die Arbeit, die nötig war, um die Behausungen aus Mammutknochen zu bauen. Die eigentlichen Niederlassungen beherbergten nur zwischen 30 und 100 Menschen, aber die Beziehungen zwischen den verschiedenen Gemeinschaften konnten einen offiziellen und gesellschaftlich verpflichtenden Status angenommen haben, so wie bei den heutigen Medizingesellschaften der Ojibwa in Nordamerika. Verstreute Klane, gewisse Altersklassen, Geheimbünde und dergleichen haben vielleicht die Verbindung der weit verstreuten Gruppen untereinander gewährleistet. Einzelpersonen, die in kilometerweit voneinander entfernten Lagern lebten, könnten einem gemeinsamen Klan oder einer Altersklasse angehört haben. Für gewisse rituelle und zeremonielle Zwecke fühlte sich ein an einem isolierten Siedlungsplatz lebender Mensch Leuten des gleichen Klans, die meilenweit entfernt leben, vielleicht näher als jemandem in der eigenen Behausung. Derartige Beziehungen könnten unter den Menschen engere Bande geknüpft haben als unter Verbänden ohne diese sozialen Strukturen.

Die Konzentration von Jagdtieren änderte sich im Laufe des Jahres ständig. Es gab Zeiten, in denen die Herden in großer Zahl zusammenkamen und dann wieder Zeiten, in denen einzelne Gruppen weit über die Ebenen verstreut waren. Eine stammesähnliche Sozialstruktur dürfte zwischen weit entfernten Gruppen Beziehungen hergestellt haben, die zu den entscheidenden Jahreszeiten zusammentrafen, um auf die großen Wildherden Jagd zu machen. Das waren die Zeiten der Kooperation bei der Jagd, der Treibjagd, bei gemeinschaftlichen Festgelagen, dem Austausch von Geschenken und exotischen Materialien, die Zeiten der Heiraten und der Zeremonien.

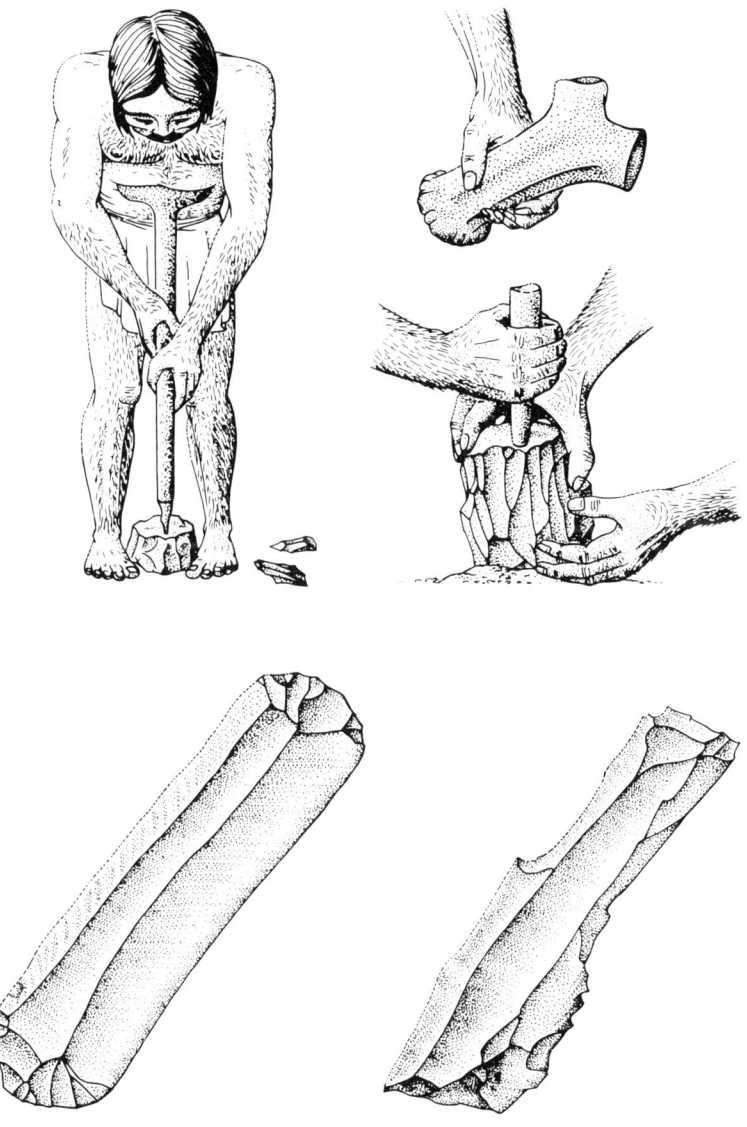

Die Herstellung von Steinwerkzeug erreichte ihren Höhepunkt im Jungpaläolithikum. Die Technik basierte auf dem Abschlagen von Klingen von einem edlen Kern mithilfe einer Art Meißel, der mit der Brust abgestützt oder einfach in der Hand gehalten wurde (oben rechts). Die so entstandenen Klingen wurden anschließend zu vielseitig verwendbaren Werkzeugen ausgearbeitet, darunter Schaber (unten links) und Stichel (unten rechts). Stichel waren Werkzeuge mit ausgeprägten meißelartigen Enden, mit denen Holz, Knochen und Geweihstangen bearbeitet wurden.

Im Jungpaläolithischen hatten das effizientere Jagen und Sammeln, die monate-
lange Seßhaftigkeit und die höher entwickelten Lagermethoden vermutlich ein
allmähliches Bevölkerungswachstum zur Folge. Ergebnis war, daß sich die
Stämme in ständiger Fluktuation befanden. Gemeinschaften spalteten sich ab,
wenn die örtlichen Wildherden kleiner wurden oder sogar verschwanden. Manchmal dürften Söhne ihre Familien in unbekannte Flußtäler, die etliche Meilen
entfernt lagen, mitgenommen haben, um dem lokalen Bevölkerungsdruck auszu-
weichen. Unter derartigen Bedingungen war es wohl unvermeidlich, daß sich die
Jäger des Jungpaläolithikums überall im östlichen Rußland ausbreiteten bis tief
hinein nach Sibirien und Nordostasien. Die Expansion dürfte in überraschend
kurzer Zeit vonstatten gegangen sein, denn Anpassung hieß in erster Linie ständige
Mobilität. Hinter dem nächsten Horizont war immer Aussicht auf Großwild und
in einer Umgebung, wo alles weit auseinanderlag, gab es immer die Möglichkeit,
daß sich bei Bedarf einzelne Horden nach Verhaltensmustern, die sich in Tausenden von Jahren kaum änderten, zusammenschlossen.

Die gewaltige Aufgabe, dieser stetigen Bewegung der jungpaläolithischen Jagdverbände bis nach Sibirien auf die Spur zu kommen, hat gerade erst begonnen. Die
riesige Landmasse, die sich von den zentralrussischen Ebenen nach Norden und
Osten ausdehnt, ist archäologisch unberührtes Territorium

Alles, was wir über Zentralasien und Sibirien wissen, läßt vermuten, daß hier
während der Eiszeit trockenes Gebiet mit begrenzter Vereisung lag; es gab offene
Steppen-Tundren und weiter südlich Regionen mit Taiga-Wäldern. Die Taiga war
für den steinzeitlichen Jäger und Sammler ein unattraktiver Lebensraum. Nur
wenige Tiere durchstreiften den sumpfigen Wald. Eßbare Pflanzen waren knapp
und die Bewegungsmöglichkeiten von Mensch und Tier waren in den Sommermo-
naten beschränkt, weil es von Moskitos wimmelte und der aufgetaute Boden
matschig war. Die Taiga war so unwirtlich und schwer zugänglich, daß sie eine Art
Barriere für menschliche Besiedlung bildete. Die Taiga-Zonen schienen mit dem
Klima zu schwanken, in den langen Jahrtausenden wärmeren Wetters vor 40 000
bis 35 000 Jahren dehnten sie sich weiter aus. Die weite Taiga und die relativ
beschränkte Anpassung der Neandertaler an das Leben in arktischen Regionen
dürften die Wanderbewegungen nach Norden und Osten in den warmen Intersta-
dialen aufgehalten haben. Als sich dann die Steppen-Tundra wieder nach Nordosten erstreckte, lebte nicht mehr der Neandertaler, sondern der *Homo sapiens
sapiens* auf den russischen Ebenen.

Sibirische Siedlungen

Bei den Fundstätten des Jungpaläolithikums gibt es zwei Hauptgruppen, die sehr
weitgehend Aufschluß über die frühe Besiedlung Sibiriens geben. Die erste Reihe
von Siedlungen befindet sich in der Gegend um den Baikalsee in Transbaikalien.
Die berühmteste ist Mal'ta an der Angara in der Nähe der Stadt Irkutsk; sie wurde
vor 25 000–13 000 Jahren besiedelt. Die Siedlung umfaßt mehr als 1 500 qm mit
zahlreichen halb-unterirdischen Wohnstätten. Die meisten waren vermutlich

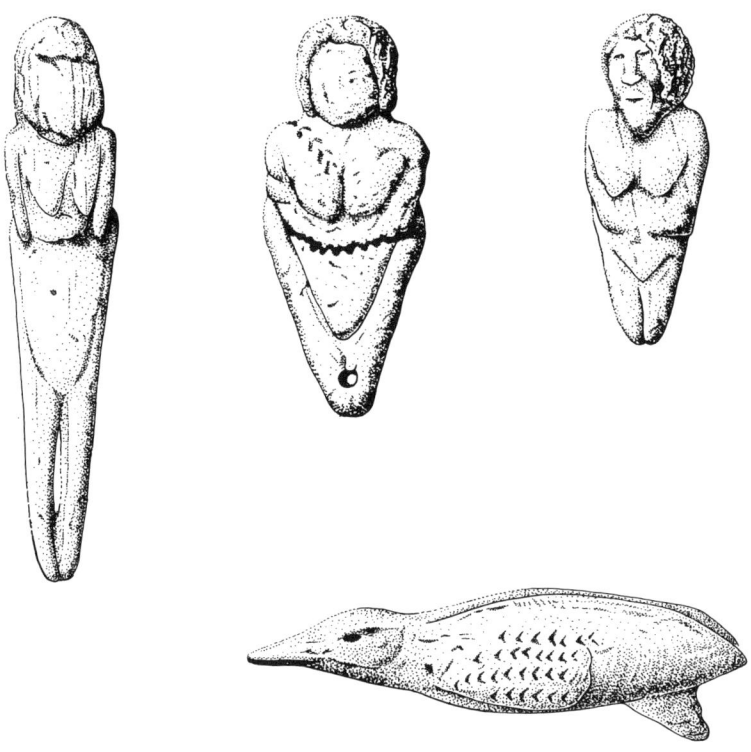

Zu den berühmten Elfenbeinschnitzereien von Mal'ta am Angara in Sibirien gehören diese drei weiblichen Figürchen und ein arktischer Wasservogel.

Winterbehausungen, Bauten aus großen Tierknochen zur Abstützung des Daches, ineinandergesteckten Rentiergeweihen, die mit Häuten oder Grassoden abgedeckt waren. Der Ausgräber, M. M. Gerasimov, fand in diesen Wohnstätten viele zerbrochene Knochen und unterschied auf Grundlage der jeweiligen Verteilung der Gerätschaften zwischen männlichen und weiblichen Tätigkeiten. Die Frauen blieben in der Nähe der Siedlung, während die Männer in der umliegenden Steppe auf der Suche nach Mammuten, Wollnashörnern und Rentieren weit umherstreiften.

Mal'ta ist berühmt für seine Elfenbeinschnitzereien, die nicht nur Mammute darstellen, sondern auch Frauen und Vögel. Außerdem hatten die Malt'ta-Leute die Angewohnheit, Polarfüchse, denen sie das Fell abgezogen hatten, regelrecht zu bestatten; auch ein Kindergrab kam zum Vorschein, eines der wenigen, bisher bekannten Beispiele von Menschen des Jungpaläolithikums in Rußland. In jüngerer Zeit haben noch weitgehend unveröffentlichte Grabungen den Eindruck bestätigt, daß es sich um eine Gemeinschaft handelte, deren Lebensart stark an die westrussischer Großwildjäger erinnert.

Die Angara mündet in den Jenissej, wo weitere Stätten des Jungpaläolithikums gefunden wurden. Die reiche Fundstätte Afontova Gora II wurde in den 20er Jahren ausgegraben und aufgrund einer einzigen Radiokarbon-Probe auf ein Alter von über 21000 Jahre datiert. Behausungen und Nahrung waren ähnlich wie in Mal'ta, die Artefakte aber völlig verschieden. Man fand große Werkzeuge, bekannt als *Skreblos* – sich nach oben hin stark verjüngende scharfkantige Hacksteine – die meistens aus Rollsteinen gemacht wurden. Im Unterschied zu Orten in Westrußland sind Stichel, d. h. Werkzeuge zum Gravieren von Knochen, selten; insofern ist es wohl kein Zufall, daß auch gravierte Kunstobjekte vergleichsweise selten sind. Manche Steinerzeugnisse vom Jenissej erinnern an winzige Klingenwerkzeuge („Mikroklingen") und keilförmige Schaber, die in Nordostasien vielleicht schon vor 20000 Jahren entstanden.

Eine zweite Gruppe von jungpaläolithischen Fundorten befindet sich sehr viel weiter im Osten als der Jenissej, im mittleren Aldan-Tal. 1967 grub der russische Archäologe Juri Mochanov vom Wissenschaftlichen Forschungsinstitut in Jakutsk in Nordostsibirien in der bedeutenden Djuchtai-Höhle, die ganz in der Nähe des Flußschwemmlandes liegt. Er fand Reste von Mammuten und Moschusochsen zusammen mit beidseitig retuschierten Speer- und Pfeilspitzen (bifazielle Abschlaggeräte), Sticheln, Klingen, keil- und scheibenförmige Steinkerne und große Hacksteine, die als Schlachtwerkzeuge gedient haben könnten. Die Höhlenfunde waren von Tau, Frost und anderen klimatischen Einwirkungen unbeeinträchtigt, insofern konnte Mochanov einige zuverlässige Radiokarbon-Daten ermitteln, die zwischen 14000 und 12000 Jahren liegen.

Er traf eine klare Unterscheidung zwischen der Mal'ta-Afontova-Tradition des Westens, die keine in Levallois-Technik hergestellten Werkzeuge kannte, und seinen Djuchtai-Leuchten, die solche fein gearbeiteten Geräte herstellten. In den 70er Jahren stellte er die These auf, daß Djuchtai-Jäger vor etwa 11000 Jahren dem Mammut und anderem Großwild in die Neue Welt folgten. Seiner Meinung nach blühte ihre Kultur vor 18000 Jahren zuerst im Aldan-Tal und hatte ihren eigentlichen Ursprung in Innerasien.

Aber Mochanov hatte bei der Datierung seiner Djuchtai-Leute noch etwas anderes im Sinn. Er entdeckte weitere Stätten am Ufer des Aldan, eine in Ežantsy, wo eine Sand- und Kiesterrasse ein Radiokarbon-Datum von 35000 Jahren aufweist und eine weitere mit noch älteren Daten. Diese Funde brachten Mochanov zu einer ganz neuen Hypothese über die Djuchtai-Kultur. Er meint nun, daß sich vor 40000–35000 Jahren eine lokale Variante des *Homo sapiens sapiens* im nördlichen China aus urzeitlichem Neandertaler-Substrat entwickelt habe, deren physische Merkmale mit denen neuzeitlicher Indianer verwandt seien. Diese hypothetischen Menschen begannen vor etwa 35000 Jahren nach Norden in Richtung des Mittellaufs der Lena zu ziehen. In den folgenden 10000 Jahren ließen sie sich am mittleren Aldan und im äußersten Nodostasien nieder. Dann besiedelten sie vor etwa 25000 Jahren Nordamerika, also viel früher als Mochanov ursprünglich behauptet hatte.

Leider gibt es bei Mochanovs neuen Fundorten am mittleren Aldan ernsthafte chronologische Probleme. Zunächst einmal handelt es sich um terrassenförmige

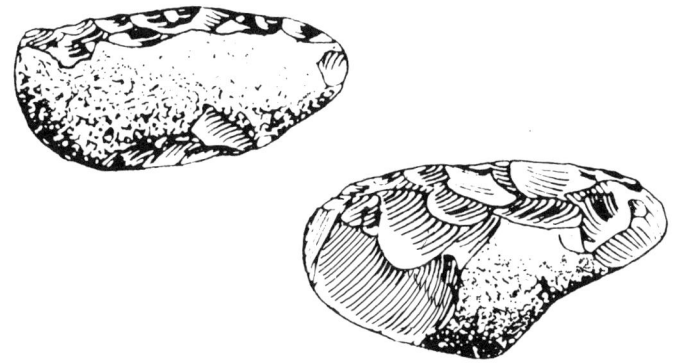

Zwei „Skreblos", steilwandige Hacksteine aus Kieselsteinen, die in der Gegend des Jenissei in Sibirien gefunden wurden.

Ablagerungen, die in vertikaler Verteilung Ansammlungen von Artefakten und Tierknochen in alluvialen Sedimenten enthalten, die heftigen jahreszeitlich bedingten Turbulenzen unterworfen waren, wie sie in subarktischen Regionen üblich sind. Außerdem wurden die Radiokarbon-Proben von Holzteilen genommen, die – wie die Erfahrung in Alaska lehrte – oft viel älter sind als die Ablagerungen, in denen sie gefunden wurden, und jahrhunderte-, wenn nicht jahrtausendelang zwischen den eiskalten, manchmal mehrjährig gefrorenen Ablagerungen überdauerten. Die neuen Mochanovschen Fundorte sind Freilandstätten, für die die Daten und vertikal angeordneten Knochen-Artefakt-Assoziationen nicht ohne weiteres als gesichert gelten dürfen.

Die meisten amerikanischen und russischen Forscher sind der Meinung, daß die Djuchtai-Kultur nicht älter als 18000 Jahre ist; Anhaltspunkt dafür sind Fundorte wie Verchene-Troitskaja, die mit der Radiokarbon-Methode auf dieses Alter datiert wurde. Dort wurden gut gearbeitete Geräte des Levallois-Typs, asymmetrische Messer, Spitzen und Schaber, keilförmige Kernsteine und Mikroklingen gefunden. Mit Sicherheit war die Djuchtai-Tadition vor 14000 Jahren weit über Nordostasien verbreitet. Berelech am 71. nördlichen Breitengrad nahe der Mündung der Indigirka ist die nördlichste Fundstätte, die wir kennen. Sie liegt stromaufwärts an einem „Mammutfriedhof", wo mindestens 140 Tiere bei den Frühjahrsüberschwemmungen umkamen Nur zwei Mammute wurden in dem von Menschen besiedelten Ort zusammen mit zahlreichen Knochen des Schneehasen gefunden. Diese Verwandten der Djuchtai-Menschen benutzten nicht nur Mikroklingen und beidseitig retuschierte Geräte, sondern auch Werkzeuge aus Knochen und Elfenbein. Annähernd zeitgleiche Djuchtai-Fundorte aus dem letzten Jahrtausend der Eiszeit wurden im Westen an der Angara, im Süden im Amur-Tal, an der Küstenebene des Ochotskischen Meeres, sogar auf der Halbinsel Kamtschatka und möglicherweise in Japan gefunden. Ähnlich geformte Geräte kommen auch in Alaska vor, sind aber etwas jünger als die in Sibirien.

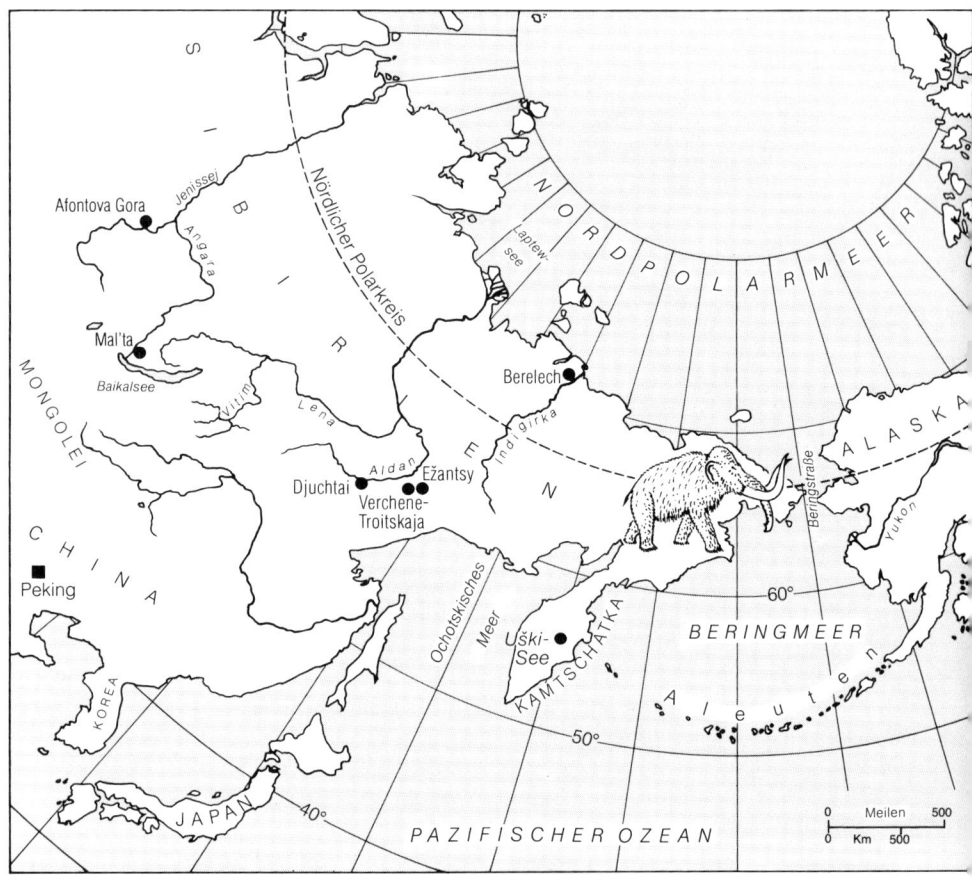

Nordostasien und Westalaska mit den im Text erwähnten Ortsbezeichnungen.

Hat Mochanov Recht mit seiner Behauptung, daß die Djuchtai-Tradition im nördlichen China und Innerasien ihren Ursprung hatte? Wir können diese Hypothese von zwei Seiten her überprüfen, aus biologischer und aus archäologischer Sicht.

Ein Fund zeigt seine Zähne

Viele Anthropologen, darunter auch der angesehene Aleš Hrdlička, haben auf biologische Ähnlichkeiten zwischen Sibiriern und Indianern aufmerksam gemacht, aber keiner so gründlich wie Christy Turner. Sein Zahnlabor an der Arizona State University ist nicht voll von Artefakten, sondern von menschlichen Zähnen und Kieferknochen. Turner ist Spezialist für die Erforschung der sich verändernden Physiologie menschlicher Gebisse. Er brütet über Zahnkronen und

27   *Die Verwandten des Menschen:* Im allgemeinen gilt der Schimpanse als der nächste
lebende Verwandte des Menschen. Wie der Schimpanse stammen wir von den hohen
Primaten ab, die sich in Afrika entwickelten.

28–30 *Die Entstehung der Menschheit:* Das Frühstadium der menschlichen Evolution zählt zu den aufregendsten und den sich am raschesten wandelnden Bereichen der heutigen Archäologie. Unsere Vorfahren könnten sich vor 4 oder 5 Millionen Jahren entwicklungsgeschichtlich von den Affen abgespalten haben. Vor etwa 2 Millionen Jahren lebte eine Vielzahl von Hominiden im tropischen Afrika, darunter der *Australopithecus africanus* (links). Der *Homo erectus* (rechts) entwickelte sich vor über 1,5 Millionen Jahren in Afrika und besiedelte schließlich große Gebiete Asiens und der gemäßigten Breiten Europas sowie der Tropen. Dieser Hominide gebrauchte etwas höher entwickelte Werkzeuge als seine Vorgänger und machte auch Jagd auf große

Säugetiere. Der *Homo neanderthalensis* war eine frühe Form des *Homo sapiens*, der über sehr viel größere geistige und handwerkliche Fähigkeiten verfügte als frühere Menschentypen. Der Neandertaler lebte vor etwa 100 000 Jahren und paßte sich beträchtlichen klimatischen Extremen wie der Arktis und kalten Wintern an (siehe Szene unten). Es gibt auch Hinweise auf Bestattungs- und vielleicht auch Kultrituale des Neandertalers. Dennoch waren seine Verständigungsfähigkeiten relativ beschränkt und mit denen des modernen Menschen, des *Homo sapiens sapiens*, der vor etwa 40 000 bis 35 000 Jahren in Erscheinung trat, nicht vergleichbar.

31–34 *Der König der eiszeitlichen Ebenen:* Der arktische Mammut war das größte eiszeitliche Säugetier, das die riesige Steppentundren Nordeuropas, Sibiriens und des Beringlandes durchzog. Glücklicherweise wurden im Dauerfrostboden des hohen Nordens einige weitgehend vollständige Skelette für die wissenschaftliche Forschung konserviert. Eine Rekonstruktion im British Museum (unten rechts) beruht auf solchen Funden, paläolithischen Höhlenmalereien und fossilen Knochen. Mit seiner gut isolierenden Haut und dem langhaarigen Fell, den weichen, polsterähnlichen Füßen und der kompakten Körpermasse war der Herdenmammut an die Extreme der arktischen Kälte gut angepaßt. Das vielleicht berühmteste Mammutskelett wurde 1901 in Beresovka in Sibirien entdeckt (links). Vor über 39000 Jahren war das Tier gestürzt und in den sumpfigen Boden eingesunken. Da es sich

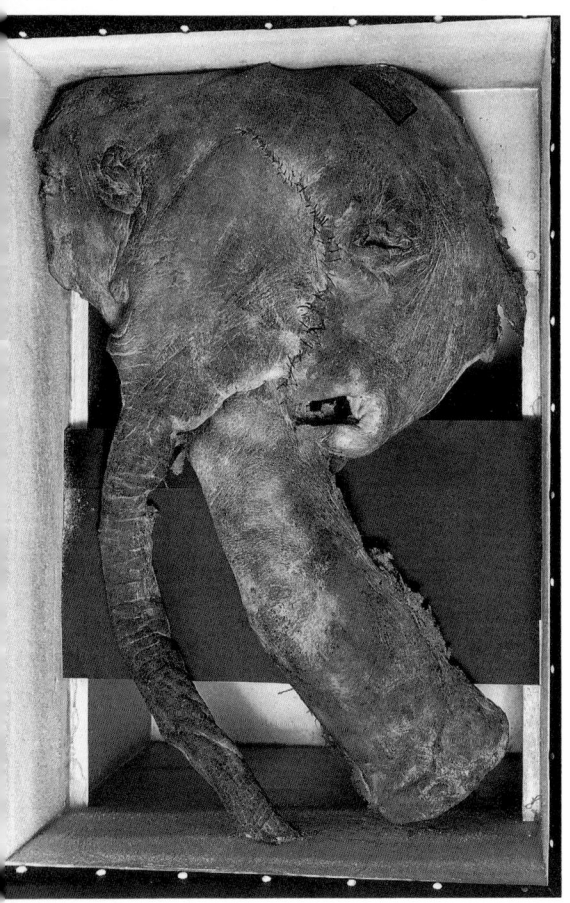

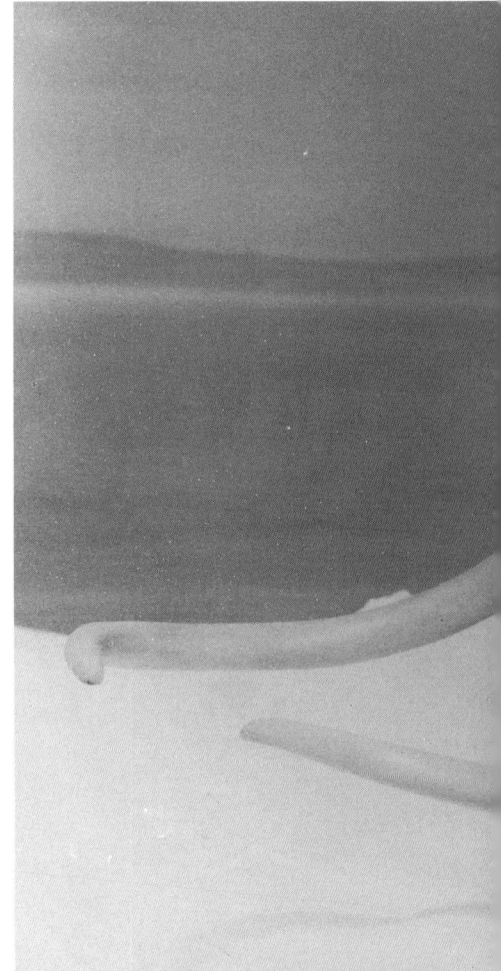

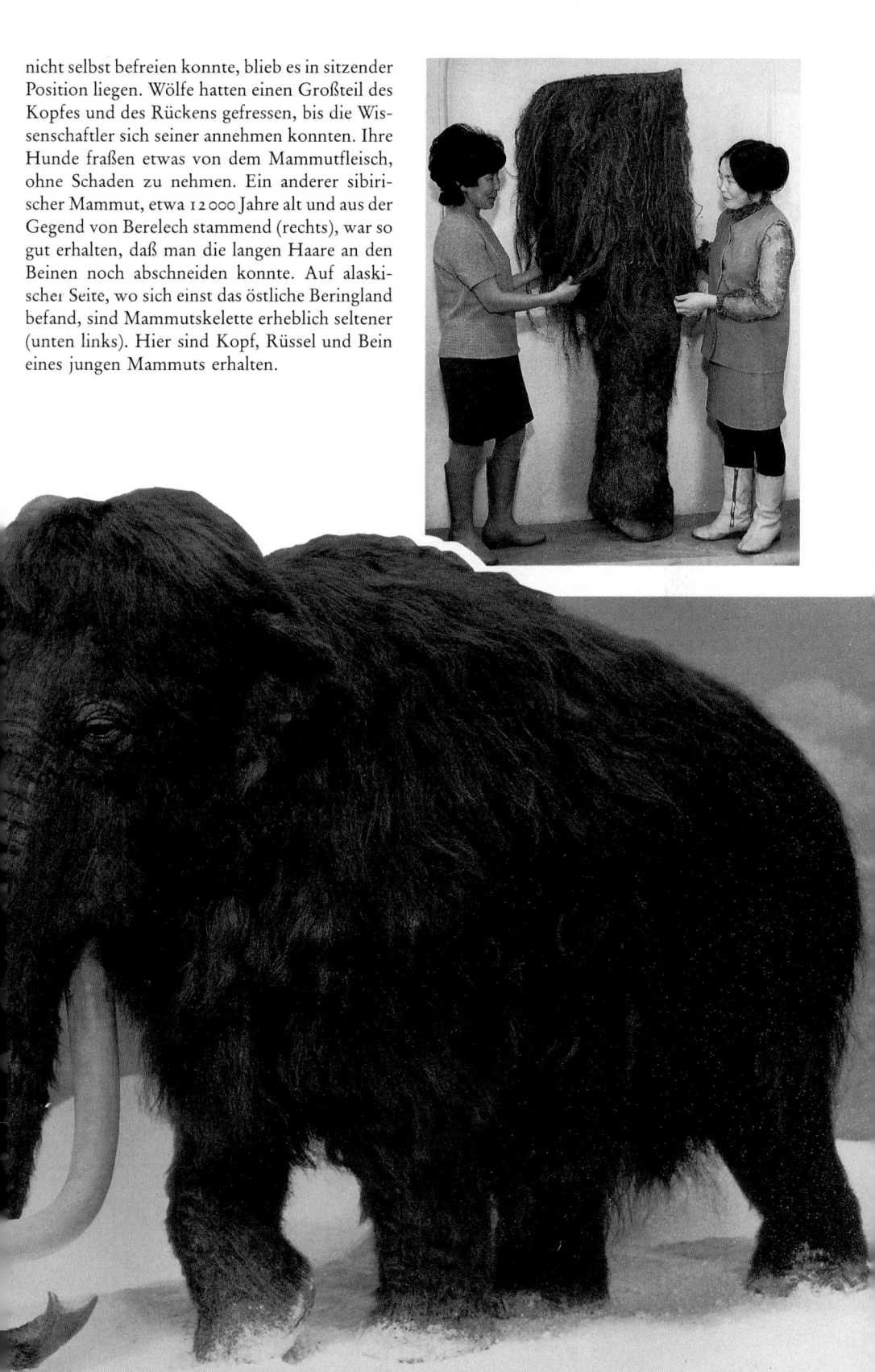

nicht selbst befreien konnte, blieb es in sitzender Position liegen. Wölfe hatten einen Großteil des Kopfes und des Rückens gefressen, bis die Wissenschaftler sich seiner annehmen konnten. Ihre Hunde fraßen etwas von dem Mammutfleisch, ohne Schaden zu nehmen. Ein anderer sibirischer Mammut, etwa 12 000 Jahre alt und aus der Gegend von Berelech stammend (rechts), war so gut erhalten, daß man die langen Haare an den Beinen noch abschneiden konnte. Auf alaskischer Seite, wo sich einst das östliche Beringland befand, sind Mammutskelette erheblich seltener (unten links). Hier sind Kopf, Rüssel und Bein eines jungen Mammuts erhalten.

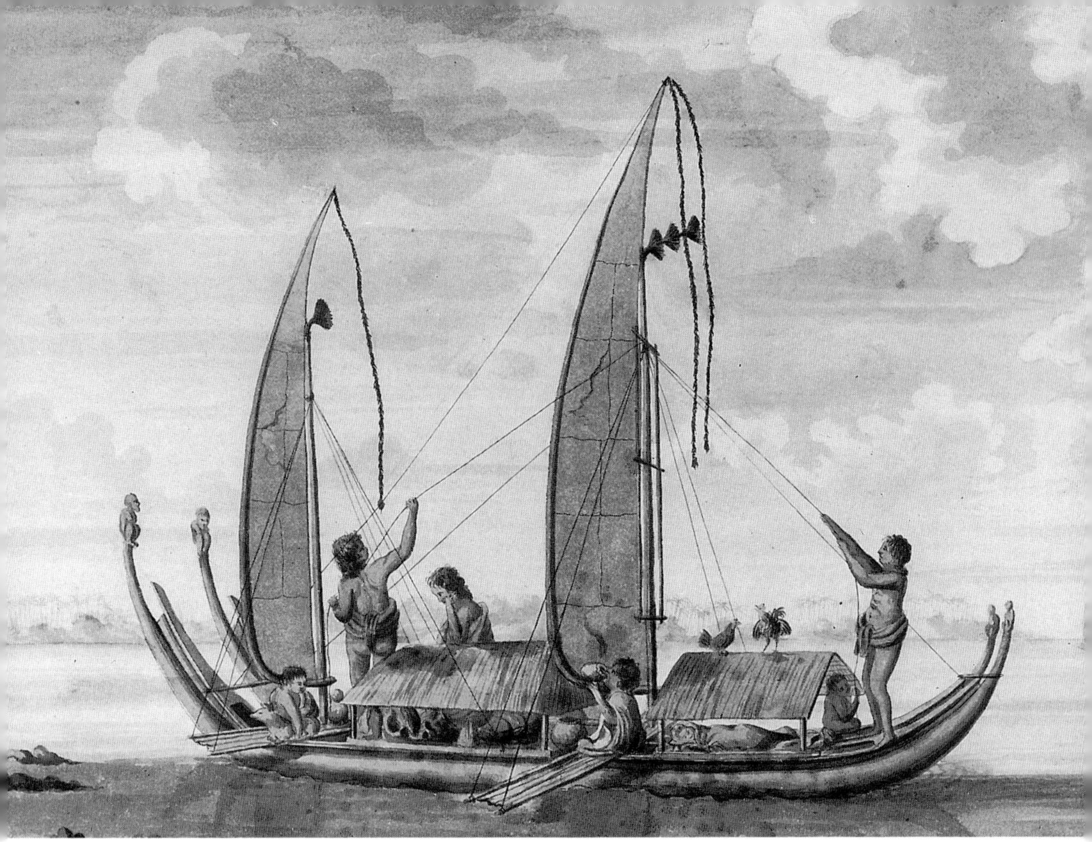

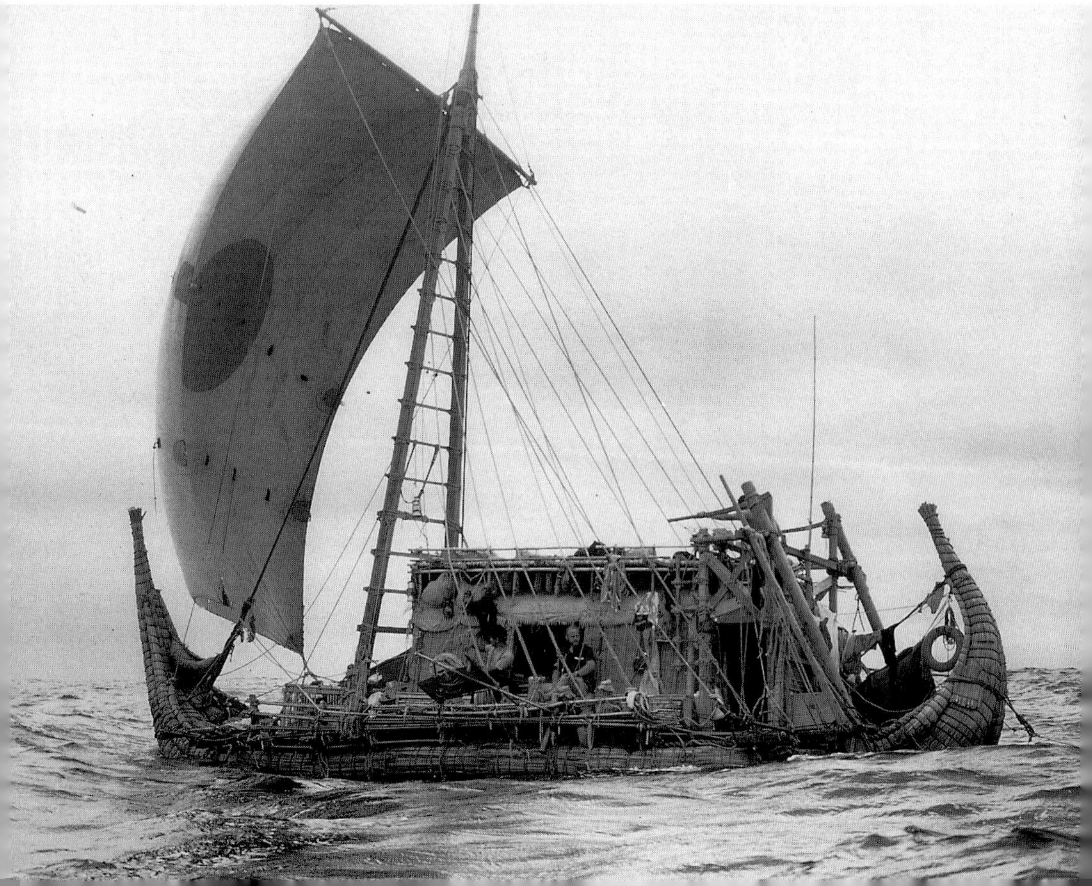

35–37 *Ozeanfahrer:* Unternahmen vor Tausenden von Jahren menschliche Wesen weite Fahrten und besiedelten den amerikanischen Kontinent? Seit der Zeit der Konquistadoren ist darüber diskutiert worden. Dank der Ausgrabungen in Labrador und Neufundland und der Forschungen anhand von Wikingersagen wissen wir nun, daß um 1000 n. Chr. die Wikinger von Grönland kommend in Nordamerika landeten (unten das berühmte Oseberg-Schiff). Fanden aber auch andere Volksgruppen wie die Polynesier von weither den Weg nach Amerika (links oben)? Obwohl sie die Osterinsel und die Hawaii-Inseln besiedelten, ist es aufgrund der herrschenden Passatwinde und der riesigen Entfernungen höchst unwahrscheinlich, daß die polynesischen Auslegerboote die amerikanische Pazifikküste erreichten. Selbst wenn sie es geschafft haben sollten: die ersten Amerikaner kamen viele Tausende Jahre vorher an.

Es gibt Wissenschaftler, die behaupten, daß japanische Seefahrer in Ekuador landeten. Aber ihre Hypothesen beruhen auf äußerst dürftigen Parallelen zu asiatischen Artefakten. Es gibt auch die These, daß die alten Ägypter, Phönizier und andere Völker aus dem Mittelmeerraum Amerika besiedelten. Der norwegische Abenteurer Thor Heyerdahl unternahm mit seiner Ra, der Nachbildung eines ägyptischen Papyrosbootes, zwei Versuche, den Atlantik zu überqueren. Der erste Versuch scheiterte, der zweite gelang. Heyerdahl hält dies für den Beweis, daß die Ägypter Ozeanfahrer waren. Tatsächlich zeigt dies aber nur, daß ein einigermaßen seetüchtiges Boot unter den Passatwinden der Neuen Welt segeln kann. Die ersten Amerikaner kamen mindestens 10 000 Jahre früher auf einem anderen Weg.

38 *Die ersten Amerikaner:* Bildrekonstruktion eines kleinen Verbandes von urzeitlichen Bewohnern des Beringlandes. Die Menschen tragen genähte Kleidung und einfache Waffen.

-wurzeln, denn die Unterschiede und Ähnlichkeiten zwischen ihnen geben Aufschluß über den Verwandtschaftsgrad prähistorischer Populationen. Diese Zahnmerkmale sind beständiger als die meisten entwicklungsgeschichtlichen Charakteristika und dank ihrer genetischen Determinierung unabhängiger von Umwelteinflüssen, Geschlechtsdimorphismen und Altersunterschieden. Aleš Hrdlička und andere frühe Anthropologen untersuchten ebenfalls Merkmale von Zähnen, aber Turner arbeitet heute in einer Zeit, in der viel mehr über die entwicklungsgeschichtlichen Merkmale von Zähnen bekannt ist und der Forschung erheblich mehr frühe Beispiele zur Verfügung stehen.

Nachdem Turner die Zähne von mehr als 4000 Probanden von einst und jetzt, von Menschen aus der Alten und der Neuen Welt, bis hin zu Proben aus dem Jungpaläolithikum und der Zeit der Paläo-Indianer, erforscht hatte, entwickelte er eine Reihe von Hypothesen über die Erstbesiedlung Amerikas, die er zu archäologischen Fundstücken aus China und Sibirien in Beziehung setzte.

Turner weist darauf hin, daß die prähistorischen Amerikaner in ihrer Zahnmorphologie erheblich weniger Varianten aufweisen als die Ostasiaten. Die Häufigkeit ihrer Kronen- und Wurzel-Merkmale ist ähnlich wie die der *Nord*asiaten. Diese Merkmale bezeichnet er als „sinodont". Dazu gehören u. a. schaufelförmige Schneidezähne (konkave Zahninnenseite), doppelte Schaufelbildung (an beiden Seiten konkav), obere vordere Backenzähne mit nur einer Wurzel und untere Backenzähne mit dreifacher Wurzel. Sinodontie gibt es nur im nördlichen Asien und in Amerika. Bis jetzt konnte Turner aber nur wenige Zahnproben aus Asien untersuchen. Sein frühester Beleg stammt aus dem nördlichen China und ist etwa 20000 Jahre alt. Er ist aber der Ansicht, daß Sinodontie sehr viel früher auftrat, vielleicht schon vor 40000 Jahren. Turner vermutet einen gemeinsamen Ursprung aller *Homo sapiens sapiens*-Populationen. Er meint, daß die sinodonten Gruppen Nordchinas sich aus einer noch wenig differenzierten südostasiatischen Population entwickelt haben, der sie ähnlicher seien als den Bewohnern Ostsibiriens und den von ihnen abstammenden einheimischen Amerikanern.

Die wenigen jungpaläolithischen Skelette vom Baikalsee zeigen keine Sinodontie. Ein Kind aus einer Grabstätte in Mal'ta zeigt eher europide und weniger mongolide Züge und keine Sinodontie. Die einfacher gebauten Zähne prähistorischer Europider aus Kostjenkij, Mal'ta und anderen Orten in Rußland weisen keine Verstärkungen des Schmelzes der Zahnkrone auf.

Diese für die Sinodonten typische Anpassung ist laut Turner eine Reaktion auf die Anforderungen, die das Leben im arktischen Nordostasien an die Zähne stellt. Die morphologischen Differenzen sind so deutlich, daß Turner zu der Ansicht gelangte, daß Europide und Südostasiaten (die er „Sundadonte" nennt), mit der Besiedlung Amerikas nichts zu tun haben. Demnach, so seine Schlußfolgerung, wurde die Neue Welt durch Sinodonte aus Ostasien besiedelt.

Christy Turners Forschungen basieren auf der Morphologie der Zähne, nicht auf archäologischen Funden. Solche anatomischen Angaben untersuchen entwicklungsspezifische Abweichungen unter Verwendung statistischer Berechnungen, die es ermöglichen, in etwa die Zeitpunkte zu bestimmen, an dem sich die Sinodonten-Populationen von den Ahnengruppen in China abspalteten. Die erste

Abspaltung führte, so Turner, zur paläoindianischen Wanderung. Ihm zufolge lief die Besiedlung der Neuen Welt über die östliche Mongolei und das obere Lena-Becken durch Ostsibirien und von dort über den heute überfluteten Kontinentalsockel nach Alaska. Zur Zeit gibt es noch keine kritischen Beurteilungen seiner Forschungen, da die Veröffentlichung sämtlicher Fakten und Statistiken über seine Zahnproben noch aussteht. Immerhin muß man sein Argument, daß anhand der Zähne ein Zusammenhang zwischen Amerika und Nordchina nachzuweisen sei, ernstnehmen, zumal es auch ein interessantes Grundgerüst für die archäologischen Funde darstellt.

Eine gewisse Unterstützung erhielt Turners Arbeit durch die Verteilung genetischer Kennzeichen unter den heutigen Indianerpopulationen. Ein Anthropologen-Team aus ganz USA arbeitete gemeinsam an einer Studie über die Varianten (sogenannte Gm-Allotypen) eines speziellen Proteins, das im flüssigen Teil des Blutes, dem Serum, gefunden wurde. Alle Proteine „driften", d. h. sie spalten sich über Generationen hin in Varianten auf, und man entdeckte, daß Mitglieder untereinander verkehrender menschlicher Populationen eine Reihe dieser Varianten gemeinsam haben. Insofern kann man durch den Vergleich der Gm-Allotypen von zwei verschiedenen Populationen ihren genetischen „Abstand" ermitteln, der selbst wiederum im Hinblick auf den Zeitpunkt gemessen werden kann, seit dem sich diese Populationen zum letzten Mal vermischten.

Das Forscherteam machte Stichproben bei Tausenden von Indianern aus vier Kulturgruppen des westlichen Nordamerikas und fand heraus, daß sich ihre Gm-Typen in zwei Gruppen einteilen lassen; eine dritte Gruppe bilden die Aleüten und Eskimos des hohen Nordens. Eine Gruppe soll in Beziehung zu den Paläoindianern stehen. Auch über 14000 unterswuchte mittel- und südamerikanische Indianer gehören zu derselben Gruppe. Die Forscher glauben, daraus den Schluß ziehen zu können, daß es eine einzige frühe Wanderungsbewegung von Jägern und Sammlern gab, die sich später durch kulturelle Differenzierung aufspaltete. Zwei weitere Wanderungen, die den Ursprung der heutigen Athapasken bzw. Eskimo-Aleüten bildeten, sollen zu einem späteren Zeitpunkt nach Nordamerika stattgefunden haben. Die aus Nordostasien kommenden Gm-Daten sind spärlich, aber ausreichend für die Behauptung des Forscherteams, daß „das nordöstliche Sibirien sehr wohl als Stammland der heutigen Nordamerikaner in Frage kommt. Sibirien verfügt über die dafür erforderliche genetische Variation, die geographische Nähe und die geologischen Voraussetzungen."

Mikroklingen, Rentiere und Wanderrouten

Wenn die Biologen Recht haben mit der Annahme, daß es drei verschiedene Wanderungen nach Amerika gab, und wenn Turners Daten Nordchina als wichtiges Ausgangsgebiet ansehen, dann stellt sich die Frage: Gibt es denn auch archäologische Fundstellen in diesem Großraum, die ihre Hypothese oder in diesem Zusammenhang Mochanovs allgemeine Theorie von den Djuchtai-Ursprüngen bekräftigen?

Sicher gibt es zahlreiche jungpaläolithische Fundorte, die etwas über 20000 Jahre alt sind, manche sind möglicherweise auch noch älter. Chinesischen Archäologen wie Tang Chung und Gai Pei zufolge gab es in Nordchina in der Steinzeit schon vor 30000 Jahren Jäger und Sammler. Irgendwann im Zeitraum vor 30000–15000 Jahren kam die Mikroklingentechnik auf; sie erreichte vor 15000–10000 Jahren einen hohen Grad an Verfeinerung. Das Werkzeuginventar umfaßte nicht nur Mikroklingen, sondern charakteristische keilförmige Kernsteine. Die beiden chinesischen Gelehrten sind der Ansicht, daß die gleiche differenzierte Klingentechnik über weite Teile des nordöstlichen Asiens und das nordwestliche Amerika verbreitet war.

Orte mit Mikroklingen und anderen kleinen Erzeugnissen waren auf dem japanischen Archipel seit etwa vor 20000 Jahren zweifellos reichlich vorhanden. Es gibt auch Vermutungen, daß Japan schon vor 30000 Jahren besiedelt war, aber das ist umstritten. Auf der Halbinsel Korea wurden ebenfalls Mikroklingen gefunden, die vielleicht bis zu 20000 Jahre alt sind. Undatierte Oberflächenfunde mit grundsätzlich ähnlichem Geräteinventar sollen in der Inneren und Äußeren Mongolei, der Mandschurei und in Süd- und Westchina gefunden worden sein. Aber sie könnten ebensogut auch gegen Ende oder kurz nach der Eiszeit entstanden sein.

Gegenwärtig gibt es, wie wir gesehen haben, keinen schlüssigen Beweis dafür, daß sibirische Fundstellen älter als 18000 Jahre sind; die Mikroklingen von dort scheinen sogar viel jünger zu sein. Ebensowenig können eindeutige Beziehungen zwischen chinesischen und nordostasiatischen Fundstätten nachgewiesen werden, wenngleich sie durchaus zu vermuten sind. Die einzige bisher denkbare Verbindung ist sehr allgemeiner Natur und fängt mit den Anpassungsprozessen an. Der amerikanische Paläontologe Dale Guthrie vertritt die Ansicht, daß Djuchtai-Mikroklingen in Form gekehlter Spitzen mit Geweihstangen geschäftet wurden und setzt die Verbreitung der Mikroklingen-Produktion mit der Verbreitung der Rentiere in Beziehung. Könnte es sein, daß diese geschäfteten Waffen in China und anderen Teilen Nordasiens, Sibiriens und im nordwestlichen Amerika als Adaption an die Bedingungen der Tundra aufkam, die von wandernden Rentierherden durchzogen wurde? Vielleicht ist die weitverbreitete Mikroklingen-Kultur Ausdruck einer über weite Strecken gemeinsamen und erfolgreichen materiellen Kultur, die ganz am Ende der letzten Vereisung entstand und nach der Eiszeit ihren Höhepunkt erreichte.

Während einige Forscher in dieser Richtung nachzudenken beginnen, argumentiert Christy Turner auf der Ebene tatsächlicher Populationsbewegungen. Er glaubt, daß sich seine Sinodonten nur nach Norden und Osten bewegen konnten, weil der Weg nach Westen und Osten von anderen Populationen des *Homo sapiens sapiens*, den Sundadonten, besetzt war. Jede Bewegung nach Norden mußte vom Verlauf der großen Flußtäler und anderen topografischen Gegebenheiten geprägt sein. Turner führt seine Sinodonten vor etwa 20000 Jahren in die östliche Mongolei, den nach Norden fließenden Vitim entlang. Vom oberen Lena-Becken aus konnten sie die „dick vereiste arktische Küste in der Nähe der stark verkleinerten Laptevsee" erreichen. Hier wandten sie sich entlang des freiliegenden (heute

überfluteten) Kontinentalsockels an der Nodküste Sibiriens nach Osten. Dieser
Weg führte die Vorfahren der ersten Amerikaner in ihre neue Heimat.

Der russische Archäologe Nikolaj Dikov, der auf der Halbinsel Kamtschatka tätig
ist, schlug eine andere Route vor: über die Ostküste Sibiriens. Er ist der Ansicht,
daß der früheste Zeitraum, der für kulturelle Beziehungen zwischen Asien und
Amerika in Frage kommt, einem Zeitraum früher menschlicher Besiedlung am
Uški-See auf der Halbinsel Kamtschatka entspricht. Eine Reihe großer prähistorischer Siedlungen am Ufer des Sees sollen durch sterile Lager vulkanischer Asche
voneinander getrennt gewesen sein. Die unterste und älteste Schicht, die „Kulturschicht VII“, wurde mit der Radiokarbon-Methode auf 14 000 Jahre datiert. Die
Menschen wohnten in großen zeltartigen Behausungen, die teilweise in den Boden
gegraben waren und offenbar über längere Zeiträume bewohnt wurden. Sie lebten
vom Jagen und Fischen, gebrauchten Speere mit Steinspitzen und vielleicht auch
Pfeil und Bogen. Viele Erzeugnisse waren beidseitig retuschiert, darunter gestielte
Spitzen und blattförmige Messer. Dikov ist der Meinung, daß die gestielten
Spitzen „die Entwicklung der gestielten Typen in Nordamerika beeinflußten“,
und entdeckte Ähnlichkeiten mit japanischen Exemplaren. Aber seine Vergleiche
halten einer näheren Überprüfung nicht stand. Die Annahme, daß Zeitgenossen
der ersten Uški-Leute am Südrand der Beringlandbrücke und anschließend die
Nordwestküste Amerikas entlang gezogen sein könnten, bevor sich der Meeresspiegel am Ende der Eiszeit wieder hob, ist reine Theorie.

  Wenige Wissenschaftler aus dem Westen kennen Uški aus erster Hand; insofern
ist es schwierig, Dikovs Interpretation zu beurteilen oder die Verbindungen, falls
überhaupt vorhanden, mit der Djuchtai-Tradition herzustellen. Turner hält Dikovs Vorstellung von der südsibirischen Wanderroute aus klimatischen und
geographischen Gründen für kaum annehmbar, da die Landschaft felsig und wenig
produktiv ist. Ein Fund aus den späteren Uški-Schichten ist allerdings interessant
und überaus bedeutsam. Die Bestattung eines Haushundes von vor 11 000 Jahren
ist der früheste Nachweis dieses lebensnotwendigen Tieres im hohen Norden.
Vielleicht wurde zu diesem Zeitpunkt das Reisen mit Schlittenhunden ein gangba-
res Mittel der Fortbewegung auf dem arktischen Eis, eine Technik, die für die
späteren Jahrtausende weitreichende Konsequenzen haben sollte.

Die Bühne ist bereit

Wir befinden uns nun an den äußeren Grenzen von Nordostasien am Rand der
Beringstraße. Wir sind dem *Homo sapiens sapiens* über das offene Meer nach
Australien und zum ersten Mal in die arktischen Breiten gefolgt. Der anatomisch
moderne Mensch war fähig, nahezu jede extreme Umgebung zu bewältigen und
kurze Strecken auf offenem Meer zurückzulegen, vorausgesetzt, es war Land in
Sicht. Die küstenferne Seefahrt mit Hilfe der Sterne und für tiefe Gewässer
geeigneter Fahrzeuge war wohl eine sehr viel spätere kulturelle Entwicklung.

  Die ursprüngliche Besiedlung der nördlichen Steppen-Tundra könnte relativ
schnell gegangen sein, einfach weil die ökologische Tragfähigkeit der Ebenen so

gering war, die Menschen deshalb ständig unterwegs waren und innerhalb kurzer Zeit riesige Entfernungen hinter sich brachten. (Manche australischen Eingeborenenverbände nutzen Gebiete von Tausenden von Quadratkilometern.) Die Bewegung nach Norden und Osten könnte bald nach Erscheinen des *Homo sapiens sapiens* vor etwa 35 000 Jahren begonnen und nie aufgehört haben. Der Prozeß einer beständigen allmählichen Ausbreitung sollte bis in jüngste Zeit hineinreichen, als die Menschen über effektivere Mittel zur Ausbeutung subarktischer und arktischer Ebenen, Täler und Küsten verfügten und Jäger- und Sammlerpopulationen entstanden. Wann dieser Prozeß genau begann, bleibt unbekannt. Aber mit Sicherheit standen vor 18 000 Jahren, vielleicht sogar viel früher, Steinzeit-Menschen in Nordostsibirien an der Schwelle zum amerikanischen Kontinent.

Wir haben die am ehesten in Frage kommenden Ahnen der ersten Amerikaner identifiziert – Sinodonten, spätsteinzeitliche Jäger und Sammler mit einer dentalen und genetischen Morphologie, die denen der Indianer stark ähnelt und die von Großwild, kleineren Tieren, vielleicht Fischen und wild wachsenden Pflanzen lebten. Zu irgendeinem Zeitpunkt wanderten oder paddelten einige von ihnen mit einer vieltausendjährigen Kultur ostwärts über die Beringstraße, dem einzig denkbaren Weg zum amerikanischen Kontinent. Jetzt müssen wir die Art der Überquerung untersuchen und zwei gegensätzliche Standpunkte bezüglich ihres Zeitpunktes erörtern: Fand sie vor 35 000–15 000 Jahren oder erst später statt?

Dritter Teil

Die Überquerung

Ihre Silhouetten sind nur verschwommen zu erkennen, ein schattenhaftes Volk, das auf Zehen-
spitzen und bei gedämpftem Licht die Bühne betrat.“

Thomas Canby, 1979

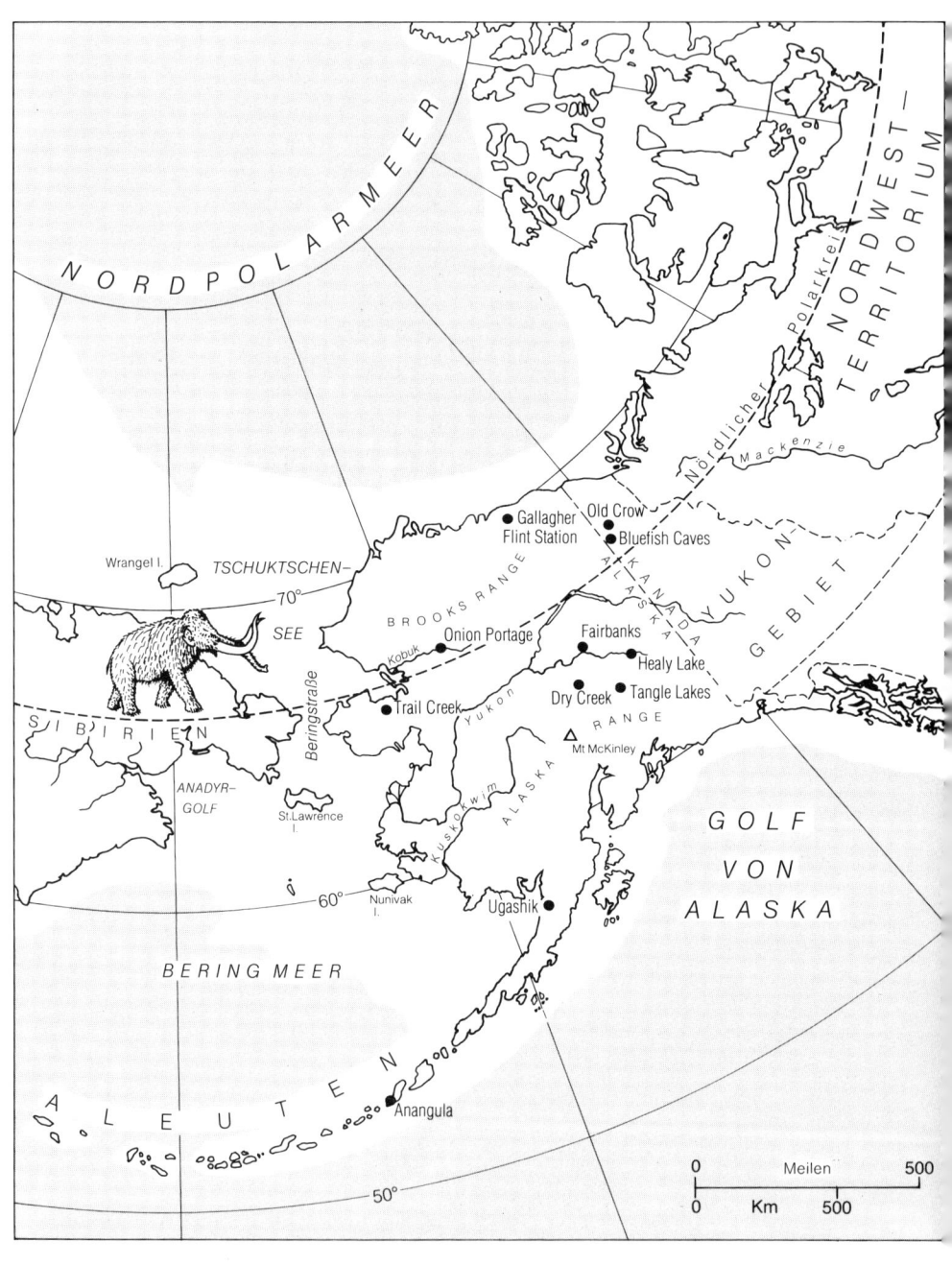

Beringia (nicht getönter Bereich) wie es vor etwa 20000 Jahren in seiner größten Ausdehnung ausgesehen haben könnte.

1. Beringland –
Die Beringstraße von vor 35 000 bis vor 15 000 Jahren

Langsam segelte das Schiff Richtung Norden. Besorgt starrte der russische Forscher Vitus Bering nach Backbord und Steuerbord, in der Hoffnung durch den undurchdringlichen Nebel ein Stück Land zu erblicken. An diesem Augusttag des Jahres 1728 war die Luft eiskalt und unwirtlich. Da Bering Eisberge fürchtete und offenbar kein Land in Sicht war, ließ er nach Süden abdrehen. An diesem Tag konnte er die Diomedes-Inseln in der Mitte der Meerenge erkennen. Bei klarem Wetter hätte er wenige Kilometer nach Backbord Alaska sehen können. Erst vier Jahre später entdeckten zwei russische Seeleute die nordamerikanische Seite der Meerenge.

Die Beringstraße ist eine einsame, windige Gegend. Auch im Sommer heulen Winde durch die Nebelschleier, die die Sicht auf wenige Meter begrenzen. Die Winter sind streng und dauern in diesen Breiten neun Monate. Acht Monate im Jahr ist die Straße nach Süden hin bis zum 60. nördlichen Breitengrad mit Eis bedeckt. Ein unauffälliger Ort, auf der Seite Alaskas von tiefliegenden Küstenebenen, zahlreichen Seen und einigen flachgewellten Hügeln begrenzt. Die sibirische Küste ist rauher und steiler. Aber trotz dieser uninteressanten Szenerie ist diese Enge die einzige Meeresroute vom Nordpazifik zur Arktis und den nordatlantischen Meeren. Bis heute existiert bei manchen Amerikanern die Vorstellung, daß die Beringstraße ein unüberwindbares Hindernis sei, das sie von einer fremden kommunistischen Welt trennt. Die politische Grenze ist natürlich bedeutungslos. In prähistorischer Zeit konnte ein Eskimo problemlos mit einem Boot aus Tierhäuten von der Alten in die Neue Welt gelangen. Bis heute haben gemeinsame sprachliche und kulturelle Traditionen auf beiden Seiten der Beringstraße überlebt. Einen Großteil des Zeitraums vor 30 000 bis vor etwa 12 000 Jahren war die Beringstraße trocken, d. h. Teil eines großen nördlichen Flachlandes, das die Wissenschaftler unter dem Namen Beringia kennen.

Diese trostlose Landschaft ist die Straße, über die die Menschen des Jungpaläolithikums in die Neue Welt gelangten. Wir müssen diese frostige Gegend nach Spuren ganz früher Besiedlung absuchen und die Umweltbedingungen für unsere beiden zeitlichen Szenarien zu rekonstruieren versuchen: für die Zeit vor 35 000 bis 15 000 Jahren und für eine spätere Überquerung.

Die Entdeckung von Beringland

Als der Archäologe Samuel Haven 1856 über die Beringstraße schrieb, wußte er nicht, daß sie einst Festland war. Wie José de Acosta nahm er an, daß „kurze Strecken übers Meer" jeder Landüberquerung von Asien aus im Wege standen.

Dennoch wies im Jahre 1887 ein Geologe mit Namen Angelo Heilprin darauf hin, daß im Gegensatz zur Fauna der Tropen der Alten Welt, die wenig mit der Tropenfauna der Neuen Welt gemein hat, die Tiere aus den gemäßigteren Breiten einander näher stehen. Darüber hinaus waren Fauna und Flora beiderseits der Beringstraße so gut wie identisch. Aus diesem Grund, so sein Argument, mußten die beiden Hemisphären einstmals in den nördlichen Breiten vereint gewesen sein und dies in relativ jüngerer Zeit, falls Menschen zu Fuß herübergekommen sein sollten.

Sieben Jahre später nahm ein anderer Geologe, George Dawson, in der Beringstraße Lotungen vor, fand Untiefen und war überzeugt, daß einst „eine weite Festlandsebene" Asien und Alaska miteinander verbunden habe. Als dann Mammutknochen auf den Unalaska- und Pribilof-Inseln zum Vorschein kamen, gab es keinen Zweifel mehr. Die Beringstraße war in der Eiszeit zeitweilig Festland.

Die frühen Geologen gründeten ihre Argumente auf Vergleiche zwischen Tierfossilien von beiden Seiten der Straße und auf Lotungen und landgestützte geomorphologische Daten. Sie waren der Ansicht, daß Erdbewegungen oder kontinentale Hebungen die beiden Kontinente voneinander getrennt hätten.

Das war der Stand der Dinge bis 1934, als der renommierte Geologe R. A. Daly die Vorstellung verbreitete, daß während des Pleistozäns der Spiegel der Weltmeere stark schwankte. Diese Fluktuationen seien auf die jeweilige Wassermenge zurückzuführen, die als Eis in den die Erdoberfläche während der Eiszeiten bedeckenden Gletschermassen gebunden waren. Diese sogenannten *eustatischen* Schwankungen sind von den *isostatischen* Veränderungen zu unterscheiden, die durch Verschiebungen der Erdkruste entstanden, mit denen die Kontinentalmassen auf das große Gewicht der Eisdecken reagierten. Die Theorien glazialer Eustatik und Isostatik ergaben das hypothetische Grundgerüst, daß die Geologen für die Beringstraße benötigten. Drei Jahre später verwendete der schwedische Wissenschaftler Eric Hulten das russische Wort „Beringia" zur Beschreibung einer großen arktischen Ebene, eines abgelegenen Landstriches, wo viele arktische und subarktisch-boreale Pflanzen in den bitterkalten Glazialphasen der Eiszeit Zuflucht fanden. Seiner Ansicht nach war Beringland die Straße, über die die frühen Jäger und Sammler in die Neue Welt gelangt waren.

Ende der 30er Jahre steckte die Ozeanographie noch in den Anfängen, so daß die Fachleute fast ausschließlich mit einer Handvoll wenig aussagekräftiger Bohrkerne aus der Tiefsee und landgestützten geologischen Beobachtungen arbeiten mußten. Heute haben amerikanische und russische Schiffe die Gewässer der Beringstraße mit Greifern und Tiefenbohrern abgesucht. Mit ausgefeilten Sonartechniken dringen sie in weiche Meeresbodensedimente und in das darunter liegende Gestein ein. Diese neuen Messungen ergaben eine sehr flache Ebene aus weichem Sedimentgestein von im allgemeinen unter 3 Metern Dicke. Der gesamte Boden der Tschuktschensee und der nordöstlichen Beringsee war bis vor etwa 14000 Jahren eine freiliegende Küstenebene, die nach und nach von vielen Strömen zergliedert und abgeschwemmt wurde.

Die Unterwasserproben der letzten Jahre haben ein kompliziertes und oft widersprüchliches Datenpuzzle über Beringland zutage gefördert, aber sie zeigten, daß Eric Hulten recht hatte. Vor etwa 18000 Jahren war Beringia eine Landmasse von eindrucksvoller Größe, die sich von Sibirien über die Beringstraße bis tief nach Alaska und Nordwestkanada erstreckte. In den kältesten Jahrtausenden der letzten Eiszeit trennten große transkontinentale Eisschilde Beringland von den südlichen Breiten. In Sibirien war die Vereisung geringer und es gab eine relativ gute Verbindung zwischen Asien und Alaska. Somit war Alaska für viele Jahrtausende biogeografisch ein Teil Sibiriens.

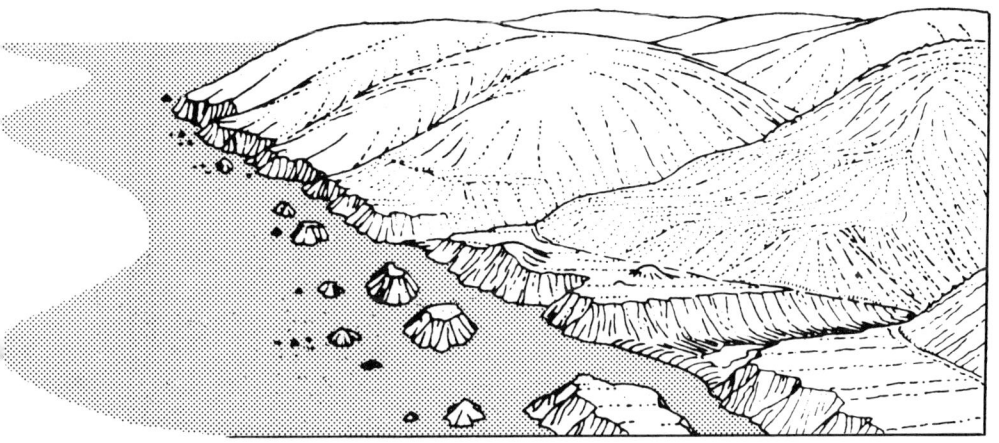

Während der Eiszeit wechselten die Perioden mit hohem und niedrigem Meeresspiegel sehr häufig. Eine Möglichkeit für die Geologen, diesen Wechsel zu erforschen, ist die Beobachtung der sogenannten hochgelegenen Strände: deutlich über den heutigen Stränden liegende, vom Meer gezeichnete Uferlinien. Die Skizze zeigt einen hochgelegenen Strand der späten Eiszeit an der kalifornischen Pazifikküste nördlich von San Franzisko.

Eine ständig wechselnde Landschaft

Die Topografie einer gesunkenen Landmasse zu ermitteln ist eines; etwas ganz anderes ist es, ihre verwickelte Geschichte zu rekonstruieren. Als während der Eiszeit die Meeresspiegel stiegen und fielen, wechselte die Beringstraße zwischen Meer und Festland in einer komplizierten Serie geologischer Ereignisse, die man nur anhand der heute noch erkennbaren Küstenlinien mit ehemals hohem Meeresspiegel und anhand von Bohrkernen aus der Tiefsee untersuchen kann.

Manche Anhaltspunkte bezüglich der eiszeitlichen Schwankungen des Meeresspiegels liefern die tropischen Gewässer der Karibik. 1970 beschrieben die Geologen W. S. Broecker und J. van Donk einige Bohrkerne aus der Karibischen See, bei denen sie anhand anorganischer Partikel und Kaltwasserforaminiferen größeren Veränderungen der Wassertemperatur während der Eiszeit auf die Spur kamen. Broecker und van Donk stellten ein eindeutig zyklisches Muster von Temperaturschwankungen über Hunderttausende von Jahren fest. Immer wenn das Klima weltweit kälter wurde, trat dieser Wechsel ganz allmählich ein: 90000 Jahre waren für den Übergang von gemäßigten klimatischen Verhältnissen zu extremer Kälte nötig. Der Abkühlungsprozeß vollzog sich außerdem unregelmäßig mit Intervallen ausgeglichener oder gar gemäßigter Temperaturen, die bis zu 20000 Jahren anhielten. Im Gegensatz dazu dauerte der dramatische Prozeß der Gletscherabschmelzung ein Zehntel der Zeit. Die großen Eisschilde über Europa und Nordamerika zogen sich schnell zurück. Die Meeresspiegel stiegen mit dem Zurückfließen des Wassers schnell an. Die Erdkruste reagierte auf den nachlassenden Druck durch Eismassen mit geologischen Hebungsprozessen. Dieser Ausgleich vollzog sich in nur 10000 Jahren.

Zweimal, vor etwa 125000 Jahren und nochmals vor etwa 14000 Jahren, erwärmte sich das Weltklima sehr schnell. Broecker und van Donk nannten diese Augenblicke rascher Erwärmung „Terminierungen" und behaupteten, daß sie auf dem ganzen Globus stattfanden. Dies waren dann die Zeiten, in denen Zentralberingia – die Landbrücke – überflutet war.

Um eine Vorstellung vom Ausmaß des Klimawechsels zu gewinnen, muß man nur das Erscheinungsbild des heutigen Nordostasiens und Alaskas mit dem Zustand vor 20000 Jahren vergleichen. Damals waren die nördlichen Breitengrade bitterkalten arktischen Bedingungen ausgesetzt, die so extrem waren, daß man heute nichts Ähnliches findet. Auf dem Höhepunkt der letzten Vereisung überzogen drei gigantische kontinentale Gletscher das nordwestliche Europa, Grönland und die nördlichen Breiten Nordamerikas. Die Vereisung war so stark, daß der Meeresspiegel mindestens 85 Meter unter dem heutigen lag. Beringia bestand nicht aus zwei durch eine Wasserstraße geteilte Landmassen, sondern war Teil eines abwechslungsreichen, tiefgelegenen Ganzen, eines riesigen arktischen Kontinents. Gewaltige miteinander verbundene und eisfreie Senken erstreckten sich von Südosteuropa nach Südsibirien, durch das Lena-Tal entlang den freiliegenden Kontinentalsockeln bis zu den an die Tschuktschensee und die Beringsee grenzenden Ebenen und nach Alaska hinein.

Die dramatischen Veränderungen des Meeresspiegels und Klimas sind für die Archäologie von entscheidender Bedeutung, denn sie bilden den Hintergrund für die erste menschliche Besiedlung des amerikanischen Kontinentes. Als die Landbrücke freigelegt war, konnten Menschen trockenen Fußes nach Alaska gelangen. Als sie unterging, mußten sie über das offene Meer paddeln – oder ihr Leben riskieren, indem sie über das Packeis liefen –, um zu dem kaum sichtbaren Land auf der anderen Seite zu gelangen. Wann gab es die Landbrücke? In jüngster Zeit arbeitete eine interdisziplinäre Expertengruppe, die sich mit Beringia beschäftigte, an einer Studie über die Landbrücke. Einer dieser Experten, David Hopkins von der University of Alaska, hat einen Großteil seiner Laufbahn im hohen Norden gearbeitet und versuchsweise eine Abfolge des Wechsels von Land und Meer für die letzten 125000 Jahre erstellt:

Pelukian Beaches: Beiderseits der Beringstraße gelegene Strandterrassen mit Anzeichen für ein im Vergleich zu heute 15 bis 30,5 m höheres Meeresniveau. Diese „Pelukian Beaches" (benannt nach Expositionen am Peluk Creek in der

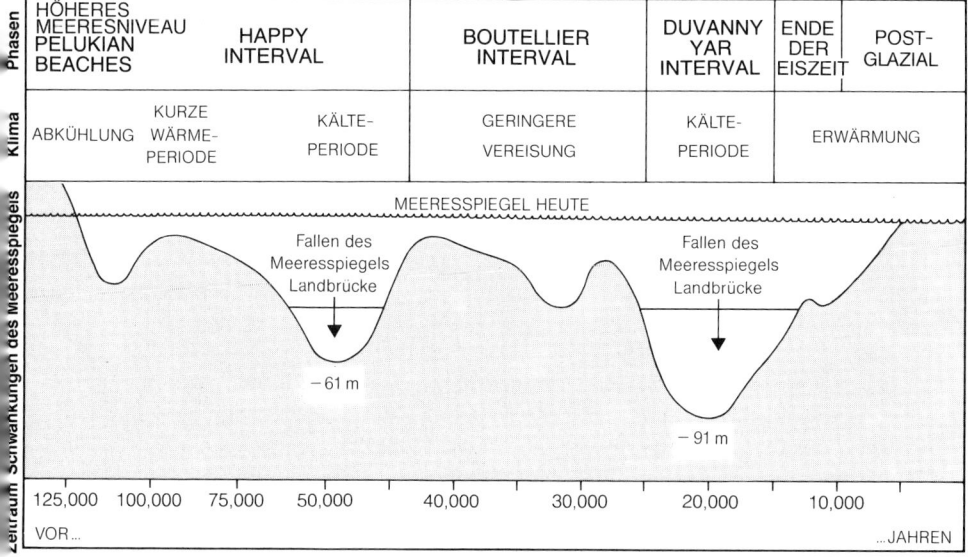

Phasen	HÖHERES MEERESNIVEAU PELUKIAN BEACHES	HAPPY INTERVAL		BOUTELLIER INTERVAL	DUVANNY YAR INTERVAL	ENDE DER EISZEIT	POST-GLAZIAL
Klima	ABKÜHLUNG	KURZE WÄRME-PERIODE	KÄLTE-PERIODE	GERINGERE VEREISUNG	KÄLTE-PERIODE	ERWÄRMUNG	

MEERESSPIEGEL HEUTE

Fallen des Meeresspiegels Landbrücke

Fallen des Meeresspiegels Landbrücke

−61 m

−91 m

125,000 100,000 75,000 50,000 40,000 30,000 20,000 10,000

VOR ...   ...JAHREN

Tabelle mit ungefähren Angaben der Klima- und Meeresspiegelfluktuationen im Bereich der Beringstraße in den letzten 125 000 Jahren.

Nähe von Nome in Alaska) erreichen unterschiedliche Mächtigkeit und enthalten sowohl Mollusken, die in wärmeren Gewässern leben, als auch solche, die heutige Temperaturen aushalten. Hopkins ist der Ansicht, daß die mächtigsten „Pelukian-Terrassen" dem Terminierungseinschnitt Broeckers und van Donks von vor 125 000 Jahre entsprechen, einer Periode, in der das Klima zumindest so warm war wie heute.

Im *Happy Interval* setzte die Abkühlung ein, die Zehntausende von Jahren anhielt. Der von Hopkins geprägte Begriff „Happy Interval" ist vielleicht irreführend, denn das Klima wurde zunehmend kälter. Die Gletscher Alaskas erreichten in diesen Jahrtausenden ihre größte Ausdehnung. Etwa vor 100 000 Jahren erwärmte sich das Klima für kurze Zeit, der Meersspiegel lag in etwa wieder auf heutigem Niveau, und bildete die unterste „Pelukian-Terrasse". Aber die Kälte kam wieder. Der Meeresspiegel sank vor etwa 50 000 Jahren mindestens 60 m unter NN.

Im *Boutellier Interval* folgte eine längere Periode zwischenklimatischer Erscheinungen mit geringerer Vereisung. Hopkins nannte sie nach einer Schichtformation im südwestlichen Yukon-Gebiet, wo organische Böden zwischen zwei Eisschichten gelagert wurden. Das „Boutellier Interval" dürfte den Zeitraum zwischen 44 000 und 30 000 oder 25 000 Jahren eingenommen haben. Vor etwa 4000 Jahren lag der Meeresspiegel nicht sehr viel tiefer als heute. Die Landbrücke bestand vermutlich nur aus einem schmalen Isthmus, der zeitweilig überflutet war.

Das Klima war immer noch streng, mit Schneewintern und kurzen trockenen Sommern.

Im *Duvanny Yar Interval* (vor etwa 25 000 Jahren) fielen die Temperaturen wieder und führten in Beringland zu einer Periode extrem trockenen Kontinentalklimas; darauf deutet ein Aufschluß bei Duvannij Yar am Kolyma in Sibirien hin. Der Pazifik lag zwischen 90 und 100 m unter dem heutigen Meeresspiegel. Die Landbrücke erstreckte sich nun von Asien nach Alaska und bedeckte einen Großteil der Tschuktschensee). Ihre südliche Küstenlinie erstreckte sich vom Anadyrgolf in Sibirien zur Halbinsel Alaska in der Neuen Welt. Die Winter waren lang, kalt und extrem trocken. Heftige Winde fegten über die Landbrücke und ließen die Lufttemperatur auf für heutige Begriffe unvorstellbare Minusgrade sinken.

Das „Duvanny Yar Internal" endet mit dem, was Broecker und van Donk „Terminierung I" nannten, dem Augenblick, als der Meeresspiegel wieder anzusteigen begann. Diese Erwärmung setzte vor etwa 15 000 bis 14 000 Jahren ein. Hopkins und seine Kollegen haben die schnelle Überflutung der Beringstraße an überschwemmten Küstenstreifen nachgezeichnet. Als die Meereshöhen stiegen, veränderte sich auch die Geografie der flachen Landbrücke dramatisch. Die Beringstraße und der Anadyrgolf wurden überflutet als der Meeresspiegel auf 48 m unter NN gestiegen war. Vor ca. 13 000 Jahren war die St. Lawrence-Insel noch eine Halbinsel, die mit Alaska verbunden war, der Meeresspiegel lag damals bei 38 m unter NN. Während ein Großteil der sibirischen Küste ihre gegenwärtige Gestalt vor etwa 10 000 Jahren annahm, wurde vor der Küste Alaskas, dort, wo die Salzwassersäule heute 20 m beträgt, Flußschlick abgelagert. An der Schwelle zur Neuzeit lag die amerikanische Küste noch 100 km weiter im Meer.

See- oder Landweg?

Die Geologen streiten sich immer noch über viele untergeordnete Details dieser Abfolge. Sie sind sich aber darin einig, daß es zwei lange Zeiträume gegeben hat, in denen die Beringstraße Festland war: irgendwann in der Zeit von 75 000–45 000 Jahren und noch einmal vor etwa 25 000–14 000 Jahren.

Wenn Menschen des Jungpaläolithikums im äußersten Nordosten Asiens schon vor 35 000 Jahren gesiedelt haben sollten, dann haben sie östlich auf offenes Meer geblickt. Um die Meerenge zu überqueren, hätten sie irgendeine Art Wasserfahrzeug gebraucht. Angenommen, eine derartige Besiedlung existierte – und zum Zwecke der Argumentation wollen wir es einmal annehmen –, waren sie überhaupt fähig, die Beringstraße auf dem Wasserweg zu bewältigen? Wenn ja, so hätten sie kaum Holzboote benutzen können, sondern nur Gefährte aus Tierhäuten, denn die Umgebung war wohl weitgehend baumlos.

Der einzige Beweis für die frühe jungpaläolithische Seefahrt stammt aus Australasien. Wie wir im vorherigen Kapitel gesehen haben, mußten die ersten australischen Siedler einen Kanal von 88 km Breite bewältigen, was sie vermutlich mit einfachen Flößen aus Baumstämmen oder Binsen bewerkstelligten. An ihrer engsten Stelle war die Beringstraße etwa vergleichbar breit (80 km); aber die Meeresverhältnisse sind im hohen Norden viel härter. Floßüberquerungen auf meist ruhigen, tropisch warmen Meeren sind eines, sich in arktische Gewässer hinauswagen etwas völlig anderes. Selbst unter den etwas wärmeren Bedingungen vor etwa 35 000 Jahren dürfte in der Beringstraße den Großteil des Sommers über ein Chaos aus treibenden Eisschollen geherrscht haben. Im Winter dürften Dunkelheit und Hochdruckwetter, Schneewehen und eisige Winde die zugefrorene See selbst für den verwegensten Reisenden unpassierbar gemacht haben. Und wenn man von den heutigen arktischen Jägern ausgeht, so war jeder der in diesen Breiten jagte, überaus vorsichtig. Schiffahrt auf dem offenen Meer war im seetüchtigsten Boot aus Tierhäuten bestenfalls jahreszeitlich möglich und auf die wenigen warmen Sommerwochen beschränkt, in denen die Gefahr driftender Eisschollen geringer war. Aber selbst dann dürften nur die erfahrensten und geübtesten Seeleute die plötzlich aufkommenden Stürme oder ein Kentern in Gewässern überlebt haben, in denen die Menschen schon nach wenigen Minuten Opfer der Unterkühlung werden.

Verfügten die Sibirier des Jungpaläolithikums vor etwa 35 000 oder auch nur 15 000 Jahren über Boote? Wir wissen es nicht. Möglicherweise war ihnen klar, daß Tierhäute, um ein Gerüst aus Knochen oder Holz gespannt, ein primitives Boot für eine Person oder mehr abgeben konnte. Sie könnten ein solches Fahrzeug sogar für die Jagd von Seetieren in Küstennähe benutzt haben. Aber wie bei ihren entfernten jungpaläolithischen Verwandten weit im Süden ist es sehr unwahrscheinlich, daß sie sich weit vom Festland entfernten, selbst wenn am Horizont ein Küstenstreifen sichtbar war. Es mag natürlich Zufallsüberquerungen gegeben haben, aber auch sie sind im hohen Norden eher unwahrscheinlich. Als der Ethnologe Richard Nelson in den 70er Jahren unseres Jahrhunderts bei den Eskimos in Alaska lebte und arbeitete, beobachtete er, daß sie überaus vorsichtige Jäger waren, die die Risiken zu Land, auf dem Eis oder zu Wasser ständig gering zu halten versuchten. Wir können mit Sicherheit annahmen, daß im Jungpaläolithikum ähnliche Vorsichtsregeln galten. Arktische Jäger können sonst nicht überleben. Mit einer Vielfalt von großen und kleinen Landsäugetieren waren sie sehr viel weniger von Seetieren und Fischen abhängig als die Eskimos in jüngerer geschichtlicher Zeit. Ihre Fähigkeiten als Seeleute warten vermutlich entsprechend weniger gut entwickelt.

Die theoretischen Argumente – und sie sind rein theoretisch – scheinen stark gegen eine Meeresüberquerung zu sprechen. Höchst wahrscheinlich gelangten jungpaläolithische Verbände auf dem Höhepunkt der letzten Vereisung vor 25 000–15 000 Jahren oder kurz darauf, als Beringland allmählich wieder überflutet wurde, über die flache, tiefgelegene Landbrücke in die Neue Welt.

Wenn wir eine Einwanderung auf dem Seeweg für unmöglich halten, da sich bislang auf keiner Seite der Beringstraße Beweise dafür finden ließen, stellt sich aber eine andere Frage. Ließ die Beringlandbrücke überhaupt menschliches Leben zu?

Das Leben auf der Landbrücke

Man darf sich nicht darüber täuschen, daß das Klima Beringias extrem unwirtlich war und die Gegend um die Landbrücke sich mit nichts vergleichen läßt,
was es heute auf der Welt gibt. Riesige monotone Strecken trockener subarktischer Taiga und Tundra bedecken heute einen Großteil des nordöstlichen
Asiens und die nördlichen Breiten der Neuen Welt. Es sind mit die kältesten Zonen
der Welt. Auf dem Höhepunkt der Eiszeit waren sie noch kälter. Sibirien und
Alaska sind heute trocken. Sie waren vor 18 000 Jahren noch trockener. Beringia
scheint auf den ersten Blick vollkommen ungeeignet für menschliche Besiedlung
gewesen zu sein. Dennoch glauben viele Paläontologen, daß es für Tiere und für
Menschen während der kalten Perioden der letzten Vereisung ein Zufluchtsort
war. Hier mag der Schlüssel für die erste Besiedlung des amerikanischen Kontinents liegen.

Das meiste, was wir über dieses untergegangene Land wissen, stammt aus
Fundstätten beidseits der Beringstraße. (Einige fossile Mammutknochen wurden
auch beim Absuchen des Meeresbodens gefunden). Das heutige Klima ist so kalt,
daß paläogene Pflanzenreste sich manchmal fast völlig intakt, in Schlamm oder
Torf gefroren, erhalten haben. Sie tauchen auch an so unvermuteten Orten wie
spätglazialen Nagetierbauten auf, sind aber eher Einzelfunde die allerdings zeigten, daß auf der Landbrücke Balsampappeln und möglicherweise auch Espen
wuchsen. Glücklicherweise bietet die Palynologie (Pollenanalyse) ein viel umfas-
senderes, geradezu verführerisches Bild des einstigen Beringias. Im Jahre 1916
entdeckte der schwedische Botaniker Lennart von Post, daß winzige fossile
Pollenkörner, die er in skandinavischen Mooren gefunden hatte, zur Rekonstruktion von eiszeitlicher Vegetation über Jahrtausende verwendet werden konnten.
Jeder von Heuschnupfen geplagte Mensch weiß, daß unsere Luft voll ist von
Myriaden winziger Pollen, oft von Bäumen und Gräsern, die kilometerweit
entfernt sind. Ein konstanter Pollen-„Regen" ergießt sich auf die Erde, er spiegelt
die uns umgebende natürliche Vegetation. Von Post argumentierte, daß Proben
fossiler Pollen aus prähistorischen Sumpfschichten die Veränderungen der Vegetationsdecke am Ende der Eiszeit und sogar noch früher chronologisch nachzeich-
nen könnten. Er entdeckte dramatische Vegetationsveränderungen in Skandinavien. Am Ende der Eiszeit bedeckte arktische Tundra Nordeuropa. Als die
Eisdecken sich zurückzogen, traten Birken an ihre Stelle, und als sich das Klima
erwärmte, Eichenmischwälder. An manchen Stellen fanden von Post und seine
Nachfolger in pollenführenden Schichten steinzeitliche Geräte. Auf diese Weise
können sie den Archäologen sagen, wie die Vegetation und bis zu einem gewissen
Ausmaß auch wie das Klima zu der Zeit ausgesehen hat.

Die Pollenanalyse hat die Vegetationsgeschichte der Beringlandbrücke schlag-
lichtartig beleuchtet. Dutzende von Kernbohrungen in Meeresböden, Sümpfen,
Mooren und anderen eiszeitlichen Ablagerungen offenbaren eine einzigartige
Ansammlung arktischer Pflanzen, die auf den Tiefebenen vor etwa 18 000–13 000
Jahren gediehen. Die Botaniker haben die Pollendaten mit Studien über die heutige
Vegetation dessen, was noch von Beringia übrig ist, verglichen. Das Ergebnis ist

ein faszinierendes, wenn auch widersprüchliches, Bild einer einmaligen eiszeitlichen Landschaft.

Der Pollen-Experte Steven Young, ein Paläoökologe aus Vermont meint, daß das gegenwärtige Vegetationsbild einen Wissensstand reflektiert, „der noch fragmentarisch und oft so uneindeutig ist, daß eine Vielfalt von Interpretationen möglich ist". 1937 wies Eric Hulten darauf hin, daß Beringia eindeutig ein Subkontinent gewesen sei, nicht nur ein Korridor zwischen der Alten und der Neuen Welt. Er wandte sich auch gegen die Vorstellung, daß die Landbrücke eine Ebene mit sanft wogendem Gras gewesen sei, wo halbnackte Jäger Großwild von Asien in einen neuen Kontinent hinein verfolgten. Beringia, so Hulten, war ein baumloses Land. Es gab in der Eiszeit keinen Austausch zwischen den Wäldern Alaskas und Sibiriens. In Jahre 1964, stellte sich der Botaniker Paul Colinvaux (Ohio State University) dann die Frage, ob nicht vielleicht der südliche Rand der Landbrücke vom Japanstrom erwärmt worden sein könnte und somit Tieren und Menschen eine freundlichere Heimstatt geboten haben könnte. Allerdings zeigten seine Pollenproben von den Pribilof-Inseln, daß diese Küste ebenso rauh und unzugänglich war wie das tundrabedeckte Innere.

Paul Colinvaux ist der Kopf einer Schule, die die Ansicht vertritt, daß die Landbrücke „ein unfruchtbarer Ort (war), der von kleinen Wanderpopulationen von Pflanzenfressern besiedelt war, die weitgehend an Flußregionen gebunden waren". Die Nahrungsressourcen für Menschen waren seiner Ansicht nach gering und kaum kalkulierbar. Aufgrund der Pollendaten meint er, daß das zentrale Beringia während der letzten Vereisung bis vor mindestens 14000 Jahren mit spärlicher Tundra bedeckt war. Er sieht „vor seinem geistigen Auge eine staubige Ebene, die sich bis zum Horizont erstreckte und die zwischen den bloßen Stellen mit einer niedrigen Seggen- und Grasdecke bewachsen war, gleichsam eine trockenere Version der heutigen arktischen Ebene". Auf diesen Ebenen lebte eine arktische Tundrenfauna, in etwa vergleichbar Nagetieren der heutigen Tundra. Die wenigen Großsäuger waren Randpopulationen erheblich größerer Bestände, die in den waldigeren Regionen der angrenzenden Landstriche lebten. Colinvaux glaubt, daß die Landbrücke bis vor etwa 14000 Jahren unwirtlich und unfruchtbar war, bis dann der steigende Meeresspiegel und die zurückweichenden Eisdecken radikale Veränderungen bewirkten und vielleicht sogar zu feuchter Tundra und eingestreuten, vereinzelten Waldstücken auf der Landbrücke führten.

Paläoökologen wie Young und der Paläontologe Dale Guthrie von der University of Alaska, vertreten eine weniger pessimistische Ansicht: eine Hypothese die Colinvaux als „die Annahme einer Landbrücke, in der Großwild und menschliche Helden leben" bezeichnet. Sie sprechen und schreiben von einem längst untergegangenen Ökosystem, in dem viele verschiedene Tierarten in fruchtbarer Harmonie zusammenlebten, wie es heute in der afrikanischen Savanne der Fall ist. Young und andere interpretieren die Pollendiagramme aus Alaska und dem Yukongebiet ganz anders als ihre Kollegen. Sie plädieren für Steppe statt für Tundra und verweisen auf die Dominanz von Gras und Seggen in den Pollendiagrammen und einem hohen Prozentsatz an *Artemisia* (Beifuß). Diese Prozentsätze lassen auf eine bessere Entwässerung, auf ein Auftauen im Sommer mit Trockenheit und einen

eher steppenartigen Grasbewuchs, schließen. Die Wissenschaftler sind der Ansicht, daß die Landbrücke von einem Teppich aus ganz verschiedenen Vegetationstypen bedeckt war.

Die Argumentation von Young und Guthrie geht davon aus, daß im südlichen
und mittleren Beringia viele Sümpfe und seichte Gewässer zu finden waren.
Vielleicht begünstigten diese Bedingungen grasreiche Feuchtgebiete, wo große
Pflanzenfresser ihre Sommerweide hatten. Zu Zeiten der Landbrücke dürften
mehrere große Flüsse, darunter der Anadyr und der Yukon, die Küstenebenen
durchzogen haben. Sie führten viel größere Wassermassen als heute mit sich, wenn
das Gletschereis im Sommer schmolz, und überfluteten die Ebenen in beträchtli-
chem Ausmaß. Kleine lokale Ab- und Nebenflüsse boten vielleicht günstige
Standorte für hohes Weidengebüsch, ebenfalls eine ideale Nahrungsquelle für
große Pflanzenfresser. Näher zur Südküste hin ließen unter Umständen Deltas
und Küstenebenen Süßwassersümpfe, Teiche und langsam fließende Ströme mit
einer eigenen Seggenwiesen-Flora entstehen. Vermutlich gab es dort weite Dünenfelder mit widerstandsfähigen Gräsern wie das gewaltige fossile Dünenfeld südlich
der Brooks Range von der Größe des Staates Indiana.

Steven Youngs Rekonstruktion der Landbrücke gründet offenkundig auf einem
breiteren Spektrum paläoökologischer Daten als Colinvaux'. Seine Vegetations-
karte basiert nicht nur auf Pollenproben, sondern auf modernen botanischen
Daten aus Alaska und Sibirien. Er stellte fest, daß die heutige beringische Flora auf
isolierte Standorte verteilt ist, als seien einstmals zusammenhängende Bereiche
bestimmter Vegetationstypen durch eine Katastrophe auseinandergerissen worden – in diesem Fall durch die Überflutung der Landbrücke, auf der viele heute
seltene Arten einst in verschwenderischer Fülle wuchsen. Er rechnet auch damit,
Pappeln und andere Baum- und Straucharten in dieser rauhen Umgebung zu
finden.

Diese einzigartige Vegetationsstruktur wird heute nur in verstreuten Reliktas-
soziationen gefunden, aber wir wissen aus Sibirien erheblich mehr darüber als aus
Alaska. Schon 1929 beschrieb der russische Botaniker Alexej Tugarinov diese Art
arktischer Steppe als „offene Landschaft, auffallend trocken, ziemlich kalt, mit
geringen Winterniederschlägen". Ihre Gräser und ihr Pappelgebüsch ernährte eine
standorttypische Säugetierfauna, darunter das Mammut und die Saiga – ein
Umstand, der sich allein aus einer südlicheren Ausdehnung der gegenwärtigen
Tundra nicht erklären läßt. Zu dieser Zeit, so Tugarinov, bliesen trockene Winde
Wolken glazialen Staubes (Löß) über die Ebenen und bildeten vielerorts große
Dünenfelder.

War das die Vegetationsdecke der Landbrücke, vermochte sie große Säugetiere
zu ernähren? Paul Colinvaux glaubt, daß die Pollendiagramme der Landbrücke
einen Pollen-„Regen" aus der Tundra und weniger aus der Steppe widerspiegeln.
Seiner Einschätzung nach finden sich die deutlichsten Analogien zur sibirischen
Steppen-Tundra in der heutigen Tundralandschaft der Wrangel-Insel im Arktischen Meer, auf 72° nördlicher Breite. Er argumentiert, daß diejenigen, die die
zentrale beringische Landschaft Steppen-Tundra nennen, den russischen Sprach-
gebrauch mißverstehen. Die Landbrücke war seiner Ansicht nach „eine weite

Fläche gefrorenen Schlicks". Hier erzeugten die kontinentalen Sommer große Staubwolken, die über den nur oberflächlich aufgetauten Boden hinwegbliesen. Es habe nur wenige Stellen gegeben, an denen Pflanzenfresser weiden und Menschen jagen konnten. Heute seien die Pflanzengesellschaften Sibiriens und Alaskas ziemlich verschieden. Viele Botaniker glaubten, daß die noch existierenden Ähnlichkeiten möglicherweise aus Landverbindungen resultieren, die lange vor der letzten Vereisung bestanden. So habe sich die sibirische Steppen-Tundra möglicherweise nicht nach Nordamerika ausgedehnt. Colinvaux' Hypothese krankt an einem wesentlichen Punkt. Späteiszeitliche Säugetiere haben die Straße tatsächlich *überquert*. Auf ihrem Weg müssen sie etwas zu fressen gefunden haben.

Der Geologe J. V. Matthews vom Geological Survey of Canada machte den Versuch, den kontroversen Sumpf zu durchdringen und die beringische Landschaft unter mehr interdisziplinären Gesichtspunkten zu betrachten. Er meint, daß die hohen Prozentanteile von Beifuß für eine Tundra-Vegetation sprechen, die besser entwässert war als heute. Diese Vegetation war keine geschlossene, immer gleiche Tundra oder Steppe, sondern ein Mosaik mit weiten Steppen- und Tundragebieten, Tiefebenen und flachen Hügellandschaften, das sich von der heutigen Tundra erheblich unterschied. Diese Umgebung war trockener und steppenähnlicher als das heutige Alaska. Matthews blickt über Pollendiagramme und Pflanzenüberreste hinaus. Er weist darauf hin, daß die in Ablagerungen Alaskas gefundenen fossilen Insekten ab und zu einen Steppenlaufkäfer *(Harpalus amputatus)* enthalten, der in der heutigen Tundra nicht vorkommt. Andererseits lassen Rüssel- und andere Käfer auf eine karge Strauchvegetation und trockene Bedingungen schließen. Was noch wichtiger ist, er beobachtete, daß der Dungkäfer *Aphodius* bis zu drei bis zehn Prozent der Insektenproben ausmacht, ein Insekt, dessen Vorkommen an Huftiere gebunden ist. Im Gegensatz dazu enthalten postglaziale Ablagerungen eine reiche Vielfalt an Ameisen, auf Koniferen lebenden Käfern und im oder am Wasser lebenden Insekten.

Mammute und die Tierwelt gegen Ende der Eiszeit

Die an der Steppen-Tundra-Kontroverse Beteiligten stimmen nur in ein paar Grundsätzen überein. Sie sind sich einig, daß Beringia weitgehend baumlos war, daß die Vegetation von Blattpflanzen wie Erlen, Zwergbirken und Heidesträuchern dominiert wurde, die an wenigen, eher geschützten Stellen vorkamen. Eine karge Vegetation – aber wenn man von der Säugetier-Population ausgeht, war sie möglicherweise fruchtbarer als die kümmerliche Flora der heutigen Tundra oder Berg- und Polarwüsten. Jeder, Optimist oder Pessimist, gibt zu, daß Beringia mit einem Panorama von Landschaften verbunden war, die sich von Zentralasien bis nach Ostsibirien und über die Landbrücke nach Alaska erstreckten. Diese verschiedenen Landschaften ernährten, was die sowjetischen Paläontologen als „Mammut- oder jungpaläolithische Fauna" bezeichnen. Im Jahr 1901 erreichten Moskau Berichte von einem Aufsehen erregenden „Teufelswesen", das halb im arktischen Schlamm in der Beresovka, im tiefsten nördlichen Sibirien begraben lag.

Es stellte sich als gefrorenes Wollmammut heraus, das in einem Sommer vor Zehntausenden von Jahren im Schlamm stecken geblieben und dann in fast unversehrten Zustand tiefgefroren worden war. Haare und Fell waren gut erhalten, die Überreste seines letzten Mahles befanden sich noch im Magen. Der Kadaver war so frisch, daß die Wissenschaftler versucht waren, das Fleisch zu probieren. Sie gaben davon schließlich ihren Hunden ohne erkennbare Krankheitsfolgen. Seither kamen in Sibirien Dutzende von Eiszeitmammuten ans Tageslicht; die meisten zwischen 45 000 und 11 000 Jahre alt. Alle waren aus natürlichen Ursachen gestorben, manche bei Erdrutschen oder im tiefen Schlamm. Andere waren in den tiefen Rissen des Dauerfrostbodens verunglückt. Jede Frühjahrsüberschwemmung spülte Mammutkadaver in die ruhigen Flüsse wie den Berelech am ostsibirischen Meer, wo sie aufgeweicht wurden. Über 140 Tiere stammen allein vom Berelecher Mammut-„Friedhof“. Alle diese Entdeckungen haben den sowjetischen Wissenschaftlern ein bemerkenswert vollständiges Wissen über diese prachtvollen Pflanzenfresser eingebracht.

Im Gegensatz zu volkstümlichen Vorstellungen war *Mammuthus primigenius* kein Riesentier; nicht daß es klein gewesen wäre: es hatte eine Schulterhöhe bis zu 3,5 Metern (ein afrikanischer Elefant wird bis zu 4 Metern hoch.) Dieses Mammut unterscheidet sich deutlich vom modernen tropischen Elefanten. Es hatte vergleichsweise kürzere Gliedmaßen und einen längeren Körper, möglicherweise eine Anpassung an seine Weidegründe. Afrikanische Elefanten weiden mit ihren längeren Gliedmaßen an Zweigen und Buschwerk. Das Mammut hatte breitere Sohlen, die seinen schweren Körper durch schlammiges, schlecht entwässertes Terrain tragen konnten. Eine Kombination aus elastischen Sehnen, Fettgeweben und abspreizbaren Zehen ergab ein Polster wie ein Autoreifen und stützten so sein Gewicht. Ein Mammut aus dem Schlamm zu ziehen war sicher schwierig.

Beringische Mammute waren eindrucksvolle Tiere mit hohen massiven Köpfen und großen gebogenen Stoßzähnen. Dickes Haar bedeckte jeden Körperteil mit Ausnahme der Fußsohlen, selbst Ohren und Rüssel. Die Unterwolle war bis zu 15 cm dick. Sibirische Kadaver zeigen, daß sich Mammute von Wollgras, Seggen, Moos und Zwergsträuchern ernährten. In Winter fraßen sie auch trockenes Gras, Weiden-, Birken- und vielleicht auch Lärchenzweige.

Das Mammut mag zwar der Riese unter der jungpaläolithischen Fauna gewesen sein, aber auch der Steppenwisent *(Bison priscus)* war ein großes Tier. Er hatte einen massigen Körper mit einem großen Kopf, schweren Hörnern und einem 75 cm dicken Fell zum Schutz gegen die arktischen Winde. Der Moschusochse war ein weiteres Herdentier, das bis heute in Nordwestkanada überlebt hat und auf der Nunivak Insel in Alaska wieder angesiedelt wurde. Er ist ein gedrungenes Tier mit langsamer Blutzirkulation, zum Schutz gegen die Kälte. Diese ungewöhnlichen Tiere können ohne weiteres Temperaturen bis zu − 45 °C überleben. Nicht nur das, sie können auch Nahrung unter einer Schneedecke von bis zu 20 cm ohne Schwierigkeiten auffinden.

Die Saiga *(Saiga tatarica)* macht in riesigen Herden jahreszeitliche Wanderbewegungen. Sie ist ein schneller Läufer mit Geschwindigkeiten bis zu 60 km/h, ein Flachlandtier mit großen Hufen, um besser unter dem Schnee graben und darüber hinweglaufen zu können, und einer Nase, die den Flugstaub filtern kann. Die Saiga lebt noch heute in Asien, ebenso das Rentier, auch ein Herdentier mit festen Wanderrouten in der offenen tundraartigen Landschaft. Dann gab es auch noch die kleinen Tiere: Erdhörnchen, die sich von Gräsern, Beeren und Insekten ernährten und Winterschlaf hielten; Lemminge und Wühlmäuse in der Steppen-Tundra und in den Sumpfgebieten, und den weißen Polarfuchs, der sich von ihnen ernährte.

Wollmammut, Steppenwisent, Wildpferd und Rentier wurden überall von Westeuropa bis nach Sibirien, Alaska und dem Yukon-Gebiet in eiszeitlichen Ablagerungen gefunden. In Asien umfaßte diese glaziale Fauna sowohl extreme arktische als auch Formen aus gemäßigteren südlichen Breiten, die bisweilen nach Norden in offenes Land vordrangen. Diese Mischung umfaßte den Polarfuchs, die Saiga, den Moschusochsen und den Yak. Nord-Süd-Wechsel wurden durch das unwegsame Terrain in Alaska und im Yukon-Gebiet erschwert. Die Fauna des Jungpaläolithikums war bemerkenswert vielfältig und von Weide- und Huftieren geprägt. Doch es gehörten auch ein paar prächtige Raubtiere dazu, wie der Schneeleopard, der Kurzschwanzenbär und eine Vielzahl von Füchsen.

Sowjetische Biologen wie N. K. Vereščagin und G. F. Baryšnikov haben nicht nur eiszeitliche Kadaver und Knochen untersucht, sondern auch die Ökologie der jungpaläolithischen Fauna mit der modernen arktischen verglichen. Ihr Bild der Ökologie der beringischen Säugetiere liest sich folgendermaßen: das wollige Fell der Mammute, Wisente, Pferde und Moschusochsen schützte sie gegen ein Klima, das kälter und trockener war als heute. Warum trockener? Alle Tiere hatten Felle mit rockartigen Fransen, die bis auf den Boden herunterhingen. Wäre das Klima feuchter und maritimer gewesen, wären die Fransenröcke gefroren und dann mit tödlichem Ausgang für ihre Träger wieder aufgetaut. Darüber hinaus waren Ohren und Schwänze der beringischen Säugetiere klein im Vergleich zu heute lebenden Arten; dadurch wurde der Verlust an Körperwärme, der an der Kälte ausgesetzten Körperoberflächen entsteht, gering gehalten.

Steppenwisent, Pferd und Saiga sind Tiere, die sich schnell bewegen und auf festen, trockenen Böden leben. Viele der kleineren Tiere waren Höhlenbauer, die zu diesem Zweck feste Böden brauchten. Beringland war so trocken, daß die Schneedecke vermutlich dünn war und oft weggeblasen wurde und so die ausgetrocknete Vegetation als Winternahrung für das Mammut und andere Huftiere freigelegt wurde. Ob alle diese Tiere der jungpaläolithischen Fauna in Beringia zur gleichen Zeit existierten oder nicht, ist höchst ungewiß. Manche Fachleute bezweifeln sogar, daß die fossilen Säugetiere aus dem eisreichen sibirischen Schwemmland und ähnlichem übelriechenden Schlick auf der amerikanischen Seite wirkliche Dauerbewohner waren und nicht jahreszeitliche Wanderer. Viele fossile Knochen wurden am Grund geologischer Aufschlüsse gefunden, wohin sie durch Erosionstransport gelangten; insofern gibt es keine Möglichkeit, ihr genaues geologisches Alter zu bestimmen. Der einzige Weg, die Assoziation verschiedener Tiere zu beweisen, ist wohl die Datierung des Knochen-Kollagens frisch aufgetauter Knochen. (Ein rezenter Knochen, der entfettet und von der Luft ausgetrocknet ist, besteht aus organischem Material, hauptsächlich Kalziumphosphat und Kalziumkarbonat und 15–20% Kollagen, einem unlöslichen Protein. Ein gut erhaltener

Knochen, der einem trockenen-kalten Milieu entnommen wurde, enthält noch genügend Kollagen, um auf bis zu 40 000 Jahre zurückdatiert werden zu können. Die Radiokarbonmessung von Knochenkollagen ist schwierig, weil verunreinigende Substanzen wie Huminsäuren kaum auszuschalten sind. Daten auf Basis von Knochenkollagen werden tendenziell für weniger zuverlässig gehalten als Messungen aus konventionellen organischen Proben wie Holzkohle.) J. V. Matthews hat dies getan und eine Liste von mindestens acht Typen zusammengestellt, die etwa in die Zeit vor 25 000–18 000 Jahren zu datieren sind. Seine Proben stammen aus einem weit gesteckten geografischen Bereich und die Daten haben eine hohe statistische Fehlerquote. Aber er behauptet, daß Wisent, Rentier, Mammut und Pferd und ebenso zwei Arten von Moschusochsen, ein Wildschaf und arktische Raubtiere eine Gemeinschaft von Säugetieren bildeten, die zweimal soviele Arten umfaßte wie die moderne Tundra.

Matthews weist auch darauf hin, daß mehrfach bestätigte jungpaläolithische Faunengesellschaften an sibirischen Fundstätten zufällige Assoziationen ausschließen. Seiner Ansicht nach gab es in Beringia vor 18 000 Jahren eine vielfältige Säugetierwelt. Wenn dies der Fall war, dann mußte die Vegetationsdecke ökologisch produktiver gewesen sein als die der heutigen Tundra.

Das Fruchtbarkeitsparadox

Wenn es große Pflanzenfresser auf der Beringlandbrücke gegeben hat, wie konnten sich diese Tiere in der rauhen Umwelt ernähren? Das Problem reduziert sich auf die grundsätzliche Frage: Wie bleibt ein Mammut auf einer arktischen Landbrücke gesund und munter?

Die Landbrücke könnte eine Vielzahl von Pflanzenfressern ernährt haben, vorausgesetzt sie verfügte über ein ausreichend breites und ertragreiches Angebot an Pflanzen. (Für gewisse Arten, wie das Mammut, das mehr oder weniger ununterbrochen frißt und große Mengen an minderwertigem Weidefutter verwertet, war die Quantität von großer Bedeutung.) Wenn es ein solches Angebot gab, könnten Wildpferde und andere kleine Huftiere von Seggen, Gras und Strauchwerk auf den trockenen Hügelländern gelebt haben. Neben den Ebenen gab es in den tieferen Lagen und Flußtälern sehr viel fruchtbarere Gegenden, die zu 5% mit hohen Büschen und zu 20% mit feuchtem Ried bedeckt waren. Dort lebten die gras- und laubäsenden Tiere und vielleicht auch Menschen. Die Weideböden in den Tälern und die Weidendickichte wurden wohl ganz intensiv abgegrast, so wie heute von den Moschusochsen. Unterdessen düngten die Tiere das Weideland mit ihrem Kot und verwesenden Kadavern. Diese Prozesse erhöhten wiederum die Fruchtbarkeit und den Nährwert. Die weidenden Tiere sorgten so für ein ausgeglichenes Wachstum der natürlichen Vegetation, verhinderten die Akkumulierung organischer Stoffe und erhielten den Boden als Wärmespeicher während der Weidesaison.

Unter diesen Voraussetzungen halfen sich die Tiere auch wechselseitig, indem manche Arten Futterstellen unter dem Schnee freilegten, die später von kleineren,

Von Westeuropa bis Sibirien und Alaska gibt es eiszeitliche Ablagerungen mit Überresten des Wollmammuts (oben links), des Steppenbisons (oben rechts), des Wildpferdes (unten links) und des Karibus (unten rechts). Sie sind hier in der Darstellung eines jungpaläolithischen Künstlers in Südwestfrankreich wiedergegeben.

wählerischeren Essern genutzt wurden. Das Mammut und das Pferd nahmen
große Mengen minderwertigeren Futters auf, vor allem hohe und halbhohe
Gräser. Ihr Ernährungsverhalten ließ Bereiche mit gehaltvollerem kurzem Gras
für die anspruchsvolleren Weidetiere wie den Steppenwisent entstehen. Ergebnis
war eine Weideabfolge, bei der jede Huftierart einen Bereich des vielfältigen
Lebensraums gestaltete und aufrecht hielt, der dann wiederum anderen Tieren im
gleichen Gebiet von Nutzen war.

Alle sind sich einig, daß Beringia eine trockene Gegend mit kalten Winterwin-
den und einer relativ dünnen Schneedecke war. Im Frühjahr dürfte die Schneedecke wohl sehr viel früher als heute weggeweht worden sein. Die Frühlingsregen
fielen dann auf den nackten Boden, der von den längeren sonnigen Tagen der
neuen Jahreszeit erwärmt wurde. Vielleicht noch wichtiger als die Frühlingsregen
waren die großen Schneewehen, die an vielen Orten durch die Winterwinde
aufgetürmt worden waren. Oft befanden sie sich in der Nähe der wärmsten Punkte
der Landschaft, wenn im Frühling und im Frühsommer die Sonnenstrahlung ihren
Höhepunkt erreichte. Somit lagen neben den Gebieten mit der günstigsten Sonnenstrahlung ständige Feuchtigkeitsspender. Wenn diese Schneebänke schmolzen, erhielten die angrenzenden Bodenflächen einen „Protein-Stoß". Vielleicht
zogen die Huftiere Beringias von einem Weideplatz zum nächsten, wenn der
Schnee während der jährlichen Wachstumsperiode von vier oder fünf Monaten
wegtaute. Auf diese Weise gab es vom Frühjahr bis zu den ersten späten Schneefällen frisches Futter. Es ist interessant, daß zur Fauna Beringias auch Pferde
gehörten, großrahmige Weidetiere, die über einen längeren Zeitraum reichlich
Futter brauchen und daher eine Schneeauflage während des Winters nicht tolerie-
ren.

Die Botaniker Lawrence Bliss und James Richards erstellten auf Grundlage der
gegenwärtigen arktischen Vegetation und Ökosysteme ein Modell möglichen
Umweltverhaltens von Pflanzenfressern in Beringia vor 25 000 Jahren. Ihr Modell
unterstellt, daß die Dichte einzelner Arten von Pflanzenfressern ähnlich der in der
modernen arktischen Umwelt war. Die Biomasse dieser Pflanzenfresser könnte
jedoch bis zu dreieinhalbmal größer gewesen sein als die der modernen arktischen
Ökosysteme mit ihrer geringeren Artenvielfalt. Bliss und Richards stellen dar, wie
prekär die Vegetationsverteilung gewesen sein könnte. Zum Beispiel war ein
fünfprozentiger Bewuchs mit Weidengebüsch lebenswichtig, denn für Mammut
und Elch machte dieses schätzungsweise 40 bis 70% ihrer Nahrung aus. Mit
weniger Weidengebüsch wäre die Populationsdichte der Säugetiere und vielleicht
auch der Menschen geringer gewesen.

Nicht einmal die glühendsten Befürworter der Steppen-Tundra-Hypothese
sind der Ansicht, daß Beringia ein Land war, das vor großen Pflanzenfresserher-
den strotzte. Wahrscheinlicher ist, daß diese Tiere verstreut lebten und sich an ein
paar Dutzend bestimmter Plätze auf Flachlandwiesen und in Flußnähe konzentrierten. Nicht alle Säugetierarten befanden sich gleichzeitig am selben Ort. Sie
dürften einander gefolgt sein, indem sie bestimmte Flächen der öden, baumlosen
Umgebung in einer endlosen Weidefolge nutzten, die es solange gab, wie das
kontinentale Ökosystem intakt blieb.

All das scheint eine einleuchtende und auch verführerische Hypothese, aber wo paßt der Mensch in dieses Bild? Bislang sind keinerlei Artefakte, bearbeitete Knochen oder Spuren menschlicher Besiedlung aus untergegangenen Teilen Beringias aufgetaucht. Insofern müssen wir auf kluge Spekulationen zurückgreifen. Wir wissen, daß Steinzeitmenschen im östlichen Sibirien lebten, selbst in den kältesten Jahrtausenden der letzten Vereisung. Theoretisch hätten sie jedenfalls bequem auf den trockenen Ebenen der nur ein paar Kilometer entfernten Landbrücke leben können.

Wenn Menschen auf der Landbrücke gelebt haben, wie sah dann die Bevölkerungsdichte aus? Bliss und Richards haben das Steppen-Tundra-Szenario, um diese Variable erweitert. Sie legten ihren Berechnungen die Populationsdichten heutiger Pflanzenfresser und mögliche Nutzungsraten für verschiedene Tiere zugrunde. Die durch Jagd abzuschöpfende Biomasse des Mammuts zum Beispiel beläuft sich auf 4% der Gesamtpopulation im Jahr, die des Wisents und des Pferdes um 9–10%. Auf der Grundlage dieser Daten schätzten sie, daß das Nahrungspotential für 15–25 Menschen pro 1000 Quadratkilometer ausreiche, eine Zahl entsprechend etwa der heutiger Eskimos, die ausschließlich von Land- und Meerressourcen leben. Das Modell von Bliss und Richard deutet an, daß eine beringische Steppen-Tundra eine ansehnliche Zahl von Menschen ernähren konnte, vielleicht sogar mehr als die heutige Tundra, weil sich die steinzeitlichen Verhältnisse natürlich schwer berechnen lassen. Diese Jäger und Sammler konnten sicher Dichte und Vielfalt der Pflanzenfresserpopulationen nachhaltig beeinflussen.

Ein vages Szenarium

Die Beringlandbrücke liegt nun als trockener, ja isolierter Landstrich vor uns, der aber eine überraschende Vielfalt an großen und kleinen Säugetieren ernähren konnte. Die menschlichen Akteure sind noch nicht in Erscheinung getreten, aber der Verdacht, daß es sie auf den heute überfluteten Ebenen gab, drängt sich auf. Wenn im Jungpaläolithikum Menschen in Sibirien lebten, so besteht absolut kein Grund, warum sie nicht bis zur Landbrücke vorgestoßen sein sollten.

Zu welchem Zeitpunkt aber gelangten die ersten menschlichen Siedler auf den amerikanischen Kontinent? Leider hat der hohe Tidenstand der Neuzeit die meisten Orte in Alaska, an denen man die Küstensiedlungen vermuten würde, unter Wasser gesetzt, Dörfer, in denen frühzeitliche Fischer und Seejäger auf ihrem langsamen Weg nach Norden und Osten gelebt haben könnten. Aber selbst wenn diese Küstenstreifen für Archäologen zugänglich wären, würden wir wahrscheinlich gar keine Spuren von auf Seesäugerjagd spezialisierten Kulturen, wie sie im hohen Norden in vorgeschichtlicher Zeit erst viel später entstanden, finden. Ohne entwickelten Bootsbau konnten die an den Küsten Beringias lebenden Steinzeitmenschen sie nur unzureichend nutzen. Es ist so gut wie sicher, daß sie sich von der Jagd auf dem Festland ernährten, wie es auch die Djuchtai-Leute taten. Und als Jäger zu Lande sind diese Siedler vermutlich trockenen Fußes nach Alaska gelangt, als es die Landbrücke gab.

Ein steinzeitlicher Jäger, der am Rand der Beringlandbrücke angelangt war,
konnte freilich nicht ahnen, daß er einen natürlichen Übergang zu einem neuen
Kontinent vor sich hatte. Die flache, leicht hügelige Landschaft dehnte sich bis
zum fernen Horizont und wirkte wie die Fortsetzung der eigenen Heimat. Es war
kein vielversprechendes Gelände, aber ein erfahrener Großwildjäger konnte dort
genug Nahrung finden, um seine Familie auch über die kältesten Monate zu
bringen. Die über Jahrtausende an ein arktisches Milieu, an Monate des Überflusses und Zeiten des bitteren Mangels gewöhnten steinzeitlichen Jäger und Sammler
sickerten nach und nach in Beringia über Tausende von Jahren ein. Zu irgendeinem
Zeitpunkt, vielleicht schon vor 25 000 Jahren oder auch viel später, als die
Landbrücke zu sinken begann, führte sie ihr Weg nach Osten zu höher gelegenen
Jagdgründen, weg vom eiskalten Pazifik und letztlich auf den amerikanischen
Kontinent.

Nun müssen wir die Frage der ersten Besiedlung auf Grundlage archäologischer
Befunde vor Ort untersuchen.

2. Alaska und das Yukongebiet –
Der Nordwesten der Neuen Welt

Die abwechslungsreiche, tief gelegene Landschaft an den Ostufern der Beringstraße ist auch heute nur spärlich besiedelt. Was vom östlichen Beringia der Eiszeit
geblieben ist, sieht man am besten, wenn man die Küstenlinie entlang über den
North Slope, dann in Richtung Süden nach Anchorage und weiter zur Inselkette
der Aleüten fliegt. An einem klaren Tag blickt man auf ein Land mit auffallenden
Gegensätzen. Im äußersten Norden erstrecken sich baumlose Tundraebenen bis
zum Arktischen Ozean und quer durch ganz Alaska bis nach Nordkanada. Die
kaum entwässerten, im Sommer sumpfigen und im Winter extrem kalten, trockenen und windigen Ebenen werden im Süden von der baumlosen Brooks-Range
begrenzt. Der Teil der Hochgebirge, die zu Alaska gehören, war einst vereist. In
Kanada heißen sie dann British Mountains und liegen exakt nördlich eines
mächtigen Gürtels aus Tiefebenen und unwegsamen Taigawäldern, die von zwei
Flüssen durchzogen werden. Der Yukon entspringt in Kanada, der Kuskokwim in
Alaska. Beide fließen ins Beringmeer und werden von riesigen pazifischen Lachs-
schwärmen aufgesucht, die den hier lebenden Völkern jahrtausendelang wertvolle
Nahrung boten. Am Südrand des Staates erhebt sich die Alaska Range. Massig und
vergletschert trifft sich dieses Gebirge mit der Aleütian Range die das Rückgrat der
Halbinsel Alaska und der Aleüten bildet. Nach Osten erheben sich die Richardson
und Mackenzie Mountains des Yukongebiets und der Northwest-Territories.

„Der traditionelle Zugang nach Amerika...?"

Vor etwa 18000 Jahren, während der Wisconsin-Eiszeit, die der europäischen
Würm-Eiszeit entspricht, bedeckten Gletscher die Alaska Range, die Halbinsel
Alaska und die Brooks Range, aber der Großteil des östlichen Beringias war eisfrei
und trockener als heute. Die Freisetzung der Beringlandbrücke hielt die Feuchtigkeit spendenden Regenfronten im Süden zurück. Kühlere Meerestemperaturen
und die Verlagerungen der Windströme nach Süden führten im nördlichen Pazifik
zu einer geringeren Verdunstung. Der Paläontologe Dale Guthrie von der University of Alaska hat Dutzende von Bison-, Wildpferd- und Mammutfunden aus
späteiszeitlichen Ablagerungen in Zentralalaska katalogisiert. Sie zeigen seiner
Ansicht nach, daß es in diesem Teil Ostberingias ausgedehnte Steppen gab, die
fruchtbarer waren als die postglazialen Tundren und Nadelwälder. Erst als nach
der Zeit vor 14000 Jahren Meeresspiegel, Durchschnittstemperaturen und Feuchtigkeit dramatisch anstiegen, verbreiteten sich Birke, Weide und anderes Gebüsch
weit über Alaska. Bis vor etwa 9000 Jahren waren die letzten Überreste von

Steppentundra verschwunden. Der reichen Säugetiergemeinschaft des Hochgla-
zials folgte das Karibu, seither die dominante Spezies. Vor etwa 6000 bis 5600
Jahren breiteten sich vom nordwestlichen Kanada Fichtenwälder westwärts in
Teile Alaskas aus.

Manche Archäologen glauben, daß die eisfreien Gebiete Alaskas während der
letzten Vereisung unbewohnbar waren. Andere nannten sie „den traditionellen
Zugang nach Amerika". Die meisten jüngeren Archäologen stimmen mit dem
verstorbenen J. Louis Giddings überein, der 1960 schrieb, daß „sich Menschen aus
dem arktischen Raum in geringer Dichte über den nördlichen Klimagürtel verteilten, eine Population, die weder aus Verfolgern noch aus Verfolgten bestand, die
einfach da war und sich aufs Geratewohl der Umgebung anpaßte; die Söhne gingen
bisweilen außerhalb des Gebietes ihrer Väter auf die Jagd, aber verließen niemals
wirklich ihr Gebiet". Das Problem besteht darin, archäologische Fundstellen
auszumachen, die diese oder einer andere Hypothese bestätigen.

Louis Giddings verbrachte sein ganzes Leben mit der Erforschung der Archäologie Alaskas und der Beringstraße. Er beklagte, daß viele Gelehrte Beringia nur als
Durchgangsgebiet auf dem Weg nach Amerika betrachteten. Jahrtausende lang, so
seine Argumentation, hätten Eskimos und Aleuten an den Ufern der Straße gelebt,
und eigene, auf die Vielfalt der Lebensräume zugeschnittene Anpassungsmodi
entwickelt. Könnten hier nicht ebensogut schon viel früher Menschen über lange
Zeiträume hinweg gesiedelt haben? Viele Gelehrte ahnen, daß er recht hat. Das
Problem besteht darin, es zu beweisen.

Nach welcher Art Jäger suchen wir

Gibt es irgendeinen archäologischen Beweis für menschliche Ansiedlung im
östlichen Beringia zur Zeit der Landbrücke? Eines der Probleme besteht darin, zu
entscheiden, was man suchen will, wie die handwerklichen Fähigkeiten der ersten
Amerikaner ausgesehen haben könnten. Jeder wird zugeben, daß, wer im hohen
Norden leben will, den notwendigen technologischen „Schritt" getan haben muß,
um hier leben zu können. Dieser Schritt muß nicht allein einhergehen mit geschnei-
deter Kleidung und angemessenen Schutzbauten, sondern auch von der Entwicklung bestimmter Hilfsmittel, die Schnee und Eis überwinden halfen, begleitet sein.
Später waren dies Hundeschlitten, Schneeschuhe, sogar Stollen an den Schuhen,
um sicher über Eisschollen laufen zu können. Die arktischen Jäger mußten nicht
nur erfahrenen Jäger, Fischer und Sammler sein, sondern sie mußten auch Bevor-
ratungstechniken für ihre Nahrungsüberschüsse entwickeln, damit sie über die
harten Wintermonate hinwegkamen. Das Leben in der Arktis bedeutete einen
hohen Grad an jahreszeitlich bedingter Mobilität und es erforderte die Fähigkeit,
mit ständigem Mangel ebenso zurechtzukommen wie mit Zeiten des Überflusses.
Wenn man also nach archäologischen Zeugnissen sucht, dann vor allem nach
Gerätschaften, die Aufschluß über die Lebensweise der Menschen geben könnten.

Die Fachwelt ist zerstritten. Richard MacNeish, ein Archäologe, der mehr als
40 Feldforschungen hinter sich hat, darunter mehrere in Alaska, ist der Ansicht,

daß die Werkzeuge der ersten Siedler „technologisch unausgereift" waren und sie „als Jäger eher ungeübt". Alan Bryan, ein in Harvard ausgebildeter Verfechter der frühen menschlichen Besiedlung, ging sogar noch weiter: „Die technologische Grundausstattung der Paläoindianer umfaßte, wenn überhaupt, nur wenige, standardisierte Werkzeugtypen aus Stein oder Knochen". Im Gegensatz dazu vertritt der Archäologe William Workman von der University of Alaska die Meinung, daß „nur spezialisierte Großwildjäger mit hoch entwickelten Steinwerkzeug-Techniken in Beringia überlebt haben konnten ... Steinindustrien, die so unausgereift sind, daß Zweifel angebracht sind, ob sie überhaupt von Menschen hergestellt wurden, brauchen – was die Neue Welt angeht – nicht ernst genommen zu werden."

Jeder, der denkt, daß Ostberingia nur ein Korridor war, den man leicht überqueren konnte, sollte sich einmal die heutigen Reisebedingungen in diesen nördlichen Breiten vor Augen halten. Wenn man von den heutigen Umweltverhältnissen ausgeht, war es im Winter leichter, sich fortzubewegen. Ein Jagdverband, der sich heute im Sommer in den arktischen Küstenebenen des hohen Nordens bewegen würde, käme nicht weit: Tausende von Seen und Sümpfen verhindern jedes Fortkommen. In der Eiszeit mögen die Verhältnisse kälter und trockener gewesen sein, aber im Sommer waren sie dennoch ungünstig. Wenn man aber von den Wetterbedingungen und den Bewegungseinschränkungen, die die Jagd prinzipiell mit sich brachte, absieht, konnten die Steinzeitmenschen zwischen Oktober und Juni so gut wie überall über die gefrorenen Ebenen laufen, wenn sie wollten bis zu 30–50 km täglich.

Wer heute hier reist, gewinnt eine Vorstellung von der Mobilität der ersten Amerikaner. Vom Gipfel des Anaktuvuk-Passes in der Brooks Range über den John River nach Süden zum Koyukuk River in Zentralalaska muß man etwa 240 km hinter sich bringen. Im Sommer sind sumpfige, seenreiche Dickichte und Wälder zu bewältigen. Die Reise dauert mindestens zehn Tage, vielleicht auch drei Wochen, je nach dem, was man unterwegs zu essen findet. Im Winter kann man über den vereisten Fluß gehen und die gleiche Strecke in fünf Tagen absolvieren bzw. in noch kürzerer Zeit, wenn man einen Hundeschlitten benutzt. Stellt man die langen dunklen Wintermonate noch in Rechnung, hat man in der Tat eine sehr beschränkte Wandersaison, vielleicht Spätherbst oder Frühling, die Zeiten, in denen das Wild wie das Karibu zu neuen Weidegründen zieht.

Aber auch ohne diese Beschränkungen war das östliche Beringia auf dem Höhepunkt der letzten Vereisung vor 18 000–25 000 Jahren ein abgeschiedenes Land. Dies lag teilweise an den riesigen Gletschermassen im Osten und im Süden – darüber wird im 4. Teil noch die Rede sein – aber auch an der rauhen Topografie. Die geografischen Gegebenheiten boten den Menschen mächtige Anreize, um in Beringia zu bleiben. Wenn Steinzeitmenschen dort gelebt haben, dann war es ihre Heimat, und nicht nur ein Durchgangskorridor.

Es ist kaum verwunderlich, daß das Maß der Spekulationen die archäologischen Befunde aus Alaska und dem Yukongebiet weit übersteigt. Archäologische Grabungen im hohen Norden sind in höchstem Maße von der Jahreszeit abhängig. Die Feldarbeit ist in einem kurzen, zwei- oder dreimonatigen Zeitraum zu leisten, in

dem die Bodenoberflächen auftauen. Selbst dann sind Spuren früher menschlicher
Besiedelung schwer zu finden, und noch schwerer sind sie *in situ* zu finden. Die
unvereisten Teile Alaskas und des Yukongebiets bedecken ein riesiges Gebiet, daß
archäologisch so gut wie unberührt ist. Dennoch sind Fortschritte gemacht
worden. Z. B. war das Yukongebiet vor einer Generation archäologisch noch
jungfräuliches Land. Heute kennt man um die tausend Fundstellen, aber nur
wenige sind älter als ein paar Jahrtausende.

Das Rätsel von Old Crow

Trotz jahrelangen geduldigen Bemühens hat bis jetzt niemand einen archäologischen Fund in Alaska oder dem Yukongebiet gemacht, der mit Sicherheit älter als
15 000 Jahre ist. Besonders intensiv wird im Yukongebiet gegraben, wo alte
glaziale Seebecken ein günstiges Jagdrevier für Paläontologen bieten. Vor etwa
25 000–14 000 Jahren bedeckte der große Laurentische Eisschild einen Großteil
Kanadas; er erstreckte sich bis zu den Richardson Mountains im Westen und
bedeckte das Bonnet Plume Basin im Yukongebiet. Das Eis leitete die örtlichen
Flüsse nach Norden und Westen, wo sie in drei große glaziale Seen abflossen, die
heute das Bell, das Bluefish und das Old Crow Basin bilden. Das Old Crow Basin
nahe der Grenze zu Alaska, enthält Sedimente, die während der letzten Vereisung,
stromabwärts vom Laurentischen Eisschild, abgelagert wurden. Der Paläontologe
C. R. Harington vom National Museum of Natural Sciences Kanadas hat seit 1966
eiszeitliche Säugetierknochen gesammelt, die von den Flüssen, die das ehemalige
Seebecken zergliedern, ausgewaschen wurden. Das erste Grabungsjahr förderte
den Unterschenkelknochen eines Karibus zu Tage, der zu einem Fleischschaber
umgestaltet worden war. Am Ende hatte er eine feine Sägekante, um Fleischstücke
von der Haut abzulösen. Der Knochen konnte nur bearbeitet worden sein, als er

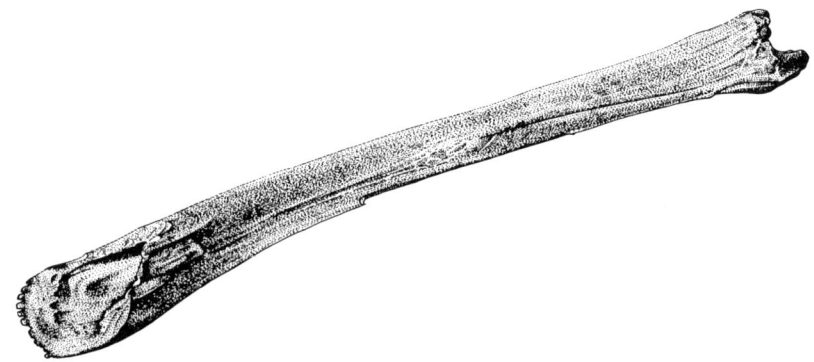

*Der berühmte „Schaber" aus Old Crow, ein Gerät mit dem das Fleisch von den Häuten
entfernt wurde. Ursprünglich ergab sich für den Knochen eine Radiokarbonmessung von
27 000 Jahren, aber neuere Untersuchungen weisen auf ein Alter von nur 1 300 Jahren hin. Er
ist etwa 2 5,5 cm lang.*

frisch war. Radiokarbontests erbrachten ein Alter von etwa 27000 Jahren. Zwei
Fragmente von Mammut-Langknochen aus der gleichen Aufsammlung, die möglicherweise menschliche Bearbeitungsspuren aufweisen, ergaben ähnliche Daten.

Auf den ersten Blick schien der Fleischschaber bei der Erforschung der ersten
Amerikaner ein revolutionärer Schritt nach vorn, aber im Grunde waren die
Werkzeuge aus Old Crow von dem Tag an, als sie gefunden wurden, umstritten.
Alle Funde Haringtons kamen aus *wiederabgelagerten* Sandschichten und Schot-
tern des Old Crow-Flußtales. Sie wurden von dem Ort ihrer Ersteinbettung
vermutlich ausgewaschen und weggespült. Im Anschluß an Harington haben
Richard Morlan von der Archaeological Survey of Canada und andere Archäolo-
gen und Paläontologen Jahre damit verbracht, das Puzzle der alten Strombetten,
Seeablagerungen und anderer Schichten, die das Old Crow Basin kreuz und quer
durchziehen, zu interpretieren. Die Lehm- und Schlickschichten des Sees vom
Ende der Wisconsin-Eiszeit sind 4,5 Meter mächtig. Unter ihnen liegen alluviale
Ablagerungen und Sedimenteinträge, die mit der Radiokarbonmethode auf ein
Alter zwischen 31000 und 54000 Jahren und mehr datiert wurden.

Beide limnischen Sedimentationshorizonte bilden Angelpunkte einer langen
Zeitspanne, in der unzählige Ströme und Flüsse in dem Becken Gesteinsmaterial
ablagerten und wieder abtrugen. Eine ausgedehnte Schwemmlandfläche wurde
während einer extremen Kälteperiode abgetragen. Morlan bezeichnet dies als
„Disconformity A", einen Bruch im Sedimentationsbefund, der sich auf eine leicht
zu identifizierende Schicht vulkanischer Asche (Tephra) stützt. Die Asche von
Old Crow gibt einen wichtigen zeitlichen Anhaltspunkt. Wissenschaftler der
University of Toronto datierten sie auf ein Alter unter 120000 Jahren. Sie könnte
tatsächlich um die 87000 Jahre alt sein. Der Erosionsprozeß der Disconformity A
entstehen ließ, wurde durch Kollagen-Daten von Knochen, die im Kontaktbereich
verblieben waren, auf weniger als 40000 Jahre datiert. Schlick- und Sandablagerungen, die über Disconformity A liegen, enthalten „Artefakte" aus Knochen und
Elfenbein, „bearbeitete" Fundstücke von Karibu, Mammut, Bison und anderen
Säugetieren. Radiokarbondaten von Holzfragmenten aus diesen Schichten reichen
von der Angabe „unendlich" für wiederabgelagerte Proben bis zu etwa 31000
Jahren für Holz, daß 4–4,5 m über Disconformity A gefunden wurde. Es wurden
in den Ablagerungen unter Disconformity A, wo Säugetierfossilien im Überfluß
vorhanden sind, keine einwandfreien „Artefakte" entdeckt.

Die Schichtenfolge in Old Crow scheint ein festes Muster zu bilden; die ersten
Spuren „menschlicher Besiedlung" gehören einem Stratum an, das während einer
intensiven Kälteperiode, vielleicht der frühen Wisconsin-Eiszeit, frei lag. Das
hieße, daß in der Tat Steinzeitmenschen früher als vor 30000 Jahren im östlichen
Beringia lebten, vielleicht sogar schon früher als vor 50000 Jahren. Das ist ein
überraschender Schluß in Anbetracht dessen, daß nach den oben erörterten
Belegen 25000 Jahre als das älteste wahrscheinliche Datum angenommen werden
konnte. Wie zuverlässig aber ist das Material von Old Crow? Abgesehen vom
lückenhaften geologischen Befund haben die Artefakte selbst und die Umstände,
unter denen sie gefunden wurden, Kontroversen entfacht. Keines der Old Crow-
Fundstücke ist aus Stein, alle wurden aus frischen Tierknochen hergestellt. Und

schließlich erfolgte ihre Einbettung am Fundort nach einer Translozierung durch Wasserkraft.

Richard Morlan und seine Kollegen haben die „bearbeiteten" Mammut- und andere Säugetierknochen aus Old Crow bis ins letzte Detail untersucht. Da sie nicht in Assoziation mit Steinwerkzeugen und anderen Spuren menschlicher Besiedlung auftraten, mußte Morlan irgendwie beweisen, daß die Absplitterungen und Frakturen an den Knochen von Menschenhand stammten und nicht durch geologische Prozesse oder Raubtierzähne entstanden waren. Oberflächlich betrachtet, sehen die Old Crow-„Artefakte" wie primitive Werkzeuge aus. Eine Generation früher hätte man sie vermutlich ohne Zögern als menschliche Produkte angesehen. Damals reichte die einfache Feststellung von Splitterung, Polierung oder Schürfung an einem Knochen aus, um ihn als menschliches Werkstück zu klassifizieren. Heute bedienen sich die Archäologen biochemischer und technologischer Hilfsmittel. Diese Forschungsrichtung wurde von dem Biologen C. K. Brain anhand von Knochenfunden des *Australopithecus* in Südafrika entwickelt.

Der Anatom Raymond Dart stellte die Behauptung auf, daß die Australopithecinen, lange bevor sie Steinwerkzeuge herstellten, eine „osteodontokeratische" materielle Kultur aus Knochen, Zähnen und Horn besaßen. Seine Studien bezogen sich fast ausschließlich auf die Knochen und fußten auf der Annahme, daß die Höhlen Wohnstätten waren und keine Zufluchtsorte. Brain ging weiter und untersuchte die Form der Knochen, indem er langfristige Beobachtungen von Bruchstellen an Knochen, die nichtmenschliche Primaten zuwege gebracht hatten, anstellte. Er konnte nachweisen, daß Darts Material Bißspuren von Geparden zeigte, also nicht das Ergebnis menschlicher Werkzeugherstellung aufwies.

Die Knochen von Old Crow geben Anlaß zu ähnlichen Fragen. Arbeiteten die ersten Bewohner von Ostberingia mit frischen Knochen anstelle von Stein, und gebrauchten sie dabei die gleichen Methoden für die Herstellung von Werkzeugen aus Mammutknochen, wie sie sie bei Steinen angewandt hätten? Robson Bonnichsen von der University of Maine machte Experimente mit Knochen aus Tierkäfigen der Alberta Game Farm. Er untersuchte auch die Bruchstellen, die Cree-Indianer hinterlassen hatten, um an das Knochenmark heranzukommen, sowie Knochen, die ein Sibirischer Tiger in den Fängen gehabt hatte. Er behauptet, daß die spiralförmigen Frakturen, die an vielen Knochen von Old Crow gefunden wurden, identisch sind mit den Marken an Knochen, aus denen die Cree-Indianer das Mark sogen und die auch von ihren Hunden gekaut wurden. Somit „sind spiralförmig gebrochene Knochen ein Hinweis auf die Anwesenheit des Menschen und bezeugen gezieltes menschliches Verhalten", schrieb er. Tatsache ist aber, wie der bekannte Archäologe Lewis Binford von der University of New Mexico in Afrika und in Alaska nachgewiesen hat, daß heutige Tiere regelmäßig Spiralfrakturen hervorrufen, wenn sie Röhrenknochen öffnen – und man könnte sich vorstellen, daß eiszeitliche Raubtiere das noch viel besser konnten.

Richard Morlan untersuchte auch Abschleifungen, Einschnitte und Splitterungen an Knochen aus Old Crow. Einige Knochenfragmente weisen Schnitte auf, die aussehen wie die in experimentell mit Steingeräten an frischen Knochen und Geweihen vorgenommenen. Zuerst glaubte er, daß es sich um Schlachtspuren handelte, die Menschen bei der Zerlegung eines Großwildkadavers hinterlassen hatten. An anderen Knochen glaubte Morlan Wetz-, Schleif- und Kratzspuren festzustellen. Er änderte jedoch seinen Standpunkt, als ihm klar wurde, wie wenig wir darüber wissen, wie große Fleischfresser Knochen zerbrechen. Dagegen ist eine ganze Menge über die Brucheigenschaften von frischen in Gegensatz zu trockenen Knochen, die viel leichter brechen, bekannt. Das Problem besteht darin, daß den kleinen Knochenstücken, die an Stellen wie Old Crow häufig gefunden werden, in der Regel die nötigen Erkennungsmerkmale fehlen. Beispielsweise können einige der scheinbar von Menschenhand frisch gebrochenen Mammutknochen, nachdem sie ausgetrocknet waren, auch durch natürliche Einwirkung zersprungen sein. Es gibt in der Arktis noch andere Phänomene, die Veränderungen an Knochen hervorrufen können. Das Eis setzt in der jährlichen Tauzeit im Frühjahr immense Kräfte frei, Bodenbewegungen unter der Oberfläche, wenn aufgetaute Erdschichten über dem darunter liegenden Permafrostboden in Bewegung geraten. Solche Bodenverschiebungen und Schichtfluten transportieren kantige Kiesel, die möglicherweise Kratzspuren an Knochen hinterlassen, die durchaus mit menschlichen Schlachtspuren verwechselt werden können.

Morlan verwarf viele Behauptungen, daß diese und die spiralförmig gebrochenen Knochen von Menschen bearbeitet worden seien. Absplitterungen und Brüche an Mammutknochen schreibt er aber nicht dem Wirken von Raubtierzähnen zu, denn die Knochen seien, so seine Argumentation, zu groß, um von Fleischfressern zersplittert und zerbrochen zu werden. Auch konnte er kein natürliches Phänomen ausfindig machen, daß diese Art von Fraktur verursacht haben könnte. Nach Ausschluß aller natürlichen Faktoren bleibe nur der Mensch übrig, der die Mammutknochen bearbeitet haben könnte. Das ist eine riskante Art der Argumentation, denn wir wissen relativ wenig von den Prozessen, die nach ihrer Einbettung auf Säugetierknochen einwirken. Bevor wir nicht die Möglichkeit ausschließen können, daß die Knochen auf natürlichem Wege verändert wurden, können wir nicht behaupten, sie seien von Menschenhand gestaltet, auch wenn sie scheinbar wie „Abschläge" oder „Keile" aussehen.

Der berühmte Fleischschaber aus Karibuknochen von Old Crow ist zweifellos ein von Menschen gefertigtes Werkzeug. Da er in einem Stück Erde gefunden wurde, das aus seiner ursprünglichen Lage verschoben worden war, kann niemand mehr sagen, wo er eigentlich herkam. Eine neuerliche Datierung des Schabers ergab ein Alter von 1300 Jahren. Das scheint plausibler, denn dieses Werkzeug erinnert stark an Fleischschaber, die von den Dinjye-Indianern in Alaska und im Yukongebiet bis heute hergestellt werden. Mit der revidierten Datierung dieses Artefakts bleiben nur Morlans Knochenkerne und -splitter als Beweis für menschliche Tätigkeit in Old Crow übrig, und auch diese sind mit einem Fragezeichen zu versehen.

Wir haben uns mit Old Crow etwas länger befaßt, weil der Ort ein ausgezeichnetes Beispiel für die Interpretationsprobleme früher amerikanischer Fundstellen darstellt. Als der Fleischschaber ans Licht kam, setzten die Entdecker große Hoffnungen auf dieses einwandfrei als solches zu bestimmende Werkzeug. Die ursprüngliche Messung von 27000 Jahren stützte sich auf Karbonat-Apatit, eine mineralische Substanz des Knochengewebes, die durch Verfestigung und Umbildung von organischem Kohlenstoff entsteht. Auf Kollagen, das Material, das dem revidierten Datum zugrunde liegt, trifft dies nicht zu. Das mag der Grund für den Unterschied von 26 000 Jahren zwischen den beiden Proben sein. Ermutigend an den Forschungen um Old Crow ist, daß die Forscher nicht davor zurückschreckten, ihre ersten Schlußfolgerungen einer langen und sachlichen Überprüfung zu unterziehen. Nach Jahren geduldigen Forschens ist ihr ursprünglicher Enthusiasmus soweit geschwunden, daß hinter der frühen Besiedelung von Old Crow ein Fragezeichen steht. Unterdessen geht die Erforschung der Mammutknochensplitter und -kerne weiter; sie gilt dem Versuch, zweifelsfrei zu klären, ob es eine späteiszeitliche Technologie an diesem Ort gab oder nicht. Die Wissenschaftler, die mit Old Crow befaßt waren, waren immer sorgsam darauf bedacht, ihre Funde neu zu überdenken und einzuschätzen, andere aber ließen ihrer Begeisterung zügellosen Lauf. Die Fundstätte löste bei den Anwälten einer sehr frühen Besiedlung Amerikas Begeisterungsstürme aus. Obwohl der redatierte Fleisschaber sie vom Gegenteil hätte überzeugen müssen, beschrieb vor einigen Jahren Alan Bryan – ein Archäologe, der leidenschaftlich für eine sehr frühe Besiedlung Amerikas plädiert – die Funde von Old Crow als „bemerkenswert entwickelte und spezialisierte Knochen- und Geweihindustrie". Nur wenige Archäologen würden so weit gehen.

Bluefish Caves

In den späten 70er Jahren grub Jacques Cinq-Mars vom Archaeological Survey of Canada die bedeutende Fundstelle Bluefish Caves in der Keele Range, etwa 65 km südwestlich von Old Crow, aus. Vor etwa 15 000 Jahren lagen die Höhlen in Sichtweite windgepeitschter eiszeitlicher Seen. Cinq-Mars fand eine Schicht eiszeitlichen, vom Wind verfrachtete Löß in ihrem Innern. Diese Schicht ist sehr locker und zwischen 30 cm und 3 m dick; sie wird von humusreichem Geröll und jüngerem Erdreich überlagert. Pollen aus feinkörnigen Schichten bestätigen, daß die Stratigrafie nicht gestört wurde, und belegen eine Zunahme der Birkenwälder in dem Zeitraum vor 14 000–12 000 Jahren. Sie zeigen auch, daß die Vegetation sich zur Zeit der Lößablagerungen von einer kräuterreichen Tundra hin zur Buschtundra veränderte. Außerhalb der Höhle I lag ein großer Haufen eiszeitlicher Säugetierknochen. Ein entfleischter Mammutknochen aus Höhle II ergab bei der Radiokarbonmessung ein Alter von 15 550 ± 130 Jahren, während der Oberschenkelknochen eines Pferdes aus Höhle I ein Alter von 12 950 ± 100 Jahren erbrachte. Im Löß wurden die Überreste von Mammuten, Pferden, Bisons, Wapitis und Karibus gefunden.

Höhle I enthielt zweifelsfrei einige Steinwerkzeuge, darunter einen Hornsteinabschlag mit einer charakteristischen meißelförmigen Kante, einige beidseitig retuschierte Splitter, Mikroklingen, einen keilförmigen Kern und eine Vielzahl von Hornsteinabschlägen, die alle aus Gestein gemacht waren, das von anderswoher stammt. Die Werkzeuge wurden zusammen mit den Tierknochen verstreut in den angewehten Siltschichten gefunden. Manche Tierknochen aus dem Löß zeigen Kratz-, Schnitt- und Bohrspuren ähnlich denjenigen von Old Crow.

Cinq-Mars setzte die radiokarbondatierten Knochen in Beziehung zu den Lößschichten. Er glaubt, daß die Bluefish Caves Beweismaterial für menschliche Besiedlung vor 15 000–12 000 Jahren enthalten, wobei das wahrscheinlichste Datum am jüngeren Ende der Zeitskala liegen dürfte. Er fragt sich auch, ob die zerbrochenen Knochen auf eine noch frühere menschliche Besiedlung hinweisen, vielleicht sogar bis in die Zeit vor 23 000–24 000 Jahren. Auf alle Fälle führen die Fundproben zu den gleichen Interpretationsproblemen wie die aus Old Crow und bleiben daher umstritten.

Trotz wiederholter Nachgrabungen konnten die Steinwerkzeuge aus dem lockeren Boden der Bluefish Caves nur grob datiert werden. Aber wenn die Daten stimmen, dann lebten vor etwa 12 000 Jahren, ja im östlichen Beringia vielleicht auch ein paar Jahrtausende früher, Menschen, die Mikroklingen herstellten und die somit der Djuchtai-Tradition Sibiriens nahestünden. Die aufgebrochenen Knochen aus den unteren Schichten der Bluefish Caves und von Old Crow sind *vielleicht* Beweismaterial für eine noch frühere Besiedlung, aber nur wenige Archäologen sind bereit, sie zweifelsfrei als Werkzeuge anzuerkennen.

Die Landbrücke wird überflutet

Pollendiagramme aus Beringia zeichnen ein dramatisches Bild von der rapiden Veränderung der Vegetation und des Meeresspiegels am Ende der Wisconsin-Eiszeit vor etwa 14 000 Jahren. Innerhalb von 2000 Jahren vollzogen sich größere Vegetationswechsel. Vor etwa 10 000 Jahren war die Landbrücke vollkommen überflutet. Zentralberingia war – nach geologischen Maßstäben nur für sehr kurze Zeit Festland. Kräuterreiche Tundren existierten kaum 8000 Jahre lang vor etwa 23 000 bis vor 15 000 Jahren. Als das Meer vordrang, mußte die Säugetierpopulation entweder zurückgegangen, und schließlich vernichtet worden sein oder nach Westen bzw. Osten ins Landesinnere gezogen sein.

Während dieser 2000 Jahre starken Klimaveränderungen hatten die Menschen extreme Belastungen zu ertragen, vor allem in den bevorzugten Gebieten, wo die Verbände dichtgedrängt lebten. Viele Gruppen dürften den Hungertod gestorben oder fortgezogen sein und sich neuen Umweltbedingungen angepaßt haben. Tierwanderungen weg von der sinkenden Landbrücke nach Ostberingia könnten zu einer größeren Vielfalt an Säugetieren in Alaska und dem Yukongebiet als zur Zeit der Wisconsin-Eiszeit geführt haben. Vermutlich folgten die Menschen den Säugetieren.

Jäger der altarktischen Tradition

Frederick Hadleigh West vom Peabody Museum in Salem, Massachusetts, gehört zu denen, die glauben, daß die rapiden Veränderungen am Ende der Wisconsin-Eiszeit die Menschen nicht nur dazu zwangen, die Landbrücke zu verlassen, sondern auch von Beringia weg nach Süden in wärmere Breiten ziehen.

Wests Hypothese wird unterstützt von durchaus gut dokumentierten Funden postglazialer Besiedlung, die bis zu 11000 oder 12000 Jahre alt sind. Meistens handelt es sich um vereinzelte Steinartefakte, die in Höhlen und kleinen Fundorten auf freiem Feld überall im Innern Alaskas und des Yukongebiets entdeckt wurden. Viele dieser Artefakte sind einfache Werkzeuge für die Jagd und die Nahrungsverarbeitung; sie wurden zu den Djuchtai-Geräten in Beziehung gesetzt.

Die ersten Funde wurden in den 30er Jahren unseres Jahrhunderts gemacht. Der Archäologe Nils Nelson erwarb sich in den 20er Jahren im amerikanischen Südwesten einen Ruf. 1937 war er in Alaska und veröffentlichte die Beschreibung eines steinzeitlichen Fundortes, den er vier Jahre zuvor auf dem Campus der University of Alaska in Fairbanks entdeckt hatte. Die Ausgrabung auf dem Campus war wenig spektakulär: ein wirres Durcheinander von Steinwerkzeugen, darunter fein gearbeitete Keile und Klingen. Nelson arbeitete in einem absoluten archäologischen Vakuum. Das prähistorische Alaska war noch Niemandsland, und so suchte er nach typologischen Parallelen in der Alten Welt. Er hatte die Wüste Gobi in der Mongolei bereist und verglich die Campus-Artefakte mit steinzeitlichen Werkzeugen aus dieser fernen Gegend. Das war der erste ernsthafte Versuch, amerikanische Artefakte mit Prototypen aus der Alten Welt in Zusammenhang zu bringen.

Der Campus-Fundort blieb bis in die 50er Jahre einzigartig. Dann grub 1949–50 Helge Larsen zwei Höhlen am Trail Creek im westlichen Alaska aus. Die eine enthielt nicht nur kleine Blattklingen, sondern in ihrer untersten Schicht auch einige Geschoßspitzen aus Knochen mit schmalen Rillen, vermutlich zum Einsetzen von Mikroklingen. Diese Jagdwaffen konnten höchst wirksam in harte Haut eindringen. Ein Radiokarbondatum eines in der Nähe gefundenen Karibu-Knochens ergab für die Speer- oder Lanzenspitzen ein Alter von etwa 9000 Jahren. Weitere Daten von Bison- und Pferdeknochen (die möglicherweise nicht von Menschen getötet wurden) lieferten Daten von 13000 bzw. 15800 Jahren. Hinzu kam, daß in der Höhlensiedlung von Trail Creek auch aufgebrochene Knochen eines Karibus entdeckt wurden, einem Wandertier, das die Jäger des hohen Nordens im Postglazial häufig erbeuteten.

Die Höhlen von Trail Creek und andere Orte mit ihrem Fundinventar aus keilförmigen Kernen und Kleinklingen entfesselten in den 50er Jahren heftige Theoriedebatten über eine „Nordwestliche Mikroklingen“-Tradition in Alaska und dem Yukongebiet, die ihren Ursprung wahrscheinlich in Sibirien hätte. Mitte der 60er Jahre warf eine Reihe von Entdeckungen etwas mehr Licht auf diese unklare kulturelle Tradition. Frederick West entdeckte Donnelly Ridge im südwestlichen Alaska. Dieser Fundort enthielt ähnliche Artefakte wie die vom Campus in Fairbanks – gestauchte Abschläge und vor allem kleine Kerne mit elliptischen Schlagmarken, die durch transversale Retuschierung geschaffen worden waren. Die Klingen waren selten länger als 5 cm.

West verglich Donnelly Ridge mit Fundorten nahe des Mount MacKinley in Zentralalaska und den Campus-Artefakten. Anschließend ordnete er alle diese Stätten, darunter auch die Höhle von Trail Creek, in eine Mikroklingen- und Kern-Tradition, die er nach einem Fundort dieses Namens „Denali-Komplex“

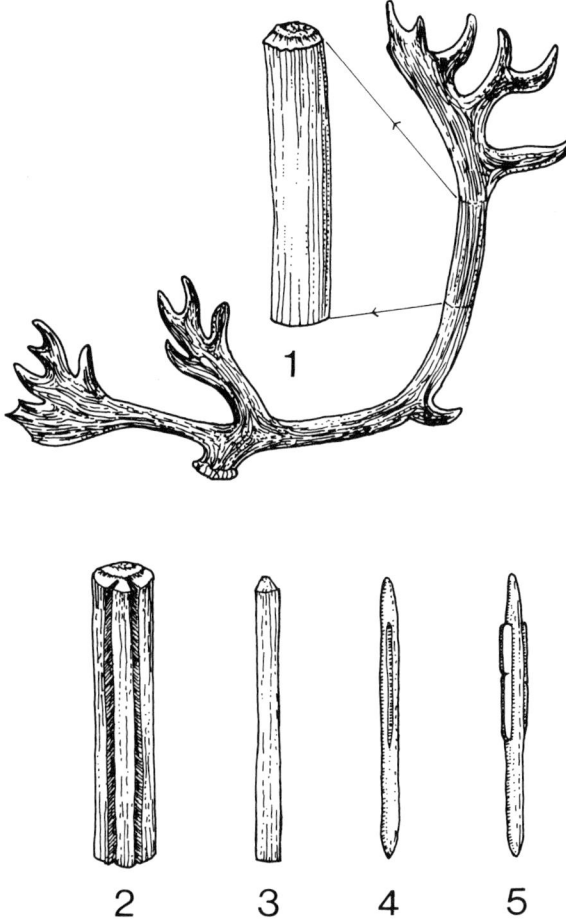

Für das Ende der Eiszeit ist es charakteristisch, daß die meisten Steinwerkzeuge zunehmend kleiner werden. Winzige Blätter, sogenannte Mikroklingen, wurden als Waffenspitzen verwendet. Eine Geweihstange wurde ausgeschnitten (1) und mit zwei parallelen Rillen versehen (2), um daraus ein dreieckiges Segment zu gewinnen (3), das dann zugespitzt, abgerundet und an einer oder beiden Seiten gerillt wurde (4). Die Mikroklingen wurden in die Rillen eingesetzt (5), auf diese Weise entstand eine messerscharfe Waffenspitze.

nannte. Er gelangte zu dem Schluß, daß die Denali-Stätten einander sehr ähnelten, „als seien sie Teile eines größeren Ganzen, mit gemeinsamen historischen Wurzeln, einem geschlossenen Verbreitungsgebiet und aller Wahrscheinlichkeit nach einer begrenzten Verbreitungsdauer".

West war von der breitgestreuten Verteilung seines neuen Kulturhorizontes so beeindruckt, daß er in Sibirien nach Parallelen zu suchen begann. Anfänglich hatte er noch keine Radiokarbondaten zur Verfügung, aber spätere Messungen ergaben für die Denali-Stätten einen Zeitraum, der etwa zwischen 11 000 und 8000 Jahren vor heute liegt. Trotz dieser späteren Datierung argumentierte West, daß sie zeitgleich mit den ähnlich gearteten Werkzeugen aus der Gegend des Baikalsees in Sibirien seien (vermutlich der Djuchtai-Tradition zuzuordnen, obwohl West dies nicht ausdrücklich sagt.)

Als West den Denali-Komplex bestimmte, grub Douglas Anderson gerade an der Fundstätte Onion Portage am Kobuk-Fluß, 200 km von der Tschuktschensee entfernt. Ursprünglich hatte schon Louis Giddings diesen Ort gefunden, aber bevor er dort mit Ausgrabungen beginnen konnte, starb er bei einem Unfall. Anderson war einer seiner Studenten und an der ursprünglichen Entdeckung mit beteiligt. Er übernahm das Projekt und grub mehrere Stellen in der Nähe des Flusses aus. Die Fundstelle Onion Portage selbst ist eine 3,2 km lange alte Flußwindung des Kobuk, der den Eskimos als Transportweg diente, bevor es Motorboote gab. Die Stätte liegt flußaufwärts ganz am Ende des Transportarmes in unmittelbarer Nähe des heutigen Flusses. Als Anderson 1965 und 1966 im Bereich der deutlich stratifizierten Hänge und Abflußrinnen grub, entdeckte er drei prähistorische Siedlungen; die älteste enthielt Artefakte, die sich von den jüngeren Werkzeugen deutlich unterschieden. Sie lagen 30 bis 50 cm unter der heutigen Erdoberfläche auf dem Niveau einer älteren Bodenschicht, die später größtenteils von den talwärts fließenden Frühlingsschmelzen weggespült wurde. Alles, was von einer vielleicht einstmals existierenden festen Siedlung übrig geblieben war, waren die Steinwerkzeuge.

Anderson nannte diese Assemblage „Akmak", nach dem Ort an der Onion Portage. Dazu gehörten über 500 Artefakte und Werkzeugfragmente, die in acht verschiedene Klassen eingeteilt werden konnten. Anderson erkannte sofort Keile und Klingen in der Art der Campus-Artefakte und wies darauf hin, daß ähnliche Stücke auch an anderen Fundorten der Brooks Range und des North Slope gefunden worden waren. Demnach, so sein Argument, mußte Akmak in diesem Teil Alaskas älter als 8000 Jahre sein. Die Akmak-Siedlung war teilweise von einer späteren Siedlung, dem Kobuk-Komplex, überbaut worden, der auf etwa 8400 Jahre datiert wurde.

Unterdessen untersuchte West die Gegend um die Tangle Lakes am Südabfall der Alaska Range, wo er sechzehn weitere Fundstellen des Denali-Komplexes entdeckte. Die Seen liegen etwa 850 m über dem Meeresspiegel in einem birken- und buschreichen Tundragebiet. West fand seine Denali-Stätten genau über einer alten Uferlinie, ungefähr 30 m über dem heutigen Wasserspiegel. Die Stätten wurden vor etwa 10 000 Jahren, vielleicht auch früher, von Jägern bewohnt. Vermutlich jagten sie Karibus und andere Pflanzenfresser, die in der Steppe und der Trockenvegetation an den Ufern der Seen gedeihen konnten. Vor ungefähr 8000 Jahren verließen sie das Gebiet um die Tangle Lakes.

Worin genau besteht nun Wests Denali-Komplex? Gehört Akmak dazu? Der Denali-Kulturhorizont ist nicht fest umrissen, anscheinend ist er jünger als 11 000 Jahre, vielleicht auf ein Jahrtausend weniger zu datieren. Viele Archäologen ziehen andere Begriffe wie „Beringische Tradition" oder „altarktisch" vor, um die frühesten archäologischen Stätten Ostberingias zu klassifizieren. Der Denali-Komplex selbst ist mindestens einmal neu definiert worden. Das Resultat ist eine leichte Begriffsverwirrung, die die Fachleute durcheinander bringt, ganz zu schweigen vom flüchtigen Betrachter. Der Begriff „Beringische Tradition" umfaßt sowohl die Djuchtai- als auch die Mikroklingen-Fundorte Alaskas und unterstützt die Vorstellung, daß Sibirien und das äußerste nördliche Amerika zur Zeit der frühen Besiedlung ein Kulturraum waren. Der Terminus „altarktisch" hingegen ist der gebräuchlichste, weil er eine Art allgemeines Etikett darstellt, das die große Vielfalt unterschiedlicher menschlicher Anpassungsformen zu einer Zeit einschließt, in der sich die Umwelt zunehmend veränderte.

Die Gerätschaften aus alt-arktischer Zeit sind überaus vielgestaltig, archäologische Bausteine, die sich gegenwärtig noch der exakten Klassifizierung entziehen – teilweise weil die Fundorte nicht datiert sind, aber auch weil Artefakte aus Knochen und Holz, die hierfür nötig wären, nicht zur Verfügung stehen.

Altarktische Stätten sind geprägt von den kleinen Kernen und Mikroklingen, winzigen Klingen, die viel kleiner sind als die üblichen jungpaläolithischen Klingen. Es gibt deutliche, wenn nicht sogar eindeutige, Ähnlichkeiten zwischen den Assemblages aus dem altarktischen Bereich und denen der Djuchtai-Tradition. Am auffälligsten ist der winzige Maßstab vieler Steinarbeiten. Die gleiche Tendenz zur Verkleinerung hat man auch überall in der Alten Welt gefunden. Sie fällt mit den letzten Eiszeitjahrtausenden zusammen. Bis jetzt ist kein altarktischer Ort in Alaska bekannt, der älter als 11 000 oder 12 000 Jahre ist. Man kann daher wohl davon ausgehen, daß die altarktische Tradition in Alaska am Endpunkt der paläolithischen Entwicklung steht: ein Mosaik von Fundstätten, die die Anpassung des Menschen an den radikalen Klimawandel von der ausgehenden Wisconsin-Eiszeit zum frühen Postglazial spiegeln – sowohl im nordöstlichen Asien als auch jenseits der Beringstraße.

Wir können nicht mit Sicherheit sagen, ob es *vor* dem Zeitpunkt, als auf dem amerikanischen Kontinent Mikroklingen und andere kleine Werkzeuge aufkamen, eine Tradition der Werkzeugherstellung gab. Einige wenige Fundstätten deuten jedoch verführerisch in diese Richtung. Die eine ist Dry Creek im Tal des Tanana River in den nördlichen Ausläufern der Alaska Range. Die untersten Strata, „Dry Creek 1", wurden mit der Radiokarbonmethode auf 11 000 Jahre datiert, und enthalten Rollstein- und Abschlagswerkzeuge, ebenso zerbrochene Klingen, schmale beidseitig bearbeitete Messer und Spitzen. Roger Powers von der University of Alaska vergleicht die Gerätschaften von Dry Creek mit einer Sammlung „jungpaläolithischer" Steinwerkzeuge aus Kuchtyi III in Ostsibirien, eine Fundstätte, die nach Ansicht des sowjetischen Gelehrten Mochanov zur Djuchtai-Tradition gehört. Weder in Dry Creek noch in Kuchtyi befinden sich in der unteren Schicht Mikroklingen. Eine spätere Dry Creek-Schicht, „Dry Creek 2", etwa 10 700 Jahre alt, enthält Anhäufungen von Mikroklingen und anderer Artefakte.

Dry Creek ist heute immer noch so gut wie einmalig. An den Ufern des Healy Lake am Mittellauf des Tanana River wurde die Village-Fundstätte frei gelegt, deren untere Schichten beidseitig bearbeitete Spitzen mit konkaver, ausgedünnter

Basis und Messer mit nahezu dreieckiger Klinge enthalten, die an Dry Creek I erinnern. Aus dieser Schicht, die auf ein Alter von 12 000 bis 11 000 Jahren datiert wurde, stammen auch Mikroklingen, die aber durch windbedingte Verschiebungen der Sandablagerungen erst später in den älteren Horizont hineingelangt sein könnten. Die beidseitig retuschierten Geräte von Healy Lake weisen an ihren Enden so auffällige Ausdünnungen auf, daß sie wie die gekehlten Spitzen aussehen, die für die frühe Besiedlung in südlicheren Regionen der Neuen Welt charakteristisch sind.

Es gibt eine Reihe anderer früher Fundstätten in Alaska, die weder für Denali noch für andere Mikroklingen-Stätten repräsentativ sind. Dazu gehören die Gallagher Flint Station inmitten der nördlich-zentralen Brooks Range, Groundhog Bay im südwestlichen Alaska und die Stätten bei Kagati und Ugashiik Narrows im Südwesten. Die meisten dieser Fundorte warten mit großformatigen Kern- und Abschlagsgeräten und wahren Nestern von beidseitig retuschierten Werkzeugen auf, darunter einfache Geschoßspitzen und gelegentlich große Klingen. Vor 11 000 Jahren gab es in Ostberingia eine beachtliche kulturelle Vielfalt, die die Anpassung an die jeweilige Umgebung, ob Meer, Tundra, Flußtal oder Gebirge anzeigt.

Schlüssel zu dieser Vielfalt waren die Meeresküsten. Leider liegen die postglazialen Strandlinien unter der später angestiegenen Wasseroberfläche. Nur zwei oder drei Stellen bieten erstaunliche Einblicke in eine frühe Anpassung an Meeresverhältnisse in einem späten Stadium der Geschichte Beringias. Einer dieser Orte, die Siedlung Anangula, 20 m hoch auf einer Klippe errichtet, liegt im Bereich des festlandnahen Drittels der Aleüten-Inselkette. Radiokarbonmessungen ergaben ein Alter von etwa 8000 Jahren, aber der Großteil der Siedlung dürfte jünger sein. Ihre Einwohner fertigten Klingenwerkzeuge in verschiedenen Größen, aber kaum Mikroklingen in der Art von Denali. Fundstellen mit Mikroklingen wurden hingegen in der Region des Alexanderarchipels im südöstlichen Alaska gefunden und auf ein Alter zwischen 8800 und 4000 Jahren datiert. Das Fehlen solcher Artefakte in Anangula oder auch im Landesinnern heißt nicht viel: die Menschen könnten hauptsächlich mit Werkzeugen aus Knochen gearbeitet haben, wie es die vorgeschichtlichen Eskimos und die Aleüten in späteren Jahrtausenden taten.

Bis jetzt gewann aus dieser Streuung archäologischer Fundstätten im Altersbereich von 12 000 bis 10 000 Jahren keine Kultur eigenständiges Profil. Manche zeichnen sich durch bifazielle Werkzeuge, andere durch Mikroklingen aus. Manchmal findet man beides am gleichen Ort. Diese Vielfalt der Fundorte und Artefakte wirft einige interessante Fragen auf. Repräsentieren die Stätten ohne und diejenigen mit Mikroklingen unterschiedliche kulturelle Traditionen im östlichen Beringia, von der eine vielleicht die ältere war und der unmittelbare Vorläufer der ersten Amerikaner? Oder verweisen sie auf verschiedene, aber zeitgenössische Anpassungsformen an unterschiedliche Umweltbedingungen, die jeweils verschiedenen Tierarten Lebensraum boten? Bedeutet z. B. der hohe Prozentsatz an Mikroklingen bei manchen Fundstätten, daß die Menschen hier vor allem das Karibu jagten und ihre Pfeile aus Knochen und Holz mit kleinen Steinspitzen versahen? Nahmen die ersten Horden, die weiter nach Süden auf den amerikanischen Kontinent vorstießen, nur Werkzeuge mit, die für die Großwildjagd geeignet waren, also viel schwerere Waffen als die feinen mit Mikroklingen versehenen Pfeile? Darauf gibt es bis jetzt keine eindeutigen Antworten.

„Aufs Geratewohl leben und sich anpassen"

Wir stehen nun vor einem Puzzle aus kleinen kurzen Szenarien und hypothetischen Rekonstruktionen. Wir wollen versuchen, dieses Puzzle aus einer Reihe vorsichtiger und höchst vorläufiger Annahmen zusammenzusetzen.

Die erste ist rein gefühlsmäßig. Obwohl wir bezüglich Australien vom Gegenteil ausgehen müssen, wird man das deutliche Gefühl nicht los, daß die Leute des Jungpaläolithikums vor 35 000 und 25 000 Jahren höchstwahrscheinlich die etwa 80 km breite Beringstraße nicht per Boot überquert haben. Sie waren in erster Linie landorientierte Jäger, die den Bootsbau nicht beherrschten oder keinen Grund zu einer solch gefährlichen Überfahrt hatten. Somit fand die erste Besiedlung Ostberingias aller Wahrscheinlichkeit nach zu Zeiten der Landbrücke statt, also irgendwann nach einem Zeitpunkt vor 25 000 Jahren.

Zweitens gibt es *zur Zeit* keinen absolut unanfechtbaren Beweis für eine menschliche Besiedlung Ostberingias vor 15 000 Jahren, wenn wir darauf bestehen – und das sollten wir –, daß bei jeder wie auch immer gearteten prähistorischen Besiedlung, wie alt oder jung sie auch sein mag, Belege in einem zeitlich meßbaren Primärzusammenhang gefunden werden müssen. Holmes und Hrdlička stellten diese Forderung schon vor einem halben Jahrhundert auf, und sie ist auch bis heute noch gültig. Dadurch erhöht sich die Wahrscheinlichkeit, daß das östliche Beringia erst besiedelt wurde, als sich mit der Überflutung der Landbrücke vor 14 000 Jahren Steinzeitmenschen auf höher gelegene Gebiete zurückzogen.

Drittens ist die erste einigermaßen gut bezeugte archäologische Fundstätte im östlichen Beringia Bluefish Caves; sie könnte zwischen 15 000 und 12 000 Jahre alt sein. Die Sammlungen von Artefakten aus diesen Ausgrabungen sind zu klein, um detaillierte Vergleiche mit Gegenstücken aus Sibirien anstellen zu können.

Viertens entwickelten sich nach 12 000 in Alaska und im Yukongebiet eine Vielzahl von altarktischen Siedlungen. Sie zeigen eine breite Skala verschiedener Gerätschaften, einige mit Mikroklingen, andere mit kleinen bifaziell bearbeiteten Werkzeugen, Geschoßspitzen und wie gestaucht wirkenden Abschlägen. Diese Siedlungen umfassen Frederick Wests Denali-Komplex, Dry Creek, Akmak und andere Fundorte. Wir wissen nicht, ob es in Ostberingia eine jungpaläolithische Vorgängerkultur gab, die vielleicht größere Artefakte verwendete. Wenn es eine derartige Tradition gegeben haben sollte, wäre sie mit Sicherheit sehr verstreut gewesen.

Fünftens und letztens war jede Form spätzeitlicher Besiedlung Ostberingias eine östliche Fortsetzung lang existierender sibirischer Jagdtraditionen, vielleicht der so gut wie unbekannten Djuchtai-Tradition. Diese *könnte* möglicherweise in der Region des mittleren Aldan schon auf 30 000 Jahre zurückgehen, aber ist vermutlich erheblich jünger, auf ein Alter von 18 000 Jahren oder weniger zu datieren. Die Djuchtai-Tradition bestand in den postglazialen Zeiten fort, in denen Jäger kleinere Steinartefakte benutzten, darunter viele Mikroklingen, die auf Pfeilschäfte aus Knochen und Holz montiert wurden. Die gleiche Verkleinerung ist auch auf alaskischer Seite bezeugt, aber wir wissen nicht, ob sie in Alaska und dem Yukongebiet entstand oder vom Westen her eingeführt wurde. Oft vergißt man, daß über die Vorgeschichte Sibiriens noch weniger bekannt ist als über die Ostberingias. Wann und wie genau die erste Besiedlung auch immer stattgefunden haben mag – wir sind an einem historischen Augenblick der Menschheitsgeschichte angelangt. Für diejenigen, die die Beringstraße zum ersten Mal überquerten, dürfte der Zug nach Ostberingia kaum mehr bedeutet haben als die Erschließung eines neuen Jagdterritoriums. Wir aber wissen heute, daß dies ein Wendepunkt in der Entwicklung des Menschen war, und wir sollten einen Augenblick innehalten und uns der erstaunlichen Fähigkeit des Menschen bewußt werden, sich extremen Lebensbedingungen auf dem Planeten Erde anzupassen. Menschliche Wesen entwickelten sich zuerst in tropischen Gegenden Afrikas, die relativ geringe Anforderungen stellten, anschließend bewältigten sie in den nun folgenden Hunderttausenden von Jahren nach und nach immer härtere Klimaverhältnisse in Europa, dem Nahen Osten und Asien. Vor knapp 35 000 Jahren breitete sich der *Homo spaiens spaiens* rapide in noch rauheren arktischen Landschaften und offenen Steppen-Tundra-Regionen aus, wo die Winter drei Viertel des Jahres ausmachten, und die Menschen monatelang in totaler mittwinterlicher Dunkelheit in verräucherten Behausungen kauerten. Schließlich gelangten sie an die Grenzen eines riesigen Kontinentes. Bald sollten sie ins Herz Amerikas vorstoßen und ein neues Kapitel der Menschheitsgeschichte aufschlagen.

Vierter Teil

Die ersten Amerikaner

„Gläubige, Agnostiker und Skeptiker kann man in all den Bereichen finden, wo es wenig Beweismaterial gibt, das oft schwer zu interpretieren und Gegenstand berechtigter Meinungsverschiedenheiten ist. Wir brauchen nur an die Theorien über die biologische Evolution oder die Kontinentalverschiebung zu denken, um vergleichbare Situationen in Disziplinen außerhalb der Archäologie zu finden. Insofern ist der Archäologie nicht gedient, wenn man Stimmen abzählt, Autoritäten beschwört oder sich gar auf Namen beruft."

Clement Meighan, 1983

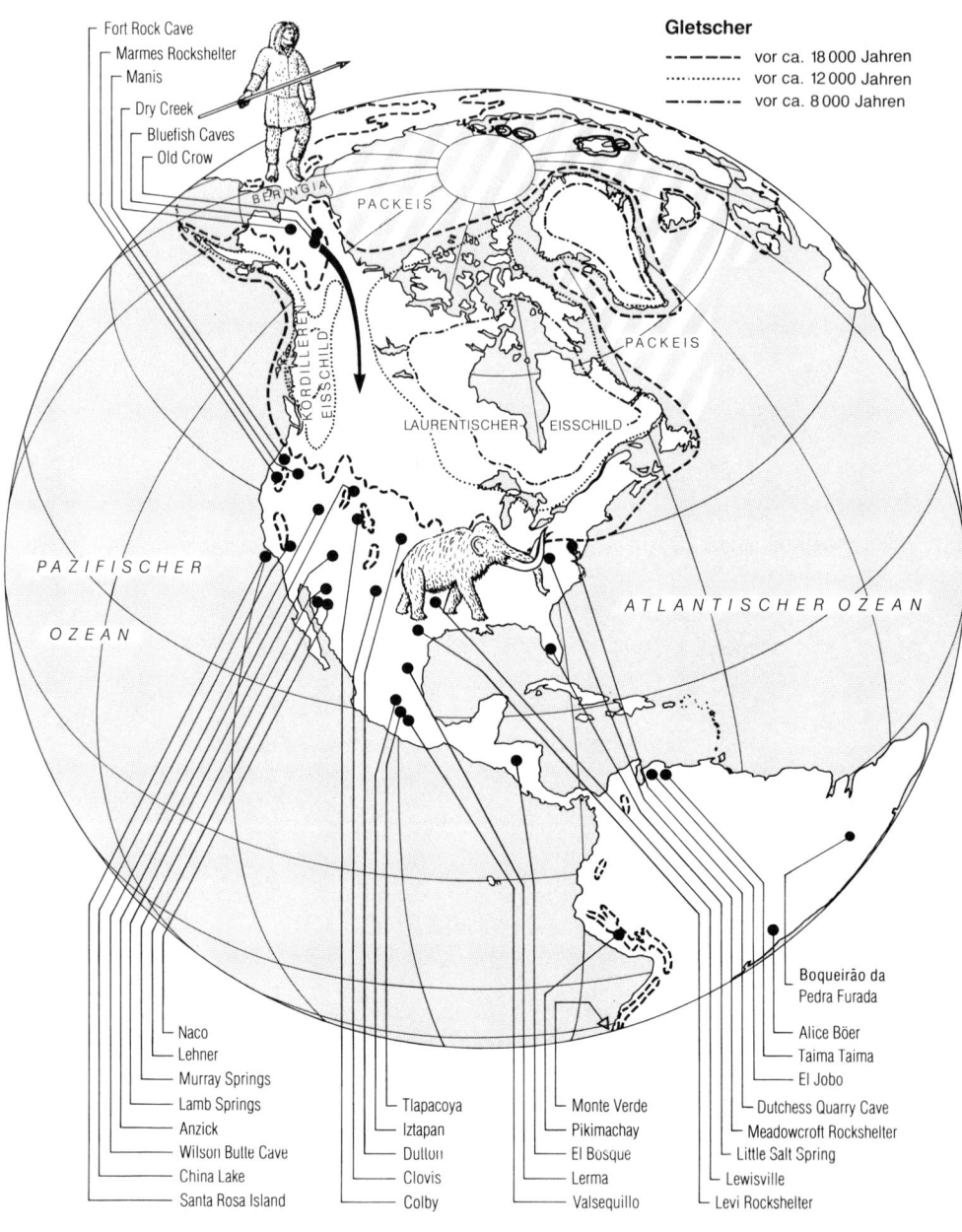

Fort Rock Cave
Marmes Rockshelter
Manis
Dry Creek
Bluefish Caves
Old Crow

BERINGIA

PACKEIS

KORDILLEREN EISSCHILD

LAURENTISCHER EISSCHILD

PACKEIS

PAZIFISCHER OZEAN

ATLANTISCHER OZEAN

Gletscher

- - - - - vor ca. 18 000 Jahren
··········· vor ca. 12 000 Jahren
-·-·-·- vor ca. 8 000 Jahren

Boqueirão da
Pedra Furada

Naco
Lehner
Murray Springs
Lamb Springs
Anzick
Wilson Butte Cave
China Lake
Santa Rosa Island

Tlapacoya
Iztapan
Dutton
Clovis
Colby

Monte Verde
Pikimachay
El Bosque
Lerma
Valsequillo

Alice Böer
Taima Taima
El Jobo
Dutchess Quarry Cave
Meadowcroft Rockshelter
Little Salt Spring
Lewisville
Levi Rockshelter

Amerika in den Endstadien der Eiszeit. Um diese Zeit fand die menschliche Besiedlung statt, möglicherweise durch den Korridor zwischen dem Kordilleren- und dem laurentischen Eisschild.

1. Der eisfreie Korridor?

Bevor wir das Beweismaterial für eine weiter südliche Besiedlung sichten, sollten wir den Blick auf einen jungfräulichen Kontinent werfen, der während der Winsconsin-Eiszeit südlich von Beringia lag. Jahrtausendelang war Nordamerika, wie die übrige Welt, den Schwankungen der letzten Eiszeit unterworfen. Während eines Großteils dieser Zeit kamen und gingen die Gletscher über den Norden und bedeckten große Gebiete Kanadas und des Nordens der Vereinigten Staaten mit einem mächtigen, unpassierbaren Eispanzer, der die ganze Landschaft prägte.

Wisconsin – die letzte große Eiszeit

Aus der Analyse von Tiefsee-Bohrkernen können wir ableiten, daß die Wisconsin-Eiszeit vor etwa 100000 Jahren mit einer unaufhaltsamen weltweiten Abkühlung der Temperatur und dem Vordringen von gewaltigen Gletschermassen in den nördlichen Breiten begann. Die früheren Phasen der Wisconsin-Eiszeit sind bislang nur unvollständig dokumentiert, aber auf alle Fälle war die Neue Welt zu dieser Zeit unbewohnt. Die geologische Chronik ist für die späteren Stadien sehr viel kompletter.

Mit der Wisconsin-Eiszeit vor etwa 60000 bis 25000 Jahren gab es eine längere Periode, in der sich das Eis zurückzog. Mit der Klimaverbesserung hob sich der Meeresspiegel. Mit Ausnahme eines stark verkleinerten Eisschildes um die Hudson Bay, war der Großteil Nordamerikas von Gletscherbarrieren frei. In diesen 35000 Jahren wäre jeder (hypothetische) menschliche Siedler in Gegenden geraten, die sich von der heutigen Tundra und Taiga nicht sehr unterschieden, wobei letztere selbst für heutige Athapasken in Alaska eine rauhe Landschaft abgeben. „Ich hoffe, daß ihr wiederkommt, und daß wir hier sein werden, um euch zu sehen", rufen die Dena-Indianer im Herbst den Zugvogelschwärmen zu. Ihr Ruf ist eine Art Bittgebet ums Überleben während der mageren Monate.

Faktisch gibt es aber bislang absolut keine Spuren menschlicher Besiedlung Nordamerikas in der mittleren Wisconsin-Eiszeit.

Die Spät-Wisconsinzeit begann vor etwa 25000 Jahren, als sich der sogenannte „laurentische Eisschild" ausgehend von Labrador und Keewatin in Kanada nach Süden, Westen und Osten ausdehnte und schließlich eine große zusammenhängende Eisdecke bildete. Jahrelang gingen die Geologen von einem gewaltigen 4,2 km mächtigen Eisdom über der Hudson Bay aus, der in etwa die Ausdehnung der heutigen antarktischer Eismasse hatte. Heute zeichnet man ein weniger dramatisches Bild. Der Schild war wesentlich dünner als angenommen und bildete eine Eiswüste aus vielen mosaikartig ineinander verschachtelten Gletschern. Ihre Endmoränen erstreckten sich von der Küste Alaskas über den Südrand der Großen

Seen bis ins südöstliche Alberta. Das sind Grobgrenzen, die eher einen Annähe-
rungswert als eine feste Front darstellen, weil die Eisschichten sich in ständiger
Bewegung befanden. Die Eisränder bewegten sich mit großer Geschwindigkeit
vor und zurück, manchmal bis zu 1 km pro Jahr.

Der laurentische Eisschild erreichte seine maximale Ausdehnung vor etwa
22000–17000 Jahren, zu einem Zeitpunkt, als die Bergketten des südlichen
Alaskas und British Columbias stark vereist waren. Mit der laurentischen Eismasse
breitete sich auch der „Kordilleren-Eisschild" im Westen aus. Diese Gebirgsverei-
sung bedeckte vor 25000 Jahren die nördliche Georgia Strait, verbreitete sich vor
17500 Jahren um Vancouver und dehnte sich vor etwa 14500 Jahren kräftig bis 48
km südlich von Seattle aus. Das Eis erstreckte sich die Pazifikküste entlang und ließ
nur gelegentliche eisfreie Gebiete. Der Kordilleren-Eisschild erreichte sein glaziales Maximum offenbar nach der laurentischen Vereisung.

Der eisfreie Korridor: Mythos oder Realität?

Mindestens 10000 Jahre lang nach dem Zeitpunkt vor 25000 Jahren dürften große
Eisbarrieren den Weg zwischen Beringia und den südlichen Breiten der Neuen
Welt eingeschränkt haben. Aber haben sie ihn gänzlich behindern können? In den
50er Jahren unseres Jahrhunderts schrieben kanadische Geologen, daß die Kordil-
leren-Eisdecke sich die östlichen Flanken der Rocky Mountains heruntergescho-
ben, offenbar aber die laurentische Eismasse nicht berührt habe. Die Archäologen
waren wie gebannt von der Vorstellung, es könnte einen „eisfreien Korridor"
gegeben haben. In den 60er Jahren wurde dieser Korridor bald so etwas wie eine
prähistorische Superschnellstraße, die die Paläo-Indianer aus Beringia in wärmere
Klimazonen führte – eine Annahme, die sehr populär wurde. „Zweifellos war dies
ein bedrohlicher Ort", schrieb Thomas Canby von der National Geographic
Society im Jahre 1979, „ein von Eismauern umschlossenes Tal mit eisigen Winden,
heftigen Schneefällen und dichtem Nebel ... dennoch müssen weidende Tiere
dorthin gekommen sein und nach ihnen auch ein kleiner Strom menschlicher
Jäger". Ein verführerisches Bild – aber entspricht es der Wirklichkeit?

Als die Idee eines Korridors in den 50er Jahren Gestalt annahm, war der
abgelegene Landstrich der sich nördlich der kanadischen Grenze bis zum Arktischen Ozean erstreckte, geologisch so gut wie unbekannt. Heute, ein Viertel
Jahrhundert später, ist der Verlauf glazialer Schranken in dieser unwirtlichen
Gegend teilweise geklärt. Nat Rutter von der University of Alberta unterteilt die
eisfreie Zone in drei Sektionen. Der Korridor beginnt an den östlichen Abhängen
des Mackenzie- und des Richardson Gebirges und im Mackenzie Valley. Hier
rückte der laurentische Eisschild an die Berge heran, aber ein Großteil der
Gebirgszüge blieb eisfrei. Die laurentische Eismasse und der Kordilleren-Eisschild
trafen hier nicht zusammen. Selbst auf dem Höhepunkt der Spät-Wisconsinzeit
gab es eisfreie Bereiche in den Bergen, die von Menschen betreten worden sein
könnten, allerdings war das Terrain extrem rauh.

An der Grenze von British Columbia zu Alberta und südlich der Linie

Edmonton-Jasper trafen die beiden Eisschichten aufeinander. Zusammenhängende Moränenfächer verbanden sich mit dem Eis, das von den Rocky Mountains zum laurentischen Eisschild floß. Es gibt Anzeichen dafür, daß die miteinander verbundenen Großgletscher dem Eisfluß einen Süddrall verliehen. Dieser Abschnitt des Korridors liegt dem massiven Kordilleren-Eisschild westlich des Rocky Mountains-Grabens am nächsten. Zeitweilig ergoß sich das Eis während der späten Wisconsin-Eiszeit über die Rocky Mountains und blockierte den eisfreien Korridor – vermutlich auf dem Höhepunkt der Vereisung; aber der Zeitpunkt ist ungewiß.

Zwischen Edmonton und der Grenze zwischen Kanada und den USA treffen nirgends extensive Ablagerungen der beiden Gletscherschilde aufeinander. Durch die ganze Spät-Wisconsinzeit erstreckte sich eine eisfreie Passage von Teilen des Westrandes der laurentischen Eismasse zu den Mündungen der Ströme, die von den Rocky Mountains herabflossen.

Geologisch gesehen war der eisfreie Korridor zumindest nur eine Teilwirklichkeit. Die Hauptkritik der Geologen richtet sich gegen die unterstellte Wucht des Eisvorstoßes. Andrew Stalker vom Geological Survey of Canada verglich den Korridor mit einem riesigen Reißverschluß, dessen Zug mit abnehmender Vereisung von Süden nach Norden wanderte. Er ist der Ansicht, daß das Vordringen der Gletscher dosierter ablief, als seine Kollegen glauben. Stalker verlegt die laurentische Eisfront weiter nach Osten als Nat Rutter. Bei seiner Arbeit in der Nähe von Medicine Hat, Alberta, entdeckte Stalker zwei Moränenlager aus der Spät-Wisconsinzeit, die durch eine dicke alluviale Erdschicht voller Fossilien voneinander getrennt waren. Diese Moränenbetten überlagern Schlick- und Lehmschichten, die mittels Radiokarbonmessung auf 28 600 und 25 000 Jahren datiert wurden. Unter den Fossilien fanden sich Mammute, Säbelzahnkatzen und Westamerikanische Großkamele. Stalker glaubt, damit den Beweis gefunden zu haben, daß sich die laurentische Eismasse vielleicht vor ungefähr 20 000 oder 19 000 Jahren erheblich zurückgebildet hatte. Aus diesem Grunde war die seiner Ansicht nach günstigste Zeit für Menschen, durch den Korridor zu wandern, entweder vor etwa 19 000 Jahren, zur Zeit des größten Eisrückzuges, oder in einem Zeitraum später als vor 14 500 Jahren, während des Postglazials. Dennoch ist der Medicine Hat-Abschnitt des Korridors höchst umstritten. Es besteht die Möglichkeit, daß die Ablagerungen sich neu anordneten, das heißt, daß sie sich aufgrund späterer Störungen nicht mehr in ihrer ursprünglichen Abfolge befinden.

Stalkers Argumente basieren auf sehr fragwürdigem geologischen Beweismaterial und sie sind auf alle Fälle nicht das einzige Problem. Letztendlich geht es nicht darum, ob der Korridor als solcher existierte, sondern ob es dort menschliches Leben geben konnte.

Jeder, der schon einmal über lockere Felsblöcke und durch Flußbetten mit kaltem Schmelzwasser geklettert ist, um einen heutigen Gletscher zu erreichen, weiß genau, wie unwegsam das Gelände sein kann. Der Korridor wurde auf der Ostseite vom laurentischen Eisschild begrenzt, zweifellos eine unwirtliche, rauhe und unbeständige Landschaft. Der Kordilleren-Eisschild war weniger genau durch Gletschertäler und Berge festgelegt. Somit drehte und wendete sich der

Korridor ständig von Jahrhundert zu Jahrhundert mit dem Vor und Zurück der Gletscher. Das Klima muß grauenhaft gewesen sein. Falls der laurentische Schild hoch aufgewölbt war, bliesen sicher arktische Stürme mit enormer Wucht durch die windkanalartige Enge. Wenn, was heute als wahrscheinlicher gilt, die laurentische Eisdecke dünner war, läßt sich der Korridor kaum mit einem Tunnel vergleichen. Trotzdem konnten die lokalen Winde und klimatischen Einwirkungen die Eisränder immer noch zu einer extrem kalten Umgebung mit unfruchtbaren Böden und minimaler Vegetation machen.

Jegliche Bewegung durch den Korridor wurde vermutlich durch große Schmelzwasserseen verhindert, die sich an den Gletscherrändern bildeten. Diese waren kalt, voller Eisberge, biologisch steril und von sumpfigen Ufern begrenzt – also auch in den günstigsten Zeiten des Jahres ein schwieriges Gelände. Nur die Südhänge des Korridors und manche Hochebenen in geschützter Lage könnten genug Pflanzennahrung für ein paar Moschusochsen geboten haben. Weiter südlich könnte die Umgebung in der Nähe der Eisschilde tundraartig gewesen sein. Die Taigawälder und Waldtundra-Gebiete, die heute im Norden so weit verbreitet sind, erstreckten sich während der Spät-Wisconsinzeit südlich der laurentischen Gletscher.

Auf dem Höhepunkt der Spät-Wisconsinzeit gehörte der eisfreie Korridor im günstigen Fall zu den unergiebigsten und kärgsten Landstrichen, die Menschen hätten nutzen können. Selbst in den klimatisch günstigeren Jahrtausenden, die dem Höhepunkt der Vereisung vorausgingen bzw. folgten, dürften die Umweltbedingungen des Korridors eine extreme Herausforderung gewesen sein. Die magere Vegetation konnte nur wenige Tiere, ob groß oder klein, unterhalten, und wo sich große Tiere nicht aufhielten, gab es auch keine Menschen. Auch die Topografie dürfte große Probleme verursacht haben. Die Menschen hätten kilometerweit über Gletscherflächen laufen müssen. Selbst heute vermeiden die Bergsteiger die Gletscher, wo es nur geht. Es gibt dort ein Labyrinth von Gletscherspalten, Schmelzwasser und bröckelndem Fels. Ohne zwingenden Grund würde niemand ein solches Terrain betreten. *Begrenzte* Ausflüge in vereiste Gebiete waren immer möglich, besonders für Leute, die wußten, wie man die Risiken und die Mühen derartiger Unterfangen verringerte. Wir können davon ausgehen, daß die beringischen Jäger über solche Kenntnisse verfügten, das heißt aber nicht, daß, weil sie darüber verfügten, sie davon in südlichen Gefilden Gebrauch machten. Aller Wahrscheinlichkeit nach lagen die besseren Nahrungsmittelressourcen im hohen Norden, in Beringia. Es dürfte also kaum, wenn überhaupt, Anreize gegeben haben, diese eiskalte und unwirtliche Straße vor 25000 bis 15000 Jahren zu passieren – immer unter der Voraussetzung, daß menschliche Siedler diesen Ausgangspunkt im östlichen Beringia schon so früh erreicht haben.

Hautboote und Routen entlang der Küste

Wenn der eisfreie Korridor eine Barriere für menschliche Besiedlung darstellte, wie steht es dann mit anderen Routen? Obwohl der laurentische Eisschild einen Großteil des nördlichen und nordöstlichen Kanada bedeckte, gab es eine Kette eisfreier Gebiete von der Spitze des Arktischen Archipels bis hinunter zur Küste von Baffinland und Labrador. Es mag dort eisfreie Landmassen gegeben haben, aber vermutlich war dort kein menschliches Leben möglich. Nur auf der Höhe von Neuschottland war die Atlantikküste der Spät-Wisconsinzeit einladend genug, um Menschen als Lebensraum dienen zu können.

Der kanadische Archäologe Knut Fladmark ist ein vielseitiger Gelehrter, der in großem Rahmen an verschiedenen archäologischen Stätten gearbeitet hat, angefangen bei paläoindianischen Siedlungen bis zu Plätzen aus geschichtlicher Zeit. Er hat Beweismaterial für vergleichsweise frühe menschliche Besiedlung auf den Queen-Charlotte-Inseln von British-Columbia entdeckt. Dort befindet sich die Forschung noch in den Kinderschuhen, aber die Vorarbeiten legten bereits nahe, daß in dieser Region schon vor mindestens 12000–10000 Jahren gesiedelt wurde. Fladmark weist darauf hin, daß die Pazifikküste Nordamerikas relativ warm und möglicherweise fruchtbarer war als andere Küsten. In der Spät-Wisconsinzeit erstreckte sich der Kordilleren-Eisschild an vielen Stellen bis zum Ozean, aber wiederum gab es möglicherweise unvereiste Küstenteile, die freigelegt wurden, als die Meeresspiegel sanken. Waren diese Gebiete vom beringischen Festland aus zugänglich? Wir wissen es nicht. Wenn dies der Fall war, dann boten sie die Aussicht, als eisfreie Gebiete fruchtbarer zu sein als die arktischen. Die Pazifikküste könnte Menschen ernährt haben, vor allem Gemeinschaften, die Hautboote und andere technische Neuerungen einsetzten, weil sie auf die Jagd nach Meerestieren eingestellt waren. Leider gibt es keinerlei Beweise, daß solche Gemeinschaften gegen Ende der Wisconsin-Eiszeit in Amerika lebten.

Gelangten die ersten Amerikaner über die eiszeitlichen Küsten in südliche Breiten, um dann ins Landesinnere vorzudringen? Wenn dies der Fall war, sind ihre Stätten unter dem Meer begraben und wir bräuchten viel Glück und eine technisch hochgerüstete kostspielige Unterwasserarchäologie, um sie zu finden – es sei denn, ein weiteres glaziales Ereignis würde freundlicherweise die Meeresspiegel wieder zum Sinken bringen. Eine derartige Besiedlung im großen Maßstab ist unwahrscheinlich; immerhin weist alles, was wir über die frühesten Siedler wissen darauf hin, daß sie landorientierte Wildbeuter und Sammler waren, deren Lebensstil teilweise auf die Verfolgung großer eiszeitlicher Säugetiere ausgerichtet war.

Ein „Beweis" für eine frühe Besiedlung?

Im Jahre 1966 schrieb Gordon Willey von der Harvard Universitiy, der Doyen der amerikanischen Archäologen, daß „die mit der Radiokarbon-Methode belegbare Anwesenheit des Menschen auf dem amerikanischen Kontinent nicht früher als vor ungefähr 12000 Jahren angesetzt werden kann". Er arbeitete gerade an einer

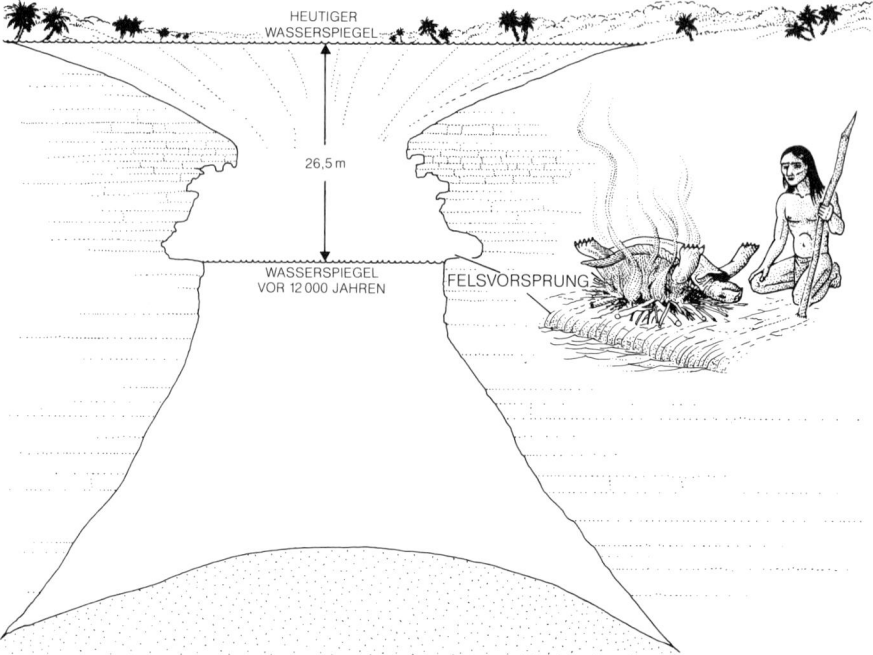

In Little Salt Spring in Südflorida fanden sich Ablagerungen, die ungefähr 12 000 Jahre alt sind. Ein bemerkenswerter Fund aus diesem Zeitraum war ein Paläoindianer, der offenbar in die Quelle gefallen war. Er muß zu einem trockenen Felsvorsprung geschwommen sein, der etwas über dem damaligen Wasserspiegel lag, denn man fand dort seine Überreste zusammen mit denen einer Schildkröte, die er sich vermutlich gekocht hatte. Als das Fleisch ausging, verhungerte er.

breit angelegten Zusammenfassung archäologischer Daten aus der ganzen Welt, die auf extensiven Reisen und seinem enzyklopädischen Wissen über die amerikanische Archäologie basierte. Willey ist ein vorsichtiger Beobachter mit einem unübertrefflichen Gespür für archäologische Zusammenhänge und die Kriterien, die nötig sind, um einen archäologischen Fund sicher zu datieren. Nachdem er Tausende von Artefakten und Hunderte von Fundstätten untersucht hatte, meinte er, daß „nach dem jetzigen Stand der Dinge [eine frühere Besiedlung] so lange nicht zweifelsfrei nachgewiesen werden kann, bis ein entsprechender Fundkomplex oder eine Assemblage dokumentiert wird, die sich stratigrafisch unterhalb der bekannten 10 000–12 000 Jahre alten beidseitig bearbeiteten, lanzett- oder blattförmigen Steinspitzentypen einordnen läßt... Keine noch so eindruckvolle Argumentation wird auf Grundlage der existierenden Daten an dieser Situation etwas ändern.“

Zwei Jahre zuvor, also 1964, hatte der Archäologe Alex Kreiger einen von ihm so bezeichneten „Vor-Waffenspitzen-Horizont“ zur Diskussion gestellt. Dieser

Horizont sollte alle Stätten, die eine Besiedlung vor der allgemein akzeptierten Clovis-Kultur vor 11500 Jahren, zu belegen schienen, erklären. Willey glaubte selbst, wenn auch mit begründeter Zurückhaltung an diesen Horizont und demzufolge auch an eine Besiedlung vor Clovis. Was man brauchte, war ein stichhaltiger Beweis. Er faßte die großen Schwierigkeiten bei der Auffindung früherer archäologischer Stätten noch einmal zusammen. Es waren die gleichen Probleme, mit denen Charles Abbott ein Jahrhundert zuvor konfrontiert war: die Schwierigkeit, frühe Rohwerkzeuge zu identifizieren, der Mangel an Stätten mit deutlicher Stratigrafie und gesicherter Datierung und die Schäden, die durch jahrtausendelange Erosion und Umbettung entstanden war, von den Einflüssen des Industriezeitalters ganz zu schweigen. Willeys Forderung nach „eindrucksvoller Argumentation" kann man auch so verstehen: die Beschäftigung mit der Frage der Erstbesiedlung ruft selbst bei den friedfertigsten Gelehrten emotionale Reaktionen hervor.

Jedes Jahr treffen sich ernsthafte Diskutanden, manchmal bei der Konferenz der American Anthropological Association und ständig bei den Tagungen der Society for American Archaeology, um die jüngsten Entdeckungen aus Nord-, Mittel- und dem tiefsten Südamerika zu besprechen und zu bewerten. Diejenigen, die glauben, daß in Amerika vor einem Zeitpunkt vor 15000 oder 20000 Jahren Menschen lebten, stellen ihre neuesten Forschungsergebnisse vor – eine früh bewohnte Höhle in Brasilien, die mögliche Erlegung eines Mammuts in Mexiko, eine einzelne Feuerstelle im Mittelwesten. Grabungsschnitte und Artefakte dokumentieren stratigrafische Abfolgen, Verbindungen von Artefakten und Radiokarbondaten. Jahr für Jahr behaupten die Befürworter, daß dies das „gesammelte" Beweismaterial für die frühe Anwesenheit von Menschen auf dem Doppelkontinent sei Jahr für Jahr erfahren sie die höfliche Ablehnung ihrer vorsichtigen Opponenten, die auf unzureichende stratigrafische Bedingungen hinweisen, auf „Feuerstellen", die vermutlich natürlichen Ursprungs sind oder, noch häufiger, auf Steinartefakte, die in keiner Weise den Eindruck erwecken, von Menschenhand gemacht worden zu sein. Letztendlich geht jeder mit der Überzeugung nach Hause, daß er recht hat.

Bei seiner ersten Bekanntschaft mit dem Rätsel der ersten Amerikaner wird der Neuling vermutlich entsetzt die Hände über dem Kopf zusammenschlagen und aus der Bibliothek, dem Museum oder von der Tagung flüchten, weil er angesichts der Fülle der Behauptungen und des Datensalats völlig konfus geworden ist. Die Verwirrung wird noch größer, wenn man mit Gelehrten spricht, die aktiv beteiligt sind. Diejenigen, die an eine zeitlich weit zurückreichende Einwanderung der ersten Amerikaner glauben, reißen einen vor lauter Enthusiasmus mit und bestehen unter Umständen darauf, daß für sehr frühe Stätten weniger strenge Kriterien angesetzt werden sollten, als für die nachfolgenden Siedlungsplätze. „Bedenken Sie, daß diese Stätten sehr alt sind", äußerte sich ein Verfechter der Frühbesiedlungsthese. „Die Artefakte lagen sehr lange Zeit im Boden. Wie können Sie dafür die gleichen Regeln anwenden wie für die viel späteren Stätten der Paläoindianer oder der Maya?" Ich widerstand der Versuchung, die Aufmerksamkeit des Sprechers auf die Höhlensiedlungen und Freilager in Afrika und Europa zu lenken, die weit über 17000 Jahre alt und bis heute wunderbar erhalten sind.

Allzu häufig beschuldigt man diejenigen, die auf strengeren stratigrafischen und chronologischen Kriterien bestehen, sie seien spitzfindig. „Das ist eine Frage willkürlicher Definitionen", schrieb der mexikanische Archäologe José Luis Lorenzo. Er wirft etlichen Archäologen mangelnde Flexibilität vor und unterstellt, sie wollten die amerikanische Archäologie auf die 14 000-Jahres-Grenze festlegen. Dieses Anliegen verschleierten sie mit „in lauter Phrasen verpackten pedantischen Richtlinien". Lorenzo stellt sich die Frage, ob nicht eines Tages der Archäologe, der die ersten Amerikaner erforschen will, bei seinen Ausgrabungen nicht nur ein Team von Rechtsanwälten benötigt, sondern auch ein aus Notaren bestehendes Publikum zwecks Bestätigung seiner Entdeckungen!

Leider ist es keine Frage von Spitzfindigkeit, sondern eine Frage hinreichender, grundlegender wissenschaftlicher Richtlinien. Viele der angeblich frühen Stätten genügen nicht im entferntesten den strengen archäologischen und geologischen Kriterien, die William Holmes und Aleš Hrdlička in den ersten Jahren unseres Jahrhunderts aufgestellt haben. Mit Ausnahme der Entwicklung der Datierungsmethoden wie der Radiokarbonmessung, haben sie sich seit der Ausgrabung von Folsom im Jahre 1926 um kein Jota geändert. Unter Berücksichtigung der neuen Datierungs- und der entwickelteren Grabungstechniken seien sie einfach noch einmal aufgeführt:

Klar definierte Stratigrafie, Bestimmung der stratigrafischen Fundzusammenhänge und Sequenz der Strata.

Zuverlässige und konsistente Radiokarbondaten oder Meßwerte, die durch eine andere allgemein anerkannte chronologische Methode zustande kamen.

Wenn möglich, interdisziplinäre Zusammenarbeit bei Feldforschung und Laboranalyse, um den chronologischen und geologischen Befund abzusichern, z. B. durch palyngologische Untersuchungen.

Der streng wissenschaftlich geführte Nachweis eindeutig anthropogener Artefakte aus einem stratigrafischen Primärkontext.

Diese Richtlinien sind tatsächlich in vielen anderen Teilen der Welt mit Erfolg bei ganz frühen Stätten angewendet worden. Das Ehepaar Leakey und andere Paläoanthropologen haben sich mit diesen Kriterien bei der Ausgrabung von zwei Millionen Jahre alten Stätten in Ostafrika auseinandergesetzt. Russische Gelehrte wenden sie in Sibirien, britische Prähistoriker bei der Erforschung des frühen Ackerbaus in Südengland an. Warum also sollte es für amerikanische Stätten andere Kriterien geben? Instinkt und leidenschaftliches Argumentieren sind kein Ersatz für begründete Folgerungen, die sich auf mit aller Sorgfalt ergrabenes Material stützen.

Bei der Besichtigung von Fundstätten und der Betrachtung sehr früher Artefakte hatte ich bisweilen das Gefühl eines historischen *déja-vu*. Es war, als sei man in die ersten Jahrzehnte unseres Jahrhunderts zurückversetzt, als eine These über die Erstbesiedlung nach der anderen auftauchte und anschließend bei genauerer Prüfung wieder aufgegeben werden mußte. Wenn der Vorhang für den Schlußakt unseres Stückes aufgeht, müssen wir mit kühlem Kopf wissenschaftliche Kriterien auf eine Reihe von archäologischen Stätten anwenden, die von Idaho bis Chile verstreut liegen. Und während wir das tun, sollten wir im Gedächtnis behalten,

daß das gesamte Beweismaterial aus der Alten Welt und dem arktischen Nordwesten auf Steinzeitmenschen hinweist, die die eiskalten Ebenen Beringias schließlich
nicht früher als vor etwa 25 000 Jahren bewältigt haben – wobei die ältesten gut
dokumentierten Stätten in Alaska und dem Yukongebiet erst in einen Zeitraum
fallen, der weniger als 15 000 Jahre zurückliegt.

2. Auf den Spuren der frühesten Siedler –
Der amerikanische Kontinent vor 11 500 Jahren

Unsere Suche nach den ersten Siedlern führt uns auf eine Reise durch die gemäßigten und tropischen Breiten Amerikas. Wir werfen einen Blick auf Abris und mögliche Großwildschlachtplätze der Great Plains bis zu den Flußtälern des Mittelwestens, den Inseln und Wüsten des fernen Westens, in Zentralmexiko, den peruanischen Anden und den feucht-kalten Landstrichen des südlich-zentralen Chile. Überall finden wir verführerische Hinweise auf indianische Pioniergruppen aus der Zeit vor 11 500 Jahren. Aber wie stichhaltig sind solche Spuren, aus der Zeit bevor die Clovis-Jäger auftraten?

Waffenspitzen und Mammute – der Westen der Vereinigten Staaten

Im vorhergehenden Kapitel haben wir gesehen, wie Knut Fladmarks Vorarbeit entlang der kanadischen Pazifikküste die Vermutung nahelegte, daß es dort schon vielleicht vor 12 000–10 000 Jahren menschliche Besiedlung gegeben hat. Insofern ist es bemerkenswert, daß bislang die schlüssigsten Hinweise auf Prä-Clovis-Jäger in den westlichen USA nur wenig weiter südlich liegen: in den heutigen Staaten Washington, Oregon und Idaho, an Fundstätten, die 12 000, vielleicht 14 000 Jahre alt sind.

In den frühen 70er Jahren entdeckte ein Rancher auf der Halbinsel Olympia im Staat Washington die Knochen eines Mastodons (eine archaische Elefantenart) mit der abgebrochenen Spitze eines Knochenstückes in einer der Rippen. Der Knochen war um die Wunde herumgewachsen, denn das Tier hatte den Angriff überlebt und verendete später in einem Sumpf, wo die Jäger einen Teil des Kavaders ausschlachteten. Die Fundstätte mit Namen Manis wurde mehrmals von menschlichen Jägern aufgesucht. Das Mastodon lag neben drei Bisons, einem Karibu, einer Ente und einer Bisamratte. Radiokarbondaten von Körnern, Holz und anderen Pflanzenresten aus der Schicht, in der die Mastodonknochen lagen, lassen vermuten, daß der Kadaver mindestens vor 12 000 Jahren ausgenommen wurde; ein exaktes Datum der Tötung ist nicht zu ermitteln. Leider wies keines der Werkzeuge aus dieser gut dokumentierten Assoziation ausreichend Anhaltspunkte auf, um uns einen Vergleich mit Geräten von anderen Stätten zu erlauben. Es sind größtenteils spitze Abschläge, wie sie überall von Jägern verwendet wurden.

Im Staate Washington wurden an vielen Stellen gestielte Waffenspitzen gefunden, u. a. im Abri von Marmes am unteren Snake River. Zehn Radiokarbondaten aus den älteren Schichten des Abris bezeugen hier den Aufenthalt von Menschen vor mindestens 10 800–8700 Jahren.

Es gibt vereinzelt Berichte über frühe Siedlungshorizonte in Höhlen und Abris von Oregon und Idaho. Die Höhle von Fort Rock im Süden Zentraloregons enthält ein Schotterbett unter einer Kulturschicht, die auf ein Alter von etwa 9000 Jahren radiokarbondatiert wurde. Zwei kaum bearbeitete steinerne Waffenspitzen und einige Abschläge stammen aus den Schottern. Das früheste Radiokarbondatum für die Schicht weist auf ein Alter von 13 250 ± 720 Jahren.

Die Höhle von Wilson Butte im südlich-zentralen Idaho war für Tausende von Jahren eine Heimstätte prähistorischer Menschen. Die unteren Strata wurden aufgrund geomorphologischer und sedimentkundlicher Befunde der Übergangsphase vom Endglazial zum Postglazial zugewiesen. Knochen aus den untersten waren, wie Radiokarbondaten ergaben, 14 500 ± 500 und 13 000 ± 800 Jahren alt. Drei von Menschenhand gemachte Steinfragmente, darunter ein zerbrochenes Bifaziesgerät, wurden fast am Grunde der Höhle gefunden. Obwohl es bei den tieferen Schichten durch grabende Tiere Störungen im stratigrafischen Gefüge gegeben haben mag, scheinen die ältesten Daten den Befund von Fort Rock zu stützen. Sie lassen vermuten, daß wir damit die teilweise Besiedlung der US-Pazifikküste und der Inlandregionen in der allerersten nachglazialen Periode nach der Zeit vor 14 000 oder 13 000 Jahren vor uns haben.

Aber es gibt Leute, die heftig für eine viel frühere Datierung während der Wisconsinzeit plädieren. Phil Orr, Archäologe am Museum of Natural History von Santa Barbara, legte im Gebiet der Chumash-Indianer die auf der Insel Santa Rosa (im Sta. Barbara Channel) und auf dem benachbarten kalifornischen Festland lebten, mehrere Siedlungen frei. Er war begeistert, als er bei Grabungen auf der Insel auf Bodensenken stieß, die feuergerötete Erde enthielten, außerdem kleinere Mengen Holzkohle und ganz selten auch verbrannte Knochenfragmente des Zwergmammuts – eines kleinen Elefanten mit etwa 1,8 – 2,1 m Schulterhöhe. Die Radiokarbonmessung der Kohlestücke ließ auf einen zeitlichen Interpretationsspielraum zwischen 11 000 und 37 000 Jahren schließen. Orr ließ sich von Kollegen überzeugen, daß die Tiere von Wildbeutern, die einer sehr frühen Siedlerwelle angehörten, zerlegt und gekocht worden waren.

Dennoch läßt der geologische Kontext der Funde viele Fragen unbeantwortet. Geologen gaben zu bedenken, daß die Mammutknochen durch Flutwasser oder starke Regenfälle in Bodensenken geschwemmt und Jahrtausende später, als hier Waldbrände wüteten, verbrannt worden sein könnten. Auf diese Weise könnten auch die sogenannten „Feuerstellen" entstanden sein. Da viele der verwitterten Sedimente durch Oxidierung ebenfalls eine rötliche Tönung erhielten, sind aber auch noch andere Erklärungen der „Feuerrötung" denkbar. Alle diese alluvialen Ablagerungen auf der Insel enthalten Knochen von Zwergmammuten und Holzkohle, aber nirgendwo waren sie mit Steinwerkzeugen assoziiert. Die Erstbesiedlung von Santa Rosa fand vermutlich in jüngerer Zeit, vor etwa 7500 Jahren, statt. Aller Wahrscheinlichkeit nach ist die These, daß Menschen seit 37 000 Jahren auf der Insel lebten, ein Mythos.

China Lake Valley überschneidet sich mit dem äußersten nordwestlichen Teil der heißen und unzugänglichen Mojave-Wüste im östlichen Mittelkalifornien. Während der Wisconsin-Eiszeit und der feuchteren postglazialen Jahrtausende wurde das Tal von einem ständig seine Ausdehnung verändernden See eingenommen. Die Sümpfe und Grasländer an den Ufern boten ausgezeichnetes Futter für große Säugetiere wie Mammut, Kamel, Bison und Wildpferd. Tausende von Jahren ließen sich prähistorische Menschen auf den gut entwässerten Hügelkuppen an den Grenzen zwischen Sumpf und Grasland nieder. Es waren Lagerplätze auf Zeit, an denen Wildbeuter für ein paar Tage auf ihren jährlichen Runden kampierten.

Emma Lou Davis von der Great Basin Foundation in San Diego hat über 15 Jahre ihre Wochenenden damit verbracht, nach ganz frühen prähistorischen Stätten an den Ufern des Sees zu suchen. Sie hat eine Reihe von Stellen ergraben, wo Steinartefakte in Assoziation mit großen Säugetierkadavern gefunden wurden. Die Sätte „Mammoth I" enthielt einen Knochenhaufen, einen verwitterten Hornsteinchopper und Abschläge inmitten einer alten Bodendecke. Man könnte diesen Fund mit einem anderen Mammutknochenhaufen in Verbindung bringen, bei dem das Elfenbein auf 18 000 ± 4500 Jahre datiert werden konnte. Das Datum ist allerdings unzuverlässig, weil die Probe durch sie umgebende Erdschichten mineralisch „verseucht" war. Davis korrelierte dieses ungesicherte Datum zu einer Bodenprobe von einem anderen See, der vor 16 000 bis 14 000 Jahren gebildet worden war, und schätzte das Alter von „Mammoth I" auf etwa 14 000 Jahre. Trotz dieser höchst spekulativen Datierungsmethode ist sie der Ansicht, daß die Artefakte Prototypen späterer Clovis-Formen sind. Außerdem machte Davis oberflächlich gelagerte Artefakte in der Nähe des Sees aus und hält die Fundorte daher für Schlachtplätze oder Lager, muß allerdings zugeben, daß es keine stratigrafisch gebundenen Assoziationen oder Radiokarbondaten gibt, die ihre Vermutungen stützen.

Leider bleibt Davis nichts anderes übrig als vorsichtige Spekulation. Nicht deutliche stratigrafische Abfolgen bestimmen den Charakter vor China Lake, sondern Oberflächenfunde, die sich manchmal zu Uferlinien oder alten Bodenhorizonten in Beziehung setzen lassen. In der Gegend des China Lake gibt es gut dokumentierte spätere Siedlungen, aber die frühe Besiedlung bleibt solange fraglich, bis eine stratigrafische Matrix existiert. Das könnte sich in der rauhen Umgebung von China Lake als unmöglich erweisen, denn dort ist die Erdauflage dünn, und der alte Verlauf des Seeufers schwankte ständig. Die prähistorischen Menschen, die den See aufsuchten, waren Nomaden, die von einem Lagerplatz zum nächsten wanderten. Sie hinterließen nur wenige Werkzeuge; die meisten davon sind Geräte zur Verarbeitung der Nahrung, Werkzeuge zum Enthäuten und Schlachten. Viele waren gebrauchsfähige Abschläge mit spitzen Kanten, mit denen man das frische Fleisch aufschnitt und die wenig später weggeworfen wurden. Diese Art von Geräten gebrauchte jeder Steinzeitjäger, wenn sich der Bedarf ergab. Als solche haben sie keine wie auch immer geartete chronologische oder systematische Bedeutung.

Fundstätten von mehr wissenschaftlicher Substanz, allerdings mit gleichermaßen widersprüchlichen frühen Daten, wurden weiter im Osten, auf den Great Plains, ausgegraben.

Dennis Stanford ist Archäologe an der Smithsonian Institution, ein zielstrebiger

Mann, der fest von der strengen Befolgung grundlegender stratigrafischer und Datierungsprinzipien bei der Auswertung früher Fundstätten ausgeht. In der Mitte und gegen Ende der 70er Jahre grub er zwei Stätten aus, eine bei Selby (Dutton-Site) und die andere in Lamb Springs, beide auf der Hochfläche von Colorado gelegen. Die Funde von Dutton und Lamb Springs bestanden aus großen Anhäufungen von Säugetierknochen in Seebetten, die vor 20 000 und 17 000 Jahren entstanden waren. Ein Teil des Knochenkollagens von Lamb Springs wurde auf ein Alter von etwa 13 000 Jahren datiert. Stanford bemerkte sofort, daß viele Knochen offenbar entfleischt und aufgebrochen worden waren. Es gab auch Kratzspuren, die auf den Gebrauch scharfer Abschläge hinzudeuten schienen, ebenso Knochen mit genau erkennbaren Stellen starker Polierung. Ähnliche Merkmale konnten an heute von Menschen bearbeiteten Knochen und an bekannten vorgeschichtlichen Artefakten festgestellt werden. Waren die Knochen von vorgeschichtlichen Großwildjägern bearbeitet worden? Wenn ja, dann gebrauchten die Jäger an keiner der beiden Stätten Steinerkzeuge – eine höchst ungewöhnliche Praxis.

Lamb Springs war sicher ein prähistorischer Schlachtplatz, der von späteren Jägern, schon vor wenigstens 10 000 Jahren und bis in historische Zeit aufgesucht wurde. Aber machten Menschen auch schon in früheren Zeiten Jagd auf an der Quelle trinkende Tiere? Zwischen 1979 und 1981 führte Stanford Grabungen durch. Er fand die Überreste von mehr als dreizehn Mammuten, von heute ausgestorbenen Kamelen, Wildpferden und Bisons. Manche Knochen lagen wie angehäuft da, aber es kam kein Steinwerkzeug oder irgendeine andere Spur menschlicher Besiedlung aus den über 10 000 Jahre alten Schichten zum Vorschein.

Wie seine Kollegen in Old Crow am Yukon war Stanford auf die Hilfe von Biologen angewiesen, die die Gewohnheiten heutiger Fleischfresser und die in jüngster Zeit in freier Wildbahn abgelagerten Knochen von Bisons und Elchen untersucht hatten. Unter anderem beobachteten sie, daß auf diesen Bison- und Elchknochen natürliche Randsplitterungen, Abschürfungen und Poliereffekte zu sehen waren. Somit schlossen sie, daß es bei den Stätten in Colorado genau wie in Old Crow keine Möglichkeit gab, die Hypothese, daß die alten Knochenansammlungen nicht das Ergebnis menschlicher Tätigkeit waren, zu widerlegen. Schließlich stellte der Knochenexperte Gary Haynes (nicht verwandt mit C. Vance Haynes) fest, daß viele der Marken durch das Zusammenwirken natürlicher Vorgänge hervorgerufen wurden: das Abnagen durch große Fleischfresser, das Darüberlaufen von Elefanten und anderen großen Tieren und Bodenverschiebungen innerhalb der Ablagerungen.

Stanford, Robson Bonnichsen und andere benutzten sogar einen jüngst verstorbenen zweiundzwanzig Jahre alten Elefanten namens Ginsberg aus dem Bostoner Zoo als Versuchsobjekt. Unter großen Schwierigkeiten zerlegte Stanford einige Glieder von Ginsberg mit einem 5,4 kg schweren Gesteinsbrocken. Er stellte Kerne her und splitterte dünne Knochenstücke ab, um sie als Schneidewerkzeuge zu verwenden. Anschließend nahm er Ginsberg mit seinen „Artefakten" aus. Die Abfallprodukte und die Schleifkanten waren Funden aus Colorado sehr ähnlich, aber dennoch stellte er fest, daß es zwischen seinen Werkzeugen und denen, die durch natürliche Prozesse entstanden waren, doch eine „Grauzone" gab. „Zur Zeit ist eine eindeutige und einfache Lösung nicht möglich", schrieb er. In ihren frühesten Phasen waren Dutton und Lamb Spring vermutlich natürliche Knochenanhäufungen.

Weiter südlich, in Texas, wurden andere Fundstätten entdeckt, die eine sehr frühe Besiedlung dokumentieren sollten. Der Levi-Abri in der Nähe von Austin weist eine äußerst komplizierte Stratigrafie auf, weil Erosion und das kontinuierliche Abbröckeln von Gestein aus dem Felsgewölbe die Kulturschichten durcheinanderbrachten. Clovis-Siedlungsspuren mit den charakteristischen Waffenspitzen überlagern zwei kaum gegeneinander abzugrenzende „Prä-Clovis"-Schichten. Die älteste ist hart und im hinteren Teil der Höhle wie festzementiert, die zweite wurde in lockerem Felsgeröll und Gewölbetrümmern gefunden. Beide sind nicht sicher datiert.

Lewisville im Denton County wurde in den 50er Jahren bei Vermessungsarbeiten in einem Flußbecken entdeckt. Während der 1956 durchgeführten Grabung stieß man auf 21 Zonen mit Bodenverfärbungen, die als Feuerstellen gedeutet wurden. Die Ausgräber fanden eine Spitze des Clovis-Typs, einen Stein-Chopper und mehrere Abschlaggeräte. Die Feuerstellen ergaben mehrere Radiokarbondaten von mehr als 37000 Jahren. Aufgrund dieses Funds bildeten sich nun drei verschiedene Schulen. Die eine argumentierte, daß die Artefakte nachträglich eingeschmuggelt worden seien, die Feuerstellen auf natürliche Ursachen zurückgingen und die Fundstätte überhaupt keine solche sei. Die zweite befand ebenfalls, daß die Clovis-Spitze nachträglich dazugekommen sei, aber die anderen Artefakte vor Ort entstanden und Teil einer früheren kulturellen Tradition seien. Die dritte Gruppe von Gelehrten lehnte die Daten schlichtweg ab und behauptete, Lewisville sei ein Clovis-Lagerplatz. Da die Stätte im Bereich eines später gefluteten Staubekkens lag, konnte keiner seine Hypothese überprüfen.

1978 senkte eine zeitweilige Dürre den Wasserspiegel so weit, daß die Stätte noch einmal untersucht werden konnte. Sofort wurden Archäologen des Army Corps of Engineers eingesetzt. Sie trieben einen Grabungsschnitt durch ein brandverfärbtes Areal und stellten fest, daß es sich tatsächlich um eine menschliche Feuerstelle handelte. Gleichzeitig fanden sie aber heraus, daß die Benutzer der Feuerstelle Lignit aus tieferen Schichten als Brennmaterial verwendet hatten, so daß die Kohlenstoffanteile der Radiokarbonproben viel älter waren als die mit ihrer Hilfe datierte Siedlung. Es ist so gut wie sicher, daß Lewisville ein Clovis-Lager war, ein Ort, an dem Jäger Feuergruben in ältere fossiltragende Schichten gegraben hatten.

Die allerfrühesten Daten im Westen und fernen Westen halten einer genauen Untersuchung nicht stand. Fort Rock und die Höhlen von Wilson Butte könnten eine frühe Besiedlung so weit südlich später als vor 14000 bis 13000 Jahren anzeigen, aber keine archäologische Stätte westlich des Mississippi hat bis jetzt irgendwelche Belege gezeitet, die älter wären.

Abris und Einsturzdolinen: der Osten der Vereinigten Staaten

Als der kanadische Archäologe George MacDonald Indizien für eine Prä-Clovis-Besiedlung östlich des Mississippi sichtete, bemerkte er, daß für manche Gelehrte der Durchbruch durch die 12000 Jahr-Schallmauer zur Besessenheit geworden war, „so etwas wie die Suche nach dem Heiligen Gral. Aber wie jede Sehnsucht verlangt sie gelegentlich nach einem Ausschalten der Logik und stellt Glaubensbekenntnisse über Fakten."

Es gibt viele Stätten, an denen man Prä-Clovis-Siedlungen vermutete, darunter einige durchaus vielversprechende. Dazu zählt auch Kimswick, genau westlich des Mississippi im Bundesstaat Missouri. Dort wurde eine gekehlte Spitze in Assoziation mit Mastodonknochen gefunden. Die Ausgräber sind der Ansicht, daß dort eine Tötung stattgefunden hat, die möglicherweise schon vor der Clovis-Zeit anzusetzen ist.

Der Ort im Osten, der die meisten Diskussionen entfachte, ist der Meadowcroft Rockshelter im südwestlichen Pennsylvania. Dieser Grabungsplatz bedarf einer ausführlichen Erörterung.

Der Meadowcroft Rockshelter: James Adovasio ist ein erfahrener Archäologe mit dem Ruf eines sorgfältigen und gründlichen Ausgräbers. Als er die Entdeckung des Meadowcroft Rockshelter bekannt gab, einer sehr alten prähistorischen Stätte am Cross Creek, einem kleinen Nebenfluß des Ohio, 48 km südwestlich von Pittsburgh gelegen, wurden seine Kollegen hellhörig. Zwischen 1973 und 1977 grub Adovasio mit einem interdisziplinären Team aus Geologen, Bodenkundlern und Botanikern Meadowcroft aus.

Es handelt sich um einen großen, nach Süden offenen Abri mit einer Schutzfläche von 85 qm. Ein vorwiegend von Westen kommender Wind trägt Rauch und Insekten während der heißen Sommermonate fort. Ganzjährige Quellen und der Bach liegen nicht weit. Letzterer floß zu dem Zeitpunkt, als die Stätte bewohnt war, auf einen um 4,5 bis 9 m höheren Niveau. Der zum Bach hingewandte Abri liegt in der Nähe eines Hochlandes, wo einst Großwild im Überfluß vorhanden war.

Adovasio ergrub die komplexe geologische Schichtenfolge des Abris dreidimensional, spannte ein Kontrollraster und siebte den Großteil der fundhöffigen Ablagerungen durch feinen Maschendraht. Die Grabung legte nicht weniger als elf Schichten frei, wobei die unterste, Stratum I, keine Spuren menschlicher Besiedlung enthielt. Die Meadowcroft-Strata wurden anhand von über siebzig Radiokarbonproben datiert – eines der sorgfältigsten Datierungsprogramme, die jemals an einem archäologischen Fundort in Nordamerika unternommen wurden. Sie zeigen, daß der Abri vor mindestens 12000 Jahren (möglicherweise, doch dies ist umstritten, auch viel früher) bis vor etwa 700 Jahren bewohnt war.

Die unterste Schicht mit Spuren menschlicher Besiedlung wurde als Stratum II a bezeichnet. Adovasio und seine Kollegen unterteilen sie in drei Substrata. Die oberste dieser drei Einheiten wird auf ein Alter zwischen 10950 und 7950 Jahre datiert. Sie ist von Mittel-Stratum II a durch eine Débrisschicht, die von der Decke und den Wänden des Abris stammt, getrennt. Die mittlere Zone sammelte sich vor

12 950 bis 10 950 Jahren an, während das unterste Substratum, das ebenfalls von
Felssplittern abgeriegelt ist, sieben Radiokarbondaten erbrachte, die ein Alter
zwischen 19 600 und 13 240 Jahren ergeben. Der Meßwert 19 600 markiert die
Untergrenze einer Fundsequenz, die *unanfechtbar* von Menschenhand gefertigtes
Material enthält. Adovasio sieht mit diesem Datum den Beginn menschlicher
Nutzung von Meadowcroft.

Alle sind sich darin einig, daß Meadowcroft *nach* der Zeit vor 12 000 Jahren
besiedelt war; bestritten wurden hingegen die Daten der mittleren und untersten
Phasen von Stratum II a. Der Geologe und Archäologe Vance Haynes hält die
frühen Daten für anomal. Seiner Argumentation zufolge enthalten die Holzkohle-
proben von Stratum II a einen hohen Prozentsatz löslicher Huminsäurederivate
oder „toten" Kohlenstoff in Form von Kohlepartikeln, die älter sind als das
Trägermaterial, von dem sie stammen. Diese Substanz müßte unlöslich sein, wenn
es sich um echte Holzkohle handelte. Als Grund für das höhere Alter der Derivate
(Humine) macht Haynes die im Grundwasser gelösten Salze von Huminsäuren
(aus denen sich durch natürliche Alterungsprozesse Humine bilden) verantwortlich. Sie hätten Stratum II a in der Gegenwart oder Vergangenheit durchdrungen.
Allerdings sind, mit Ausnahme *einer* gezogenen Probe, deren Humine auch um
1000 Jahre vom Meßwert der Trägersubstanz abweichen, alle Derivate jünger als
das Ausgangsmaterial. Adovasio verwies darauf, daß Abweichungen dieser Größenordnung bei breitangelegten Testreihen häufig vorgekommen. Bei allen anderen Proben seien Verunreinigungen ausgeschlossen. Nach umfangreichen Tests ist
sich Adovasio sicher, daß an diesem Ort keine älteren Humine als die durch die
Messung bestätigten vorkommen. Aber selbst wenn dies der Fall wäre, hätten sie
in gelöstem Zustand durch Grundwasserbewegungen verfrachtet werden müssen.
Da dies im Abri sedimentär gebundene Kalziumkarbonat keinerlei Veränderungen
zeigt und nicht eines der abgelagerten Sandkörner Spuren von Wasserschliff
aufweist, dürfte hydrogenes Durchsickern der Humine ausscheiden.

Adovasio legte dem Oxford Radiocarbon Laboratory Proben aus den unteren
Schichten der Höhle, die nicht mit menschlicher Besetzung in Verbindung zu
bringen sind, zur Kontrolle vor. Holzkohlerückstände wurden auf ein Alter von
31 400 ± 1200 Jahren datiert, die Humussäuren aus der Holzkohle auf 30 900 ±
1100 Jahre. Die Proben stimmen weitgehend mit einer anderen Probe überein, die
ebenfalls aus einer unbesiedelten Schicht mit einem Alter von 30 710 ± 1140 Jahren
stammt. Die neuen Daten scheinen Adovasios Ansicht, daß die Proben aus den
unteren Schichten nicht verunreinigt sind, zu bestätigen.

Die Radiokarbondaten mit einem Alter von 11 000–16 000 Jahren sind mit
kleinen von Menschen geschlagenen Klingen assoziiert, fein ein- und beidseitig
retuschierten Werkzeugen, darunter eine ungekehlte, lanzettförmige Waffenspitze, ebenso eine Unmenge an steinernen Abschlagresten. Die zeitliche Einordnung auf 19 600 ± 2400 Jahre ergab sich aus einem Korbfragment, das ausschließlich mit lithischem Werkschutt assoziiert war. Insofern läßt das Datenmaterial eine
menschliche Besiedlung am äußersten Ende der Wiscinson-Eiszeit vermuten,
wobei die Möglichkeit früherer Aufenthalte durchaus besteht.

Gibt es auch paläoökologische Anhaltspunkte? Die reiche Flora und Fauna von

Meadowcroft liefert eine faszinierende Chronik der wechselnden prähistorischen Umweltbedingungen. Überreste von nicht weniger als 45 Säugetier- und 68 Vogelarten sind in den 11 Schichten vertreten, ebenso 33 000 Pflanzenrestefragmente und Erd- und Süßwassermollusken. Die Gastropoden zeigen, daß die Umweltverhältnisse vor Ort mindestens 11 000 Jahre lang im wesentlichen stabil blieben – ein Waldland aus Eichen und Hickorybäumen, die in einem gemäßigten Klima, das dem heutigen ganz ähnlich war, gediehen. Schildkröten, Schlangen und Truthühner zeugen schon vor 11 300 Jahren von diesen Klimabedingungen. Die pflanzlichen Überreste reichen sogar noch weiter zurück und dokumentieren einen „Koniferen-Laubholz-Mischwald" über den „gesamten Zeitraum von 16 000 Jahren, aus dem Pflanzenreste vorliegen". Reste von Eiche, Hickory- und Walnußbäumen in Stratum II a sprechen dagegen, daß irgendwo in der Nähe der Stätte, als sich die ältesten Schichten ablagerten, günstige Bedingungen für die Ausbildung einer Taiga- oder Tundra-Vegetation herrschten. Alle Pflanzenarten, die bei den Ausgrabungen entdeckt wurden, kommen auch heute noch hier vor.

Widerspricht dieses beeindruckende Paläo-Umweltarchiv den frühen Zeitbestimmungen, die die mittleren und unteren Subphasen von Stratum II a ins Endstadium der Wisconsin-Eiszeit und in dem frühen Postglazial zuordnen? Haynes und andere behaupten, daß Fauna und Flora von Stratum II a einem Typus entsprechen, der sich erst nach dem Rückgang der Wisconsin-Vereisung ausbildete. Der laurentische Eisschild rückte immerhin bis auf etwa 50 km an den Cross Creek heran; etwas weiter entfernt lag der Eispanzer während des Endstadiums der Wisconsin-Eiszeit. Daraus müßte man folgern, das damals Tundren und Taigawälder die Szenerie um Meadowcroft prägten. Insofern „passen" die Radiokarbon- und Umweltdaten nicht zusammen. Adovasio kontert mit Recht, daß aus den strittigen Schichten nur elf identifizierbare Tierknochen stammen. Er stimmt zu, daß die botanischen Belege der gleichen Strata auf gemäßigte Bedingungen in Meadowcroft hindeuten. Aber er weist auch darauf hin, daß der Abri sich nach Süden öffnet und im geschützten Bereich einer ost-westlich verlaufenden Wasserscheide liegt, die für ein günstigeres Milieu verantwortlich gewesen sein mag. Meadowcroft liegt niedriger als das benachbarte Hochland und erfreut sich einer größeren Zahl frostfreier Tage. Vielleicht ist das Pflanzenmaterial ein Hinweis auf eine lokal begrenzte, gemäßigtere Umgebung, die den Ort auf dem Höhepunkt der späten Wisconsin-Eiszeit zu einem Anziehungspunkt für Menschen machte. Meadowcroft ist immer noch ein faszinierendes Fragezeichen, seine ältesten Kulturschichten sind immer noch Thema wissenschaftlicher Dispute. Unterdessen geht die Suche nach vergleichbaren Stätten in der Umgebung weiter, vor allem nach Orten, an denen die Radiokarbondaten und die vorgeschichtlichen Umweltbedingungen so beschaffen sind, daß Anomalien geklärt werden können. Niemand leugnet, daß Meadowcroft vor wenigstens 12 000 Jahren bewohnt war und somit zu den ältesten Stätten Nordamerikas gehört. Zur Zeit steht aber der Beweis für eine noch frühere Besiedlung weiterhin aus.

Einsturzdolinen in Südflorida: Dutzende von vereinzelten Waffenspitzen wurden im gesamten Osten Nordamerikas gefunden. Sie sind Zeugnisse einer weitverbreiteten, wenn auch verstreuten paläoindianischen Ansiedlung von Clovis-Zeiten an, d. h. ab einem Zeitpunkt vor 11 500 Jahren, wenn nicht früher. Leider stammen nur wenige dieser Entdeckungen aus stratifizierten oder gut datierten Stätten. Insofern sind Fundorte, die in ihrer Zeitstellung selbst den gesicherten Meßwerten aus Meadowcroft entsprächen, selten.

Man gewinnt eine Vorstellung von den spektakulären archäologischen Entdeckungen aus dieser frühen Zeit, wenn man die jüngsten Funde aus Südflorida betrachtet, wo Unterwasser-Archäologen menschliche Überreste, Artefakte und die Knochen ausgestorbener Tiere in Einsturzdolinen gefunden haben. Bis in die frühen 70er Jahre kamen die meisten paläoindianischen Waffenspitzen der Region aus Flußbetten Nordfloridas. Jedermann glaubte, daß die ersten Siedler am Ende der Eiszeit nach Süden wanderten und entlang der Flüsse auf die Jagd gingen, indem sie den Tieren an seichten Stellen auflauerten. Dann begann man mit Tauchgeräten zu arbeiten und barg Artefakte und Tierknochen aus wassergefüllten Einsturzdolinen der Kalksteingebiete Südfloridas. Diese Funde revolutionierten die Vorstellungen vom Leben der paläoindianischen Bewohner des Südostens.

Von Expertenseite wird behauptet, daß die Einsturzdolinen während einer Zeit niedriger Meeresspiegel am Ende der Eiszeit frequentiert wurden. Der hydrostatische Druck der Süßwassersäule strebt hier einen Kräfteausgleich mit dem Meereswasserpegel an. Als der Meeresspiegel niedriger lag als gegenwärtig, war es also möglich, die im Bereich heutiger Fließgewässer liegenden Dolinen zu betreten. Carl Clausen, Wilburn Cockrell und andere Archäologen haben aus diesen Schlünden eine Fülle paläoökologischer Daten ermitteln können. Aus ihnen geht hervor, daß Florida ausgangs der Eiszeit kühler und trockener war und nicht die üppige Vegetation von heute aufwies. Viele paläoindianischen Siedlungen sind jetzt vom Meer überflutet. Im Inland war die Siedlungsdichte vermutlich geringer, sie konzentrierte sich auf die Gegenden an Flüssen und in den Dolinen, wo auch das Wild Nahrung fand.

Bei Warm Mineral Springs im Sarasota County fanden Cockrell und seine Kollegen ein Grab auf einem Felsvorsprung 13 m unter der heutigen Wasseroberfläche. Der Tote war in einem Erdgrab bestattet worden, das nach und nach überflutet worden war. Neben dem Skelett lag der Dorn einer Speerschleuder aus Muschelschale. Die Grabstätte wurde mittels Radiokarbonmessung auf ein Alter von 10 300 Jahren datiert. Weitere menschliche Überreste kamen unter einem 3 m hohen Felsvorsprung bei den Quellen ans Tageslicht – in der gleichen Lehmschicht wie die Knochen eines Bodenfaultieres, einer Säbelzahnkatze und anderer Tierarten. Die Stätte zeigt, daß die Paläoindianer sich nicht nur von Großwild ernährten sondern auch von kleineren Tieren bis hin zu Waschbären und Fröschen, sowie von Pflanzen. Einige Siedlungen bei Warm Mineral Springs werden für 11 000 Jahre alt gehalten.

Ein noch spektakulärerer Fund stammt aus dem nahe gelegenen Little Salt Spring. Der zusammengefallene Panzer einer ausgestorbenen Riesenschildkröte, die durch einen Stich mit einem Holzpfahl zwischen Rückenpanzer und Plastron getötet wurde, lag zerbrochen und verkohlt 26 m unter dem Rand der Doline. Der Pfahl wurde auf etwa 12 000 Jahre datiert. Die Ausgräber vermuten, daß die

Schildkröte mit dem Pfahl aufgespießt, anschließend umgedreht und in ihrer eigenen Schale gekocht wurde. Teile eines noch nicht ausgewachsenen Mammuts, ein ausgestorbenes Faultier und ein Bison, eine weitere Schildkröte und mehrere kleinere Säugetiere und Vögel lagen in der Nähe. Vor etwa 10 000 Jahren war der Wasserstand bis auf 11 m unterhalb des Rands gestiegen – ein Anzeichen für zunehmende Erwärmung –, und in den sommergrünen Laubwäldern, die sich jetzt ausbreiteten, stellten die Menschen dem Weißwedelhirsch nach. Little Salt Spring erbrachte auch die Spitze eines Wurfholzes aus Eiche, das dem Bumerang der australischen Eingeborenen sehr ähnlich ist.

Höchstwahrscheinlich jagten die Paläoindianer, die die Einsturzdolinen aufsuchten, Tiere, die in der Umgebung lebten und sammelten auch wildwachsende Pflanzen zu Nahrungszwecken. Offenbar lagerten sie kurzzeitig um größere Quellen, und blieben dort, bis sie ihre Beute verzehrt hatten. Da es das lebensnotwendige Wasser nicht überall gab, mußten die Jäger und Sammler weite Gebiete durchstreifen; sie konnten damit nur eine sehr niedrige Bevölkerungsdichte pro Quadratkilometer ernähren.

In Florida gibt es Hunderte von Einsturzdolinen, die der archäologischen Erforschung harren. Von vielen weiß man, daß sie Artefakte und Tierknochen enthalten. Derartige Stätten bieten die bestmöglichen Gelegenheiten, um Beweismaterial für die Prä-Clovis-Besiedlung Nordamerikas ganz am Ende der Eiszeit zu entdecken. Fast jährlich werden neue Entdeckungen bekannt gegeben, und neueste Ausgrabungen im Gebiet von Vero Beach in Südflorida könnten durchaus Ansiedlungen aufdecken, die so alt sind wie die von Little Salt Spring, wenn nicht noch älter.

Normalerweise vergängliche Artefakte, gut erhaltene menschliche Überreste, die manchmal sogar Hirngewebe enthalten, und Tierfriedhöfe gewaltiger Ausdehnung machen die Einsturzdolinen von Florida zu einer einmaligen Sache in der Neuen Welt. An anderen Orten im Osten liegen Stätten, von denen behauptet wurde, sie stammten aus der Prä-Clovis Zeit, aber keine konnte einer näheren Prüfung standhalten. Viele Stätten mögen jünger sein, als es die Radiokarbondaten vermuten lassen; Kontaminierungen in sauren Böden, für die eine Bestätigung allerdings noch aussteht, sind vermutlich für solche Fehldatierungen verantwortlich. So wurde z. B. eine gekehlte Spitze aus Dutchess Quarry Cave im Staat New York auf ein Alter von etwa 12 500 Jahren datiert. Sie entstammt einer Schicht, die Karibuknochen enthält, aber der aus ihnen gezogene Meßwert suggeriert, zieht man die artifiziellen Beifunde zum Vergleich heran, eine zu weit in die Vergangenheit verlegte Zeitstellung.

Die meisten paläoindianischen Stätten des Ostens sind erst später als vor 10 000 Jahren besetzt worden. Aber offenbar gibt es gut dokumentiertes Beweismaterial für menschliche Besiedlung im Südosten schon vor 12 000 Jahren. Vielleicht helfen neue Entdeckungen in den Dolinen Floridas, das haarige Problem der ältesten Kulturschichten von Meadowcroft zu lösen.

Rätselhafte Abschläge und Chopper: Mittelamerika. Die Suche nach Prä-Clovis-Menschen erhielt in den letzten Jahren frische Impulse von Feldforschungen in

Mittel- und Südamerika. Sie erbrachten Resultate, die auf den ersten Blick den für Nordamerika entworfenen Szenerie zu widersprechen scheinen.

Richard MacNeish von der Boston University machte sich als Archäologe einen Namen, als er in den 50er und 60er Jahren ein Periodisierungskonzept zur Kultivierung des Mais im vorgeschichtlichen Mexiko vorstellte. Er untersuchte auch Höhlen und Freilandfundplätze, von denen angenommen werden konnte, daß hier sehr alte menschliche Hinterlassenschaften auftauchen würden. Mac-Neish ist kein konservativer Archäologe. 1983 erweiterte er allein aufgrund von ein paar schlecht dokumentierten Funden Alex Kreigers „Vor-Waffenspitzen-Horizont" zu einer geschichtlichen Abfolge der frühen prähistorischen Besiedlung Mittelamerikas. Zumindest hypothetisch reicht diese 30 000 bis 40 000 Jahre zurück.

Das erste Stadium der Abfolge ist „charakterisiert durch Grobsteingeräte", die älter als 30 000 Jahre sind. Es gibt nur wenige Artefakte, die hierfür in Frage kommen: ein paar undatierte Oberflächenfunde aus San Isidro in der Gegend von Nuevo León in Mexiko; „einige Artefakte in mächtigen Terrassenkiesablagerungen, die auf ein hohes Alter schließen lassen", aus Tamaulipas, von denen MacNeish glaubt, sie seien jünger; und einige zweifelhafte Werkzeuge aus der Gegend von Tlapacoya in der Nähe von Mexiko City. Zu diesen vagen Funden gesellt sich noch eine nicaraguanische Stätte namens El Bosque.

Die Archäologen Alan Bryan, Richard Morlan, Ruth Gruhn und William Irving verbrachten 1975 drei Wochen in El Bosque. Sie gruben eine Reihe von riesigen Faultierknochen aus – das Tier hatte sich in einem einstigen Sumpf oder Moor gefangen – und legten ein geschwärztes Areal mit stark zerfallenen Knochen und ausgedehnten Kieselbetten geringer Mächtigkeit frei. Die von den Knochen genommenen Daten lassen auf ein Alter von 22 600 bis über 32 000 Jahre schließen. Bryan und seine Kollegen nahmen an, daß das geschwärzte Areal auf von Menschen angelegte Feuerstellen oder Aschengruben zurückgeht. Einige kleine flache Hornsteinstücke kamen aus den Stichgräben der Archäologen, aber offenbar handelte es sich um keine Artefakte. Anläßlich einer Feldbegehung hielten viele Teilnehmer die Rollsteindepots und „Feuerstellen" für Trampelspuren, die große Tiere im Lehm hinterließen. Veröffentlichungen mit Bildern der Artefakte überzeugen nicht. Und aufgrund einer Reihe von technischen Gründen wurden die Daten für erheblich zu alt befunden. Dennoch erhebt MacNeish den Anspruch, daß in El Bosque „zumindest ein Grabsteingerät und einige bearbeitete Knochen aus klaren Fundzusammenhängen" stammen. Sogar die Ausgräber selbst, von denen die meisten fest an die mehr als 15 000jährige Besiedlung Amerikas glauben, konnten mit dieser Stätte nicht ganz glücklich werden.

Die zweite Stufe von MacNeishs Phasenmodell ist durch „Knochenwerkzeuge und einseitig bearbeitete Artefakte" gekennzeichnet und wird von ihm auf ein Alter zwischen 30 000 und 15 000 Jahren datiert. Eine seiner Schlüsselfundstätten liegt in der Nähe von Valsequillo, 15 km südlich von Puebla in Zentralmexiko. Hier fanden die Archäologen Juan Armenta Camacho und Cynthia Irwin-Williams an fünf Grabungsstellen dreizehn eindeutig identifizierbare unifaziell bearbeitete Steingeräte, „Waffenspitzen", „Stichel" und „Seitenschaber" in Assozia-

39, 40 *Lebewesen des hohen Nordens:* Moschusochsen (oben) können heute nördlich 80° N überleben. Im Jungpaläolithikum zogen sie bis zum 30° N nach Süden. Karibus sind wandernde Herdentiere. Nördliche Jäger lebten vermutlich generationenlang von der gleichen Karibuherde.

41–43 *Eine gefrorene Landschaft:* Mit einem neunmonatigen Winter und kurzen, warmen Sommern war und ist der hohe Norden (links Blick auf den Alaska Range) eine rauhe Landschaft. Aufgrund des Dauerfrostbodens kann an frühen archäologischen Fundstätten wie Bluefish Cave I (ganz unten, Teilansicht einer Knochengrube) im Yukongebiet nur wenige Wochen im Jahr gegraben werden. Kein Wunder, daß frühe Fundstätten so selten sind. Aber der kalte Boden konserviert eiszeitliche Tierskelette ganz hervorragend, wie den 31 000 Jahre alten Bison aus der Gegend von Fairbanks, Alaska (oben).

44, 45 *Die Pennsylvania-Kontroverse:* Der Meadowcroft Rockshelter in Pennsylvania stellt ein mühsames archäologisches Puzzle dar. Man sieht hier (rechts) die Ausgrabungen von 1973, etwa zu Beginn des siebenjährigen Projektes. Der Grabungsbereich wurde in Felder eingeteilt; es werden gerade die oberen Schichten untersucht. Gegen Ende der Ausgrabungen im Jahre 1978 (unten) stießen die Ausgräber auf Grundgestein. Die großen weißen Schilder auf den Wänden des Grabens zeigen die Hauptstrata an, die von den Ausgräbern identifiziert wurden. Kleinere Etiketten geben typische Merkmale an sowie Orte, von denen verschiedene andere Proben entnommen wurden. Trotz sorgfältiger Grabung bestehen nach wie vor Zweifel an der Zuverlässigkeit der Radiokarbondaten aus den unteren Schichten des Abris. Meadowcroft liegt relativ nahe bei den Wisconsin-Eisschilden. Einige Wissenschaftler vermuten, daß er erst nach der Eiszeit benutzbar war.

46–48 *Ein brasilianisches Rätsel:* Französische Ausgräber glauben, mit dem Abri in Boqueirão da Pedra Furada, Nordostbrasilien (oben), eine sehr frühe menschliche Siedlungsstätte gefunden zu haben. Viele Felsnischen in dieser Gegend sind mit Tieren und geometrischem Dekor bemalt, der in postglaziale Zeiten zurückreicht. Die Ausgräber halten die Malereien für älter als 17 000 Jahre (unten). Die Ausgrabungen in Pedra Furada (links) reichen 3 m in den Abri hinein; sie erbrachten menschliche Artefakte, die 32 000 Jahre alt sein sollen. Viele Wissenschaftler sind diesbezüglich skeptisch und warten auf weitere Einzelheiten.

49, 50 *Peru und Venezuela:* In Südamerika gibt es nur wenige für früh erachtete Fundorte, die eine nähere Untersuchung verdienen. Der Pikimachay Cave, die „Höhle der Flöhe", hoch in den peruanischen Anden gelegen (links) enthält einen gut dokumentierten Befund nachglazialer Besiedlung. Richard MacNeish vermutet, daß die Höhle schon vor 20000 Jahren von Menschen aufgesucht wurde. Taima Taima in Venezuela (unten) brachte einen Mastodonfang zutage, der an die 13400 Jahre alt sein könnte. Die Waffenspitze, die zusammen mit den Knochen gefunden wurde ist allerdings ein Typus, der vor etwa 11000 Jahren verwendet wurde, insofern dürfte Taima Taima später anzusetzen sein.

tion mit den Knochen ausgestorbener Tiere. Die Funde stammten aus den unteren Schichten einiger stratifizierter Schotterbereiche, deren obere Strata zweiseitig bearbeitete Werkzeuge enthielten. Irwin-Williams gewann auch ein Radiokarbondatum von 21 850 ± 850 Jahren aus der Schale einer Süßwassermuschel, die neben einem Steinsplitter an einer dieser Stätten, Caulapan, gefunden wurde. Camacho behauptet sogar, ausgestorbene Tiere, Chopper und in der Nähe auch bearbeitete Knochen gefunden zu haben. Er datiert diese Funde auf ein Alter von etwa 24 000 bis über 35 000 Jahren.

Obwohl Irwin-Williams sich mit dem einen Radiokarbondatum aus Valsequillo zufrieden gibt, stellen andere Forscher die Stratigrafie der unteren Schichten, die Verbindungen von Fauna und Artefakten und die Natur dieser „Werkzeuge" als solche grundsätzlich in Frage. Einige Geologen glauben, daß die Schotter, aus denen die Abschläge stammen, 200 000 Jahre alt sein könnten. Damit wäre dieser Fundort in die Kategorie von Calico Hills einzuordnen, und es erhebt sich die Frage nach seiner Authentizität – zumindest was die unteren Strata angeht. Dennoch könnte sich hier eine frühe archäologische Stätte verbergen; aber es bedarf weiterer Ausgrabungen.

Solche Zweifel konnten MacNeish keineswegs abhalten, weiter zu theorisieren. „Man kann die Tatsache, daß es diesen Kulturkomplex [Valsequillo] einst gegeben hat, nicht abstreiten", schrieb er aufgebracht. Er behauptet auch, daß die gleichen Artefakttypen an anderen Stätten in Mexiko gefunden wurden. Die berühmteste ist Tlapacoya bei Mexico City, wo Andesit- und Obsidianabschläge angeblich in Assoziation mit Mammutknochen gefunden wurden. Leider sind die meisten „Artefakte" einfache, unbehauene Geröllbrocken, die nicht als gestaltete Werkzeuge gelten können. Das bekannteste ist ein Stück Obsidian, das nicht *in situ*, sondern in einem der Schüttelsiebe, die die Ausgräber benutzten, gefunden wurde. Für die Funde von Tlapacoya existieren zwei Radiokarbondaten: 24 000 ± 4000 und 21 700 ± 500 Jahre. Aber wiederum regten sich ernsthafte Zweifel, ob die Steinabschläge und die Mammutknochen wirklich ursprünglich zusammengehörten, und ob die Abschläge richtig datiert und identifiziert worden waren. MacNeish zufolge „befand sich dort eine nicht zu bestreitende Assoziation einseitig bearbeiteter Werkzeuge und den Knochen ausgestorbener Tiere, wie Mammut, Mastodon, Pferd usw.". Die meisten Experten halten dies für eine allzu selbstsichere Behauptung.

Neben Tlapacoya nennt MacNeish noch mindestens zwei Stätten, beide Abris, an denen er Werkzeuge zusammen mit Knochen ausgestorbener Tiere aus einem Zeitraum von vor etwa 9000 Jahren gefunden haben will. Aber in beiden Fällen waren die ersten Grabungsergebnisse wenig überzeugend und weitere Nachforschungen haben erst begonnen. Er führt auch einige Einzelfunde an, darunter ein zugespitztes Werkzeug aus Pferdeknochen aus San Luis Potosí, das etwa 22 010 ± 540 Jahre alt sein soll. Keiner dieser Funde ist ausreichend dokumentiert, sorgfältig ergraben oder auch nur ordentlich veröffentlicht. Dies alles muß als höchst fragwürdig angesehen werden.

MacNeish ist fest davon überzeugt, daß es schon vor 20 000 Jahren in Mexiko menschliche Ansiedlungen gab. Er gibt zu, daß an keinem der frühen Fundorte große Artefaktinventare zutage kamen und daß es Nachgrabungen größeren Umfangs bedarf. Er erkennt auch an, daß andere Forscher, wie Vance Haynes und Dennis Stanford, ihre Zweifel haben, aber seine Entgegnung bleibt schroff: „Sie können die Fakten nicht ignorieren und wären froh, wenn es diese Funde gar nicht gäbe." Der objektive Beobachter fühlt sich allerdings zu der Frage genötigt: „Welche Fakten und welche gut dokumentierten Funde?" Zur Zeit gibt es herzlich wenig „Fakten", wenn überhaupt welche, die man ignorieren könnte.

Zuverlässigere archäologische Daten aus Mittelamerika haben wir aus der Zeit vor etwa 11 000 Jahren, als vereinzelte paläoindianische Jagdverbände sich südlich des Rio Grande aufhielten. Ein paar fein gearbeitete Waffenspitzen wurden gemeinsam mit großen Tieren auf dem Hochland von Mexiko, in Iztapan und Tlapacoya gefunden, Stätten, die auch um diese Zeit zu datieren sind. Dann gibt es die berühmten Lerma-Spitzen von der gleichnamigen Stätte in Tamaulipas, die auf etwa 9270 Jahre datiert wurden. Dort liegen die Knochen ausgestorbener Biber und Hirsche neben steinernen Waffenspitzen. Vereinzelte Anhäufungen von Geschoßköpfen, die an Clovis- und Folsom-Spitzen erinnern, sind von Stätten im nordwestlichen Mexiko bekannt und fischschwanzartige Geschoßköpfe aus Honduras, Guatemala und Panama. Alle diese Funde sind nicht datiert, was bedauerlich ist, denn es wäre interessant, ihre Daten mit den Clovis-Funden in Nordamerika zu vergleichen.

Die ersten Südamerikaner?

Die Verfechter einer Besiedlung, die älter als 15 000 Jahre sein soll, stürzen sich mit höchster Begeisterung auf eine Reihe möglicher früher Besiedlungsstätten in Südamerika, die weit auseinander liegen: von der karibischen Küste Venezuelas bis nach Chile.

Bis vor kurzem bestand das gesamte Beweismaterial für eine frühe Siedlung in Südamerika aus Oberflächenfunden, Anhäufungen einfacher Steingeräte, von denen viele durchaus Jahrtausende später von prähistorischen Völkern gemacht worden sein könnten. 1971 stellte Gordon Willey die Hypothese auf, daß es eine „frühe Abschlaggeräte-Tradition" gegeben habe, die etwas früher als vor 12 000 Jahren entstanden sei. Diese simple Steintechnologie aus Kratzern, Messern, Bogenschabern und druckretuschierten Abschlägen hatte sich vermutlich von Norden her über ganz Südamerika ausgebreitet. Außerdem gab es eine „Chopper-Tradition", die aus groben beidseitig bearbeiteten Abschlaggeräten bestand. Willey nahm auch eine spätere Tradition von Werkzeugen des Levallois-Typs an, die größere, entwickeltere und besser gearbeitete Abschlaggeräte nach Südamerika brachte. Ob diese Traditionen nacheinander einsickerten oder sich langsam aus einer einzelnen „Abschlag- und Bifazies"-Tradition heraus entwickelten, vermochte er nicht zu entscheiden. Alle diese frühen technologischen Traditionen waren, so Willey, enttäuschend einfach und wurden bei der Herstellung von Holz- und Steinwerkzeugen angewandt. Nach der Zeit von vor 12 000 Jahren, schrieb er, ließen sich paläoindianische Einwanderer in Südamerika nieder und brachten die charakteristischen Geschoßspitzen und eine höher entwickelte Steintechnologie mit, die bis hoch oben in Nordamerika gefunden wurde.

Willeys Konzept einer Tradition von einseitig bearbeiteten Abschlaggeräten als Beweis für die frühe Besiedlung Südamerikas wird keineswegs allgemein anerkannt. Thomas Lynch, ein Gelehrter mit langjähriger Erfahrung bei der Erforschung früher Siedlungen in den Anden, lehnt diese These vollkommen ab. Seiner Ansicht nach sind derartige Einzelfunde wenig beweiskräftig. Material, das wahllos in Steinbrüchen gesammelt wurde, in denen vorgeschichtliche Menschen entwickeltere Artefakte geschlagen hatten, oder Aufsammlungen aus Gegenden, in denen das Rohmaterial zur Herstellung feiner, beidseitig bearbeiteter Geschoßspitzen ungeeignet war. Aus diesem Grunde, so seine Argumentation, ist die sogenannte „Abschlaggeräte-Tradition" Bestandteil und Folge einer sehr viel spezialisierteren Großwildjäger-Tradition, die fein gearbeitete Geschoßspitzen benutzte.

Lynch wäre der erste, der eine frühere kulturelle Tradition akzeptieren würde, wenn eine solche in einem zuverlässig stratifizierten und datierten archäologischen Kontext dokumentiert werden könnte. Oberflächenfunde reichen für die Definition einer technologischen Tradition nicht aus, vor allem dann nicht, wenn der Fund in einem Gebiet mit vielen späteren Siedlungen auftaucht. Seit Willey im Jahre 1971 seine große Zusammenfassung der Archäologie Südamerikas schrieb, wurden zwar einige frühe Stätten mit klarerer Stratifizierung ausgegraben, aber Datierung und Auswertung sind extrem schwierig, wie wir sehen werden.

Alan Bryan, seit je her Verfechter einer frühen Besiedlung Südamerikas, teilt Lynchs Ansicht nicht. Er glaubt, daß es zwischen den paläoindianischen Stätten Nordamerikas und denen Südamerikas große Unterschiede gibt. Aus Südamerika sind nur sehr wenige Jagdplätze von Großwild bekannt. Entsprechend, so sein Argument, wird auch der archäologische Befund vollkommen anders ausfallen. Frühe Südamerikaner mußten sich verschiedenen Waldtypen und offenen Landschaften anpassen; dementsprechend hatten sie „eine einfache Basistechnologie, bestehend aus Abschlägen und einfachen Kernwerkzeugen, die für die Herstellung nützlicher Objekte aus Fasern, Holz, Sehnen und Knochen verwendet werden konnten". Einige dieser frühen Siedler bearbeiteten seiner Ansicht nach nicht einmal Steine. Die Aussicht, Stätten zu finden, an denen es nur Abschläge und keine klar erkennbaren Geräte wie Geschoßspitzen gibt, sind gut, so Bryan. Er weist auf die frühe Besiedlung Australiens hin, wo die Besiedlung durch Menschen auf Basis einfacher Geröllgeräte festgestellt wurde. Wenn dies in Australien ging, warum nicht in Amerika? fragt er. „Es ist unlogisch, in Amerika den Nachweis von erkennbar geformten Werkzeugen zu fordern, um zu beweisen, daß der Kontinent schon mindestens vor 40 000 Jahren bevölkert war, in Australien aber nicht." Auch wenn Bryan zweifellos recht hat mit der Annahme, daß Geschoßspitzen an sehr frühen Stätten in Südamerika wahrscheinlich nicht zu finden sind, ist er immer noch mit dem Problem konfrontiert, von Menschen hergestellte Steinartefakte von denjenigen zu unterscheiden, die durch Naturereignisse „geformt" wurden. Es gibt mehrere südamerikanische Fundorte, u. a. Pikimachay in den peruanischen

Anden und Monte Verde in Chile, die zeigen, wie schwierig das sein kann. Wir kommen darauf zurück.

Im Laufe der Jahre entwickelte Bryan eine Reihe von Hypothesen bezüglich der frühen Ansiedlung. Die eine Version geht von Sammlern und Jägern aus, „die vor mehr als 20 000 Jahren ihr Gebiet über Panama hinaus ausdehnten". Diese Leute ließen sich im nordwestlichen Südamerika nieder und behielten ihre „alte Tradition einseitig behauener Kerne und Abschläge zur Bearbeitung von Stein und Knochen bei". Schließlich breiteten sie sich über das südamerikanische Tiefland aus.

In der Zwischenzeit, so Bryan, jagten andere Gruppen große Pflanzenfresser im trockenen Busch entlang der karibischen Küste. Sie entwickelten anspruchsvolle Jagdmethoden und verwendeten zylindrisch geformte Steinspitzen. Später drangen ein paar dieser Gruppen bis in die Anden Venezuelas und schließlich in das nordwestliche Argentinien vor.

Die Hypothese Bryans gründet nicht nur auf seinem Glauben, daß lange vor 20 000 Jahren Menschen durch die Landenge von Panama zogen, sondern auch auf einer verstreuten Anzahl archäologischer Stätten in ganz Südamerika, von denen die meisten allerdings erheblich jünger sind als sein hypothetisches Datum einer ersten Ansiedlung. Zum Beispiel grub Bryan mit seiner Frau Ruth Gruhn das Skelett eines jungen, teilweise ausgenommenen Mastodons in Taima Taima in Nordvenezuela aus. Die Knochen lagen fast auf dem Grund einer grauen Lehmsandschicht, Teil einer alten Quellablagerung, die vor etwa 10 000 Jahren verschüttet worden war. Eine zerbrochene „El Jobo"-Geschoßspitze steckte im Beckenbereich des Mastodons. Vier Radiokarbondaten aus einer Unmenge von abgebrochenen Zweigen, von denen Bryan glaubt, daß sie aus dem Magen des Mastodons

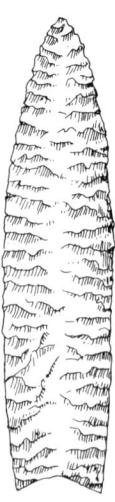

*Eine „El Jobo"-Spitze des Typs, den Alan Bryan in Taima
Taima und an anderen Orten gefunden hat.*

kamen, „zeigen an, daß es vor 13 000 Jahren erlegt wurde". Die El Jobo-Spitzen sind fast zylindrische, weidenblattartig geformte Artefakte, die eindeutig in die allgemeine paläoindianische Tradition gehören. 15 Radiokarbondaten von den Sandschichten ergeben ein Alter zwischen 13 400 und 12 500 Jahren.

Das erlegte Mastodon von Taima Taima stammt aus Quellablagerungen, von denen Bryan zugibt, daß sie „lokale Verschiebungen und Partikelsortierungen" erkennen lassen. Solche geologischen Anordnungen sind bekanntlich für Zeitbestimmungen nicht zulässig, weil das austretende Quellwasser die Ablagerungen verschieben und umschichten und folglich ihre Zusammensetzung stratigrafisch durcheinander bringen kann. Die mit dem Skelett gefunden El Jobo-Spitze ist ein Jagdwaffentypus, der etwas später, nach 11 000, allgemein gebräuchlich war. Deshalb ist man geneigt, den Schlachtplatz Taima Taima etwas später als die Radiokarbonmessung angibt, einzuordnen, aber es besteht kein Zweifel über die Zusammengehörigkeit von Mastodon und Artefakt. Bryan plädiert für „die lokale Entwicklung eines Rüsseltier-[Elefanten]-Jagdkomplexes vor bestimmt 13 000 Jahren".

Der El Abra-Abri bei Bogotá in Kolumbien ist eine weitere Stätte, auf die sich Bryan stützt. Hier kommen Anhäufungen von Abschlägen und Kernen in den unteren Schichten eines Abris vor, von denen man glaubt, daß hier vor 12 500 Jahren gesiedelt wurde. Die Abschläge und Kerne sind bisher bestenfalls allgemein beschrieben, die Stratigrafie ist nicht im Detail erforscht. In Tíbito, am Stadtrand von Bogotá, fand man Knochen von Mastodonten, Pferden und Hirschen in Assoziation mit Abschlägen, Kernen und „einfachen Knochenwerkzeugen". Sie werden auf ein Alter von etwa 11 750 Jahre datiert. An diesem Ort kam kein Beweis für eine frühere Besiedlung zutage.

Bryan meint, daß die Funde in den auf ein Alter von 13 500–11 700 Jahren datierten Schichten ein Beweis dafür sind, daß einige seiner frühen Siedler „sich an die hoch gelegenen offenen Savannen anpaßten". Diese Stätten sind nicht nur viel jünger als das von ihm selbst behauptete Alter vor mehr als 20 000 Jahren, sondern er müßte darüber hinaus auch erklären, wie die menschlichen Siedler die tropischen Breiten vor mehr als 20 000 Jahren erreicht haben sollen, ohne in Nordamerika deutliche Spuren zu hinterlassen. Einzelne Stätten in Peru, Chile und Brasilien sollen aus viel früheren Jahrtausenden stammen und zeitlich näher bei Bryans hypothetischem Alter liegen.

Pikimachay, Peru: Richard MacNeish gründet viele seiner Vorstellungen über die frühe Besiedlung Südamerikas auf seine Ausgrabungen der Höhle von Pikimachay, die hoch oben in den Ausläufern der Anden im südlichen Peru liegt. Pikimachay ist eine tiefe, 13,7 m hohe Höhle mit einem Boden aus erstarrter Lava. Erde und von den Wänden gebröckelter vulkanischer Tuffstein überlagern das Grundgestein. MacNeish identifizierte sieben stratigrafische Ebenen und teilt die Funde aus der Höhle zwei Hauptgruppen und einer späteren dritten zu, die uns hier nicht zu interessieren braucht. Die erste und älteste steht in Zusammenhang mit Knochen von Faultieren und Hirschen sowie rohen Kernwerkzeugen. Zwei Radiokarbondaten von Knochen ergeben für diese Schichten ein Alter von

20250–19650 Jahren, mit einer hohen Wahrscheinlichkeit für statistische Fehler. MacNeish stützt sich auf die „mikroskopische Untersuchung von Abnutzungserscheinungen", denen die Artefakte als Abschlaggeräte und Schaber unterlagen. Die einzigen, die diese Werkzeuge in Frage stellten, seien diejenigen, die „nicht alle in Frage kommenden Artefakte untersucht haben".

Die zweite Assemblage stammt aus zwei übereinanderliegenden gelben und orangeroten Erdschichten, die große, roh beidseitig retuschierte Werkzeuge, einige einseitig behauene Geschoßspitzen, Schaber und Abschläge sowie ein Werkzeug aus Knochen enthielten. Diese Artefakte und Sprengsplitter fand man zusammen mit über 500 Tierknochen, u. a. von Bodenfaultieren, Steppenpferden, Großguanakos und vom Puma. Ein Datum aus einem der Knochen ergab ein Alter von 14200 ± 180 Jahren.

Die 14000 Jahre alten Artefakte von Pikimachay sind zweifellos Werkzeuge, wenn auch rohe, und viele sind Abschlaggeräte, die unter Umständen zum Ausnehmen der Beute und zur Holzbearbeitung dienten. Obwohl es gefährlich ist, sich auf ein einziges Radiokarbondatum zu verlassen, wäre, wenn das Datum und die Stratigrafie stichhaltig sind, Pikimachay die älteste nacheiszeitliche Siedlung in Südamerika und eine der frühesten in der Neuen Welt.

War aber Pikimachay in noch früheren Jahrtausenden besiedelt, wie MacNeish behauptet? Wir wissen es nicht. Die verworrene Stratigrafie gemahnt zur Vorsicht. Die Radiokarbondaten für die Grundschichten haben große statistische Fehlerquoten, die ahnen lassen, daß sie völlig ungenau sind. Außerdem sind die angeblichen Werkzeuge aus den früheren Schichten äußerst zweifelhaft, da es sich wahrscheinlich um Absplitterungen der Höhlenwände handelt, die an den Kanten beschädigt worden sein könnten, als sie zu Boden fielen. In der Tat werfen die Geräte von Pikimachay einige grundsätzliche Fragen auf, wie man ganz frühe Werkzuge richtig identifiziert.

Mutmaßung versus Wissenschaft: Fast immer gründen sich die Annahmen auf eine menschliche Besiedlung vor mehr als 12000 Jahren auf Sammlungen von Steinartefakten, die oft so spärlich und so schwer als solche zu bestimmen sind, wie die aus den untersten Schichten der Höhle von Pikimachay. Gibt es überhaupt wissenschaftliche Kriterien, nach denen man von Menschen gemachte Steinwerkzeuge von den „Artefakten" unterscheiden kann, die durch natürliche geologische Einwirkungen wie Wasserkraft und Verwerfungen oder einfach durch heruntergefallene Steine entstanden sind? Kann man als Beweis für die ersten Amerikaner Steinartefakte heranziehen, die nicht in Assoziation mit fossilen Tierknochen oder menschlichen Überresten stehen? Dieses Problem hat die Archäologen seit Generationen beschäftigt und zur Verzweiflung getrieben, schon seit Charles Abbott mit seinen sogenannten „Paläolithfunden". Manche frühe europäische Behauptung war dermaßen absurd, daß der französische Paläontologe Marcelin Boule Flintbrocken in einen Zementmischer warf. Und schon hatte er eine wunderbare Kollektion prähistorischer „Artefakte".

In den 20er und 30er Jahren kamen uralte wechselseitig grobretuschierte Werkzeuge in Flußtälern Ostafrikas ans Tageslicht. Die Artefakte dieser „Olduvai"-Tradition wurden zusammen mit den Knochen längst ausgestorbener Tiere in 1,75 Millionen Jahre alten Seebetten in der Schlucht von Olduvai in Tansania und an anderen Orten gefunden. Aber selbst bei diesen Werkzeugen müssen der Kontext der Entdeckung und ihre Assoziation sehr sorgfältig untersucht werden. Der auf Afrika spezialisierte Archäologe J. Desmond Clark wies beispielsweise nach, daß wunderschöne „Werkzeuge", die identisch mit ostafrikanischen Hacksteinen waren, aus Basaltbrocken entstanden, die von einer 91 m hohen Abbruchkante in die tiefe Sambesi-Schlucht gefallen waren.

Seither wurde die Identifizierung von Werkzeugen aus Stein immer mehr verfeinert; teilweise weil wir erheblich mehr über Steintechnologie wissen, aber auch durch bahnbrechende mikroskopische Untersuchungen der Abnutzung von Schnittkanten bei prähistorischen Artefakten. Leider sind nur wenige amerikanische Archäologen in der Herstellung vorzeitlicher Steingeräte bewandert, im Gegensatz zu ihren Kollgen in der Alten Welt. Und noch weniger sind mit ganz frühen Steinartefakten von Stätten wie der Olduvai-Schlucht in Berührung gekommen. Sie reden zwar von „primitiver" Technologie und einfachen Artefakten, aber eigentlich haben sie niemals ein wirklich altes und extrem einfaches Gerät gesehen, ganz zu schweigen von den guten Sammlungen jungpaläolithischer Werkzeuge aus z. B. Westeuropa. Viele Aufsammlungen angeblich früher Artefakte aus amerikanischen Fundstätten wie El Bosque wurden mit rein subjektiven Begründungen für menschliche Werkzeuge gehalten, die Identifizierungen beriefen sich ausschließlich auf den Instinkt oder die Vorlieben des Forschers.

Richard MacNeish beispielsweise sagt, daß mehrere Steinspezialisten absolut keine Zweifel an den „Artefakten" aus den unteren Schichten der Pikimachay-Sequenz haben. Diese pauschale Feststellung reicht bei weitem nicht aus in Anbetracht der strengen technologischen Analyse, die nötig ist, um die Authentizität von Werkzeugen nachzuweisen. Jede wissenschaftliche Analyse artefaktverdächtiger Stücke muß alle natürlichen Faktoren, die scheinbar anthropogene Veränderungen hervorgerufen haben könnten, in Rechnung stellen; ebenso den geologischen Kontext der Funde. Was bei echten Artefakten auffällt, ist, daß die Hersteller Abschlag- und Kernabfälle an ihrer Arbeitsstelle verstreuen. Diese Art von Streuung ist charakteristisch und unterscheidet sich deutlich von den willkürlichen Anhäufungen, die bei natürlichem Bruch entstehen. Aber selbst da können Splitterhaufen entstehen, die aussehen, als seien sie von Menschen erzeugt. Daraus ergibt sich eine weitere Frage. Wiederholen sich diese Konzentrationen nach einem bestimmten Muster, die bewußtes menschliches Tun anzeigt, oder handelt es sich um ein zufälliges Vorkommnis?

Die Werkzeuge selbst müssen verschiedenen analytischen Gesichtspunkten standhalten. Der erste ist natürlich die genaue Untersuchung der Schlagmarken. Ein Experte kann menschliche Schlagspuren von Frakturen unterscheiden, die durch Bodenverschiebung oder andere Naturfaktoren entstanden sind, aber die Unterschiede sind fein und oft irreführend. Der Abschlagwinkel ist ebenfalls ein brauchbares Merkmal, denn bei Simulationen stellte sich heraus, daß *kontrollierte* (berechenbare) Fissionen nicht erreicht werden können, wenn der Winkel zur Treffläche größer als 90 Grad ist. Auch in der Natur kommen Abschlagwinkel von unter 90 Grad zustande, doch tritt die Fission dann nicht „kontrolliert" ein. Außerdem bilden sich keine ausgeprägten Aufprallflächen und die Abspaltung von mehr als einem Sprengstück vom Kern erfolgt unsystematisch.

Viele der „Artefakte", die an frühen südamerikanischen Stätten gefunden wurden, sind einseitig bearbeitete Geröllgeräte, die zu Schabern und anderen „Werkzeugen" „retuschiert" wurden. Nur wenige der Experten, die über diese „Artefakte" ihr Urteil abgeben, schauen sich die Struktur der Retuschen an den Kanten genau an. Huftiere und die Füße von Menschen können der Kante eines Steinsplitters zufällige „Retuschen" zufügen. Die Erfahrung hat gezeigt, daß die natürliche und zufällige Kantenabnutzung meistens aus kurzen, steilen, ungeraden und willkürlichen Schrammen besteht. Die von Menschen vorgenommene Retusche ist regelmäßiger und verläuft berechenbar in einer Richtung. Wenn man die Retusche in zehnfacher Vergrößerung betrachtet, kann jeder, der Erfahrung in der Herstellung paläolithischer Geräte besitzt, einseitig bearbeitete Werkzeuge unter zufälligen „Artefakten" aufspüren. Durch natürliche Kräfte entstehen so gut wie nie strukturierte bifazielle Abschläge. Viele „Bifaziesgeräte", die angeblich aus frühen Fundstätten stammten, stellten sich letztlich als ungeformte Objekte heraus, die durch willkürliche Kräfte und nicht durch bewußte Bearbeitung entstanden waren.

Bei amerikanischen Stätten, die älter als 10000 Jahre sein sollen, wurden wenige wissenschaftliche Studien einschließlich mikroskopischer Untersuchung der Retuschen und Kantenabnutzungen durchgeführt. Solange nichts anderes nachgewiesen ist, müssen wir davon ausgehen, daß die Steinsplitter von Pikimachay natürlichen Ursprungs sind.

Neue Fundstätten in Brasilien: Brasilien ist schon lange für seinen reichen Bestand an archäologischen Stätten berühmt, darunter viele sorgsam ausgemalte Abris und frühe Jagdstätten. Die meisten sind jünger als 10000 Jahre, mit Sicherheit sind sie jünger als die Clovis-Lagerplätze weit im Norden.

Wesley Hurd von der Indiana University hat kürzlich angeblich frühe Artefakte von der Alice Böer-Fundstätte im südlichen Zentralbrasilien neu untersucht. Die mehrere Schichten umfassende Stätte war in den frühen 60er Jahren ausgegraben worden und enthält gut dokumentierte paläoindianische Funde, darunter gestielte und blattförmige Geschoßspitzen. Diese stammen aus Schicht III, von deren unterem Teil der brasilianische Archäologe Maria Beltrão ein Radiokarbondatum von 14200 ± 1150 Jahre erhielt – die hohe statistische Fehlquote von 1150 Jahren macht die Messung fragwürdig. Ein Datum, das aus einem etwas höheren Bereich in der gleichen Schicht über das sogenannte Thermolumineszenzverfahren ermittelt wurde, kam auf ein Alter von 11000 Jahren mit etwa 10%iger Fehlerquote. (Dieses Verfahren mißt die Energiemenge in Form eingeschlossener Alpha-Teilchen, die im Lehm oder Gestein bei einer Erhitzung in der Vergangenheit zurückgeblieben sind.) Auch wenn man mit Hurd, Bryan und anderen übereinstimmt, daß ein Zeitpunkt im Bereich von 14000 Jahren durchaus in Frage kommt, muß doch noch sehr viel getan werden, um das Alter von Schicht III zu überprüfen. Ähnlich wie bei Pikimachay stellte Beltrão für die zwischen 20000 und

40000 Jahre alte Schicht V von Alice Böer weit zweifelhaftere Behauptungen auf. Schicht V, ein altes Flußbett, ist von Schicht III durch eine sterile Sandlage getrennt. Hurd warnte selbst vor der unkritischen Annahme, die „Werkzeuge" aus Schicht V (einseitig bearbeitete Objekte und behauene Steine) seien von Menschen gemacht. Allerdings behauptet er, daß einige multiple sekundäre Abschläge, außerdem Schlagmarken und Abschlagnarben aufweisen. Seiner Meinung nach befinden sich unter den Objekten auch menschliche Artefakte, unter anderem ein Klingenschaber. Leider machen aber die geologischen Begleitumstände dieser Objekte und die unsichere Datierung von Ebene V jegliche Behauptung, auf menschliche Erzeugnisse gestoßen zu sein, zumindest fragwürdig. Die wenigen veröffentlichten Beispiele aus der frühen Schicht sind gewiß nicht überzeugend.

Boqueirão da Pedra Furada ist einer der 200 bekannten ausgemalten Abris im abgelegenen brasilianischen Nordosten. Eine 1986 veröffentliche wissenschaftliche Studie über diese Stätte und die Funde erregte internationale Aufmerksamkeit. Die *New York Times* druckte einen großen Artikel über den Abri unter der Schlagzeile „Neue Funde stellen Vorstellungen über die ersten Amerikaner in Frage" und hinterließ bei dem Leser den Eindruck, Pedra Furada liefere Hinweise, daß Südamerika zuerst, also noch vor Nordamerika, besiedelt worden sei. Was genau haben die Archäologen an diesem offenkundig wichtigen neuen Fundort im tiefsten Brasilien entdeckt?

Pedra Furada wurde 1973 entdeckt. Es liegt im Steilabfall eines Sandsteinkliffs 20 m über der Sohle des Pedra Furada-Tals. Die französische Archäologin Nième Guidon grub den Fundplatz nach und nach aus und versuchte, die Felsbildkunst dieser Gegend zeitlich zu bestimmen; dabei kam sie auf ein Alter von etwa 7600 bis 8000 Jahren. Sie grub tiefer in den Ablagerungen unter dem Abri und stieß in 3 m Tiefe auf Grundgestein. „Spuren menschlicher Besiedlung konnte man durch die gesamte Schichtenfolge beobachten", schreibt sie. „Auf Grundlage der Verteilung und der Zahl der Artefakte, die in Assoziation mit Feuerstellen gefunden wurden, scheint es so, daß die Stätte nur von einer kleinen Menschengruppe und zeitlich begrenzt benutzt wurde."

Unter dem Felsschutzdach wurden fünf verschiedene Sedimentschichten gefunden, die alle eine hohe Sandkomponente aufweisen, einige mit Kiesel- und Schotterbestandteilen. Die Schichten B, C, D und E enthielten linsenförmige „Feuerstellen", d. h. dichte Konzentrationen von Asche und Holzkohle. Guidon behauptet, daß jede Schicht Artefakte aus Quarz und Quarzit enthält. Anhand der Werkzeuge und Feuerstellen versuchte sie, die Geschichte der Stätte in zwei Abschnitte einzuteilen: „Pedra Furada" und „Serra Talhada". Die Pedra Furada-Phase wird aufgrund ihrer Steinartefakte wiederum in vier Teilphasen eingeteilt. Die früheste ist durch große kreisförmige Feuerstellen aus Steinbrocken, die vom Abridach gestützt sind, gekennzeichnet; weiter identifizierte Guidon 560 Steinobjekte, „im wesentlichen Stücke mit stumpfen Spitzen, die durch zwei, drei oder vier auf einander zulaufende Abschläge hergestellt wurden". Sie sieht auch „Geröllgeräte, Steine mit Zahnschnitt und Kerben, Stichel, retuschierte und doppelkantige Abschläge". Die Ausgräberin stellte außerdem Bruchstücke bemalter Felswände inmitten der Ablagerungen fest. Die älteste Feuerstelle erbrachte zwei Radiokarbondaten von 31 700 ± 830 und 32 160 ± 1000 Jahren.

Die späteren Stadien von Pedra Furada sollten etwa 30 000 bis 21 000 Jahre alt sein, ihre Steinartefakte bestehen aus „Seitenschabern und derben Waffenspitzen" und aus „kleinen beidseitig retuschierten Geräten". Aus einer etwas höher gelegenen Feuerstelle, die „ein Stück Felsen mit zwei roten gemalten Linien enthielt", stammt ein Radiokarbondatum von 17 000 ± 400 Jahren. Laut Guidon handelt es sich hierbei um die früheste künstlerische Äußerung auf dem amerikanischen Kontinent.

Die oberen Schichten erbrachten „Serra Talhada"-Geräte, besser retuschierte Werkzeuge, die teilweise aus Flint und teilweise aus feinkörnigem Felsgestein gemacht waren. Aus diesen frühen Siedlungsphasen stammen keine Feuerstellen, aber Guidon schätzt sie auf ein Alter von 12 000 bis 10 000 Jahren. Die Siedlungsspuren nehmen nach oben hin zu: mehrfach benutzte Feuerstellen und vielfältigere Steinartefakte, darunter auch Klingen. In diesen Schichten befindet sich sehr viel Ocker; sie wurden auf etwa 8 500 bis 6000 Jahre datiert. In diesem Zeitraum sind die Feuerstellen viel größer und oft elliptisch geformt; sie enthalten Knochen, Holz- und Blattfragmente und auch Steinwerkzeuge.

Guidon erhebt den Anspruch, ihre Funde seien ein Beweis dafür, daß in Nordostbrasilien schon vor über 31 500 Jahren Menschen siedelten, die Quarz- und Quarzitkerne und -abschläge mit einfachen Retuschen verwendeten. Was sollen wir von dieser Entdeckung halten? Uns stehen nur Vorberichte über die Ausgrabungen zur Verfügung, und diese enthalten keine detaillierten Analysen der Feuerstellen, der Artefakte oder der bemalten Felssplitter. Die Radiokarbondaten für die Ablagerungen sind in sich stimmig, aber dennoch bleiben etliche Fragen unbeantwortet. Wie formierten sich die geologischen Schichten der Felshöhle? Sind die „Feuerstellen" anthropogen oder durch natürliche Prozesse entstanden? Glücklicherweise beschrieb Nième Guidon ihre Forschungen auf einer Tagung im Jahre 1985. Aus ihren Dias ging hervor, daß sie ein großes Areal freigelegt hatte, ein löbliches Vorgehen in einer Zeit geringer Probegrabungen und extravaganter Behauptungen. Die ersten Bewohner der Abri sollen entlang des Stromes gelagert haben, der offenbar durch das Fundgebiet geflossen ist. Den Dias nach zu urteilen, sind die Ablagerungen teilweise Flußbettformationen. Andere weisen eine hohe Konzentration von Quarzitfragmenten von den Wänden und der Decke auf. Es ist klar, daß jede wissenschaftliche Auswertung der Daten und des Kontexts der Artefakte die genaue Beschreibung der Geologie der Schichten unterhalb des Felsdaches abwarten muß.

Pedra Furada erbrachte keine Tierknochen, die älter als 17 000 Jahre waren. Auch wurden die Artefakte, ihre Stratigrafie, oder die Pigmentierung der angeblich bemalten Felssplitter bis jetzt keiner strengen wissenschaftlichen Beschreibung und Analyse unterzogen. Die wenige Artefakte, die auf der Tagung gezeigt wurden, wirken nicht überzeugend, ebenso die Zeichnungen und Fotografien in einer neueren Vorveröffentlichung. Was den Wert der Absplitterungen von den Wänden und der Decke des Abri betrifft, ist eine strenge Analyse der Kantenabnutzung, der Abschlagsnarben, überhaupt jeder Facette der vorgeblichen Artefakte geboten. Bevor diese nicht abgeschlossen ist und der geologische Kontext von Feuerstellen und Schichten nicht bis ins Detail beschrieben ist, müssen die frühen Fundschichten von Pedra Furada mit einem Fragezeichen versehen werden. Daß in dieser Gegend die menschliche Besiedlung bis in paläoindianische Zeiten zurückgeht, ist so gut wie sicher. Fraglich ist nur das genaue Alter der ersten Besiedlung.

Monte Verde, Chile: Vor mindestens 11 000 Jahren erreichten Wildbeuterverbände die südlichen Breiten Südamerikas auf der Jagd nach so verschiedenartigen Tieren wie dem Guanako (Wildform des Lama) und vielleicht dem heute ausgestorbenen Riesenfaultier. Die interessanteste Fundstätte in dieser Region ist Monte Verde, eine offene Ansiedlung am Ufer eines kleinen Baches im südlichen Zentralchile, 15 km vom Pazifik entfernt. Der Bach entwässert ein sumpfiges Areal in einem feuchten sub-antarktischen Wald, der in diesem Bereich seit der Eiszeit gedieh. Die Konservierung ist an dieser Stätte so gut, daß nicht nur Stein- und Knochenfragmente, sondern sogar Holzobjekte überdauert haben.

Tom Dillehay von der University of Kentucky hat Monte Verde mit einem Forschungsteam der Universidad Austral de Chile ausgegraben. An der Nordseite des Baches fand er Spuren mehrerer Siedlungsfelder – eine Ansiedlung aus der Zeit als niedrige Sandhügel und Sümpfe den Fluß säumten. Die Ausgrabungen legten zwölf Holzbehausungen am Ufer frei, die zwei Reihen bildeten. Mehrere Hütten waren mit flachen, lehmbeschichteten Kohlebecken ausgestattet, zwei große Feuerstellen lagen im Freien, nahe dem heutigen Bachlauf. Die Aktivitäten der Leute erstreckten sich über einen 400 m langen Uferbereich.

An einer Stelle errichteten sie ein gabelbeinförmiges Holzgerüst, das vielleicht Seitenwände aus Zweigen hatte. Eine Stützstange war, bevor sie in den Boden gerammt wurde, zugespitzt worden.

Die Leute von Monte Verde weideten Mastodonten aus, denn es wurden die bearbeiteten Knochen von fünf bis sechs Exemplaren gefunden. Es ist durchaus möglich, daß sie die Kadaver bereits toter Tiere ausweideten und nicht selbst auf die Jagd gingen, weil keine Zeichen von Fangplätzen entdeckt wurden. Man stieß an diesem Ort auch auf große Mengen an eßbaren Früchten und Pflanzen. An Artefakten fand man zwei Holzgriffe mit eingelassenen Steinschabern, außerdem bearbeitete Zweige, die als Grabstöcke verwendet worden sein könnten.

Die über 200 Steine von Monte Verde zeigen außerordentlich geringe Veränderungen, enthalten aber einen offensichtlich von Menschen beidflächig bearbeitete Faustkeil aus Quarzit aus dem 60 km entfernten Küstengebirge. Man fand auch Handwerkzeuge, einen Abschlagkern, einige kugelförmige Steine mit auslaufenden Rillen, außerdem eine Auswahl von an den Kanten behauenen und vielfach retuschierten Rollsteinen. Eine derart vage umrissene Ansammlung von Bruchsteinen entzieht sich der herkömmlichen archäologischen Klassifizierung. Die Ausgräber unterzogen die Sammlung einer Kantenabnutzungsanalyse in der Hoffnung herauszubekommen, auf welche Weise die Geräte benutzt wurden, wenn dies überhaupt der Fall war. Michael Collins und Tom Dillehay geben zu, daß einige der angeblichen Werkzeuge von Monte Verde überhaupt nicht von Menschenhand stammen. Die vorläufigen Untersuchungen der Abnutzungen ergaben, daß viele der an den Kanten behauenen Steine für die Holzbearbeitung, aber nicht für die Jagd und die Ausweidung verwendet wurden.

Dillehay schätzt auf Grundlage der Radiokarbondaten Monte Verde auf ein Alter von 12000–14000 Jahren. Dieses Datum deckt sich mit den Daten von Pikimachay und anderen Orten. Wenn die Daten stimmen, könnte dieser bemerkenswerte Ort ein Beweis für äußerst vielfältige Jagd- und Sammelmethoden in Amerika zu Beginn der nachglazialen Zeiten sein. Dillehay gräbt auch in den unteren Schichten, für die die Radiokarbondaten einen Zeitraum von 33000 Jahren angeben. Er behauptet, in seinen Stichgräben einen gespaltenen Basaltstein, Holzfragmente und einige bearbeitete Steine gefunden zu haben – aber, ähnlich wie bei den untersten Schichten in Pikimachay und Alice Böer, hat die Überprüfung dieser Funde auf ihren anthropogenen Ursprung hin noch nicht eingesetzt.

Lebten schon vor mehr als 15000 Jahren Menschen in Amerika?

Die Annahme, daß während der Wisconsin-Eiszeit Menschen auf dem amerikanischen Kontinent lebten, scheint zum zuverlässig gesicherten archäologischen Befund nicht zu passen. Keine der Behauptungen von 25000–15000 Jahre alten nicht „spezialisierten Jäger-, Fischer- und Sammlergesellschaften" und Basistechnologien, die sich auf „einseitig abgeschlagene" oder „wechselseitig grobretuschierte Geräte" gründen, haben einer strengen wissenschaftlichen Prüfung standhalten können. Es gibt nicht einmal eine allgemeine Übereinstimmung über den gesuchten Menschentypus, hauptsächlich deshalb, weil die zutage geförderten Artefakte oder was dafür gehalten wird, sich so schwer als solche bestätigen lassen. Die meisten Archäologen neigen der Ansicht zu, daß die ersten Siedler relativ entwickelte, hochgradig angepaßte Menschen waren. Indessen stellt Alan Bryan fest, daß die Entdeckungen von Monte Verde mit ihrer Einfachheit die Fachleute dazu zwingen, ihre Vorstellungen hinsichtlich der ersten Amerikaner zu überdenken. Diese Menschen mit ihren einfachen Holzartefakten und ihrer kaum ausgeprägten Steinindustrie, die in „sorgfältig untersuchten Kulturzusammenhängen" gefunden wurden, erwecken bei Bryan den Eindruck, daß wir nach „Wildbeutern im allgemeinen" suchen sollten, die gelegentlich ein Tier getötet haben mögen, wenn die Gelegenheiten dafür entsprechend günstig waren. Sie waren, schreibt er, „immer auf der Suche nach scharfkantigen Werkstücken aus Knochen, Stoßzähnen oder Steinen, die sie für die Beschaffung und die Zubereitung von Pflanzen- und Tierresten benötigten".

Bryan mag recht haben in der Annahme, daß man nach einfachen Artefakten aus Stein, aber auch aus Holz und Knochen suchen sollte. Das Problem besteht aber darin, sie zu erkennen, sobald man sie gefunden hat, selbst wenn der stratigrafische Kontext genau bestimmt und über Radiokarbonmessungen sicher datiert ist. In diesem Zusammenhang ist ein Blick auf die sorgfältigen Untersuchungen von Abnutzungsspuren und Experimente, die mit dem schwer einzuordnenden Monte Verde-Material unternommen wurden, ganz erfrischend. Hoffentlich werden ähnliche Untersuchungen bei der Artefakten von Pikimachay und den Funden von Boqueirão da Pedra Furada durchgeführt. Zur Zeit geht man davon aus, daß die dortigen „Artefakte" auf Wand- und Deckensplitter oder andere Ursachen zurückgehen. Mit Sicherheit reicht es nicht aus, nach „Möglichkeiten" einer frühen Besiedlung auf Grundlage intuitiver Urteile zu suchen. Schon seit langem hat die wissenschaftliche Überprüfung solche „instinktiven" Folgerungen abgelöst.

Die Besiedlung Amerikas während der Wisconsin-Eiszeit ist eine *Möglichkeit,* weiter nichts. Sie ist eine Möglichkeit, mit der viele Wissenschaftler gerne leben würden unter der Voraussetzung, daß eine zureichende archäologische Dokumentation in Aussicht stünde. In Anbetracht des hohen Entwicklungsstandes der Archäologie im späten 20. Jahrhundert und der derzeitigen intensiven Suche nach einer Prä-Clovis-Besiedlung sind wir der Lösung des Problems näher denn je; es könnte zu unseren Lebzeiten auch beantwortet werden.

Zur Zeit lautet die früheste allgemein anerkannte Datierung für eine menschliche Ansiedlung auf dem amerikanischen Kontinent auf ein Alter von ca. 15 000 (oder weniger) Jahren im hohen Norden und 14 000–12 000 Jahren für den tieferen Süden. Bluefish Caves, Meadowcroft, Fort Rock und Wilson Butte Cave in Nordamerika, Taima Taima, Pikimachay, vielleicht einige brasilianische Stätten wie Pedra Furada und Monte Verde im Süden – dies alles sind Möglichkeiten. Auffallend und vielleicht von größter Bedeutung ist das gleichzeitige Auftreten von vereinzelten Spuren menschlicher Besiedlung ausgangs der Wisconsin-Eiszeit. Keiner der ganz frühen Orte, die um 14 000–12 000 Jahre alt sind, ist unproblematisch, aber sie können legitime Vorfahren der zahlreichen paläoindianischen Stätten sein, die jünger als 11 500 Jahre sind und in ganz Nordamerika und darüber hinaus gefunden wurden. Die wenigen Artefakte und Tierknochenfragmente aus diesen Prä-Clovis-Stätten könnten die ersten Anfänge menschlicher Besiedlung in der Neuen Welt darstellen; sie umfaßte vielleicht nur ein paar Familien, die langsam ins Innere eines unbewohnten Kontinents vordrangen, als die Eiszeit zuende ging.

So wie wir aus dem Reich der Möglichkeiten in das der Wahrscheinlichkeit übergehen, wenden wir uns nun den paläoindianischen Clovis-Menschen zu, die riesige neue Jagd- und Nahrungsgründe im Kernland Nordamerika erschlossen.

3. Die Clovis-Menschen und ihre Vorfahren – Nordamerika am Ende der Eiszeit

Vor etwa 11 500 Jahren tauchte auf den Great Plains von Nordamerika die unverwechselbare Clovis-Kultur auf. Sie ist durch Dutzende von Stätten dokumentiert, an denen Steinartefakte in direkter Assoziation mit Knochen ausgestorbener eiszeitlicher Säugetiere wie Südmammut, Wollmastodon und Urbison gefunden wurden. Die meisten Clovis-Stätten wurden auf die Zeit zwischen 11 500 und 11 000 vor heute radiokarbondatiert. Die zeitliche Bestimmung ist so exakt, weil 21 Daten von den Fangplätzen Lehner und Murray Springs in Arizona einen Mittelwert von 11 000 ± 200 Jahre ergaben, ein für Radiokarbonmessungen bemerkenswert einheitliches Ergebnis.

Es war eine dramatische Periode der amerikanischen Vorgeschichte. Die Zahl der archäologischen Stätten von der Kalifornischen Wüste bis zum Östlichen Waldland nahm explosionsartig zu. Jetzt liegen, wie aus dem Nichts geboren, in breiter Streuung Fundorte vor, weitere gesellen sich nach 11 000 vor heute hinzu und bilden eine lückenlose Abfolge, die bis in historische Zeiten reicht. An diesem Wendepunkt der amerikanischen Vergangenheit treten wir aus dem Dunkel ans Sonnenlicht. Jeder Forscher, was er oder sie auch immer über die erste Besiedlung denken mag, stimmt zu, daß Clovis-Leute seit der Zeit vor 11 500 Jahren über weite Gebiete Amerikas verbreitet waren. Über die Ursprünge der Clovis-Kultur herrscht allerdings erhebliche Uneinigkeit.

Die Lebensweise der Clovis-Menschen

Am Ende der Wisconsin-Eiszeit wurden die Gebiete im Regenschatten der westlichen Gebirge Nordamerikas das ganze Jahr über von trockenen Luftmassen aus dem Mittelpazifik beherrscht. Der meiste Regen fiel und fällt immer noch im Frühjahr und Frühsommer und läßt kurze Gräser wachsen. Die Biomasse dieses Landstrichs befindet sich zum großen Teil unter der Erdoberfläche. Das trug dazu bei, daß die Nässe im Wurzelbereich blieb, so daß Mammute, Bisons und andere Wiederkäuer im trockenen Herbst und in den Winter hinein mit erstklassigen Nährstoffen versorgt waren. Am Ende der Wisconsin-Zeit dehnten sich diese Grasländer aus und wurden von Herden von Wiederkäuern besetzt, die wählerische Esser waren. Dort lebten auch verstreute Horden von Clovis-Leuten. Im Laufe von wenigen Jahrhunderten hatten sich kleine Gruppen von Clovis-Jägern bis zu den nordamerikanischen Küsten, im Süden bis nach Guadalajara in Mexiko und vielleicht auch bis tief nach Südamerika hinein ausgebreitet.

Die Verbände waren ständig unterwegs, denn sie folgten dem wandernden Wild. Viele Jäger lagerten auf niedrigen Terrassen an Flüssen und Bächen. Die von

ihnen aufgegebenen Siedlungen wurden bald unter dem durch Gewitter mit
sintflutartigen Wolkenbrüchen von den angrenzenden Abhängen herunterge-
schwemmten lehmigen Schwemmsand begraben. Etliche tausend Jahre später
haben dann Flüße, die sich ins Erdreich gruben, die Clovis-Stätten freigelegt, so
daß sie von Archäologen untersucht werden können.

Nach Ansicht des Paläontologen Vance Haynes bevorzugten die Clovis-Leute
die ständigen Quellen und Wasserlöcher, die von Mammuten und anderem
Großwild regelmäßig zur Tränke aufgesucht wurden. Die Jäger suchten auch
Höhlen und Abris auf, von denen einige als Winterquartier gedient haben könnten.

Alles deutet auf eine sehr geringe und verstreute Clovis-Population hin. Ihre
Siedlungsplätze sind relativ klein, wenn man sie mit späteren paläoindianischen
Niederlassungen vergleicht. In Murray Springs in Arizona befinden sich beispiels-
weise drei verschiedene Aktionsbereiche – ein Mammutschlachtplatz auf 985 qm,
ein Bisonschlachtplatz auf 1480 qm und daneben ein Lagerplatz auf 660 qm. Das
Lager war ganz sicher mit den Schlachtplätzen assoziiert. Es wurden dort Mammutknochen gefunden, außerdem eine beschädigte Clovis-Spitze, von der ein
Splitter zwischen den Bisonknochen auftauchte. Zwischen den zerlegten Überresten lagen ein paar Geschoßspitzen und andere Werkzeuge und Tausende von
Splittern, die beim Zuspitzen und Schärfen der Werkzeuge anfielen. Das Verhältnis von Werkzeugen zu Abfallsplittern war 6:10000. Die gesamte Stätte erbrachte
nur 36 ausgearbeitete Werkzeuge, vermutlich deshalb, weil die Jäger ihre besten
Gerätschaften aufhoben und mitnahmen, um sie wiederzuverwenden.

In Murray Springs starben elf Bisons; ihr Fleisch reichte, um 50 bis 100
Menschen, vielleicht auch viel weniger, zu ernähren. Ein einziges Mammut, das
von dem Archäologen Emil Haury in Naco, Arizona, gefunden wurde, hatte nicht
weniger als acht Clovis-Spitzen in seinem Skelett, viermal soviele wie bei allen
anderen bislang bekannten Tötungen. Vielleicht entkam es verwundet und starb
erst später. Wenn jede Spitze einem anderen Jäger zuzuordnen ist, dann wurde das
Tier von mindestens acht Männern bzw. von vier Männern mit jeweils zwei
Speeren angegriffen. Haynes meint, daß die tatsächliche Zahl zwischen diesen
beiden Extremen liegt und die Jäger ein Fünftel der Horde darstellten, zu der
ungefähr 20 bis 40 Männer, Frauen und Kinder gehörten. Die Clovis-Leute
verwerteten durchaus nicht das gesamte Fleisch, das sie erbeutet hatten. Wo die
Jäger auch immer Mammutschlachtungen vornahmen, zerlegten sie den Kadaver
nur teilweise und wählten gewisse Stücke aus, die sie dann mitnahmen. Der Rest
blieb liegen, vermutlich war er zu groß und zu schwer. In Clovis selbst, in Murray
Springs und in Colby in Wyoming fand man Anhäufungen nicht zusammengehöriger Knochen, vielleicht ein Wintervorratslager. Von den Kadavern der Bisons
wurde mehr verwendet und weniger an den Schlachtplätzen zurückgelassen.

Die Jagdmethoden der Clovis-Kultur: Es besteht Einigkeit darüber, daß die
Clovis-Leute sowohl Großwild als auch kleinere Tiere jagten und im Frühling,
Sommer und Herbst auch wildwachsende Pflanzen sammelten. Allerdings haben
aufgrund der Konservierungsbedingungen nur die Tierknochen überdauert, so

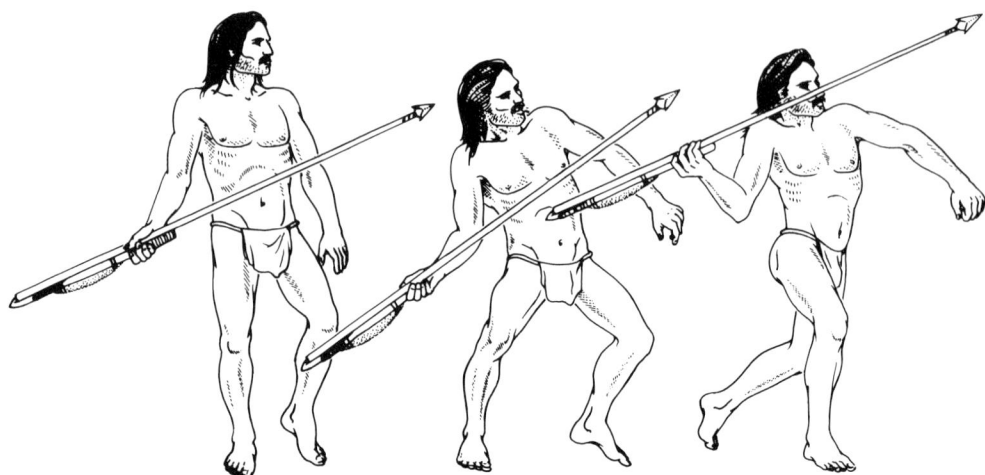

Der Atlatl, eine Speerschleuder, im Gebrauch. Diese Waffe war ein wesentlicher Bestandteil der Waffenausrüstung der Clovis-Jäger. Mit der vom Atlatl erzielten höheren Wucht und Stoßkraft konnten die Tiere leichter zu Fall gebracht werden.

daß man dazu neigte, die Rolle, die Fleisch bei ihrer Ernährung spielte, überzubewerten. Aber die Clovis-Menschen waren Opportunisten wie alle Jäger und Sammler, und somit können wir mit Sicherheit annehmen, daß sie Großwild erbeuteten, wann immer sie konnten. Offenbar bevorzugten sie vor allem das Mammut, denn an jedem Ort, wo Knochen gefunden wurden, gab es Mammutknochen. Die Jäger schätzten auch heute ausgestorbene Bisonarten, und gelegentlich jagten sie auch Pferde, Kamele, Tapire, Bären und Kaninchen.

Wenn man von afrikanischen Elefantenjägern unserer Tage ausgeht, dann waren diese großen Tiere aus vielen Gründen eine attraktive Beute. Ein einziges Tier konnte eine Horde wochenlang mit Fleisch versorgen, das getrocknet auch einen Großteil des Winters vorhielt. Häute, Stoßzähne, Knochen und Felle wurden zur Herstellung von Hausrat und Waffen, Windschirmen und sogar Kleidung verwendet. Das kostbare Fett konnte man einschmelzen und zum Kochen und zum Verbrennen in Lampen benutzen.

Wir wissen nicht, ob die Jäger die Mammute einzeln oder in Gruppen angriffen. Die meisten Mammutschlachtplätze liegen auf flachem Grund, in der Nähe von Bächen, Quellen oder Sümpfen. Vermutlich lauerten sie den Tieren an wasserreichen Orten auf, weil sie dort wegen des weichen Bodens in ihrer Beweglichkeit eingeschränkt waren. Moderne Feldforschungen bei Afrikanischen und Asiatischen Elefanten haben ergeben, daß sie nicht an einen genau festgelegten jährlichen Zyklus gebunden sind. Sie sind höchst mobil und können auf Schwankungen des Futterangebots – bedingt durch Regenfälle, Feuer oder Überschwemmungen – schnell reagieren. Heutige Elefanten haben eine matriarchale Gruppenstruktur; sie ziehen als Familienverbände mit einer Leitkuh und ein bis zwei ausgewachsenen

Töchtern sowie deren Jungen umher. Die Bullen verlassen den elterlichen Verband, wenn sie geschlechtsreif sind. Sie sind tendenziell Einzelgänger. Möglicherweise hatten die eiszeitlichen Mammutarten die gleiche soziale Organisationsform. Eine derartige Organisation ermöglicht die Weitergabe von Traditionen im Rahmen von Familiengruppen, die ihre Wanderbewegung nach den Nahrungsquellen richten. Über Generationen kehrten die Mammute zu den gleichen Salzlecken, Wasserlöchern, Pfaden und bevorzugten Futterplätzen zurück. Es ist daher nicht weiter verwunderlich, in einer trockenen Landschaft Jagdplätze in der Nähe ständiger Wasserplätze zu finden.

Während die männlichen Elefanten eher alleine leben, ist es für die weiblichen Tiere von Vorteil, sich mit anderen zusammenzuschließen. Ihre Jungen entwickeln sich langsam, somit kann jedes Weibchen gleichzeitig bis zu zwei oder drei Nachkommen haben. Die Elefanten helfen sich bei der Verteidigung, der Fürsorge und der Aufzucht ihres Nachwuchses, und sie retten die Mitglieder eines Verbandes aus Gefahren bzw. helfen bei Unfällen. Der Paläontologe Jeffrey Saunders hat die Mammutknochen der Lehner-Fundstätte untersucht. Seiner Ansicht nach haben die Jäger eine ganze Familie von 13 Mammuten auf einen Schlag erledigt; die Tiere waren zwischen zwei und 30 Jahren alt. Wenn sie auf freiem Feld angegriffen werden, drängen sich die Elefanten zusammen, um sich zu verteidigen. Damit sind sie geschickten Jägern ausgeliefert, die sie in Sümpfe oder Hohlwege treiben können, wo sie mit Speerstößen in den weichen Unterleib getötet werden. Vance Haynes stellt Saunders Funde mit dem Argument in Frage, daß diese Aufgabe die Fähigkeiten der Clovis-Kultur überforderte. Er glaubt zwar, daß die Jäger das Verhalten der Elefanten klug beobachteten. Sie folgten den Weibchengruppen

wochenlang und beobachteten das Verhalten von Einzeltieren mit unermüdlicher
Sorgfalt. Sie paßten genau auf und griffen jedes Tier dann an, wenn es außerhalb
des Schutzbereiches der Herde geraten war; so konnten sich über Jahre hinweg
Skelette verschiedener Altersstufen anhäufen, die nun den Anschein erwecken, es
handelte sich um eine Familie. Insofern war Lehner kein Massenfangplatz, sondern eine Stelle, an der regelmäßig Einzeltiere erlegt wurden.

Haynes' Interpretation wird von neueren Experimenten gestützt. Kürzlich
erprobte der Archäologe George Frison von der University of Wyoming Repliken
steinspitzenbewehrter Clovis-Speere an toten Elefanten in Zimbabwe. Er wollte
herausfinden, ob man mit den Clovis-Waffen eine solche große Durchschlagskraft
erzielen konnte, daß sie Elefanten jeglichen Alters und Geschlechts tödlich
verwundeten. Er stellte fest, daß die größte Genauigkeit aus dem Stand und bei
sorgfältigem Zielen erreicht wurde. Deshalb vermutet er, daß die Jäger paarweise
arbeiteten; ein Mann lenkte das Mammut ab, während der andere mit Speer und
Atlatl, einer hölzernen Speerschleuder, die Geschwindigkeit des Projektils erhöhte, auf das Tier losging.

Die Clovis-Waffen konnten einem Mammut in der Tat schwere Wunden
zufügen, so Frison, aber sie schafften es nicht, wie ein Hochleistungsgewehr ein
Tier am Standort niederzustrecken. Aller Wahrscheinlichkeit nach schlichen sich
die Jäger an die Herden heran und konzentrierten sich dann auf Tiere, die sich von
der Leitkuh entfernten. Sie suchten sich anschließend die geeignete Stelle für den
entscheidenden Wurf, der das isolierte Tier unter Umständen töten würde. Mit
Speer, Atlatl und einer einfachen Lanze ausgerüstet, konnte ein Team von Jägern
in aller Ruhe abwarten, bis sich eine Gelegenheit zum Angriff bot. Vielleicht
trieben die Clovis-Leute gelegentlich auch eine Mammutherde in einen Sumpf und
erlegten mehrere Tiere auf einmal. Wahrscheinlicher ist, daß sie sich auf Einzeltiere konzentrierten.

Der Standpunkt, daß Clovis-Jäger nicht ganz so effektiv waren wie spätere
Jäger, ergab sich aus einer anderen Untersuchung. James Judge, ein renommierter
Archäologe aus dem Südwesten hat Jagd- und Lebensformen an paläoindianischen
Stätten studiert. Er untersuchte die Häufigkeit von Geschoßspitzen und Schabern,
die durchschnittliche Anzahl von Artefakten pro Fundstätte, die Vollständigkeit
der freigelegten Spitzen und die Existenz von Tierknochen. Mit dieser geschickt
zusammengestellten Typologie konnte er zwischen Lagerplätzen, Schlachtplätzen, Plätzen zur Nahrungsverarbeitung und Steinbrüchen, aus denen die Jäger
feinkörniges Felsgestein gewannen, unterscheiden. Auf diese Weise fand er heraus, daß das Fundinventar der meisten bekannten Clovis-Schlachtplätze nicht mit
dem späterer paläoindianischer Fundstätten übereinstimmt. Judge zufolge handelt
es sich hier häufig um Orte, an denen die von Geschoßspitzen verwundeten
Mammute schließlich starben. Die Kadaver wurden nicht ausgeweidet, weil die
Jäger die Spur verloren hatten. Judge begründet seine Argumentation mit der
Seltenheit jeglicher Artefakte, dem relativen Mangel an Schlachtwerkzeugen und
der ungewöhnlichen Häufigkeit intakter Geschoßspitzen, die die Jäger normalerweise mitgenommen hätten.

Aber wie sah der materielle Kulturbesitz der Clovis-Menschen nun genau aus?

Tragbares Gerät: Die Clovis-Leute gebrauchten eine Reihe von Werkzeugen und Waffen, die ihrer mobilen Lebensweise angepaßt waren. Die meisten Clovis-Stätten enthalten relativ wenige Artefakte, aber diese sind zweifellos menschliche Produkte. Die Clovis-Spitze selbst ist oft, aber keineswegs immer, gekehlt und variiert beträchtlich in Größe und Form. Die berühmtesten Spitzen sind die acht Exemplare aus Naco. Die größte ist 11,5 cm lang.

Die Clovis-Handwerker waren Meister ihres Fachs. Häufig suchten sie für ihre schönen Spitzen besonders edle, ortsfremde Materialien wegen ihrer Transparenz, ihrer Farbe oder ihrer Geschmeidigkeit aus. Sie waren aber ebenso fähig, eine beidseitig bearbeitete Spitze aus hartem Quarz herzustellen. Das Ergebnis ihrer Fertigkeiten kontrastiert auffällig mit den unregelmäßig gearbeiteten „Werkzeugen", die angeblich von früheren amerikanischen Gebrauchssteinproduzenten gemacht worden sein sollen. Warum wählten die Clovis-Handwerker gezielt edle Materialien? Vielleicht konnte man daraus bessere Geschoßköpfe machen, vielleicht war das Material ökonomischer im Verbrauch. Denkbar wäre auch, daß man glaubte, schöne Waffen seien dem Beutetier angenehm, oder daß sie mit den Toten begraben wurden, wie es bei den beiden Kindern der Fall gewesen sein mag, die in Anzick bei Wilsall (Montana) gefunden wurden. Die Steintechnologie der Clovis-Menschen basierte teilweise auf kostbarem feinkörnigem Gestein, das von weit auseinanderliegenden Aufschlüssen stammte. Die Jäger gebrauchten viele der sehr feinen silikathaltigen Felsgesteine Nordamerikas; es entstanden Steinbrüche der Ureinwohner, die noch Tausende von Jahren von ihren Nachfahren ausgebeutet wurden. Sie verwendeten nicht nur lokal anstehendes Material, sondern auch Gestein aus Aufschlüssen, die bis zu 300 km weit entfernt lagen. Dazu zählten etwa Alibate, achatartig gebänderte Dolomite, aus der Gegend des Canadian River in Texas. Der durchscheinend dunkelbraune Chalzedon stammte aus dem Tal des Knife-River in North Dakato und aus Manitoba. Die Jäger verwendeten Chalzedon aus Ohio und Obsidian aus dem Yellowstone Park-Gebiet. Sie legten für ihre Gesteine große Entfernungen zurück und handelten damit meilenweit untereinander. Die erfolgreiche Beschaffung anderer Rohstoffe wie Knochen, Häute, Sehnen, auch Holz, war von der Versorgung mit feinkörnigem Steinmaterial abhängig, mit dem man Großwild tötete und zerlegte oder Bäume fällte.

Die Clovis-Steinhandwerker wandten eine wohl überlegte Abschlagstechnik an: von einem vorbereiteten Kern gelangte man zu immer kleineren Werkstücken, die mit einem Höchstmaß an Wirtschaftlichkeit und logischer Zweckmäßigkeit gemacht waren. Ein Geschoßkopf nahm seine gewünschte Form durch beidseitiges Abschlagen also schrittweise an. Die Kehlung des Steins erfolgte durch einen Schlag auf die sorgfältig abgeschrägte und druckretuschierte Basis. Da die Geschoßköpfe zeitaufwendig herzustellen waren, schärften sie die Jäger, wenn sie durch den Aufprall beschädigt worden waren, neu zu. Einige Clovis-Spitzen weisen an den Seiten eine starke Polierung auf, als ob sie fest in einen Schaft gesetzt worden wären und die Reibung mit der Zeit einen Glanz auf dem Stein erzeugt hätte. Wie die Spitzen genau befestigt wurden, wissen wir nicht, aber vermutlich wurden sie in einen Vorschaft eingepaßt, der sich vom Speer löste, wenn die Spitze in die Beute eingedrungen war. Frisons jüngste Experimente gründeten auf dieser Annahme.

Außer den Geschoßköpfen gab es beidseitig beschlagene Spitzen und andere Werkzeuge zur Bearbeitung von Holz und zum Ausweiden der Jagdbeute, außerdem Sprengstücke, die einfach als scharfkantige zweckmäßige Werkzeuge benutzt wurden. Der große Kern, von dem man die abgängigen Abschläge gewann, diente selbst auch als Schlachtmesser und Hackstein. An der Fundstätte von Murray Springs in Arizona ist dieser Prozeß nachvollziehbar. Dort fand man die Skelette eines Mammuts und eines Bisons in einem erstaunlich ungestörten Zustand. Hunderte von beidseitig beschlagenen Sprengstücken lagen daneben auf dem Boden; sie waren jahrtausendelang unter dem später gebildeten neuen Erdmantel verborgen. Bruce Huckell vom Arizona State Museum hat die schmalen Abschläge zusammengesetzt, um den Kern, von dem sie stammen, zu rekonstruieren.

Schlachten mit vorzeitlichem Werkzeug: Eine Möglichkeit nachzuvollziehen, wie die Steinwerkzeuge angewendet wurden, ist das Experiment mit modernen Repliken. Huckell hatte das Glück, das Häuten und Zerlegen eines 25 Jahre alten Asiatischen Elefanten überwachen zu können, der während einer Zirkusvorstellung in Tucson, Arizona, unerwartet gestorben war. Bei seiner Ankunft lag der Kadaver auf der rechten Seite; Huckell enthäutete die linke Flanke und verglich dabei die Leistung eines modernen Stahlmessers mit der von Repliken, die Werkzeugen von Clovis-Fundstätten nachgebildet waren. Er und seine Assistenten verwendeten für jeden Schlachtschritt beidseitig beschlagene Geräte, angefangen bei der Häutung bis zur Entfernung der Muskeln. Der große „Beidseiter", der für den ersten Schnitt durch die Haut verwendet wurde, mußte fünfmal geschärft werden, um einen einzigen Schnitt durch die harte Epidermis vom Schambein über die Flanke zum Rückgrat zu machen. Die Seiten des Schnittes mußten aufgehalten werden, während das Werkzeug in dem Einschnitt vor- und zurückgezogen wurde. Es dauerte nur wenige Sekunden, kleine Steinsplitter zur Schärfung der stumpfen Kante abzuschlagen und schon konnte die Arbeit weitergehen. Die modernen Stahlmesser blieben länger scharf, aber es dauerte dafür länger, sie zu schleifen.

Die Bifaziesgeräte waren höchst effektiv, um das Fleisch zu schneiden und die Muskeln herauszulösen, aber die Schlachter merkten bald, daß es darauf ankam, die Werkzeuge scharf zu halten. Ansonsten war der Kraftaufwand, den sie für das Schneiden des Fleisches aufbrachten, zu hoch. Bei Benutzung der gesamten Schnittkante konnten sie auch die Schneidedauer noch verlängern. Im Laufe der Schlachtung wurden die Kanten der Steinwerkzeuge bald von Muskelfasern und Gewebe behindert. Sie mußten häufig abgewischt werden. An den Händen und Geräten sammelte sich Blut an und mußte heruntergewaschen werden. Beim Schlachten eines Präriebisons löste George Frison dieses Problem, indem er Bisonhaar um den Teil des Werkzeuges wickelte, den er in der Hand hielt. Gras dürfte ebenso hilfreich gewesen sein.

Die effektivste Art, ein großes Tier wie Elefant oder Bison auszuweiden, war die Zusammenarbeit zweier Leute – der eine schnitt und der andere hielt das zu schneidende Stück gespannt. Vielleicht wurden sehr große Tiere auch von vier Jägern geschlachtet, vor allem wenn Gliedmaßen und andere große Stücke auseinandergenommen werden mußten.

Bei seinem Schlachtungsexperiment hatte Huckell die Gelegenheit, die harte Haut des Elefanten aus der Nähe zu untersuchen. An welcher Stelle konnte ein Jäger zu Fuß, der mit einem Speer bewaffnet war, in die Haut eindringen? Die dünnste Stelle befand sich offenbar zwischen Brust und Bauch, genau dorthin zielen die Bambuti-Pygmäen aus Zaïre mit ihren Wurfspeeren. Das 30 cm große Herz des Elefanten liegt in diesem Bereich, ebenso die verletzlichen Lungen, der Magen und die Eingeweide.

Huckell fand das Fleisch extrem mager, teilweise sogar knorpelig. Weil die Todesursache des Zirkustieres nicht bekannt war und es sich in medizinischer Behandlung befand, machte er keinen Versuch, das Fleisch zu essen. Die eine Flanke erbrachte so viel Fleisch, daß er sich fragte, ob die Clovis-Jäger vielleicht selektiv vorgingen, d. h. nur die besten Stücke eines Mammuts oder Mastodonten behielten. Von Afrikanischen Elefanten ausgehend wurde berechnet, daß ein 5430 kg schweres, vollständig verwertetes Tier bis zu 2070 kg eßbarer Produkte hergab, also eine große Menge Fleisch für einen kleinen Verband. San-Jäger der Kalahariwüste in Süfafrika können nach einer Tötung bis zu 4,5 kg Fleisch konsumieren, aber selbst wenn die Clovis-Leute so viel frisches Fleisch verzehrten, blieben ihnen immer noch große Mengen übrig. Ein weiteres Argument für eine lediglich partielle Verwertung ist allein das Gewicht des Kadavers. Es bedurfte eines Lieferwagens, eines Zugseils und zweier Personen, um den toten Elefanten umzudrehen. Selbst eine große Zahl Erwachsener hätte Schwierigkeiten gehabt. Vermutlich hat man das niemals ausprobiert.

Von den Clovis-Fundstätten kommen nur wenige Knochenwerkzeuge, aber derartige Artefakte waren ganz sicher viel wichtiger, als uns heute erscheinen mag. Dazu zählten Vorschäfte und Spitzen mit abgeschrägtem Ende, Ahlen, Keile und Fleischschaber. Die Basis von Knochenspitzen hatte eine Kerbung, die offenbar für bessere Haftung am Schaft sorgen sollte, wo sie wahrscheinlich auf eine passend vorbereitete Verbindungsstelle traf. Ein ähnlicher Kunstgriff wurde auch bei europäischen Knochenspitzen des Jungpaläolithikums angewandt. Die Stätte Murray Springs enthält auch einen Lochstab aus Mammutknochen, ein Artefakt, mit dem man Holzschäfte glätten und Sehnen geschmeidig machen konnte und das auch an jungpaläolithischen Fundstellen der Alten Welt entdeckt wurde.

Woher kam die Clovis-Kultur?

Wie wir gesehen haben, gibt es in Nordamerika vereinzelt Siedlungsspuren, die älter als 11 500 Jahre sind, z. B. an Orten wie Wilson Butte Cave und Meadowcroft. Aber bei keinem ist bewiesen, daß hier, südlich der transkontinentalen Eisbarriere, unmittelbare Vorfahren der Clovis-Leute lebten. Das Beweismaterial ist einfach zu dürftig und die Werkzeugskala zu unzureichend, um daraus einen lokalen Ursprung der hoch entwickelten Clovis-Kultur ableiten zu können. Weil die Hypothese von ihrer Entstehung im südlich-zentralen Nordamerika von der Archäologie bisher nicht bestätigt wurde, sollten wir einer Überlegung von Vance Haynes nachgehen. Haynes glaubt nämlich, daß die Clovis-Leute ursprünglich aus dem Gebiet nördlich der Eisbarriere kamen und ganz am Ende der Wisconsin-Eiszeit, als die Gletscher schmolzen und sich zurückzogen, auf den Spuren des Großwilds in Richtung Süden zogen.

Gibt es irgendwelche Anhaltspunkte für ausgedehnte Bevölkerungsbewegungen im hohen Norden am Ende der Eiszeit und vor dem Aufblühen der Clovis-Kultur vor 11 500 Jahren?

An diesem Punkt sollten wir wieder einmal die Zahn- und Genforschung zu Rate ziehen, die wichtige Hinweise liefert.

Bekanntlich ist Christy Turner Experte für die Erforschung der sich verändernden physiologischen Merkmale von Zähnen vorgeschichtlicher Menschen genauer gesagt, des Erscheinungsbildes von Zahnkronen und Wurzeln, die evolutionsgeschichtlich dauerhaft genug sind, um über die Beziehungen zwischen prähistorischen Völkern Auskunft zu geben. Turner fand heraus, daß prähistorische Amerikaner die gleiche „sinodonte" Zahnkonstellation wie die Nordasiaten aufweisen. Er glaubt, daß sich schon vor mindestens 20 000 Jahren Sinodonten in Asien entwickelten, und daß diese Asiaten die Neue Welt besiedelten.

Die Zahnmorphologie liefert nicht nur die Basis für Theorien über evolutionäre Veränderungen. Sie kann auch Hinweise auf den Zeitraum, in dem solche Verzweigungen abgelaufen sind, geben. Turner wendete einen Durchschnittswert statistischer Abweichung bei isoliert lebenden Aleuten-Populationen an, die von jeder Verbindung mit Asien abgeschnitten worden waren, als am Ende der Eiszeit die Meeresspiegel anstiegen. Die mikroevolutiven Veränderungen der Zähne bei diesen Gemeinschaften ergab eine Gesamtrate von durchschnittlich 0,0964% Abweichung über einen Zeitraum von 1000 Jahren. Diesen Koeffizienten wandte er anschließend bei paläoindianischen und asiatischen Stichproben an. Aus diesem Experiment ergab sich ein Zeitpunkt vor 14 000 Jahren für die erste Überquerung der Beringlandbrücke und das früheste Vordringen nach Alaska.

Den Paläoindianern folgten ein paar tausend Jahre später, so Turner, nacheinander zwei Immigrationswellen von Sibirien aus: die Vorfahren der Na-Dene-sprechenden Athapasken und einiger Nordwestküstenvölker, sowie die Ahnen der Aleuten und Eskimos.

Diese Hypothese wird von der Verteilung genetischer Merkmale (Gm-Allotypen) bei rezenten indianischen Bevölkerungsgruppen unterstützt. Eine Langzeitstudie unter Leitung des Anthropologen Robert Williams hat eine gewaltige Anzahl genetischer Typen erfaßt, darunter über 5400 von Leuten aus Kulturgruppen im Südwesten der USA. Die Typologie ergibt für diese Stichprobe zwei unterschiedliche vor-europäische Gruppierungen. Zu der ersten gehören die Pima-, Pueblo- und Pai-Indianer, zur zweiten die athapaskisch sprechenden Apachen und Navajos. Eine dritte Gruppe umfaßt die Eskimos, die in dieser speziellen Studie nicht untersucht wurden. Williams und seine Mitarbeiter konnten also Christy Turner bestätigen: die ersten Amerikaner waren Paläoindianer;

ihnen folgten Na-Dene-Sprecher (die Apachen und Navajos der genannten Stichprobe) und später die Vorläufer der Aleuten und Eskimos.

Keine der beiden letztgenannten Gruppen drang weit auf den amerikanischen Kontinent vor, denn die untersuchten über 14000 mittel- und südamerikanischen Indianer fielen in die paläoindianische Kategorie; es handelt sich um Menschen mit den beiden Gm-Typen Gm 1;21 und Gm 1,2;21. Das Williams-Team glaubt, daß sich die drei Ausgangsgruppen von nordostsibirischen Bevölkerungen mit den polymorphen Gm-Typen Gm 1;21, Gm 1,2;21, und Gm 11,13 ableiten lassen. Die genetischen Unterschiede zwischen den Gruppen könnten das Ergebnis eines Gensprungs, natürlicher Auslese oder eines anderen Mechanismus sein.

Zahnmorphologie und Genetik liefern somit deutliche Hinweise auf ein relativ spätes Besiedlungsdatum. Turners Hypothese wird auch durch die linguistischen Untersuchungen Joseph Greenbergs gestützt. Schon im Jahre 1956 stellte Greenberg die These auf, daß die meisten nordamerikanischen und alle südamerikanischen Sprachen Teil einer großen „indianischen" (amerindian) Familie sind. Eskimo-Aleutisch und Na-Dene stellen unabhängige Sprachgruppen dar, womit sich insgesamt drei Gruppen für ganz Amerika ergeben. Greenberg begann mit der Zusammenstellung einer umfangreichen Datenbank über Wortschatz und Grammatik der altamerikanischen Sprachen. Sein Material veröffentlichte er – in Ausschnitten – 1986. Es bestätigt seine Überzeugung, daß es drei Sprachgruppen gegeben habe, die den Einwanderungsbewegungen auf den amerikanischen Kontinent entsprechen. Die erste und früheste war die „indianische". Ihr Hauptverbreitungsgebiet liegt sehr weit südlich der anderen; sie ist in sich erheblich differenzierter. Die nördlichen Gruppen sind geschlossener; es scheint so, als seien sie jünger und hätten weniger Zeit gehabt, sich auszudifferenzieren. Die Na-Dene-Sprachgruppe ist laut Greenberg weiter aufgefächert als die der Aleuten-Eskimos und vielleicht älter. Die Unterschiede zwischen den drei Gruppen sind so groß, daß sie nur mit geringer Wahrscheinlichkeit Verzweigungen eines einzigen Sprachstamms sind. Greenberg glaubt, daß seine „indianische" Gruppe schon vor 11000 Jahren ankam, die Na-Dene-Gruppe vor etwa 9000 Jahren, und daß die Aleuten und Eskimos sich vor ungefähr 4000 Jahren spalteten.

Es ist keineswegs so, daß alle Fachleute für Indianersprachen Greenbergs Einteilung akzeptieren, vor allem was die Annahme dreier Sprachstämme in Entsprechung zu drei Haupteinwanderungswellen angeht. Eine andere Schule argumentiert, daß es zahlreiche derartige Stämme gibt, die untereinander kaum in Beziehung stehen. Wenn man diesen Gesichtspunkt gelten läß, hieße das, sich entweder Dutzende von Einwanderungswellen über die Beringstraße vorzustellen oder zu sagen, daß der seit den wenigen urzeitlichen Wanderungen verstrichene Zeitraum so groß ist, daß sämtliche Ähnlichkeiten zwischen den verschiedenen Sprachen spurlos verschwunden sind. Beide Argumente wirken wenig überzeugend.

Es gibt durchaus noch andere Einwände. Richard Rogers von der University of Kansas hat die Verbreitung altamerikanischer Sprachen im Verhältnis zur Verteilung der Wisconsin-Vereisung untersucht. Er fand heraus, daß die Bereiche, die während des glazialen Maximums nicht vereist waren, 93% der nordamerikani-

schen Eingeborenensprachen aufweisen. In Gegenden, die vereist waren, herr-
schen überwiegend Sprachen vor, die auch in anderen, nicht vereisten Bereichen
angetroffen werden. Somit könnten sich diese Sprachen von den eisfreien Regionen Nordamerikas in Gegenden, aus denen sich die Gletscher später als vor 12 000
Jahren zurückzogen, ausgebreitet haben. Dort hätten sie zu wenig Zeit gehabt, um
sich in Lokalsprachen aufzuspalten. Im Gegensatz dazu gibt es in den nicht
vereisten Regionen eine sehr viel größere sprachliche Differenzierung. Rogers
sieht darin eine Folge längerer Besiedlung und vermutet, daß die menschliche
Ansiedlung in Nordamerika dem glazialen Höhepunkt vorausging. Er untersuchte
auch die Verteilung der eskimo-aleutischen, der Na-Dene- und Algonkin-Spra-
chen und stellte die Hypothese auf, daß sie von der Peripherie der Gletscherschilde
her in neue, nicht vereiste Landstriche vorrückten.

Die Vorgeschichte der Sprachen ist ein beliebtes Streitobjekt. Z. B. wissen wir,
daß Altägyptisch – eine später nur noch liturgische Sprache – mindestens 5000
Jahre alt ist, aber jenseits der schriftlichen Quellen ist ihre Genese wie die aller
prähistorischen Sprachen ein völliges Geheimnis. Rogers hat zwar auch deutliche
Gegensätze in der sprachlichen Differenzierung festgestellt, aber sein Datum für
die frühe Besiedlung ist nicht mehr als eine ungefähre Schätzung, die sich im
übrigen auch über gesichertes archäologisches Beweismaterial hinwegsetzt. Man
könnte sagen, daß sich die große Vielfalt der altamerikanischen Sprachen in den
gemäßigteren Regionen aufgrund der großen Unterschiede in den Lebensbedingungen entwickelte, denen sich die Bewohner im Postglazial anzupassen hatten.
Es ist z. B. interessant, daß es im äußersten Nordwesten Amerikas, wo die
ökologischen Verhältnisse sehr verschieden sind, eine weit größere sprachliche
Vielfalt gibt als im sprachlich geschlosseneren Nordosten, der relativ spät eisfrei
wurde.

Wo aber liegen die archäologischen Beweise, die die Ergebnisse der Zahnmorphologie, der Genetik und Greenbergs Sprachsystematik unterstützen könnten?

Nördliche Verbindungen?

Wenn Haynes und Turner recht haben und die Clovis-Leute oder ihre unmittelbaren Vorläufer die ersten Siedler sind, ist die archäologische Fragestellung einfach.
Gibt es zwischen Clovis-Artefakten und späten steinzeitlichen Werkzeugen, die
früher als vor 11 500 Jahren im hohen Norden entstanden, technologische Verbindungen?

Die charakteristischen Clovis-Spitzen mit oder ohne Kannelure wurden in allen
kanadischen Provinzen, auf den Great Plains und in weiten Teilen Nordamerikas,
in Mexiko, Guatemala, Costa Rica und Panama und vielleicht sogar noch weiter
südlich gefunden. In Alaska und dem Yukon-Gebiet hingegen kamen keine sicher
datierten, allgemein akzeptierten Prototypen an Tageslicht, mit Ausnahme jüngerer Fundstätten unter schlecht dokumentierten Umständen. Die meisten Geschoßköpfe aus Alaska sind klein und mehrfach gerieft; sie unterscheiden sich
leicht von den klassischen Clovis-Spitzen des Südens. Viele Forscher meinen, daß

die Clovis-Spitze eine einheimische Entwicklung war, die zuerst auf den Great Plains entstand und keinesfalls in der Arktis.

Wie wir im 6. Kapitel gesehen haben, sind die Mikroklingen- und Kerntraditionen Alaskas wirklich nicht älter als die Clovis-Tradition selbst und an vielen Stätten sind sie etwa ein Jahrtausend jünger. Nur Bluefish Caves und Dry Creek I liefern Anhaltspunkte für eine Proto-Clovis-Ansiedlung im östlichen Beringland. Dry Creek I enthielt dreieckige, beidseitig bearbeitete Spitzen, die Vance Haynes Schaber im „paläoindianischen Stil" nennt, und Abschlaggeräte aus einem 11170 Jahre alten Kontext. Mikroklingen gibt es ebensowenig wie in manchen Djuchtai-Fundstätten Sibiriens. Es dürfte sinnlos sein, weiter über Verbindungen zwischen der Clovis-Kultur und dem hohen Norden zu spekulieren, bis uns erheblich mehr datierte Stätten zugänglich sind.

Vance Haynes und Hansjürgen Müller-Beck argumentieren, daß das Mammut für den jungpaläolithischen Jäger eine dem Rentier bei den Inlandeskimos vergleichbare Bedeutung hatte. Beide glauben, daß allgemeine Ähnlichkeiten zwischen Stein- und Knochenwerkzeugen der Clovis-Kultur und denen der klassischen Mammutjäger in Osteuropa und der Ukraine darauf deuten, daß die erste Besiedlung der Neuen Welt kulturell aus einer Großwildjägertradition hervorging, die sich durch Rußland bis nach Nordostasien ausgebreitet hatte. Demnach zogen Abkömmlinge dieser Großwildjäger auch hinüber nach Alaska.

Diese Denkrichtung paßt mit Turners Berechnungen für die Überquerung der Landbrücke gut zusammen. Allerdings weist Turner darauf hin, daß das in Mal'ta begrabene Kind und andere Europide keine Sinodontie aufweisen, wie sie für heutige Nordasiaten und Paläoindianer typisch ist. Kamen deren Ahnen demnach weiter aus dem Süden? Die Unstimmigkeit zwischen den beiden Gesichtspunkten ist vielleicht unwichtig, weil die Umweltbedingungen in Nordostasien sehr unterschiedlich waren und Platz für eine weit vielfältigere Bevölkerung boten, als nur Großwildjägern, d. h. Völkern mit kulturellen Wurzeln im Fernen Osten und im Westen. Deshalb ist das Argument, daß die Clovis-Kultur letztlich auf eurasische jungpoläolithischen Kulturen zurückgeht, keineswegs unlogisch, auch wenn die Ausgangskultur rätselhaft bleibt.

Vor 14000 Jahren begannen die Eisdecken zu schmelzen, und es verschwanden natürliche Barrieren für Menschen und Großwild, die zwischen dem laurentischen und dem Kordilleren-Eisschild nach Süden zogen. Haynes ist der Überzeugung, daß schon vor 13000 Jahren in Alaska eiszeitliche Tiere ausstarben. Seiner Hypothese zufolge wanderten die Vorgänger der Clovis-Kultur weiter in Richtung Süden auf den Spuren des von ihnen bevorzugten Wollmammuts. Schließlich erreichten sie die kanadischen Prärien, wo sie neue Mammutarten und eine größere Fülle anderer Großwildarten vorfanden.

Dieses Szenario ist ebenso unzureichend dokumentiert wie einige der Hypothesen, die erheblich frühere Daten für die erste Besiedlung annehmen. Aber es hat immerhin einen wesentlichen Vorteil. Die Gesamtsumme der Einzeldaten scheint unser Szenario eher zu stützen als zu untergraben.

Ausgestorbene Tiere

Die Clovis-Leute lebten etwa 500 Jahre auf den Great Plains, bis sie vor etwa 11 000 Jahren plötzlich verschwanden. An ihre Stelle trat im folgenden Jahrtausend eine Vielzahl unterschiedlicher Jäger- und Sammlerkulturen. Was wirklich geschah, gehört zu den Rätseln der modernen Archäologie. Durch einen interessanten Zufall – falls es sich um einen solchen handelt – fällt das Verschwinden der Clovis-Kultur auch mit einem der größten Rätsel der Wirbeltierpaläontologie zusammen: dem massenhaften Aussterben der eiszeitlichen Megafauna. Unweigerlich schlossen manche Forscher, daß die Clovis-Leute diese Tiere durch übermäßige Jagd ausrotteten. Wo aber sind die Beweise, daß Menschen tatsächlich die Schuldigen waren?

Überall auf der Erde folgte dem Ende der Eiszeit die massive, geradezu katastrophale Auslöschung von Großwildarten. Mammut, Mastodon, Riesenfaultier und viele Kamelarten sind nur einige der Opfer. In Australien, einem Kontinent, der erst spät in vorgeschichtlicher Zeit von Menschen besiedelt wurde, verschwanden vor 30 000 u. a. zwei Känguruhgattungen, ein großer, flugunfähiger Vogel mit Namen *Genyornis* und mehrere Wombatarten. Andere Arten wie der berühmte Koalabär entwickelten sich als verkleinerte Ausgabe größerer Vorfahren. Mit vergleichbar verblüffender Geschwindigkeit verschwand auch das nordamerikanische Großwild kurz nach dem Rückzug der Gletscher, die Mehrzahl bis vor etwa 11 000 Jahren, während im Osten noch einige Arten bis vor etwa 9000 Jahren erhalten blieben. „Wir leben in einer zoologisch verarmten Welt", schrieb der berühmte Biologe Alfred Wallace im Jahre 1876, „aus der die riesigsten, stolzesten und merkwürdigsten Formen erst jüngst verschwunden sind ... Es ist bis jetzt sicher ein Wunder, über das man bislang noch nicht genügend nachgedacht hat, dieses plötzliche Aussterben so vieler großer Säugetiere nicht nur an einem Ort, sondern auf der Hälfte des Erdballs". Wallace vermutete, das Mammutsterben sei die Folge weltweiten Abtauens war, aber später änderte er seine Ansicht. Die Menschen, schrieb er, waren die Ursache. Der Streit über das Aussterben der Tiere schwelt seit Wallaces Zeiten.

31 Gattungen großer nordamerikanischer Pflanzenfresser starben aus, hauptsächlich Großwild mit über 50 kg Gewicht in ausgewachsenem Zustand. Am Ende früherer geologischer Epochen und lange zurückliegender Eiszeiten starben ebenfalls massenhaft Tiere aus, aber davon waren auch kleine Säugetiere und andere Tiergruppen betroffen. Diesel Mal blieben die Amphibien, Reptilien und Süßwassermollusken und sogar die Meeresfische weitgehend erhalten, der Verlust betraf nur wenige Arten. Das Aussterben bestimmter Formen gegen Ende der Eiszeit führte zu deutlichen Lücken im Landökosystem des amerikanischen Kontinentes. Irgendeine Katastrophe wirkte sich nur auf einen relativ kleinen Teil der Tierbestände aus.

Paul Martin von der University of Arizona verbrachte den Beginn seiner Laufbahn mit der Erforschung vorzeitlicher klimatischer Veränderungen im Südwesten. Seine Studien führten ihn zu den Clovis-Stätten in Arizona, wo er mit Mammutknochen assoziierte fossile Pollen sammelte. Seine Proben sollten eigentlich demonstrieren, daß die Klimaänderung das eiszeitliche Großwild aus der Region vertrieben hatte. Statt dessen fand er aber heraus, daß sich das Klima hier nicht sehr stark verändert hatte, so daß in der Tat Klimawechsel und die Vernichtung der Säugetiere in keinem unmittelbaren Zusammenhang stehen. Dann stellte er Überlegungen zu den Mastodonten der Nordoststaaten an, die sich – im Gegensatz zu den Mammuten – hauptsächlich von Laub ernährten. Sie hatten sich gemäßigten Umweltbedingungen angepaßt und starben in dem Augenblick aus, als sich ihr Lebensraum gleichzeitig mit dem der Menschen, die sie jagten, ausdehnte. Hatten also Menschen und nicht die Klimaveränderungen die eiszeitliche Megafauna vernichtet?

Martin dachte an Neuseeland, wo ausgangs der letzten Eiszeit über 20 Arten der bis zu 3 m großen, flugunfähigen Moa-Strauße lebten. Manche Moa-Arten bildeten Herden von 400 oder noch mehr Vögeln pro Hektar. Als vor etwa 1000 Jahren die ersten menschlichen Siedler kamen, lernten sie die Moas als Nahrung zu

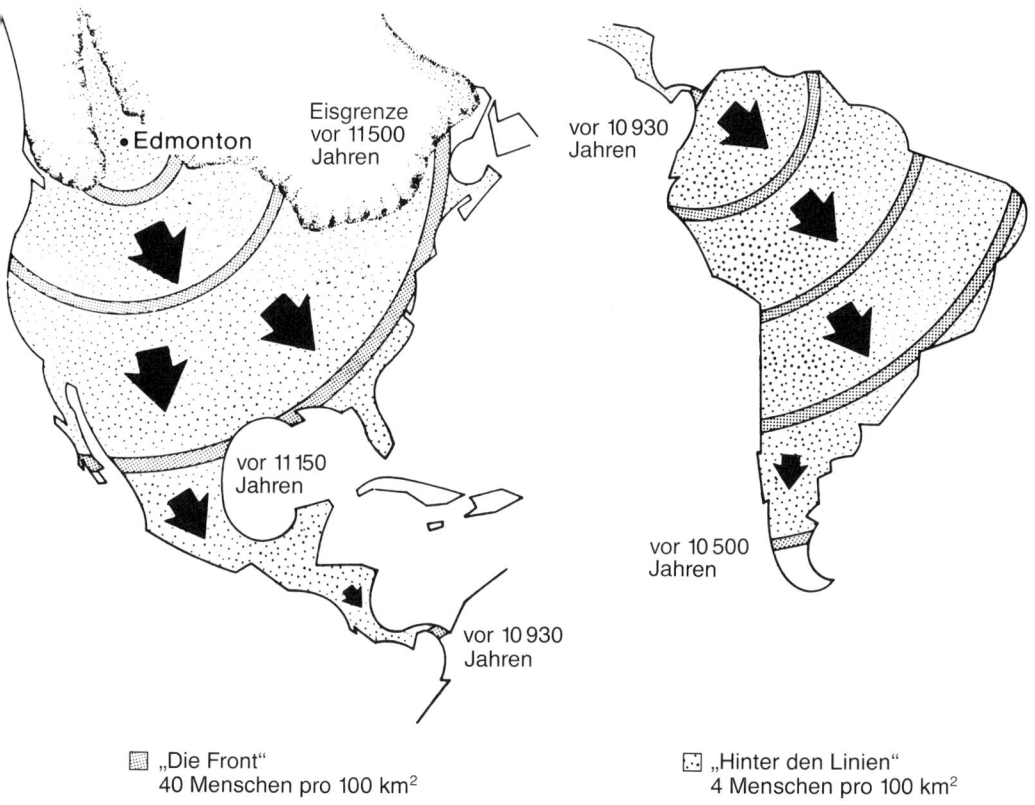

Paul Martins hypothetischer Entwurf für den raschen Vorstoß der ersten Jäger durch den amerikanischen Kontinent. Wenn an der „Front" die Tiere ausstarben, zogen die Jäger weiter.

schätzen. Da die Vögel nicht fliegen konnten, waren sie auch für einen weniger geschickten Jäger eine leichte Beute. Aus frühen Siedlungen liegen die Überreste von nicht weniger als 19 Moaarten vor, die aber sehr bald verschwanden. Die Archäologen glauben, daß die Moas in nur wenigen Jahrhunderten durch den Menschen ausgerottet wurden. Könnte die Clovis-Kultur mit dem Südmammut und dem Wollmastodon ebenso verfahren sein? Vor Martin stellten sich die Archäologen ein langsames, kaum wahrnehmbares Bevölkerungswachstum vor, das zwischen der ersten Besiedlung und dem Eintreffen der Europäer vor 500 Jahren etwa bei 0,1% jährlich lag. Martin widersprach dieser Vorstellung und behauptete, daß sich die Großwildjäger in einem außerordentlich günstigen Umfeld aufhielten, das von arglosen Mammutherden und anderen Pflanzenfressern bevölkert war, die sich wie ihre arktischen Verwandten vor den Menschen nicht in acht nahmen. Das Ergebnis war eine Bevölkerungsexplosion.

Da es so gut wie unmöglich ist, die Dichte der Bevölkerung aus frühen Fundstätten zu ermitteln, verfiel Martin auf eine kluge Spekulation. Er wies auf den jährlichen Bevölkerungszuwachs von 3,4% unter den Meuterern von der *Bounty* hin, die Ende des 18. Jahrhunderts auf der Insel Pitcairn gelandet waren. Eine Insel ist klein. Was, wenn Großwildjäger einen ganzen Erdteil mit verschiedenen Biotopen, die dicht mit großen Säugetieren bevölkert waren, zur Verfügung hatten?

Martin ging von den Verhältnissen auf Pitcairn aus und berechnete die Zeit, die es gedauert hätte, bis menschliche Populationen die eisfreien Bereiche des amerikanischen Kontinentes bei einer Bevölkerungsdichte von 0,4 Personen auf den Quadratkilometer und einer Verdoppelung der Bevölkerung alle 20 Jahre besetzten. Siebzehn Generationen einer Jagdschar von ursprünglich 100 Mitgliedern hätten 340 Jahre gebraucht, um den Kontinent ganz einzunehmen. Selbst bei einem Bevölkerungszuwachs von 1,4% pro Jahr und einer Verdoppelung alle 50 Jahre, wäre die Sättigung nach 800 Jahren erreicht.

Niemand sagt, daß derartige Wachstumsraten über lange Zeit gleichblieben oder daß die paläoindianische Bevölkerung jemals den Sättigungspunkt erreichte. Der springende Punkt für Martin ist, daß die immer weiter vorrückende Siedlungsfront das kritische Moment für das Gleichgewicht der Megafauna war. Er zog Studien über Faunenfälschungen zum Vergleich heran – vom Menschen eingeschleppte Riesenschnecken in Afrika und ortsfremde Tiere, die nach Neuseeland eingeführt wurden. In jedem der Fälle kam zunächst zu einer hohen Populationsdichte, die dann zurückging. Nicht nur das, die höchste Populationsdichte entstand entlang der vorrückenden „Front" der neuen Arten. Martin glaubt, daß es bei den ersten Amerikanern nicht anders war. Wie ihre arktischen Vorfahren war ihre Lebensweise den Gewohnheiten des Großwildes, von dem sie lebten, angepaßt. Ihr Vordringen in neue Territorien war teilweise durch die Verteilung des Wildbestandes an der Frontlinie bestimmt, aber auch durch die innere Dynamik der Jagdverbände, die jeweilige Verteilung der Wasserlöcher und andere Variablen. Welche Faktoren die Bewegungen der Jagdverbände auch mitbestimmt haben mögen, jedenfalls hätte eine rasch expandierende Jägerpopulation die sich nur langsam vermehrenden Mammut- und Mastodonbestände rasch verringert.

Als das Großwild seltener wurde, dürften viele Jäger weitergezogen sein. Die verbleibenden Verbände hatten keine große Wahl: sie konnten von der dezimierten Biomasse zehren, neue Nahrungsressourcen erschließen oder zugrunde gehen.

Martin stellte für Nordamerika ein paar faszinierende Zahlen auf. Er nahm einmal an, daß eine Horde von 100 Jägern in der Gegend von Edmonton in Kanada auftauchte, und gestand ihnen eine Ausbreitungsgeschwindigkeit nach Süden von 16 km im Jahr zu, eine Zahl, die keinesfalls übertrieben ist. Bei großem Bevölkerungszuwachs konnten sich – bei einer Verteilung von 0,4 Personen pro qkm – 100 Personen über eine 160 km breite Front ausdehnen. Als die „Front" bis zum 3300 km südlich von Edmonton gelegenen Golf von Mexiko vorgerückt war, schätzte Martin die kontinentale Gesamtbevölkerung auf inzwischen 600000 Personen, von denen etwa die Hälfte an der Pioniergrenze lebte. Martin entwickelte auch Computersimulationen, nach denen die Paläoindianer vor 10930 Jahren in Panama und vor 10500 Jahren in Sichtweite Feuerlands angekommen waren. Demnach glaubt er, daß die Besiedlung des gesamten Kontinentes südlich der Eisschilde nur 1000 Jahre dauerte. Durch Monte Verde und andere frühe Stätten mögen diese Daten weiter zurückverschoben werden, aber am Prinzip würde sich nichts ändern.

Diese dramatische Bevölkerungsexplosion hatte laut Martin nachhaltige Auswirkungen auf die Megafauna der Eiszeit. Wiederum entwickelte er einige hypothetische Berechnungen. Wie würde bei einer Bevölkerungsdichte von 0,4 Jägern pro qkm und 50 „Tiereinheiten" pro Jagdsektor (eine Tiereinheit umfaßt 450 kg oder ungefähr 0,2 Mammute, das Gewicht eines Pferdes oder von fünf Schafen) über einen Zeitraum von 10 Jahren die Verlustrate durch Ausrottung aussehen? Wölfe auf der Isle Royale im Lake Superior brachten jährlich 18% der dortigen Elche, hauptsächlich altersschwache und junge Tiere, zur Strecke. Die Gesamtpopulation überlebt, aber ein großes Säugetier, das sich langsamer vermehrt, z. B. das Mammut, ist gegenüber einer solchen Abnahmerate durch Raubtiere erheblich anfälliger und möglicherweise vom Aussterben bedroht.

Martin schätzt, daß eine 30%ige, durch Jäger verursachte Verlustrate zu Lasten der Biomasse aller ausgestorbener eiszeitlicher Säugetiere die Substitutionsrate durch natürliche Reproduktion überstiegen haben dürfte. Wenn nur eine von vier Personen jagte und pro Woche eine Tiereinheit dem Gesamtbestand entlang der „Front" (50 Einheiten pro Sektor) entzog, hätte dieses Individuum allein 20% der vorhandenen Biomasse vernichten können.

Dies wäre aber ein zu verschwenderisches Jagdverhalten. Martin schätzt, daß nur 5% der angenommenen Tiereinheiten pro Sektor gebraucht wurden, unter der Voraussetzung, daß man die Kadaver sorgsam ausweidete und nutzte. Allerdings waren die Verhältnisse insofern ungewöhnlich, als die Siedler einen unbewohnten Erdteil betraten. Allem Anschein nach konnten sie es sich leisten, verschwenderisch zu sein, denn Wild schien es im Überfluß zu geben. Aber nur solange es Großtiere gab – ausreichend für ein paar Generationen – konnte die hohe Bevölkerungsdichte gehalten wurden. Martin glaubt, daß die Siedler unter den Bedingungen massiven Bevölkerungswachstums jährlich 26% der Säugetierbiomasse vernichteten. „Der Tierwelt blieb nicht genügend Zeit, um Anpassungsstrategien zu entwickeln", meint Martin, sie reichte gerade dafür, daß ein paar Schlachtplätze für die Nachwelt konserviert wurden. Der Ausrottung des Großwildes aber mußte zwangsläufig ein demografischer Einbruch folgen.

Vance Haynes hat wie viele andere Wissenschaftler keine Probleme mit dem hohen Migrationstempo der Menschen auf dem amerikanischen Kontinent, denn, so sein Argument, 1000 Jahre entsprechen ungefähr 40 Generationen. Die Einwanderer waren Leute, die an die Verfolgung von Großwildarten mit niedriger Populationsdichte gewöhnt waren; sie legten dabei jährlich große Entfernungen zurück. Das Land war unberührt; es gab so gut wie keine Konkurrenz, wenn überhaupt.

Dennoch erweitert Haynes Martins Hypothese um einen klimatischen Aspekt. Als der postglaziale Klimawandel weiter fortschritt, sank in weiten Teilen Nordamerikas der Grundwasserspiegel. Viele Ströme flossen nicht mehr das ganze Jahr über und Wasserlöcher versiegten allmählich. Die Großtiere gerieten zunehmend unter Jagddruck und konnten erheblich leichter erlegt werden, weil sie sich an den wenigen verbleibenden Quellen zusammenrotteten. Es gab noch Mammute, aber die Jäger mußten weit größere Entfernungen zurücklegen, um Beute zu machen. Das dürfte die nach Süden gerichtete Bewegung durch Zentral- und Südamerika beschleunigt haben.

Haynes stimmt Martin hinsichtlich der dramatischen Bevölkerungsentwicklung, die diese Migrationen begleitete, nicht zu. Seiner Ansicht nach war die Bevölkerungsdichte an der „Front" immer niedrig. Anstatt einer Explosion und eines anschließenden Zusammenbruchs der Bevölkerung habe es ein langsames Anwachsen der menschlichen Populationen gegeben, das benachbarte Verbände zu Gemeinschaftsjagden zusammenführte, was letztendlich in die weit größere kulturelle Vielfalt späterer Jahrhunderte mündete.

Andere Wissenschaftler geben dem klimatischen Aspekt mehr Gewicht. Sie glauben, daß aufgrund erheblich erhöhter Aridität gegen Ende der Eiszeit Wildpopulationen massenhaft verhungerten und teilweise ausstarben. Gary Haynes von der Smithsonian Institution hat die Zusammensetzung heutiger afrikanischer Elefantenpopulationen im Verhältnis zu Ansammlungen von Mammutknochen, die auf das äußerste Ende der Eiszeit in Nordamerika datiert wurden, untersucht. Er argumentiert, daß manche Stätten wie Lamb Springs in Colorado, an denen keine Menschen die vor Ort ausgegrabenen Mammute getötet hatten, einen größeren Anteil an jüngeren Tieren aufweisen. Das mag oberflächlich betrachtet für starke Bestände sprechen. In Wirklichkeit waren die Mammute von Lamb Springs vermutlich einer Dürrekatastrophe zum Opfer gefallen, wenn man Analogien zu ähnlichen Fundkonstellationen im heutigen Afrika gelten läßt.

Die Diskussion um die Ursachen des Aussterbens der Megafauna wird nicht verstummen. Es sei denn, man fände die Überreste verschiedener Tierarten an einem Schlachtplatz als Beleg für die Ausrottungsthese oder klare Hinweise auf verhängnisvolle klimatisch-ökologische Umwälzungen. Martins einzige Ansatzmöglichkeit ist daher der Nachweis für das gleichzeitige Verschwinden von ökologisch verschieden angepaßten Tieren aus genau datierten Fundstätten. Glücklicherweise wirkt sich durch „Massenspektrometrie" die Radiokarbondatie-

Ausgestorbene Tiere in Australien: Der Sthenurus *ist eine von mehreren Känguruharten, die am Ende der Eiszeit im Rahmen eines allgemeinen Zusammenbruches der Megafauna, der mit dem Ende des amerikanischen Großwild vergleichbar ist, ausstarben.*

rung weniger zerstörerisch aus, denn man braucht hierzu weniger als ein Gramm Testmaterial. Das ermöglichte Martin und anderen die Datierung wertvoller Fossilfunde, darunter von Hörnern der ausgestorbenen Harrington-Schneeziege aus Höhlen im Grand Canyon. Die Funde erwiesen sich als über 11 000 Jahre alt. Die Überreste der Schneeziegen wurden zusammen mit den Knochen des gleichermaßen ausgestorbenen Shasta-Riesenfaultieres gefunden. Martin glaubt, daß diese sehr unterschiedlichen Geschöpfe zur gleichen Zeit verschwanden. Es waren Tiere, von denen man erwarten mußte, daß sie im Falle klimatischer Belastungen unterschiedlich reagierten. Im Grunde müßte eine Veränderung, die für Schneeziegen ungünstig war, für ein Riesenfaultier günstig gewesen sein und umgekehrt. Daraus schließt er, daß es Großwildjäger waren, die beide Arten im Grand Canyon gleichzeitig ausrotteten. Objektiv liefern diese Funde zwar keinerlei Beweis, daß Menschen die eiszeitliche Megafauna dezimierten, aber sie sind insofern bedeutsam, als sie einen ersten Schritt zur präzisen Datierung des Faunenschnitts darstellen. Wenn irgendwann ein Dutzend solcher Ereignisse dokumentiert ist, können wir Martins Hypothese besser beurteilen.

In Neuseeland waren es eindeutig menschliche Wildbeuter, die eine Reihe wehrloser Vögel in historischer Zeit ausrotteten. Andererseits hat das Massensterben der Megafauna im späteiszeitlichen Australien zu ebensovielen möglichen Erklärungen geführt wie der Zusammenbruch des Großwilds in Amerika. Aber man ist sich zunehmend darüber einig, daß dieser Prozeß in Australien auf eine Kombination neuer ökologischer Bedingungen und den Eingriff menschlicher Wildbeuter mit opportunistischen Jagdmethoden zurückzuführen ist. Mit der Zeit bewirkte die Verkettung dieser und weiterer Faktoren, daß die australische Fauna verarmte und sich dadurch die menschlichen Tätigkeiten zur Selbsterhaltung vervielfältigten. Wahrscheinlich sind die Umstände, die zur Auslöschung der amerikanischen Megafauna führten, ähnlich kompliziert. Vielleicht waren Menschen daran beteiligt. Sie könnten das Verschwinden der großen Eiszeittiere Amerikas beschleunigt haben. Sie könnten ihnen sogar den Todesstoß versetzt haben, während sie das Szenario für ein neues Kapitel der Vorgeschichte schrieben, in dem sich die Menschen an die breite Vielfalt arktischer, gemäßigter und tropischer Umweltbedingungen auf dem amerikanischen Kontinent anpaßten.

Die ersten Amerikaner

Menschen hatten weite Bereiche Amerikas besiedelt, als das Großwild, vielleicht unter Mitwirkung der Clovis-Jäger, verschwand. Das war die Schlußepisode in einem großen eiszeitlichen Drama, das Hunderttausende von Jahren früher und Zehntausende von Kilometern von den Great Plains Nordamerikas entfernt begonnen hatte.

Die Frage der ersten Besiedlung des amerikanischen Kontinents ist für die heutige Archäologie nach wie vor ein brennendes Problem. Jeder Versuch, unter den Forschern Einigkeit zu erzielen, ist zwecklos. Es gibt zu viele konkurrierende Standpunkte, die einerseits auf bloßen Gefühlen und andererseits auf harten wissenschaftlichen Fakten beruhen. Aber wir haben gezeigt, daß es möglich ist, ein Gesamtbild aufzubauen, das das einigermaßen stichhaltige Beweismaterial einbezieht und die wilden Spekulationen und eher fragwürdigen Fundstätten in Frage stellt. Die Besiedlung des Kontinents Amerika war Teil eines langen und vielschichtigen Prozesses, der in Afrika begann. Dort tauchte in den tropischen Savannen der Mensch auf und breitete sich vielleicht schon vor einer Million Jahren in gemäßigtere Breiten aus. Dieser *Homo erectus* kannte das Feuer und paßte sich relativ strengen Winterverhältnissen an. Aber weder er noch der frühe *Homo sapiens sapiens* oder der Neandertaler scheinen sich in extremen arktischen Umgebungen, den eiskalten sibirischen und nordasiatischen Ebenen angesiedelt zu haben, die das Tor zur Neuen Welt waren.

Vor etwa 30 000–35 000 Jahren erschien der moderne Mensch – *Homo sapiens sapiens* –, ein Mensch mit höheren intellektuellen Fähigkeiten und einer Logistik, die zur Bewältigung der Arktis notwendig war. Er drang auf der Jagd bald in nördlicher und östlicher Richtung nach Sibirien und Nordostasien vor – in Richtung auf die flache und trockene Steppentundra von Beringland. Vermutlich überquerte er während des letzten Kälteeinbruchs der Wisconsin-Eiszeit vor etwa 25 000–15 000 Jahren zu Fuß die Beringlandbrücke. Wenn man von den Funden in den Bluefish Caves ausgeht, könnte er vor etwa 15 000 Jahren Alaska erreicht haben.

Die Archäologie weiß keine genaue Antwort auf die Frage, wann Menschen sich südlich der Wisconsin-Eisschilde auszubreiten begannen. Aber es ist wahrscheinlich, daß bei Rückzug der Gletscher Jäger entlang des immer breiter werdenden Korridors zwischen dem Kordilleren- und dem laurentischen Eisschild auf die Jagd gingen, um dann irgendwann vor 14 000–12 000 Jahren die nordamerikanischen Ebenen zu erreichen. Für den gleichen Zeitraum gibt es sogar Spuren menschlicher Besiedlung bis weit in den Süden Brasiliens und die Anden hinein. Dies paßt zu Paul Martins Hypothese einer schnellen tausendjährigen Besiedlung Amerikas von Norden nach Süden (obwohl die älteren Daten, von denen er ausging, nahelegten, daß die Besiedlung später begann).

Vor 11 500 Jahren erschienen die Clovis-Leute, sie sind die ersten zeitlich sicher eingeordneten Amerikaner. Aber ihre Ursprünge sind rätselhaft. Wenn ihre fortgeschrittene Großwildjagdkultur auf den Great Plains entstand, dann müssen wir Jagdplätze ihrer Vorgänger auf den Plains finden. Bis dahin scheint die Annahme einigermaßen plausibel, daß sie ihre Fertigkeiten durch das jahrtausendelange Leben in den Extremen des arktischen Nordens ausgebildet hatten. Auf dem unbevölkerten, aber wildreichen Kontinent, wurden die ersten Siedler vielleicht zu maßlosen Plünderern. In einem Land voll argloser Säugetiere gediehen die Jäger zunächst. Die Verbände vergrößerten sich stark. Dann aber wurde das Wild immer knapper. Die menschlichen Predatoren beschleunigten den Vernichtungsprozeß, weil sie der Megafauna keine Zeit ließen, sich an günstigereBedingungen anzupassen. Innerhalb von ein paar Jahrhunderten waren die meisten großen Säugetiere für immer verschwunden. Den Indianern blieb nur noch die Jagd auf den Bison.

Fünfter Teil
Die große kulturelle Vielfalt

„Lange Zeit sprachen alle die gleiche Sprache, aber plötzlich begannen die Menschen mit verschiedenen Zungen zu sprechen. Kuhsu [der Schöpfer] hingegen konnte alle Sprachen sprechen, und so rief er seine Völker zusammen und nannte ihnen die Namen der Tiere in ihrer eigenen Sprache, lehrte sie, sich Nahrung zu beschaffen und gab ihnen ihre Gesetze und Riten. Dann schickte er jeden Stamm an einen anderen Aufenthaltsort..."

Schöpfungsmythos der Maidu-Indianer aus Kalifornien

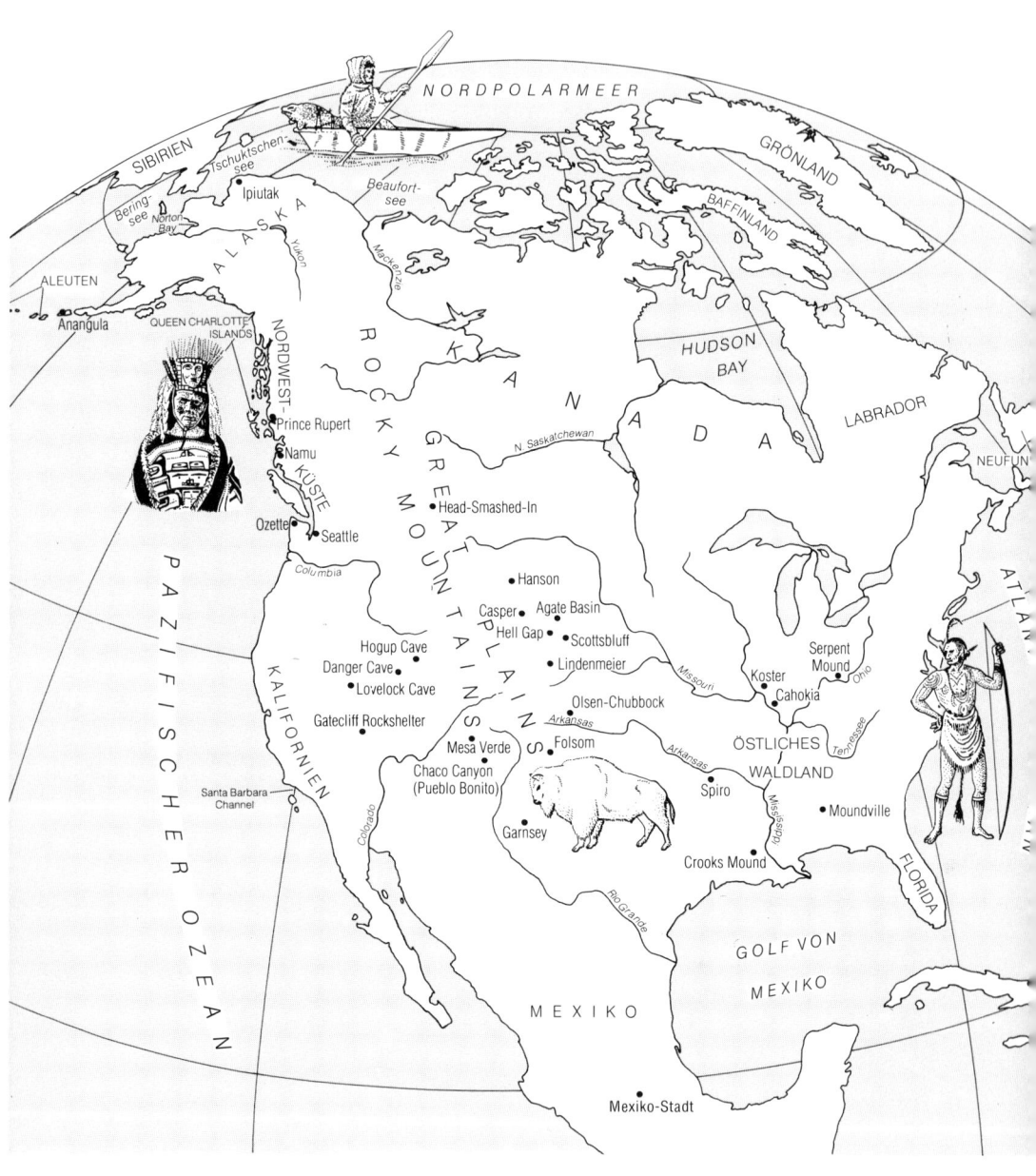

Nordamerika nach der Eiszeit. Die „große kulturelle Vielfalt" umfaßte Bisonjäger auf den Great Plains, die komplexen Gemeinschaften der Nordwestküste (abgebildet ist ein hochrangiger Tlingit mit Kultkleidung und Kopfschmuck), die Boot fahrenden Eskimos des hohen Nordens und die Ackerbauern des Ostens (ein tatuierter Virginia-Indianer der Carolina Sounds; vgl. Tafel 6).

1. Die Bisonjäger

Unsere Reise zu den Anfängen mag beendet sein, aber die Geschichte der prähistorischen Amerikaner geht viele tausend Jahre weiter und wirft weitere interessante Fragen auf. Was geschah mit den ersten Siedlern? Wie paßten sie sich Umgebungen, wo es keine eiszeitlichen Säugetiere mehr gab, an? Entwickelte sich die Vielfalt menschlicher Kulturen, die die europäischen Siedler in Amerika vorfanden, ausschließlich aus paläoindianischen Wurzeln? Dieses Kapitel erzählt die Geschichte der Nachgeborenen. Sie handelt davon, wie Indianer und Eskimos die kulturellen Leistungen ihrer Vorfahren weiterentwickelten.

Die Clovis-Leute mochten zur Vernichtung des Mammuts und anderer eiszeitlicher Tiere beigetragen haben, aber sie brachten nicht alle Tierarten um. Eine Handvoll überlebte als Beute für zukünftige Jäger, darunter als größte und zahlenstärkste Art der Bison. Die Nachkommen der Clovis-Kultur jagten diese großartigen Tiere auf den Great Plains über 10000 Jahre lang und schufen dabei eine Kultur, die uns den besten Einblick in die Lebensweise von Großwildjägern liefert. Berichte aus erster Hand von europäischen Siedlern über Bisonjäger der Plains in historischer Zeit tragen dazu bei, das von der Archäologie entworfene Bild zu ergänzen.

Aber woran lag es, daß der Bison dem Schicksal so vieler anderer Großtiere am Ende der Eiszeit entgehen konnte?

Warum überlebte der Bison?

Ausgangs der Eiszeit lebte fast überall im nördlichen Eurasien der Steppenwisent *(Bison priscus)*. Das Tier mit den langen Hörnern war der trockenen Kontinentalsteppe mit ihren jahreszeitlichen Extremen gut angepaßt. Er war darauf eingestellt, während der kurzen Frühjahrs- und Sommerzeit so viel wie möglich zuzunehmen, und im Winter, wenn das Futter knapp war, relativ wenig. Verglichen mit dem Hausrind, erhöhten die Nachkommen des Steppenwisent die Leistungsfähigkeit ihrer Verdauung noch, um mit dem faserigen, nährstoffarmen Wintergras auszukommen. Selbst bei tiefem Schnee können sie noch weiden.

Bisons waren schon lange vor dem Höhepunkt der Wisconsin-Eiszeit im zentralen Nordamerika heimisch. Die Altformen erreichten gewaltige Größen mit Hörnern von einer Spannbreite bis zu 2 m. Die kleinere, langhörnige Form des Endglazials *(Bison antiquus)* war hauptsächlich zwischen Alberta und Texas verbreitet, kam aber auch in Kalifornien und Florida vor.

Nach der Eiszeit verringerte sich beim europäischen Wisent nicht nur die Körpergröße, sondern auch die Anzahl der Tiere. In Nordamerika dagegen wuchs die Zahl der Bisons, die Körpergröße ging aber ebenfalls zurück. Ein nördlicher nacheiszeitlicher Typus, der *Bison occidentalis,* drang zu den Great Plains vor und kam mit dem viel größeren *antiquus*-Typ in Berührung. Aus dieser genetischen Mischung entwickelte sich der Präriebison, der *Bison bison.*

Der Bison konnte dort gedeihen, wo andere Tiere eingingen, weil er sich ernährungsphysiologisch auf Pflanzen der Kurzgrasprärien spezialisierte, als sich dieser Vegetationstyp im Postglazial auszubreiten begann. Als vor etwa 11000 Jahren die eiszeitliche Megafauna verschwand, erstreckten sich von der Grenze Alaskas bis zum Rand des Golfs von Mexiko riesige Gebiete trockenen Graslandes. Das war der „Große Bisongürtel", der im Regenschatten der Rocky Mountains lag. Er wurde das ganze Jahr über durch trockene Luftmassen von der mittelpazifischen Küste beherrscht. Am meisten regnete und regnet es auch heute dort im Frühling und Frühsommer, es wachsen kurze Gräser, deren Biomasse zum Großteil unter dem Boden liegt. Dadurch speichern sie im Wurzelbereich Feuchtigkeit und erhalten so hochwertige Nährstoffe selbst in den trockenen Herbst- und Wintermonaten. Die nordamerikanischen Kurzgrassteppen boten den Bisons daher optimalen Lebensraum.

Der Bison paßte der Ausdehnung des Kurzgrasgürtels nicht nur sein Ernährungsverhalten an. Arktischen Huftieren wie der *Bison priscus* blieb zum Kalben nur die sehr kurze Frühlingssaison, denn das Junge mußte vor dem bevorstehenden rauhen Winter großgezogen werden. Der *Bison bison* hat eine erheblich längere Brunftzeit, die sich über mehrere Monate hinzieht. Er unterliegt keinem klimatischen Zwang, denn der Kurzgrasbereich bietet selbst im tiefen Winter relativ reiche Nahrungsquellen. Als der Bison sich an das kurze Grasland angepaßt hatte, ging auch die Wintersterblichkeit zurück, die Zeit der Aufzucht wurde länger, und der Bison wurde zu einem weniger wählerischen Esser. Deshalb konnte er gedeihen, während andere große Säugetiere zunehmend unter Nahrungsmangel litten. Die Menschen, die das Mammut und andere eiszeitliche Tierarten gejagt hatten, stellten sich nun auf die Bisonjagd um. Vor 10 500 Jahren waren diese Tiere dann an allen archäologischen Stätten im gesamten Bison-Gürtel die vorherrschende Spezies.

Die nordamerikanischen Great Plains decken ein riesiges Gebiet ab, von den Rocky Mountains im Westen bis zum östlichen Waldland am Mississippi. Sie erstrecken sich von Kanada im Norden bis zum Rio Grande in Mexiko im Süden. Häufig wird geglaubt, daß es sich bei den Great Plains um ein einheitliches Gebiet handelt, aber bei näherer Betrachtung stellt man zahlreiche regionale Unterschiede fest. Die Regenfälle variieren beträchtlich und nehmen nach Osten hin zu. Das kurze Gras im Westen weicht höheren Arten und einer üppigeren Vegetation, wenn man sich dem östlichen Waldland nähert. Die Landschaft wirkt auf den Reisenden grau und eintönig, bis man auf ein Flußbett oder ein Wasserloch stößt. Ein solches ist wie eine Wüstenoase und bietet ein total verändertes Landschaftsbild. Diese ökologischen Nischen waren sowohl für die Tiere als auch für die Menschen lebenswichtig. Hier suhlten sich Bisons und andere Tiere und tranken aus Quellen, die das ganze Jahr über Wasser führten. Hier suchten sie an heißen Sommertagen Schatten unter Bäumen und im Februar Schutz vor den Winterstürmen. Die Bisonjäger konnten nur überleben, wenn sie das komplexe Ökosystem der Plains vorausschauend und sorgfältig nutzten. Die Plains unterhielten eine spärliche Bevölkerung von Sammlern und Jägern, von denen einige wahrscheinlich nur Saisongäste waren. Wenn man von Analogien mit Indianergemeinschaften in geschichtlicher Zeit ausgeht, dann hatte jeder Verband ein genau abgestecktes Jagdterritorium, in dem die Jäger Pflanzen- und Tierressourcen genauestens kannten. Diese vorgeschichtlichen Menschen legten über mobile Generationen hin Tausende kurzfristig bewohnter Lager an. Eine einzige Lokalgruppe dürfte im Laufe eines Menschenalters Hunderte von „archäologischen Stätten" hinterlassen haben. Nur ein winziger Teil ist den Archäologen zur Erforschung erhalten geblieben, und nur eine Handvoll Fundorte enthält genaue Informationen über die Bisonjäger, von erkennbaren Artefakten ganz zu schweigen. Die vielleicht bekanntesten Fundstellen befinden sich auf den nordwestlichen Plains, einem riesigen Gebiet, das Teile Süd-Montanas, Wyoming, West-South Dakota, Nebraska und Nord-Colorado umfaßt. Diese Plätze geben den besten Einblick in das vorgeschichtliche Leben auf den Plains.

Die Archäologie der Plains-Jäger

Die Bisonjäger mußten das Notwendigste mit sich tragen: Nahrungsmittelvorräte, Teile der Behausung, Kleinkinder und Waffen. Ihre wichtigsten Waffen waren Holzspeere mit aufgesetzten Vorschäften und Geschoßspitzen aus Stein. Die Jäger gebrauchten Speerschleudern, um die Geschwindigkeit und Reichweite ihrer Speere zu erhöhen. Die Steinprojektile waren beidseitig abgeschlagen, an der Basis sorgfältig abgeflacht und aufgerauht, damit sie leicht hafteten und sich an der Bindung nicht abnützten. Diese Geschoßspitzen wurden das Markenzeichen der vorgeschichtlichen Plains. Man unterscheidet heute mindestens sieben Typen, die nach den Orten der Erstbeschreibung (z. B. Folsom, Scottsbluff und Hell Gap) benannt sind, und die offenbar alle auf die gekehlten Clovis-Spitzen zurückgehen. Die Anzahl der Typen und Größen erhöhte sich vor 10000 Jahren, vielleicht ein Hinweis auf die Zuspitzung jägerischer Aktivitäten auf den Bison oder auf breitere Fächerung von Jagd und Sammelwirtschaft unter Einbeziehung montaner Ressourcen.

Stammen die verschiedenen Spitzentypen von eigenständigen paläoindianischen Kulturen, wie manche Archäologen glauben? Die von George Frison durchgeführten Experimente mit Nachbildungen sprechen dagegen. Er konnte zeigen, daß die Ausrüstung eines Jägers seine individuelle Angelegenheit war. Die Relation zwischen Armlänge, Länge der Speerschleuder und der Länge des Vorschaftes war personenabhängig. Es ist anzunehmen, daß Gewicht und Form des Projektilkopfes ebenfalls individuell variierten.

Jeffrey Flenniken, ein Experte für lithische Geräte, behauptet, daß die „archäologisch erschlossenen Spitzentypen" keiner bestimmten Kultur zugeschrieben werden können. Er hat Tausende paläoindianischer Spitzenrepliken von jeder bekannten Form hergestellt. Er hat außerdem gewissenhafte Experimente an verwilderten Hausziegen durchgeführt, um die Wirkung der für gewöhnlich zur

Klassifizierung verschiedener paläoindianischer Kulturen herangezogener Typen zu testen. Seine „Jäger" benutzten hölzerne Speere mit drei verschiedenen Geschoßspitzen, die mittels Sehnen und Harz am Vorschaft aus Hartholz befestigt wurden. Die Vorschäfte wurden wiederum Weichholzspeeren von 2 m Länge aufgesteckt. Die „Jäger" isolierten zwei ausgewachsene männliche Ziegenböcke von einem Winterrudel und trieben sie in den Schnee. Sie wurden von fünf Angreifern mit Handspeeren rasch getötet. Durch Schreckbewegungen der getroffenen Tiere brachen die Vorschäfte ab und die Spitzen bohrten sich in die zuckenden Körper. Rasch „luden" die Jäger ihre Speere mit bewehrten Vorschäften aus Hartholz, die sie vorsorglich an ihre Handgelenke gebunden hatten. So waren sie auf der Jagd nicht mit mehreren langen Speeren belastet.

Nach der Jagd wurden die brauchbaren Spitzen durch Druckretuschierung erneuert. Flenniken versuchte, die gleiche Form wie vorher herzustellen. In den meisten Fällen verwandelte sich dabei der reparierte Geschoßkopf von einem „archäologischen" Typus in einen anderen und lieferte so den „Grund" für die Formenvielfalt. Einige wurden durch systematisches Neuschärfen und Formen auch in Messer verwandelt. Es kommt seiner Ansicht nach nicht auf die fertigen Spitzen an, sondern auf die Techniken zu ihrer Herstellung. Diese Techniken veränderten sich langsam über Jahrtausende hin und sind wahrscheinlich ein weit exakterer Spiegel kultureller Veränderungen auf den Plains als die Geschoßköpfe selbst.

Eine Möglichkeit, mit der die Archäologen diese Technologie rekonstruieren können, besteht in der sorgfältigen Nachbildung alter Artefakte. Jedes Jahr leitet Flenniken einen Lehrgang über lithische Technologie, in dem er Studenten beibringt, eine breite Skala von Steinartefakten herzustellen, u. a. auch Clovis- und Folsom-Spitzen. Flenniken bringt es fertig, innerhalb von vierzig Minuten eine komplette Folsom-Replik entstehen zu lassen. Er lehrt seine Studenten, daß Feuersteinhandwerker ihre eigene Sprache haben, die auf dem Rohmaterial und den jeweils verwendeten Techniken beruht und weniger auf dem Verwendungszweck des Artefakts. Er lehrt sie, wie man Druckretuschen anbringt, läßt sie

Drei der wichtigsten paläoindianischen Waffenspitzentypen, die den Clovis-Spitzen folgten: von links nach rechts die Folsom-, Scottsbluff- und Hell Gap-Spitze. Die größte ist ungefähr 10 cm lang.

„spüren, wann er [der Abschlag] fertig ist". „Man muß nur das richtige Gefühl dafür bekommen und es klappt", sagt er über seine fein gearbeiteten Geschoßspitzenrohlinge. Flennikens Experimente kommen der Arbeitsweise der prähistorischen Handwerker sehr nahe.

Sowohl Flennikens Studien als auch die formalen Artefaktklassifizierungen altgedienter Forscher wie Marie Wormington bestätigen, daß die paläoindianischen Artefakte, seien es bifazielle Geräte, Geschoßköpfe, Schaber oder schlichte Messer, Mehrzweckwerkzeuge waren, die für eine Vielzahl von Tätigkeiten taugten. Ein anderer Forschungszweig konzentrierte sich auf die Untersuchung der Abschlagswinkel an den Steinwerkzeugen und paläogener Gebrauchsspuren. Beispielhaft sind die Ausgrabungen von George Frison und Bruce Bradley in Hanson im nordöstlichen Wyoming. Diese Folsom-Fundstelle war insofern ungewöhnlich, als es sich um ein Lager und nicht um einen Bisonschlachtplatz handelte, obwohl Frison glaubt, daß dieser ganz in der Nähe lag. Bei Ausgrabungen in den 70er Jahren wurden drei mindestens 10 000 Jahre alte Strukturen freigelegt, die man als Überreste kreisförmiger Hütten deutet. Hanson förderte eine höchst aufschlußreiche Sammlung von Steinwerkzeugen zu Tage. Ihre Hersteller benutzten Scheibenkerne und beidseitig abgeschlagene Rohlinge als Ausgangsmaterial für die meisten ihrer Werkzeuge. Obwohl sie Geschoßspitzen, Schaber und andere Artefakte herstellten, machten sie auch häufig von unretuschierten Abschlägen Gebrauch. Hunderte dieser Steine weisen Abnutzungsspuren auf, die den Eindruck erwecken, man habe sie ad hoc zugeschlagen, weil Eile geboten und gerade kein anderes Material zur Hand war.

Die Hanson-Steinartefakte repräsentieren nur einen kleinen Teil einer einst offenbar hoch entwickelten Technologie. Frison vermutet, daß die Lagergemeinschaft ihre Bisons in sehr kleine Stücke zerlegte. Die Menschen aßen etwas von dem frischen Fleisch, trockneten den Rest und extrahierten aus dem Skelett Öl und Knochenmark. Dann nahmen sie ihre Steinschaber, um die Haut durch Entfleischen, Abreiben und Glätten zu konservieren. Die Häute waren lebenswichtig als Bekleidung, Behältnisse und Abdeckung von Behausungen – vergängliche Teile ihrer materiellen Kultur, die leider nicht erhalten sind. Genähte Kleidung war für die kalten Monate wichtig. Die Menschen könnten spitz zugeschlagene Steinsplitter für den Zuschnitt ihrer Kleider und für die Herstellung der in Hanson gefundenen Knochennadeln hergenommen haben.

Hacksteine, gekerbte Abschläge, Grobsteine mit Sägekante und scharfkantige Schaber waren unentbehrlich zum Abschälen von Baumrinde, zum Schneiden von Zweigen und für andere Holzarbeiten. Die Jäger fertigten ihre Speere und Vorschäfte zweifellos mit sehr viel feineren Steinwerkzeugen an. Ihre Projektilköpfe waren ohne sorgfältig geschnitzte Vorschäfte und begradigte Stiele nämlich völlig wirkungslos.

Frison vermutet, daß die Folsom-Stätte in Hanson kurze Zeit von einem Verband mehrerer Familien bewohnt wurde. Wenn man von sehr viel späteren, 1800 Jahre alten Höhlensiedlungen dieser Gegend ausgeht, dann machten sich die Folsom-Menschen, die in grundsätzlich ähnlicher Umgebung lebten, sehr viele Holzarten zunutze. Dazu gehörten möglicherweise Kiefer, Weide, Würgkirsche und Holunder, die alle unterschiedliche Verarbeitungstechniken erforderten und für verschiedene Zwecke gebraucht wurden.

Die materielle Kultur der Plains entwickelte sich langsam über Tausende von Jahren und veränderte sich schließlich mehr als nur oberflächlich. Ihre vielfältigen Formen spiegeln die immer noch effektiveren Methoden der Bisonjagd auf den trockenen Ebenen wider.

Die Bisonjagd

Unsere Kenntnisse über das Leben der Paläoindianer entnehmen wir archäologischen Bruchstücken, den winzigen Hinweisen, die wir durch die Ausgrabungen überall auf den Plains erhalten. Folsom, Midland, Plainsview: Kulturelle Etiketten gibt es reichlich; sie warnen uns vor gefährlichen Verallgemeinerungen. Doch existieren auch Gemeinsamkeiten, sowohl unter den paläoindianischen Bisonjägerkulturen als auch zwischen ihnen und ihren Nachfahren, die uns einen gewissen Eindruck vom Wesen ihres Nomadenlebens geben.

Folsom in New Mexico war ein Ort, an dem innerhalb kurzer Zeit mehrere Bisons getötet wurden, vermutlich im Spätherbst oder zu Beginn des Winters. Wir wissen noch nicht, ob die Jäger hier nur einzelne Tiere töteten oder mit benachbarten Verbänden Großjagden veranstalteten, denen sehr viel mehr Tiere zum Opfer fielen. Wahrscheinlich sicherten neben der Einzeljagd auch Gemeinschaftsjagden die regelmäßige Versorgung mit Bisonfleisch.

Die Lindenmeier-Fundstelle, 75 km nördlich von Fort Collins in Colorado war vor etwa 9000 Jahren über Generationen ein beliebter paläoindianischer Lagerplatz. Er lag in einem kleinen, gut bewässerten Tal unweit des Graslands der Plains. Der Archäologe Ed Wilmsen nimmt an, daß Lindenmeier von mindestens zwei halbautonomen Gruppen aufgesucht wurde, die bei der Bisonjagd kooperierten und regelmäßig soziale Kontakte pflegten. Es sind kaum andere Schlachtplätze der Folsom-Kultur bekannt. Bessere Belege für die Massenjagd auf Bisons kennen wir aus späteren paläoindianischen Fundorten, aber die dort angewendeten Methoden wurden wahrscheinlich schon in früheren Jahrtausenden entwickelt.

Die meisten der ausgegrabenen paläoindianischen Artefakte stammen von alten Jagd- und Fangplätzen, die uns viel über das Drama der Jagd erzählen. Aufgrund des Befunds entsteht leicht der Eindruck einer Vernichtungsorgie. Doch dieser Verdacht ist ebenso falsch wie die Annahme, Treibjagden seien eine relativ bequeme Art der Nahrungsbeschaffung. In Wirklichkeit ist das Bisontreiben schwierig, vor allem zu Fuß. Ungestört verlieren Bisons häufig ihre Scheu vor den Menschen. Ständiger Jagd ausgesetzt, werden sie unberechenbar. Wenn die paläoindianischen Jäger wie die Bisonjäger in geschichtlicher Zeit vorgingen, dann müssen sie die Herden genauestens beobachtet haben. Wahrscheinlich waren sie darauf bedacht, ihnen während der Verfolgung Ruhepausen zu gönnen. Rezente Bisons können problemlos über kurze Strecken von etwa einer Meile getrieben werden. Danach beginnen sie, auszubrechen und zu rennen. Dann ist es so gut wie unmöglich, sie aufzuhalten. Ein geschickter Jagdtrupp konnte eine Herde mehrere

Tage lang unauffällig in ihrer Bewegungsrichtung beeinflussen, bis sie schließlich in der Nähe eines Fanggatters oder einer Klippe, über deren Rand die Tiere in den Tod stürzen sollten, angelangt waren. Die Jäger achteten darauf, daß die topografischen Gegebenheiten in Richtung der Falle soweit „arrangiert" waren, daß die Tiere in eine vorhersehbare Richtung ausbrachen. Sicherlich wurden auch Attrappen verwendet: Mit Bisonfellen bekleidete Männer näherten sich den ahnungslosen Tieren bis auf ein paar Meter, um sie in die richtige Richtung zu lenken. Die Jäger dürften hin und her gerannt sein und geschrien haben, vielleicht schwenkten sie auch Häute, bis die Leittiere unter dem Druck der in panischer Furcht nachdrängenden Herde in die Tiefe stürzten oder den ersten Schritt in ein Fanggatter wagten, das unter einem niedrigen Felsvorsprung vorbereitet worden war.

Die Jäger kehrten offenbar mehrmals an den gleichen Ort zurück. In Agate Basin im östlichen Wyoming grub George Frison in einer natürlich entstandenen Mulde, die von steilwandigen Arroyos (Erosionsrinnen) durchzogen war. Ein Arroyo ist dort etwa 3 m tief, schneidet sich am Unterlauf aber noch tiefer ein. Die Jäger lenkten Gruppen von zehn bis zwanzig Bisons in das Bett des Arroyos ein paar hundert Meter unterhalb von steilen Prallhängen, wo man die Bisons stellen konnte. Sie trieben die verschreckten Tiere stromaufwärts auf die Felswand zu. Die Leittiere scheuten und versetzten die anderen Tiere in Panik. Die Jäger kamen ganz nahe heran und begannen, den in der Falle sitzenden Tieren mit Speeren zuzusetzen, während diese aus dem Arroyo herauszuspringen versuchten. Sobald die Indianer ihre Beute erlegt hatten, nahmen sie sie aus. Manche Tiere wurden an Ort und Stelle zerlegt, andere an einem Verarbeitungsplatz auf einem nahegelegenen Abhang. Nach den Zähnen der Bisons zu urteilen, handelte es sich meistens um ausgewachsene weibliche Tiere mit Jungtieren. Wahrscheinlich wurden sie einen Monat nach der Setzzeit, d. h. im späten Februar oder frühen März, erlegt.

Die Ausgrabungen von George Frison in Casper, Wyoming, verdeutlichen, wie die Jäger eine Sicheldüne mit steil abfallenden, lockeren Seiten benutzen, um während der Herbstjagd eine Herde von etwa 100 Bisons zu fangen. Sie trieben die Tiere, die zuvor vermutlich nahe eines Teiches geweidet hatten, in die Biegung der Düne. Die Bisonhufe sanken in dem lockeren Sand ein. Als die Tiere in Panik gerieten, kamen die Jäger und töteten sie, so schnell sie konnten. Sie wußten, daß es sehr viel sinnvoller war, die Bisons in eine Falle zu locken, als blindlings in die Herde hineinzuschießen. Jeder Jäger oder Jagdverband konzentrierte sich auf ein Tier und stieß ihm seinen Speer gezielt durch den Brustkorb ins Herz. Wenn eine Kuh oder ihr Kalb getötet wurde, konnte das andere Tier auf der Flucht erbeutet werden.

Frison fand in Casper 81 fragmentarisch oder vollständig erhaltene Projektilköpfe. Da er wissen wollte, wie die Jäger sie anwandten, nahm er eine für Hell Gap typische Geschoßspitze, befestigte sie mit Sehnen an einem geschlitzten Kiefernschaft und härtete die Bindung mit Kiefernharz. Anders als Flenniken verwendete Frison bei seinem Experiment keinen Vorschaft. Er stieß und schleuderte den 3,3 m langen Speer in den Kadaver eines Hausochsen. Dabei stellte er fest, daß ein besonders fester Stoß den Brustkorb und die Haut unter Umständen sogar bis zum

Herzen durchdringen und so eine tödliche Verletzung herbeiführen konnte. Manchmal brach die Spitze sicher auch ab, aber für eine spätere Wiederverwendung konnte man sie leicht neu schärfen. Der Schaft war kräftig genug, um der Belastung zu widerstehen, selbst nach den stärksten Stößen. Ein geschickter Jäger konnte mit einem Langspeer, der ihn in gebührendem Abstand von seiner Beute hielt, kurz nacheinander todbringende Streiche ausführten, ohne sich selbst übermäßig in Gefahr zu bringen.

Die Olsen-Chubbock-Jagd: Die berühmte Stätte von Olsen-Chubbock, 26 km südöstlich von Kit Carson in Colorado, enthält spannendes Beweismaterial für die Effizienz der paläoindianischen Bisonjagd vor etwa 8500 Jahren. 1958 und 1960 förderte der Archäologe Joe Ben Wheat von der University of Colorado in einer ausgetrockneten Bachrinne 152 Bison-Skelette zutage, die sich auf drei Schichthorizonte verteilten. Aus den fest ineinander verkeilten Skeletten zog Wheat den Ablauf der Jagd betreffende Schlußfolgerungen: Die Jäger hatten eine große Herde ausfindig gemacht und sich über mehrere Tage hinweg an sie herangepirscht. Sie standen im Windschatten und trieben die Bisons langsam in eine strategisch günstige Position im rechten Winkel zu dem Arroyo. Dann trieben sie sie in die Rinne. Die Leittiere erreichten die Steilkante, zögerten und wurden von den nachfolgenden Tieren überrannt. Sie stürzten in den Arroyo, blieben liegen und wurden zu Tode getrampelt. Zehn Tiere steckten mit dem Kopf nach unten fest. Zwei lagen auf dem Rücken. Die meisten Skelette befanden sich an der Stelle, wo sie verendet waren, den Kopf nach Süden gewandt. Angenommen, Wheats naheliegende Vermutung, daß die Jäger sich der Herde im Windschatten näherten, ist richtig, dann wäre der Wind am Tag der Jagd von Süden gekommen.

Als die Stampede vorüber war, hatten die Jäger viele Stunden harter Arbeit vor sich. Zuerst brachten die Indianer die Kadaver in eine Position, in der sie sie am Rand des Arroyo aufbrechen konnten. Die am Boden verkeilten Bisons wurden an Ort und Stelle ausgenommen. Die Schlachter arbeiteten in Teams und zerlegten gleichzeitig mehrere Tiere. Sie rollten sie auf den Bauch, schlitzen die Haut entlang des Rückens auf und zogen sie entlang der Flanken ab, um eine Unterlage für das Fleisch zu erhalten. Dann entfernten sie die Filetstücke am Rücken, die Vordergliedmaßen, den Schaufelbug, das Fleisch des Höckers und des Brustkorbs. Wahrscheinlich verzehrten sie die Zungen und Innereien, bevor sie gingen, und häuften die Knochen in dem Arroyo auf. Wenn man vergleichsweise die Praktiken historischer Plains-Indianer heranzieht, so trockneten sie das zähe Fleisch, um daraus Pemmikan zu machen.

Pemmikan ist eine Mischung aus getrocknetem Fleisch und Fett, wie sein indianischer Name auch besagt (*Pemmi* – Fleisch, *kon* – Fett). Mitte des 19. Jahrhunderts beobachtete der Künstler Paul Kane oft, wie Plains-Indianer Pemmikan herstellten. „Die dünnen Scheiben getrockneten Fleisches klopft man zwischen zwei Steinen, bis die Fasern mürbe werden", schrieb er. „Davon werden etwa 50 Pfund in einer Tasche aus Büffelhaut mit etwa 40 Pfund geschmolzenem Fett vermischt – ist die Tasche zugenäht, bildet sich in ihrem Innern eine harte und kompakte Masse." Als haltbare Wegzehrung und Wintervorrat war Pemmikan

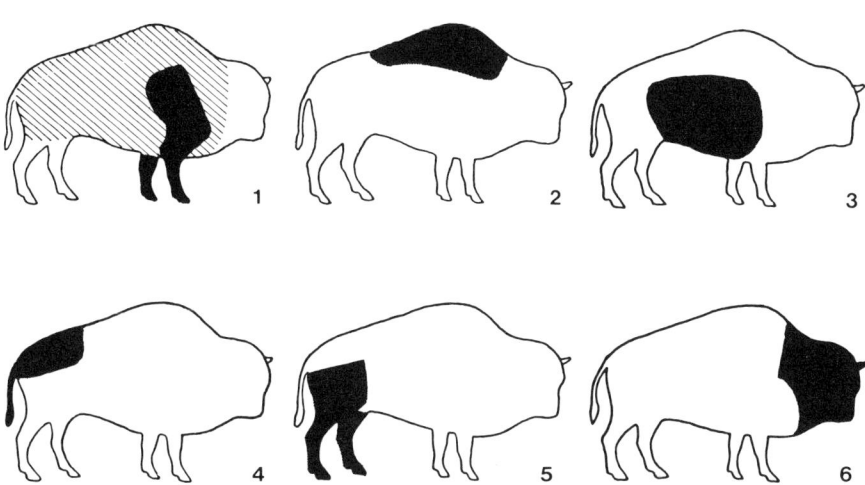

Der Archäologe Joe Ben Wheat hat paläoindianische Schlachtmethoden auf der Grundlage von Praktiken geschichtlicher Plains-Indianer und eigener Ausgrabungen an der Olsen-Chubbock-Stätte rekonstruiert. Die Jäger enthäuteten den Bison den Rücken entlang, um an die zarte Fleischschicht unmittelbar unter der Oberfläche heranzukommen (schraffierter Teil). Wenn diese entfernt war, konnten Vorderbeine und Schulterblätter herausgelöst werden (1), das hochgeschätzte Höckerfleisch (2) lag frei, außerdem das Rippenfleisch und die inneren Organe (3). Im nächsten Schritt wurde das Rückgrat durchgetrennt und Becken (4) und Hinterbeine entfernt (5). Am Schluß wurden Nacken und Schädel als Ganzes abgeschnitten (6), das zähe Fleisch getrocknet und zu Pemmikan verarbeitet.

unentbehrlich. Die Bisonjagd war zur Erlangung der Pemmikanrohstoffe ebenso wichtig wie für die Versorgung mit frischem Fleisch.

Die Jäger von Olsen-Chubbock schlachteten 75 % der getöteten Tiere und gewannen daraus rund 2500 kg Fleisch; außerdem 2500 kg Fett und 1800 kg eßbare Innereien. Dieser Ertrag dürfte über 100 Indianer einen Monat oder auch länger ernährt haben.

Bison-Stürze: Die gemeinschaftliche Bisonjagd erlebte ihre größte Blüte vor 1400 Jahren, in einer Zeit, als Pfeil und Bogen, die vielleicht aus dem Nordwesten kamen, die Plains erreichten. Der Bogen war als Nahkampfwaffe nützlich, aber wenn seine Pfeile nicht zwischen den Rippen eindringen konnten, kaum wirkungsvoller als ein Speer. Offensichtlich setzte er sich relativ schnell durch, aber er löste immer noch nicht das Problem des Treibens und Lenkens der Beute. Mit der Zeit machten die Jäger zunehmend Gebrauch von sogenannten Bison-Stürzen, hohen Felsen, auf die lange Reihen aufgeschichteter Steine zuführten und über die die großen Herden dann gejagt wurden. Die Reihen dienten als Markierung für die heranpirschenden Jäger, die die Herde in die entsprechende Position lenkten.

Die berühmte „Head-Smashed-In-Klippe" im westlichen Alberta, diente mehr als 7000 Jahre lang den Indianern als Sturzfalle. Sechs Flüsse speisen ein flaches,

von hohen Hügeln umgebenes Becken in der Ebene. Ein breiter Bach bildet den
einzigen Zugang. Über 500 bis zu 30 cm hohe Steinpyramiden markieren die 8 km
langen Treiblinien, die zu dem Sandsteinfelsen führen, der den Sturz bildete.
Unterhalb des Felsens liegen mächtige Knochendepots, die bis zu 7400 Jahre alt
sind.

Diese Form der Bisonjagd war noch gebräuchlich, als 1797 der für die Hudson
Bay Company tätige Händler Peter Fidler sechs Wochen unter den Piegan
Indianern verbrachte. Er erlebte viele Bisontreibjagden, als er mit ihnen an einem
ihrer Jagdpferche lagerte. Die Jäger erlegten über 250 Tiere und hätten noch mehr
erbeutet. Aber „als der Wind von dem Pferch aus in Richtung der Zelte zu wehen
begann, zog ein unerträglicher Gestank von der großen Zahl versteinerter [sic]
Kadaver herauf, weshalb wir uns entschlossen, zu gehen".

Stätten wie Olsen-Chubbock und Head-Smashed-In stehen stellvertretend für
offenbar relativ seltene Ereignisse im Leben der Plains-Jäger. Um den Erfolg
solcher Massenjagden zu garantieren, mußte der Bisonbestand eine bestimmte
Dichte erreichen, was nur saisonal, wenn es das Wanderverhalten der Tiere zuließ,
möglich war. Viele Gemeinschaftsjagden könnten alljährlich stattgefunden haben
oder nach Perioden mit stärkeren Niederschlägen, wenn die Bisonpopulation
gewachsen war. Bei Vore nahe Sundance in Wymonig beispielsweise fanden vor
400–410 Jahren fünf Bisonjagden statt. Demnach dürfte es etwa alle zwei Jahre zu
einem großen Bisontreiben genommen sein. Kleinere Gemeinschaftsjagden
könnte es auch jedes Jahr gegeben haben und vielleicht fanden sie Jahr für Jahr an
den gleichen Stellen statt.

John Speths Ausgrabungen in Garnsey, New Mexico, zeichnen eine solche Jagd
nach. Vor ungefähr 400 Jahren suchte eine Gruppe von Jägern eine schmale
Bachrinne auf, von der sie wußten, daß sich die Bisons dort Ende März oder
Anfang April sammeln würden. Anstatt jedes erreichbare Tier zu töten, versuchten sie, nur die männlichen Tiere zu erlegen.

*Als Wölfe verkleidete Jäger kriechen auf dieser Zeichnung von George Catlin (19. Jahrhun-
dert) auf eine Bisonherde zu. Um diese Zeit wurde die uralte Jagdmethode durch Direktan-
griffe mit Gewehren bewaffneter Reiter überholt, die die Tiere massenweise abschlachteten.*

Speth glaubt, daß die Stiere im Frühling in einer besseren Verfassung waren, und ihr Knochenmark einen höheren Fettanteil versprach. Jäger bevorzugen grundsätzlich fettigeres Fleisch, weil es einen wichtigen Energiespender darstellt und essentielle Fettsäuren enthält. Im Frühjahr war an solches Fleisch schwer heranzukommen, weil die Herden sich noch von den mageren Wintermonaten erholen mußten. Deshalb wählten die Jäger in Garnsey die männlichen Tiere aus und verzehrten von den wenigen erlegten Kühen nur die besten Teile mit höherem Fettgehalt.

Alles hing von der genauen Kenntnis des Bisons und der dazugehörigen ausgeklügelten Jagdmagie ab. In späteren Zeiten war die gesamte Jagd von schamanistischen Ritualen begleitet. Sie bereiteten die Menschen und die Bisons auf die Jagd vor und überwachten Richtung und Verlauf der Treibjagd. Eine solche Steuerung war äußerst wichtig, weil der Erfolg der Jagd davon abhing, ob die Tiere in enger Formation zusammengehalten, zur Höchstgeschwindigkeit angetrieben und exakt in die gewünschte Richtung gelenkt werden konnten. Die Jäger versteckten sich hinter Büschen, Felsen und Steinhaufen. Sie erschienen genau im richtigen Augenblick, wenn die Bisons über den Felsvorsprung stürmten oder in die Koppel liefen. Dort wachte ein Schamane über die folgende Schlachtung und das Zerlegen der Beute.

Das Aufkommen von Pferd und Gewehr

Mehr als 10 000 Jahre lang blühte auf den Plains die Großwildjagd. Die Jagdmethoden entwickelten sich langsam weiter, neue Waffen oder Treibtechniken hielten Einzug, veränderte Wetterzyklen bestimmten Dichte und Verteilung der Bisonherden. Die menschliche Bevölkerung blieb gering. Allmählich breitete sich von Mexiko her der Bodenbau aus; er konnte schließlich ganze Dorfgemeinschaften ernähren, die sich an den ganzjährig Wasser führenden Flüssen, die die Plains durchkreuzen, niedergelassen hatten. Zwischen den Siedlern in den Tälern und den nomadisierenden Bisonjägern der weiten Ebenen gab es ständig Spannungen und Rivalitäten. Die Bauern trieben zwar Handel mit den Nomaden, aber beide Lebensformen waren relativ stabil, auch wenn die Größe der Dörfer sich ständig änderte. Diese Stabilität wäre wahrscheinlich länger erhalten geblieben, wenn die Europäer mitsamt ihren Pferden nicht gekommen wären.

Im Jahre 1547 n. Chr., etwa um die Zeit, als Jäger in Garnsey Bisons töteten, kam mit dem Spanier Pedro de Castañeda und seinen Konquistadoren das Pferd wieder auf die Plains. Es dauerte etwa ein Jahrhundert, bis die „rätselhaften Hunde", wie die Indianer sie nannten, die nördlichen Plains erreichten. Die neuen Tiere bedeuteten für das Leben auf den Plains drastische Veränderungen. Zuallererst erweiterte das Pferd den Jagdbereich des Jägers und ermöglichte es, große Fleischmengen zu transportieren. Viel mehr Jäger töteten viel mehr Bisons pro Jahr. Mit der Zeit wanderten die dezimierten Herden nach Westen über die Plains, weg vom Missouri. Ihre Felle und Häute waren gefragt, und die Jagd wurde in dem Maße schwieriger, als sich die Tiere vor den Menschen in acht nahmen. Das Pferd half dem Indianer zwar, mit großem Erfolg Einzeltiere zu verfolgen; aber die Nahrungsbeschaffung war immer risikoreich, selbst zu Beginn des 19. Jahrhunderts, als es noch genügend Bisons gab. Bei einer derart unsicheren Ernährungslage waren die Nomaden in den mageren Monaten auf die seßhaften Dorfbewohner in den Flußauen angewiesen, die sie mit Getreide versorgten. Das wiederum bedeutete für die Bauern Mehrbelastungen, weil die Frauen häufig mit der Verarbeitung von Bisonhäuten beschäftigt waren, Plünderungen die Kornspeicher leerten und Mißernten ein Dorf dem Hungerstod bedrohlich nahe brachten.

Die Nomadenstämme waren in einer starken Position. Sie konnten entweder auf Kosten ihrer bäuerlichen Nachbarn leben oder Bisonfleisch und Häute gegen Getreide eintauschen, wenn es ihnen gelegen kam. Die Nomadenbevölkerung auf den Plains wuchs an, als die Bisonbestände abnahmen. Manche einst seßhafte Gruppen wie die Dakota und Cheyenne wurden Wanderjäger und folgten damit dem Beispiel der Schwarzfußindianer und Comanchen, die schon seit Jahrhunderten auf die Jagd gingen. Der Bisongürtel wurde zum wirtschaftlichen Schlachtfeld, auf dem wilde Kriegsparteien in einem ständigen Kreislauf von Angriff und Vergeltung wechselseitig die Lager überfielen, Pferde stahlen und Vorräte erbeuteten.

Die Übernahme von Pferd und Gewehr – eine Waffe, die die Indianer von europäischen Händlern abhängig machte – führte zu einer chronisch unausgewogenen und unstabilen Lebensweise. Unausweichlich entstanden kulturelle Wertmaßstäbe, die höchst individualistisch ausgerichtet waren und ohne Rücksicht auf das Gemeinwohl Familie gegen Familie aufbrachten. Das Geschick des einzelnen konnte sich über Nacht infolge eines erfolgreichen Überfalls schon wieder verändert haben. Der über Kampf erworbene Reichtum kam dem Status einer Familie zugute. Der Rang des einzelnen wechselte ständig, weil Krieger untereinander um die Treue von Gefolgsleuten und Mitstreitern konkurrierten. Ein hitziges, aufregendes Zeitalter zog über den Plains herauf; die meisten Nomadenstämme glaubten, daß Altern etwas Schlechtes und es für einen Mann besser sei, im Kampf zu sterben.

Pferd und Feuerwaffe waren in den Händen rücksichtsloser Anführer Sprengstoff. Die Schwarzfußindianer der nördlichen Plains waren um 1740 mit die letzten Jäger, die das Pferd kennenlernten. Gleichzeitig erwarben sie Gewehre von den weiter im Osten lebenden Cree. Aus einer strategisch günstigen Position heraus, kontrollierten sie die Ausbreitung von Pferden und Gewehren. Sie wurden Meister des Überraschungsüberfalls. Ein Kriegertrupp sprengte heran, nahm die Pferde, streckte die Menschen gnadenlos nieder und verschwand am Horizont. Um 1850 erstreckte sich das Territorium der Schwarzfußindianer vom nördlichen Saskatchewan River bis zum heutigen Yellowstone-Nationalpark.

Die Schwarzfußindianer erreichten einen gewissen Bekanntheitsgrad, als europäische Pelzhändler und Siedler begannen, in die uralten Jagdgründe der Plains zu drängen. Nur wenige europäische Pelzhändler überlieferten Zeugnisse vom Leben auf den Plains vor Ankunft von Pferd und Büchse. Alexander Henry von der North West Company nahm 1776 an einem Jagdzug der Assiniboin-Indianer teil, kurz bevor das Pferd allgemein verbreitet war. Während die Frauen das Lager in

51 *Die Mammutjäger:* Diorama eines paläoindianischen Mammutfangs im Arizona State Museum. Der Jäger oben auf dem Felsen wirft einen Steinbrocken auf das gefangene Mammut, während ein zweiter Jäger sich dem dem Tod geweihten Tier nähert. Ein Großteil unserer Kenntnisse über das frühe paläoindianische Indianerleben stammt von Schlachtplätzen von Mammuten.

52–56 *Clovis-Fundstellen:* Viele berühmte Forscher haben an paläoindianischen Fundstellen auf den Plains gearbeitet. Dazu zählen auch Paul Martin, links abgebildet mit Mammutknochen in Naco, Arizona, und der Archäologe Emil Haury (unten ganz rechts), die an der letzten Freilegung der vorgeschichtlichen Tiere arbeiteten. Der Paläontologe John Lance assistiert Haury. Der Mammut von Naco trug acht Clovis-Spitzen in seinem Skelett (Mitte), viermal so viele wie bei jedem anderen Fang. Die Vermutung liegt nahe, daß das Tier den Jägern entkam und irgendwann später starb. Vance Haynes (gegenüberliegende Seite, unten rechts mit Emil Haury) nimmt an, daß vier Jäger den Mammut verfolgten, also etwa ein Fünftel eines Verbandes von 20–40 Leuten.

Die Lehner-Fundstätte in Arizona befindet sich in einem Arroyobett (unten); sie umfaßt Feuerstellen, außerdem vielleicht auch die Überreste einer Familie von 13 Mammuten zwischen 2 und 30 Jahren; es könnte sich aber auch um eine Serie von Einzeltieren handeln, die über einen langen Zeitraum hinweg zusammenkamen. Die schwarze Schicht in der Wand des Lehner-Arroyo markiert den Zeitraum, in dem die Mammutschlachtungen stattgefunden haben.

George Frison ist ein anderer Archäologe, der viele paläoindianische Stätten ausgegraben hat, darunter auch Colby in Wyoming (rechts; links Frison mit Cruce Bradley). Hier hinterließen Mammutjäger Haufen nicht zusammengehöriger Knochen, vielleicht die Überreste von Fleischvorräten für die mageren Wintermonate.

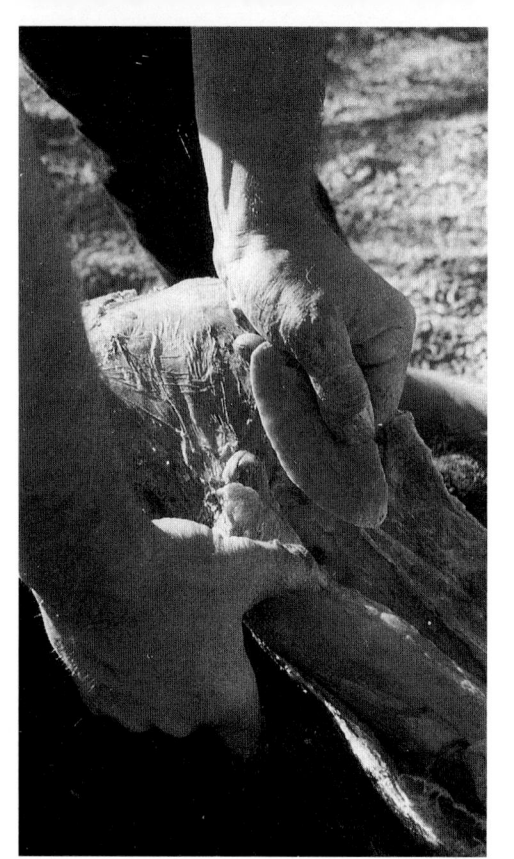

57, 58 *Wie man einen Elefanten enthäutet:* Bruce Huckell vom Arizona State Museum in Tucson machte sich den unvorhergesehenen Tod eines Zirkuselefanten zunutze, um an ihm einige Schlachtexperimente durchzuführen. Wie bei einer prähistorischen Beute lag der Elefant auf der Seite, in diesem Fall auf der rechten. Der erste Hautschnitt wurde mit einem steinernen Bifaziesgerät gemacht, das einer paläoindianischen Vorlage nachgebildet war (links). Huckell hat gleichartige Bifaziestypen an der Fundstätte von Murray Springs in Arizona untersucht. Zahlreiche Haufen von Steinabschlägen in Murray Springs wurden zusammengesetzt, um die Größe der Geräte zu rekonstruieren. Ein Großteil der Steinarbeiten an diesem Ort galt der Herstellung und Schärfung von Schlachtwerkzeugen. Das untere Bild zeigt den Elefanten, nachdem ihm das linke Vorderbein und drei Hautpartien mit Steinwerkzeugen abgenommen worden waren. Um den Kadaver auf die andere Seite zu drehen, sah das Team schließlich keine andere Möglichkeit, als einen Lastwagen zu benutzen. Daraus läßt sich schließen, daß viele prähistorische Mammute nur partiell ausgeweidet wurden, da die Jäger sie nicht herumdrehen konnten, um an das Fleisch der anderen Flanke heranzukommen.

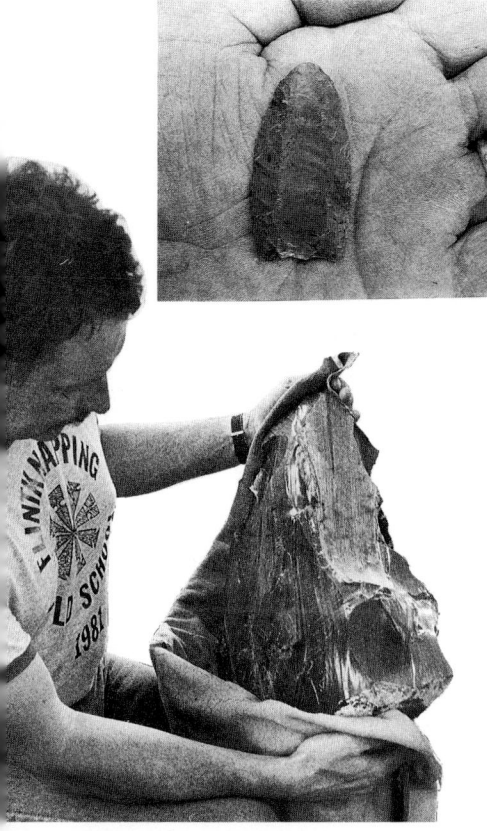

59–64 *Herstellung einer Geschoßspitze:* Der Steinspezialist Jeffrey Flenniken stellt seit seiner Kindheit Steinwerkzeuge her. Hier demonstriert er, wie man eine komplette Folsom-Spitzen-Replik mit Längsrille anfertigt (links oben). Ein Obsidianbrocken (links) wird mithilfe eines großen Steinhammers zerkleinert (Mitte links), die großen Abschläge sind das ideale Rohmaterial für die Herstellung von Spitzen. Der gewählte Abschlag wird nun durch sorgfältige Schlag- und Druckretusche in die Projektilform gebracht (Mitte rechts). Die Endbearbeitung erfolgt auf der Handfläche, indem der Handwerker auf beiden Seiten des Artefakts flache, parallele Splitter abträgt (links unten). Dann wird die Rille mit einem feinen Meißel ausgehoben, der an der Basis der Spitze zentriert ist. Dieser Schritt erfordert Fingerspitzengefühl, damit die Spitze dünn genug wird. Flenniken hat Tausende von paläoindianischen Spitzen hergestellt und glaubt, daß die vielen verschiedenen Formen, die von den Archäologen identifiziert wurden, in Wirklichkeit das Resultat wiederverwendeter beschädigter Artefakte sind.

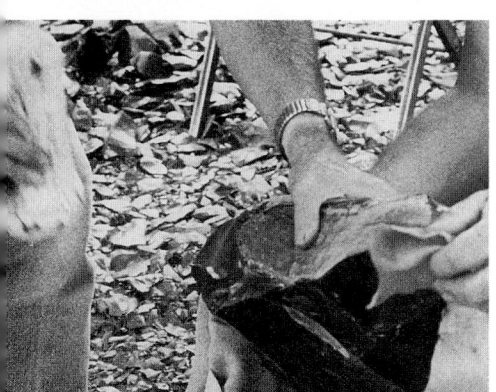

65, 66 *Der Bison-Sturz:* Eine eindrucksvolle Rekonstruktion einer paläoindianischen Bisonjagd (links), die auf archäologischen Funden wie z. B. bei Olsen-Chubbock in Colorado basiert (oben). Aus Olsen-Chubbock lassen sich kleinste Details über die Jagdweise erschließen, u. a. die Schlachtprozedur der Jäger, sogar die Windrichtung am Tag der Jagd. Olsen-Chubbock und andere Fundstellen zeigen, daß die Jäger nur einen kleinen Teil der Beute ausweideten; von manchen Tieren verwendeten sie nur die Häute, um Kleidung und Schutzvorrichtungen herzustellen.

67, 68 *Bisonjagd, Bisontanz:* Mit den Spaniern war das Pferd wieder nach Amerika gekommen; seine Ausbreitung führte zu dramatischen Veränderungen des Lebens auf den Plains. Ende des 18. Jahrhunderts stand die Kultur der Plains-Indianer in voller Blüte. Stämme wie die Sioux verfolgten die Bisons zu Pferd (links, Gemälde des Malers George Catlin). Der junge Schweizer Künstler Karl Bodmer war einer der ersten, die in den 30er Jahren des 19. Jahrhunderts die Okipa-Sommerzeremonie der Mandan-Indianer festhielt, bei der Schöpfungsmythen und die Ankunft der Bisons dargestellt wurden (unten). Die letzten Phasen des Zeremoniells waren Initiationsriten, Martern, die die Krieger für extreme Belastungen abhärten sollten.

George Catlin bannte eine Lebensform auf die Leinwand, als sie ihren Höhepunkt erreicht hatte. Der Wunsch, das „primitive Aussehen und die Gebräuche" der Indianer „der Vergessenheit zu entreißen", hatte ihn Richtung Westen getrieben. Im Jahre 1832 reiste er 2000 Meilen den Missouri entlang und malte 135 Bilder. Hier skizzierte er sich selbst vor der Staffelei, als er gerade das Porträt des Mandan-Häuptlings Four Bears (Vier Bären) malt.

der Nähe eines Jagdgatters aufschlugen, sandte der Anführer erfahrene Jäger zu Fuß aus, die die Tiere in den Pferch lockten. „Sie waren mit Wildochsenhäuten samt Fell und Hörnern bekleidet. Ihre Gesichter waren verdeckt und ihre Gesten waren denen der Tiere so ähnlich, daß ich, wäre ich nicht eingeweiht gewesen, genauso getäuscht worden wäre wie die Rinder", staunte Henry.

Einer der Lockvögel schlich ins Lager zurück, um die wartenden Jäger vorzuwarnen. Die Hunde bekamen einen Maulkorb. Männer und Frauen umringten den Pferch. Die Herde war nur eine halbe Meile entfernt, sie bewegte sich langsam mit Futterpausen vorwärts. Die Lockvögel stießen Grunzlaute wie Bisons aus und stellten sich zwischen den Pferch und die neugierigen Tiere. Als sich die Bisons näherten, zogen sich die Männer zurück und wiederholten den Ruf, sobald die Tiere anhielten. Der Vorgang dauerte so lange, bis die Leittiere in der Öffnung des

Pferchs standen. Dann schlugen die Jäger zu, während sich die Lockvögel in Sicherheit brachten. „Die Rinder machten mehrere Versuche, den Zaun zu durchbrechen; aber die Indianer hielten sie auf ... indem sie vor ihren Augen Felle schwenkten. Es wurden auch Felle an Stricken heruntergelassen, sobald die wilden Ochsen drinnen waren. Das Gemetzel dauerte bis zum Abend ...“ Am nächsten Tag wurden dem Anführer 72 Zungen überreicht, wie sie ihm laut Zeremoniell zustanden.

Pelzhändler wie Henry trugen dazu bei, daß der Keim für die großen Gemetzel gesät wurde, denn die Indianer tauschten begeistert Feuerwaffen gegen Biberpelze. Auf Pferden konnten die Indianer sehr viel mehr Bisons erlegen als jemals zu Fuß mit Pfeil und Bogen. Nun beteiligten sich auch weiße Jäger am Massaker und hinterließen Tausende von Kadavern, die auf den Ebenen verrotteten. Wie der Biber begann auch der Bison selten zu werden. Dann zogen sich die Eisenbahnen durch die Prärien. Spezielle Ausflugszüge brachten Jäger in ein Meer von Bisons. Die großen donnernden Herden mit ihren scheinbar unerschöpflichen Vorräten an Fleisch und Fellen verschwanden gleichsam über Nacht. Die letzten Spuren der althergebrachten Großwildjagd verloren sich unter den Gewehrsalven des 19. Jahrhunderts. Glücklicherweise haben gezielte Rettungsprogramme der letzten fünfzig Jahre den Bison vom Aussterben bewahrt, und heute weiden streng bewachte Herden auf den Plains, wie es ihre Vorfahren seit dem Ende der Eiszeit getan hatten.

2. Die Welt des Nordens

Wie auf den Great Plains überlebten auch im hohen Norden späteiszeitliche Jagdmethoden Tausende von Jahren lang. Aber jenseits des Polarkreises, der vom Süden mit Ausnahme der Küstenregionen durch dichte Nadelwälder abgeschirmt ist, flossen Ideen und Bevölkerungsströme frei von Westen nach Osten und bisweilen auch zurück, verbanden Eurasien mit Alaska und der kanadischen Arktis und führten schließlich zu langfristigen Veränderungen von großer Tragweite. Der Enträtselung dieser Vorgänge hat sich in den letzten Jahrzehnten eine Gruppe von Wissenschaftlern mit großer Hingabe gewidmet.

Die Nachfahren der Paläoindianer

In der zirkumpolaren Zone herrschten Umweltbedingungen, unter denen nur kleine Bevölkerungsgruppen von Sammlern und Jägern pro Quadratkilometer Nahrung fand, selbst wenn die Verhältnisse relativ günstig waren. Folglich ist es kaum verwunderlich, daß es dort ständig jahreszeitlich bedingte Wanderungen (von Menschen) über große Entfernungen hinweg gab. Die Menschen folgten dem weit herum ziehenden Karibu, schlugen ihre Winterlager in geschützten Tälern auf und nutzten die saisonalen Lachsschwärme. Die meisten dieser Wanderzüge öffneten Familienverbänden neue Jagd- oder Fischgründe, die sie jedes Jahr weiter ausdehnten. Solche kleinräumigen Bevölkerungsverschiebungen brachten verschiedene Sprachgruppen (Aleüten, Eskimos und Athapasken), landsässige wie maritime Völker in den hohen Norden, Jahrtausende lang nach der Ankunft der ersten Siedler.

Vorgeschichtliche Völkerwanderungen nachzuzeichnen ist ein kompliziertes Unterfangen. Seit Generationen gibt es Kontroversen und Spekulationen und kaum allgemeine Übereinstimmungen. Eine Möglichkeit, Licht in die Angelegenheit zu bringen, ist Christy Turners Zahnmorphologie als hypothetischer Rahmen. Wir haben sein Argument, daß die meisten einheimischen amerikanischen Gemeinschaften direkte biologische Nachkommen der paläoindianischen Ursiedler aus Sibirien sind, bereits erörtert. Turner glaubt auch, daß es zwei spätere Einwanderungswellen asiatischer Volksgruppen in die Neue Welt gegeben hat, die im großen und ganzen nur bis zum hohen Norden und zur Nordwestküste vordrangen und niemals weiter in den amerikanischen Kontinent vorstießen. Wie wir gesehen haben, wird dieses Bild in gewisser Weise durch die Aufstellung von Gm-Allotypen gestützt, die die amerikanischen Indianer gleichermaßen in drei Gruppen einteilt.

Turner vermutet, daß die frühere der beiden nachpaläoindianischen Einwanderungswellen Ahnen der Na-Dene-sprachigen Bevölkerungen über die Landbrücke auf das Ostufer der Beringstraße führte. Es waren Waldjäger und -sammler aus Sibirien, die vielleicht der späteren Djuchtai-Tradition angehörten. Sie gebrauchten Werkzeuge und Waffen, die die Haut kleinerer Tiere durchstoßen konnten, Mikroklingen, wie sie in der arktischen Kleingerät-Tradition Alaskas zu finden sind. Turner meint, daß diese Überquerung ganz am Ende der Wisconsin-Eiszeit vor 14 000 bis 12 000 Jahren stattfand, kurz bevor die Landbrücke unterging. Seinem Entwurf zufolge verbreiteten sich die Vorfahren der Na-Dene-sprachigen Völker nach Süden und Westen zur Kenai-Halbinsel, zur pazifischen Nordwestküste (Tlingit-Indianer gehören zur Na-Dene-Sprachgruppe) und weit ins Landesinnere, wo aus ihnen die Nord-Athapasken hervorgingen. Später spalteten sich einige von dieser Gruppe ab, zogen in südlicher Richtung und wurden zu den Vorfahren der heutigen Süd-Athapasken (Navajos und Apachen).

Turner argumentiert, daß eine weitere Einwanderung die seeorientierten Vorfahren der späteren Aleuten und Eskimos nach Alaska über den freiliegenden Kontinentalsockel vor der Halbinsel Kamtschatka und die Südperipherie der Landbrücke führte. Unterwegs lernten sie, wie man Robben, Otter und andere Meeressäuger jagt. Die „Proto-Eskimo-Aleuten" könnten auch irgendwann nach den Paläoindianern angekommen sein, aber ehe die Landbrücke vor etwa 12 000 Jahren versank. Bedauerlicherweise ist Turners Theorie heute nicht mehr zu überprüfen, weil alle Spuren dieser Menschen unter dem heutigen Meeresspiegel begraben liegen.

Turners Wanderungshypothesen haben unter den Archäologen der Arktis intensive Diskussionen ausgelöst, bei denen alle erdenklichen theoretischen und archäologischen Einwände erhoben wurden. Seine Bevölkerungsbewegungen sind nur ein Modell unter vielen. Die zur Diskussion stehenden Fragen sind komplex. Wann entwickelte sich die arktisch-maritime Tradition, also jene Form der Anpassung, die wir von den geschichtlichen Aleuten und Eskimos kennen? Ist die Entwicklung dieser Sprachgruppe getrennt von der Ethnogenese der Na-Dene-Völker verlaufen oder gingen letztere aus dem Fusionsprozeß paläoindianischer und eskimo-aleutischer Bevölkerungsteile hervor? Und sind wir denn sicher, daß diese Gruppen, angefangen bei den Paläoindianern, wirklich zu verschiedenen Zeiten ankamen? Niemand kann behaupten, er habe darauf einfache Antworten.

Aleuten und Eskimos

Wenn Turner recht hat, verbreiteten sich im Postglazial Na-Dene-Sprecher weit ins Binnenland und entlang der Nordwestküste, während die Vorfahren der Aleuten und Eskimos irgendwann später kamen. (Besonders in Kanada wird zur Bezeichnung der Eskimovölker gemeinhin der Ausdruck *Inuit* verwendet. Aus Gründen der Einheitlichkeit und dem häufigeren Gebrauch in der Fachliteratur steht hier immer Eskimo.) Die Frage nach dem Ursprung dieser beiden verschiedenen Völkergruppierungen gehört zu den großen Streitpunkten der Arktis-Archäologie. Entwickelten sie sich in Alaska selbst nach der Eiszeit oder sind sie

Nachkommen viel früherer maritimer Völker, wie Turner glaubt? Und wann spalteten sich die beiden Kulturgruppen voneinander ab?

Sprachlich gesehen gehören Aleuten und Eskimos der eskalëutischen Sprachfamilie an, wobei die Trennlinie die Halbinsel Alaska durchschneidet. Die Unterschiede zwischen den Sprachen der Eskimos und dem Aleutischen sind etwa so groß wie die zwischen Russisch und Englisch innerhalb der indoeuropäischen Sprachfamilie. Eskimo-Mundarten sind viel weiter verbreitet als die Aleuten-Dialekte: vom nordöstlichen Sibirien und der Halbinsel Alaska durch die nördlichen Breiten von Kanada bis nach Grönland. Es gibt mehrere Sprachen, aber Sprachforscher glauben aus ihrer geringen Differenzierung schließen zu können, daß die Besiedlung der arktischen Meeresküste eine vergleichsweise junge Entwicklung ist.

Einig sind sich die Forscher darin, daß die Aleuten und Eskimos asiatischen Völkern besonders nahe stehen. Ihr Skelettbau und ihr genetischer Code sollen von den Merkmalen der Indianer weiter im Süden leicht zu unterscheiden sein, ausgenommen dort, wo Zwischenheiraten stattfanden. Die Eskalëuten-Sprachen haben auch Verwandte in Sibirien, etwa das Tschuktschische, das im hohen Nordosten gesprochen wird.

Obwohl Christy Turner und Nikolaj Dikov die Stätten am Uški-See auf der Halbinsel Kamtschatka schon auf ein Alter von 14000 Jahren datieren wollten, konnten auf sowjetischem Territorium bisher keine archäologisch nachweisbaren Vorfahren der Aleuten oder Eskimos identifiziert werden. Als Kandidaten kommen Waldtundra-Jäger, die auch Meeressäugern nachstellten, in Frage. Die Träger der nur unzureichend bekannten Sumniagin-Tradition am Mittellauf der Lena entsprechen in etwa diesem Kulturbild.

Aller Wahrscheinlichkeit nach entstanden die seeorientierten Aleuten- und Eskimo-Kulturen aus Wurzeln der arktischen Kleingeräte-Tradition auf den Inseln und Küsten der Beringstraße und breiteten sich dann in alle Richtungen aus.

Es gibt nur wenige Stätten, die darüber Aufschluß geben, darunter das berühmte Dorf Anangula, das auf einem Eiland vor der Insel Umnak im Bereich der östlichen Aleuten liegt. Diese Küstensiedlung war bereits vor etwa 8800 Jahren bewohnt. Die frühen Siedler lebten in ovalen Häusern von etwa 5 m Länge. Sie fischten und jagten Meeressäuger und verbrachten den Großteil ihres Lebens in Booten. Anangula war wahrscheinlich eines von Dutzenden anderer Küstendörfer jener Zeit, die über Generationen hinweg mehr oder weniger dauerhafte Basen darstellten. Die einfachen Steinartefakte aus dieser Stätte scheinen der altarktischen Kern- und Klingen-Tradition zuzugehören. Der Anthropologe William Laughlin ist der Ansicht, daß in Anangula Vorfahren der Aleuten-Völker beheimatet waren. Leider wurde die Stätte lange vor den ersten eindeutigen Spuren der historischen Aleuten vor etwa 3000 Jahren verlassen, so daß seine Vermutung aus archäologischer Sicht nicht bestätigt werden kann.

Die Aleuten-Inseln liegen in einem Bereich, der vom pazifisch-maritimen Klima beherrscht wird. Selbst die ungeschützten Buchten frieren selten zu; das Klima ist kühl und nebelig, der Himmel oft wolkenverhangen. Es gibt kaum Bäume. Die einzige Nahrungsquelle ist das offene Meer. Die Aleuten stellten von

Jugend an Meeressäugern nach und waren erfahrene Bootsleute. Sie gingen in
Zwei-Mann-Kajaks auf die Jagd, Fellbooten, die von einem Mann gesteuert
wurden, während der andere die Beute harpunierte. Die Gewässer um die Aleuten
sind reich an Pelzrobben, Seelöwen und Seeottern, die in den unruhigen Gewässern entlang des Aleutengrabens leben. Selbst die kleinsten, rasch fließenden Bäche
sind alljährlich voll von Lachsen. Von frühester Zeit an waren die Bewohner dieser
abgelegenen Inselkette ausgezeichnete Meeresjäger und Fischer, enge Verwandte
verschiedener Arten ihrer Eskimo-Nachbarn. Als sich die Ahnengruppen jeweils
verschiedener Biotopen anpaßten, wurde die Bindung schwächer..

Während die Aleuten sich in kultureller Isolation auf einem abseits liegenden
Archipel entwickelten, breiteten sich die Eskimos Tausende von Meilen über das
arktische Festland aus. Aleuten und Eskimos trennten sich wahrscheinlich früher
als vor 4000 Jahren, als die Eskimos bereits eine vielseitige Kultur entwickelt
hatten, die auf der Jagd nach Meer- und Landsäugetieren und auf der Binnen- und
Meeresfischerei beruhte. Diese neue Kultur entstand entlang der Küsten und
bildete sich schließlich vor 4000 Jahren weitgehend in ihrer heutigen Gestalt aus.

Die Fähigkeiten der Arktisjäger

Für die arktische Jagd und Nahrungssuche zu Wasser waren Menschen erforder-
lich, die gleichermaßen an das Wasser wie das Land angepaßt waren. Knochen,
Steine und Treibholz mußten verarbeitet werden, um Karibus und Elche zu
fangen, Vögel zu schießen und sich im Küstenbereich über Eis und Wasser zu
bewegen. Mit der Zeit wurde die Jagd auf Meeressäuger immer wichtiger. Vermutlich benutzten die Steinzeitjäger kleine Fellkajaks, die sie buchstäblich wie wasser-
dichte Kleidungsstücke trugen, indem sie die Öffnung des Boots mit Hilfe ihrer
Oberkleider abschlossen. Beim Bootsbau achtete man auf ausreichende Wärme-
isolation. Im Sommer transportierten die Menschen schwerere Lasten in größeren
Fellbooten, Prototypen des Eskimo-*Umiaks*. Auf gefrorenem Boden war der
Hundeschlitten unabdingbar. Die Mobilität zu Wasser und zu Land verwandelte
die Beringsee an ruhigen Tagen, wenn der Himmel klar war und die Gewässer von
unberechenbaren Eisschollen frei waren, von einer Barriere in eine natürliche
Straße. Dies bedeutete auch, daß sich die kulturelle Adaption an die See überall
entlang der arktischen Küsten ausbreitete und dann ostwärts über den hohen
Norden bis nach Grönland vordrang.

Wenn wir einen gewissen Einblick gewinnen wollen, wie die arktischen Jäger
überlebten, müssen wir nur die heutigen Eskimogemeinschaften betrachten.
Richard Nelson ist ein scharfsinniger Ethnologe, der jahrelang untern Eskimos
und Athapasken in Alaska lebte. Er erforschte das kleine Dorf Wainwright an der
Beringstraße, wo die Leute noch das ganze Jahr über Meeressäugetiere jagten.
Dabei fand er heraus, daß die Eskimos über geistige Fähigkeiten verfügen, die auf
die arktische Jagd zugeschnitten waren. Nach einem Jahr des Reisens und des
Jagens mit den Leuten von Wainwright war er zutiefst von der Selbstsicherheit und
dem Sachverstand der Jäger beeindruckt. Sie kannten ihre Umwelt bis ins letzte,

nicht nur die Nahrungsquellen, sondern bewahrten auch einen reichen Schatz geheimen Wissens, das sie zu Lebzeiten vielleicht nur einmal in einem Notfall würden gebrauchen müssen. Sie waren aufmerksame Beobachter und teilten bereitwillig ihre Kenntnisse mit anderen. Folglich wurde demjenigen mit der größten Erfahrung auch der meiste Respekt entgegengebracht, und diejenigen, die ihm zuhörten, stellten das, was ihnen gesagt wurde, kaum in Frage.

Eskimos müssen über eine ausgezeichnete körperliche Verfassung und eindrucksvolle Widerstandskräfte gegenüber feuchten, kalten oder beschwerlichen Verhältnissen über lange Zeiträume hinweg verfügen. Dieses geistige und körperliche Durchhaltevermögen macht sie ausdauernd, auch wenn die Bedingungen extrem hart sind. Der Eskimo ist selbstgenügsam, er ist immer sinnvoll und leicht ausgerüstet, um jeder Aufgabe gewachsen zu sein, und er ist sparsam im Verbrauch seiner Energie; er plant immer voraus. Während seiner Reise beobachtete Nelson, wie die Männer bei der Robbenjagd leere Schlitten vor sich her über das Eis schoben. Sie wußten, daß es mühsam sein würde, einen Seehundkadaver über Eisschollen zu ziehen. Die Erfahrung hatte sie gelehrt, daß sie diese Aufgabe mit einem Schlitten leichter bewältigen konnten.

Das Interieur eines arktischen Winterhauses auf der Halbinsel Kamtschatka aus Captain Cooks Reise zum Pazifik von 1784. Da die Bewohner der Arktis viele Monate auf engstem Raum miteinander leben mußten, entwickelten sie soziale Umfangsformen, die besonders auf die Vermeidung von Konflikten ausgerichtet waren.

Die Leute aus Wainwright schienen das zu haben, was Nelson eine „unausgesprochene Vorstellung von Risikofaktoren" nannte. Beispielsweise machten sie nie Jagd auf Walrosse, wenn die Gefahr bestand, im Treibeis festgehalten zu werden. In diesem Sinne waren sie ständig wachsam – beim Fleischausnehmen hüteten sie sich vor Eisbären. Sie ließen sich keine Robbe entgehen, die sie nebenher unerwartet als Zugabe schießen konnten. Unter Lebensbedingungen, in denen man innerhalb von Minuten an Unterkühlung und Erfrieren sterben kann, sind die Eskimos so anpassungsfähig, daß sie mit geringsten Hilfsmitteln improvisieren können. Mehrere Ethnologen haben beobachtet, wie sie Behelfsschlitten aus gefrorenem Fleisch bauten, um damit nach Hause zu kommen. Diese Fähigkeit zur Anpassung bedingt auch Gemeinschaftssinn – man hilft sich bereitwillig, das Fleisch wird geteilt. Die Vorstellungen der Eskimos in Bezug auf gegenseitige Verpflichtungen sind von denen etwa der Europäer vollkommen verschieden. Dankbarkeit wird selten zum Ausdruck gebracht. Es gibt ein unausgesprochenes Einverständnis darüber, daß der Geber eines Tages in gleicher Münze bezahlt werden wird.

Die Eskimos haben sich in besonderer Weise an die Realitäten ihres Alltags angepaßt. Sie lachen über ihre Mißgeschicke, denn Humor erleichtert die Bewältigung von Schicksalsschlägen vermutlich wirkungsvoller als Ärger. Und der Eskimo ist bereit, außerordentlich lange gar nichts zu sagen, um Konflikte zu vermeiden. In vorgeschichtlicher Zeit lebten sie gruppenweise in winzigen Winterquartieren, in denen der enge Kontakt unvermeidbar war. Unter solchen Umständen bedeutet aggressives Verhalten Selbstzerstörung. Auf diese Weise haben die Eskimos gelernt, miteinander auszukommen und Konflikte zu umgehen.

Daß Nelson unter Eskimos des 20. Jahrhunderts, die Feuerwaffen benutzten, lebte, ändert im Grunde nichts. Die Jagd- und Transportmethoden mögen sich gewandelt haben, aber die Umweltbedingungen sind die gleichen geblieben. Wir können sicher sein, daß die vorgeschichtlichen Eskimos und ihre Nachfahren über die gleichen Eigenschaften verfügten.

Norton, Dorset und Thule

Über Jahrtausende jagten die Vorfahren der heutigen Eskimos Karibus und Moschusochsen, gelegentlich machten sie offenbar auch Abstecher an die Küste. Ihre Beute lebte so zerstreut, daß ihre Jagden sie vor 4000 Jahren über die Tundragrenze und das Eis des Arktischen Ozeans bis weit nach Nordgrönland hineinführten. In dieser Zeit waren die Menschen an der Beringstraße weit im Westen sehr viel stärker auf Meeressäugetiere angewiesen. Viele wurden geschickte Walroß- und Waljäger und lebten in festen, Dauersiedlungen nahe bei den Wurfplätzen. Die Jäger verwendeten große Sorgfalt auf die Herstellung von Jagdwaffen aus Knochen und Elfenbein wie z.B. Harpunenspitzen. Vor 2000 Jahren blühte im gesamten Gebiet um das Beringmeer die „Norton-Tradition", benannt nach der Norton Bay, woher die ersten Artefaktfunde stammen. Es handelt sich um eine Kultur, deren Träger sich zu etwa gleichen Anteilen der Jagd im Inland, dem Fang von Meeressesäugern und der Fischerei widmeten. Sie entwickelte sich zu beiden Seiten der Bering- und der Tschuktschen-See, und einige Siedlungen erreichten eindrucksvolle Größen. In der Nähe von Cape Nome in Alaska überdauerten allein 400 Überreste von Häusern. Viele Menschen lebten den größten Teil des Jahres in viereckigen festen Behausungen. Sie gruben ihre Häuser bis zu 50 cm in den Boden ein und statteten sie mit kurzen, schrägen Eingängen und Dächern aus, die mit Grassoden abgedeckt waren. Diese Bauweise schützte viel besser gegen die extremen arktischen Winter. Manche Gemeinschaften errichteten größere Männer-Versammlungshäuser, die *karigi*. Dort suchte man durch Gesang und Rezitation heiliger Texte, bisweilen auch Gauklerkunststückchen Kontakt und das Zwiegespräch mit den übernatürlichen Mächten. Darin waren die Schamanen Meister; sie waren nicht nur Heiler, sondern konnten die Zukunft voraussagen und die Welt deuten.

Um Christi Geburt jagten die Norton-Leute in einem riesigen Gebiet, das vom südlichen Cook Inlet zur Beringsee und der Halbinsel Alaska bis hin zum Firth River im kanadischen Yukongebiet reichte. Die „Ipiutak"-Behausungen, benannt nach dem Ort bei Point Hope, an dem sie zuerst gefunden wurden, belegen eine hoch entwickelte Version der Norton-Tradition. Sie sind berühmt für ihre kunstvoll verzierten Harpunenspitzen, Pfeilspitzen und Messergriffe aus Geweih. Die Künstler stellten nicht nur Gebrauchsgegenstände her, sondern auch gravierten Perlenschmuck, durchbrochen gearbeitete Schnitzereien, Tierfiguren und winzige Figurinen in Menschengestalt.

Zu Beginn des ersten Jahrtausends n. Chr. gaben Gruppen der „Thule-Tradition" an der Beringstraße die Jagd auf Landsäugetiere auf und lebten fast ausschließlich vom Meer. („Thule" ist ein griechisch-lateinischer Ausdruck für ein weit im Norden liegendes fernes Land). Die Küsten, Inseln und Gewässer dieser Gegend waren erheblich ertragreicher als das Festland, sobald die Menschen die entsprechende Technologie zu ihrer effektiven Ausschöpfung zur Verfügung hatten. Diese Thule-Leute waren geschickte Kajakfahrer. Walroßjagd und Walfischfang entwickelten sie zur Vollendung und eigneten sich eine Reihe von technischen Geräten an, die ihr Überleben im hohen Norden gewährleisteten.

Die Thule-Kultur verwertete nicht nur Knochen und Elfenbein, sondern auch polierte Schiefer zur Herstellung von Geschoßspitzen, Messern und des *ulu*, eines Messers mit halbmondförmiger Klinge, die häufig in einem geschnitzten Elfenbeingriff steckte. Die Jäger bauten große offene Fellboote, sogenannte *Umiaks*, die eine große Zahl von Menschen mitsamt ihrer Habe zu neuen Dörfern oder bei der Jagd vor der Küste transportieren konnten. Die Bootsführer, *Umialiks* genannt, genossen in den großen Walfängersiedlungen, die jetzt an den Küsten aufblühten, beachtliches gesellschaftliches Ansehen. Ihre exponierte Stellung beruhte auf Jagdgeschichte und Führungsqualitäten, oder auch auf der ihnen nachgesagten besonderen Spiritualität.

Der *Umiak* versetzte Jäger in die Lage, von sicherer Warte aus Wale und Walrosse zu harpunieren. Die Kippkopfharpune mit Basisfülle und aufgestecktem Vorschaft wurde neu entwickelt. Geschoßkopf und Schaft waren über eine Fangleine miteinander verbunden. Nach dem Wurf verankerte sich der abgelöste

Die Ipiutak-Kultur, die um 350 n. Chr. im nördlichen Alaska entstand, ist für ihre Schnitzereien aus Knochen, Elfenbein und Geweih berühmt. Diese „Maske" aus Elfenbein wurde in einer Grabstätte in Point Hope gefunden und hatte vermutlich einst ein Rückenteil aus Holz.

Kippkopf in der Beute; ruckartiges Ziehen an der Leine beschleunigte ihr Ausbluten. Dank der Leine konnten erlegte Tiere auch auf See geborgen werden. Eisjäger banden die Harpunenleine an einem passenden Eisbrocken fest. Walfänger ließen dem Tier mindestens 55 m Leinenfreiheit. Die Mannschaft konzentrierte sich darauf, daß der Wal das Boot schleppte und müde wurde. Die Walroßjagd erforderte große Geschicklichkeit. Wildere Tiere näherten sich dem Boot von unten, drehten sich auf den Rücken und schlitzten den Boden in Sekundenschnelle auf. Deshalb mußte die Crew wendig und immer auf der Hut sein. Das Walroß gilt bei heutigen Eskimos oft als geheimnisvolles, boshaftes Tier. „Walrosse sind wie Menschen ... sie hören, was man sagt", meinen die Eskimos. Trotzdem lohnte ein Walroß das Risiko. Wie der Bison lieferte es eine große Menge Fleisch, und man brauchte zwei Mann, um es auszunehmen. Für die Thule-Leute war dieses Tier lebensnotwendig. Sie verwendeten nicht nur Haut und Fleisch, sondern fertigten auch Gebrauchs- und Schmuckgegenstände aus Knochen und Elfenbein. Fisch- und Walroßfleisch waren wertvolle Nahrung für die Hundegespanne, die die robusten Thule-Schlitten bei jedem Wetter über Eis und Schnee zogen. Eine als Kältefalle wirkende Schleuse am Eingang der halbunterirdischen Behausungen bewährte sich selbst bei extremen Minusgraden, sperrte sich doch gleichsam die Wärme in den Häusern ein.

Die Thule-Leute waren das ganze Jahr über aktiv und dabei auf genähte Kleidung, die man mit Knochen- und Geweihnadeln fertigte, angewiesen. Die Robbenjagd auf dem Eis wird selbst heute noch während der Wintermonate, wenn

Geschoßköpfe von Kippkopfharpunen der Ipiutak; die größte ist ungefähr 10 cm lang.

das Thermometer an manchen Tagen unter − 45 °C fällt, ausgeübt. Die Männer bleiben acht Stunden ununterbrochen auf dem Schelfeis. Obwohl sie sich durch Bewegung warm halten, tragen sie mehrere Kleidungsstücke übereinander. Einige traditionelle Kleidungsstücke sind bis heute in Gebrauch, und sie bieten ebenso wirksamen Schutz, wie die heutige Kaltwetterkleidung, wenn nicht besseren. Die Eskimojäger tragen häufig noch einen oder mehrere Anoraks aus Karibufell mit Kapuze, bei denen der unterste mit dem Fell nach innen getragen wird. Das geschieht jedoch nur bei sehr kaltem Wetter, denn die gut sitzenden Fellkleidungs-stücke sind leicht und außerordentlich warm zugleich. Vielfraßpelz um die Kapuze herum bildet einen Atemtunnel aus warmer Luft, der Frostbeulen verhindert.

Gut schützende Fußbekleidung ist sogar noch wichtiger, vor allem der *uguru-lik*, ein Stiefel aus Karibu- und Seehundfell mit einer festen Sohle aus Robbenleder. Der kniehohe Schaft besteht aus Haut von der Keule eines Karibus, die sorgfältig bis zu den Hufen herunter geschnitten und dann mit geflochtenen Sehnen und einem Streifen Seehundhaut dazwischen an die Sohle angenäht wird. Robbenfett macht die Sohle haltbar und wasserdicht, eine Sehnenschnur um den oberen Teil verhindert, daß Schnee eindringt. Socken und lange Strümpfe aus Karibufell halten zusätzlich warm.

Die gesamte Kleidung ist nicht nur sorgfältig auf Sitz gearbeitet, sondern sie wird auch, wenn der Jäger nach Hause kommt, sofort getrocknet. Fellkleider verrotten leicht und fangen an zu haaren, wenn man sie nicht trocknet. Der arktische Jäger weiß genau, daß warme, trockene Kleidung zusätzliche Sicherheit verschafft. Wir können sicher sein, daß die Träger der Thule-Kultur mindestens so effektive Kleidung hatten wie die heutigen Eskimos, bevor der europäische Parka eingeführt wurde.

Die Thule-Kultur war so erfolgreich, daß sie sich in der ganzen Arktis durchsetzte und, ausgehend von der Beringstraße, in kaum mehr als hundert Jahren zwischen dem 10. und 11. Jahrhundert n. Chr. Grönland erreichte. In diesen Jahrhunderten erwärmte sich das Klima beträchtlich. Bedingt durch geringeres Eisaufkommen im Frühjahr und Herbst, verfügten wandernde Wale und Walrosse oder Bartrobben auf ihrem Zug zu den sommerlichen Nahrungsgründen in der Beaufortsee und im Arktischen Archipel über mehr Lebensraum. Viele Archäologen glauben, daß die Thule-Tradition sich über die östliche Arktis ausbreitete, als Flotten von Kajaks und *Umiaks* mit geringem Aufwand ganze Dörfer versorgen konnten, wo früher landorientierte Gemeinschaften kaum zurecht gekommen waren. Der Archäologe Moreau Maxwell meint, daß damals ein erlegter Wal bei einer Tagesration von 4 kg Fleisch und Speck ausreichte, um die Bewohner einer kleinen Siedlung zwei Jahre lang zu versorgen.

Bis zum 12. und 13. Jahrhundert n. Chr. hatten sich Thule-Leute auf den Inseln und an den Küsten der zentralkanadischen Arktis entlang der Hudson Bay angesiedelt. In Baffinland, Nordgrönland und Labrador lebten sie von Robben, Fischen und Landsäugetieren. Überall trafen die Seejäger auf eine Vorbevölkerung. Die Nachfahren viel früherer Karibu- und Moschusochsenjäger hatten in der Region schon mindestens 2000 Jahre lang gelebt. Sie jagten auch Meeressäuger, schlugen sich in einer rauhen Welt, die von unberechenbaren, übernatürlichen Kräften beherrscht wurde, durch. Ihre Knochen- und Holzschnitzereien von Meeressäugern und Bären spiegeln diese Welt wieder. Die hochrangigsten und erfahrensten Jäger unter diesen „Dorset"-Menschen waren Schamanen, Geschichtenerzähler und Kultleiter, die die langen Winternächte mit magischen Séancen und Heilzeremonien belebten.

Ein Grönland-Eskimo, der eine Robbe umklammert. Illustration aus dem 19. Jahrhundert.

Die Normannen (Wikinger) erreichten Grönland vor tausend Jahren, aber Ende des 14. Jahrhunderts verließen sie ihre Siedlungen aufgrund der Klimaverschlechterung und der Angriffe eingeborener Eskimos. Der Holzschnitt aus dem 19. Jahrhundert zeigt einen Eskimo, der siegreich über einem toten Normannenhäuptling steht. Er hält die Erinnerung an Konflikte aus ferner Vergangenheit wach.

Die wärmere Klimaperiode dauerte nicht lange. Um 1200 n. Chr. zwangen kühlere Temperaturen die Thule-Leute, ihre bemerkenswerte Fähigkeit, sich an radikal veränderte Bedingungen anzupassen, erneut unter Beweis zu stellen. Viele der im Osten Ansässigen zogen auf das Wintereis, bauten dort Schneehütten und jagten Seehunde an ihren Atemlöchern im Packeis. Im Sommer folgten sie dem Karibu und fingen Flußfische. Einige ließen das Meer ganz hinter sich zurück und stießen in die Barren Grounds östlich der Hudson Bay vor, um das ganze Jahr über Karibus zu jagen.

Im Westen waren die Bedingungen günstiger, denn die Rückkehr des Packeises erlaubte jetzt wieder den Walfang vom Schelfeis aus. An Orten wie Point Hope und Point Barrow blühten Walfangdörfer auf, von denen einige bis ins 20. Jahrhundert hinein überdauern sollten. Unterdessen drangen andere nomadisierende Thule-Gruppen weit ins Binnenland bis zum Yukon, Kuskokwim und anderen großen Flüssen vor.

Als die Thule-Kultur ihre höchste Blüte erreichte, kamen einige östliche

Verbände mit Fremden von außen in Berührung, rauhen Seeleuten, die in großen Holzbooten aus dem Osten kamen. Es waren Wikinger, die um 1000 n. Chr. nach Grönland und anschließend nach Labrador und Neufundland vorgedrungen waren. Sie hielten die Eskimos für zähe, schwierige Leute – *skraelinger* ("Schwächlinge") nannten sie sie. Über mehr als zwei Jahrhunderte tauschten die Eskimos und die Wikinger Eisen gegen Elfenbein und Robbenfleisch. Dann brachen die Wikingersiedlungen in Grönland angesichts der Klimaverschlechterung und vielleicht durch die Angriffe der einheimischen Bevölkerung zusammen. Die Eskimos gerieten bis zur Mitte des 16. Jahrhunderts in Vergessenheit, als neue Generationen westlicher Entdeckungsreisender in ihre arktische Heimat vordrangen.

Die Nordwestküste

Nach Süden hin geht Alaska unmerklich in die pazifische Nordwestküste über – eine weiträumige Küstenlandschaft, unterbrochen von Bergketten und Gebirgsausläufern, die, dicht bewaldet, steil aus dem Meer aufragen. Sitkafichte, Hemlocktanne und Riesenlebensbaum bedecken nur wenige Meter von den riesigen Wellen entfernt das Ufer. Selbst die Inseln vor der Küste sind bewaldet. Nur hier und da gibt es seichte Buchten und flache Felsnasen. Vorgeschichtliche Fischer haben sich an solchen, von der Natur begünstigten Stellen niedergelassen und ihre Boote angelandet.

Die Küste bot am Ende der Eiszeit ein sehr vielfältiges Bild. In der Wisconsin-Eiszeit war sie vergletschert. Als sich der Kordilleren-Eisschild zurückzog, schwanden die Berggletscher, die Schneefallgrenze verschob sich nach oben und die Meeres- und Landhöhen veränderten sich, bis sie vor ungefähr 5000 Jahren mehr oder weniger den heutigen Stand erreichten. Offenes Waldland, das sich am Puget Sound, wo heute Seattle liegt, erstreckte, folgte auf die Vergletscherung. Dieses Waldland bestimmte bis vor 5500 Jahren, als die Klimaverhältnisse wohl wärmer und trockener als heute waren, den Habitus der Vegetation. Später führten starke Regenfälle auf den Inseln und an den Küsten des Nordwestens zur Ausbildung geschlossener Fichten- und Scheinzypressenwälder.

Der pazifische Nordwesten war in den ersten Jahrtausenden des Postglazials bestenfalls schwach besiedelt, denn weite Teile waren immer noch vereist. Wir wissen natürlich nichts über die Küstenbevölkerungen, weil ihre Siedlungen schon lange unter dem Meer begraben liegen. Es kann sein, daß die ersten Siedler von den Altarktikern Südalaskas abstammten und entlang der gerade erst eisfreien Küste von Norden kamen. Diese Hypothese – und mehr ist es nicht – trifft sich mit Christy Turners zahnmorphologischen Untersuchungen. Er behauptet, daß der pazifische Nordwesten von Ethnien bevölkert wurde, die sich von den übrigen Indianern unterschieden. Diese Unterschiede glaubt er bereits bei 4000 Jahre altem Testmaterial aus dem zentralen British Columbia nachweisen zu können, ist aber überzeugt, daß eines Tages eine weitere Rückdatierung möglich wird. Die ersten Bewohner der Nordwestküste waren seiner Vermutung nach Waldjäger und -sammler; sie unterschieden sich deutlich von den Aleuten und den Eskimos, die sich im Norden erheblich später an eine maritime Lebensweise anpaßten. Andere Forscher widersprechen ihm mit dem Argument, daß Eskimos wie Nordwest-Indianer in Alaska gemeinsame Vorfahren haben, und gehen davon aus, daß sich die beiden Gruppen erst in der Neuen Welt verzweigten und nicht zu verschiedenen Zeiten ankamen.

Die Nordwestküste war ein Lebensraum, in dem relativer Überfluß herrschte. Über 300 eßbare Tierarten bevölkerten allein das Littoral. Fünf Lachsarten kamen jährlich in die Küstengewässer und zogen zum Laichen stromaufwärts. Bei einem solch vielfältigen Angebot konnten die Gemeinschaften der Nordwestküste eine vielschichtige Kultur entwickeln. Wegen der undurchdringlichen Vegetation im Landesinnern suchten die Menschen geschützte Buchten zur Anlage ihrer Dörfer auf. Sie blieben die meiste Zeit des Jahres an einem Ort, dort, wo Boote sicher landen konnten und Nahrung im Überfluß vorhanden war. Ihre Behausungen, solide Plankenhäuser mit rechtwinkligen Holzrahmen, spiegeln den Trend zur Dauersiedlung wider. Viele Familien besaßen Hausrahmen an mehreren Orten. Sie beförderten einfach die Bretter ihrer Häuser auf Großbooten von einem Platz zum nächsten.

Diese Siedlungsform, die auf weitgehend berechenbaren marinen Ressourcen beruhte, dürfte vor etwa 5000 Jahren entstanden sein, vielleicht auch früher. Die älteste gesicherte menschliche Lagerstätte auf den Queen Charlotte Islands wird auf ein Alter von 7000 Jahren datiert (mit Hinweisen auf eine Besiedlung bereits mehrere Tausend Jahre vorher) und bestand mindestens 2000 Jahre lang. Ihre Bevölkerung war auf Boote angewiesen. In der Nähe des Ortes Prince Rupert auf dem nahegelegenen Festland wurden etwa 5000 Jahre alte Knochenharpunen mit Widerhaken gefunden, die nur der Jagd auf Seesäuger gedient haben können. Auch die 4000 Jahre alten Muschelhaufen in Namu und an anderen Orten lassen keinen Zweifel daran, daß Menschen den natürlichen Reichtum der küstengebiete nutzten. Knöcherne Pfeilspitzen, Harpunenspitzen und andere charakteristische Geräte an der Nordwestküste ansässiger Seejäger wurden unter den alkalischen Bedingungen der Muschelhaufen konserviert. Die gleiche Tendenz zur Ansiedlung an der Küste findet man auch an den Ufern des Georgia Strait.

Vor 3000 Jahren blühten reiche Meeressäuger- und Fischerkulturen die ganze Strecke vom Kodiak-Gebiet im Südwesten Alaskas bis in den Süden British-Columbias und den Norden des Staates Washington. Die Gemeinschaften der Nordwestküste entwickelten neue gesellschaftliche Organisationsformen, die sich von denen der verstreut lebenden, egalitären Kulturen des rohstoffarmen Landesinneren deutlich unterschieden. Hier waren Reichtum und sozialer Status von entscheidender Bedeutung.

Die Jahrhunderte vor etwa 5000 Jahren waren offenbar für Veränderungen in der Lebensweise der Indianer von besonderer Bedeutung. So vermutet man, daß stabile Meeresspiegel, das postglaziale Klima und das Anwachsen der Bevölkerung den überlieferten Jagd- und Sammeltechniken einen plötzlichen Impuls verliehen. Im arktischen Norden, an der Nordwestküste Kaliforniens, entlang der Flußauen des Mittelwestens, in Labrador und in Neuengland – um nur ein paar Regionen zu nennen – entwickelten sich fortschrittlichere Wildbeutergemeinschaften, bei de-

nen Reichtum und Prestige des einzelnen und größerer Familienverbände im
Mittelpunkt der gesellschaftlichen Ordnung standen. Diese Gesellschaften hatten
gewisse Strukturen gemeinsam, die sie weitgehend unabhängig voneinander weiterentwickelten. Alle profitierten von dem breiten Nahrungsangebot; aber einige
Nahrungsquellen wurden besonders stark genutzt (vor allem Fisch, Meeressäuger,
Wasservögel und Wildpflanzen). Es waren Gesellschaften, in denen mächtige
Einzelfiguren, spirituelle und politische Führer, zu anerkannten Häuptlingen
aufstiegen, die für gewöhnlich als Vermittler zu den verehrten Ahnen und der
Geisterwelt galten. Sie waren es, die den Tauschhandel mit lebensnotwendigen
Waren und Prestigeobjekten überwachten; sie verteilten innerhalb der Gesellschaft die Grundnahrungsmittel, schlossen Bündnisse mit Nachbarn und führten
Krieg. Sie waren es auch, die den Fortbestand und den Reichtum der sie umgebenden Natur zeremoniell sicherten.

   Die Aufzeichnungen früher Reisender wie Captain James Cook verraten uns
viel darüber, wie die frühgeschichtlichen Gemeinschaften der Nordwestküste
organisiert waren. Die Indianer erfreuten sich eines hochentwickelten kultischen
Lebens und einer reichen materiellen Kultur, die auf einer einfachen Grundtechnologie beruhte. Das feuchte Meeresklima schuf Bedingungen, unter denen
Bäume mit leicht zu verarbeitendem Holz gediehen: verschiedene Scheinzypressen, Tannen und Fichten. Da die Menschen keine Metalläxte oder Sägen kannten,
fällten, spalteten und bearbeiteten sie die Baumstämme mit polierten Steinen,
Muscheln oder Beilen und Meißeln aus Knochen. Besonders schön waren die
Boote verziert. Diese mußten seetüchtige und stabile Transportfahrzeuge sein, mit
denen man Hausplanken, schwere Lachsfänge oder ganze Familien befördern
konnte. Mit der Zeit wurden die Bootsbauer ähnlich wie die Walfänger hochgeschätzte Spezialisten. Berühmte Vorfahren, mythische Tiere und Menschen
schmückten die Schüsseln, Truhen, Masken und Totempfähle späterer Nordwest-
Völker. Die Schnitzer bevorzugten Themen, die Geschichte und Genealogie
einzelner Familien darstellten, reale und fiktive Begebenheiten, die das Ansehen
der Ahnen erhöhten. Die wohl berühmtesten Kunstobjekte sind die großen
Totempfähle, Gedächtnispfosten und -portale, die sie einst am Eingang ihrer
Dörfer errichteten.

   Es wurden nur wenige Küstendörfer ausgegraben; eine bemerkenswerte Ausnahme bildet Ozette auf der Halbinsel Olympia im Staate Washington. Vor etwa
500 Jahren verschüttete eine verheerende Mure ein Plankenhausdorf, das im
Schutz der Insel Ozette an der Pazifikküste lag. Alles wurde unter einer feuchten
Decke begraben: Feuerstellen, Körbe, Netze, Angelhaken, Holzkisten, Harpunen, sogar Fragmente von Webstühlen, Farnwedel und Blattschuppen der Scheinzypressen. Richard Daugherty von der Washington State University verbrachte
mehr als zehn Jahre mit der Ausgrabung der Überreste von vier Langhäusern aus
Scheinzypressenholz mitsamt ihrem Inhalt. Er benutzte Hochdrucksauger und
-schläuche, um die prächtigen Schnitzereien und anderen Kunstwerke vom
Schlamm zu befreien. Ein Haus war 21 m lang und 14 m breit. Flechtmatten und
niedrige Wände teilten die Behausung in kleine Räume mit getrennten Feuerstellen, Kochnischen und Schlafbänken. Die Besitztümer der Bewohner befanden sich

69 *Die Indianer der Nordwestküste:* Die Handwerker des Nordwestens beherrschten alle Arten der Holzbearbeitung. Die von ihnen hergestellten Masken sollten die Tänzer mit den übernatürlichen Wesen, die sie in ihren Klanmythen heraufbeschworen, in Verbindung setzen. Diese Tsimshian-Maske eines Mädchens mit Menschenhaar und roter Gesichtsbemalung weist Vogelanhänger mit Flügeln, die geöffnet werden konnten, auf.

70–72 *Die Menschen des hohen Nordens:* Die Eskimos des hohen Nordens (Inuit) mußten, um in der rauhen arktischen und subarktischen Umwelt überleben zu können, Erfindungsreichtum und eine hochstehende Kultur entwickeln. Fellboote wie der Kajak (Mitte) wurden für die Jagd im Schelfeis und auf offenem Meer verwendet. Sie wurden mit der Kleidung der Bootsfahrer so abgedichtet, daß diese das Boot regelrecht „an sich trugen". Wenn es kenterte, blieben die unteren Körperteile trocken, die dichte Kleidung schützte die Insassen vor Unterkühlung.

Die Eskimos jagten mit dem Speer (links unten), Pfeil und Bogen und der Harpune. Der Jagderfolg hing davon ab, daß die Eskimos die Gewohnheiten ihrer Beutetiere äußerst sorgfältig beobachteten und genau kannten, um sie aus der Nähe aufspießen oder harpunieren zu können. Es ist kein Zufall, daß sich die Jägerkultur der Eskimos im hohen Norden von der Beringstraße aus ostwärts infolge der bedeutenden Innovationen der Boots- und Jagdtechnologie rasch ausbreitete, denn diese ermöglichte, Walfische und Walrosse von beträchtlicher Größe anzugreifen.

Die vorgeschichtliche Kunst des hohen Nordens
zeigt die intime Kenntnis der Künstler von den
Tieren ihrer Umwelt. Das 7,5 cm lange Frag-
ment eines Walroßstoßzahnes wurde vor etwa
1500 Jahren von einem Künstler der Ipiutak in
Point Hope, Alaska, zu einem realistischen Ab-
bild des Tieres umgestaltet. Die gleichen Handwerker stellten ihre Fähigkeiten auch bei den
Harpunen unter Beweis, die für die Jagd auf
Meeressäuger gebraucht wurden. Die reichen
Jagdgründe ermöglichten vielen Gruppen, für
Generationen an den Ufern der Beringstraße in
festen Ansiedlungen zu leben.

73 *Der Wasservogelfang:* Rekonstruktion einer archaischen indianischen Entenjagd mit Bastattrappen vor etwa 4500 Jahren, basierend auf Ausgrabungen in Lovelook Cave, Nevada, und an anderen Orten. Der Jäger versteckte sich im Schilf und machte Plantschgeräusche im Wasser. Sobald die ahnungslosen Vögel die schwimmende Attrappe erreichten, griff er nach ihnen.

74–77   *Die Künstler des östlichen Waldlandes:*
Das brillante handwerkliche Können der Hope-
well- und Mississippi-Kulturen erlaubt nicht
nur, diese gut voneinander zu unterscheiden,
sondern liefert auch wertvolle Einblicke in vorgeschichtliche Bräuche. Die geschlossenen Au-
genlider und der vernähte Mund eines 1000 Jahre
alten Kopfgefäßes der Mississippi-Kultur aus
Arkansas (rechts) weisen darauf hin, daß es sich
um die Darstellung eines Trophäenkopfes handelt. Vögel hatten eine tiefe symbolische Bedeutung, z. B. die etwa 2000 Jahre alte Raben- oder
Krähensilhouette der Hopewell-Kultur, die aus
Kupferplatten ausgeschnitten wurde (links
oben). Steinerne Zeremonienpfeife in Menschengestalt mit einem Krieger, der sein Opfer
enthauptet (links unten). Muschelornament mit
springendem Mann, vielleicht ein Schamane mit
Kopfschmuck und weinenden Augen (Mitte).

78 *Architekten des Südwestens:* Der Klippenpalast in Mesa Verde, Colorado; ein imposantes Bauwerk der Anasazi-Indianer, das vor ca. 900 Jahren entstand. Die Räume beherbergten einst über 400 Menschen.

Das Innere eines Indianerhauses der Nordwestküste am Nootka Sound im 18. Jahrhundert mit kunstvoll geschnitzten Stützpfeilern im Hintergrund und an den oberen Gestellen, an denen der Lachs zum Trocknen aufgehängt wurde. Getrockneter Fisch war im Winter ein Hauptnahrungsmittel.

noch dort, wo man sie liegengelassen hatte: Pfeil und Bogen, hölzerne Schüsseln, die noch mit Seehundtalg getränkt waren, sogar konische Regenhüte aus Fichtenwurzeln. Daugherty fand eine geschnitzte Walfinne aus Scheinzypressenholz, mit 700 Seeotterzahnintarsien. Seit Captain Cook hatte niemand mehr derartige Gegenstände zu Gesicht bekommen.

Heute leben die Makah-Indianer in der Gegend von Ozette. In den 20er Jahren verließen sie den Ort, an dem das vorgeschichtliche Dorf gefunden wurde. Ihre Stammestraditionen reichen etwa 200 Jahre zurück. Die Ausgrabungen von Ozette zeichneten die Geschichte der Makah bis in prähistorische Zeiten nach. Das

Totembild einer Zeremoniendecke, die bei einem Potlatch der Nordwestküste verschenkt wurde. Bei diesen Zeremonialfesten stärkten die Sippenführer ihren Status, indem sie Reichtum und Großzügigkeit verschwenderisch zur Schau stellten.

Dorf lag ganz in der Nähe einer Stelle, wo die Wanderzüge der Wale nahe an die Küste herankamen. Zahlreiche Walknochen aus der Ausgrabung zeugen von den Fähigkeiten der Makah-Bootsführer bei der Jagd auf diese großen Meeressäuger.

Viele der aus dem 19. Jahrhundert bekannten Dörfer (wie die Siedlung Ninstints der Haida-Indianer von den Queen Charlotte Islands) wurden auf viel älteren Abfallhaufen errichtet. Die Inspektoren der viktorianischen Regierung ließen diese Dörfer fotografieren, bevor sie infolge einer Pockenepidemie Ende des 19. Jahrhunderts verlassen wurden. Viele sahen geradezu wie Wälder aus geschnitzten Totempfählen aus. Die auf diesen Wappenpfählen verewigten heraldischen Embleme erinnerten an verschiedene Verwandtschaftsgruppen und ihre mythischen Vorfahren. Die Nordwest-Dörfer wurden von „Privilegierten" und einfachen Leuten, aber auch von Kriegsgefangenen bewohnt, die als Sklaven in den Häusern der Vornehmen dienten. Man war entweder als Vornehmer oder als Gemeiner geboren, aber zwischen diesen Klassen gab es feine Abstufungen. Die Vornehmsten trugen kunstvolle Kleidung und Schmuck. Traditionsgemäß stand ihnen ein eigener Platz im Haus zu, der sich häufig in der Nähe der Rückwand befand. Die sozialen Unterschiede zwischen Vornehmen und Gemeinen wurden von engen Verwandtschaftsbeziehungen gemildert, so daß die höchsten und niedrigsten Mitglieder der Gesellschaft über ein gemeinsames Band miteinander verknüpft waren. Jeder hatte Anteil am Reichtum und den Privilegien der gesam-

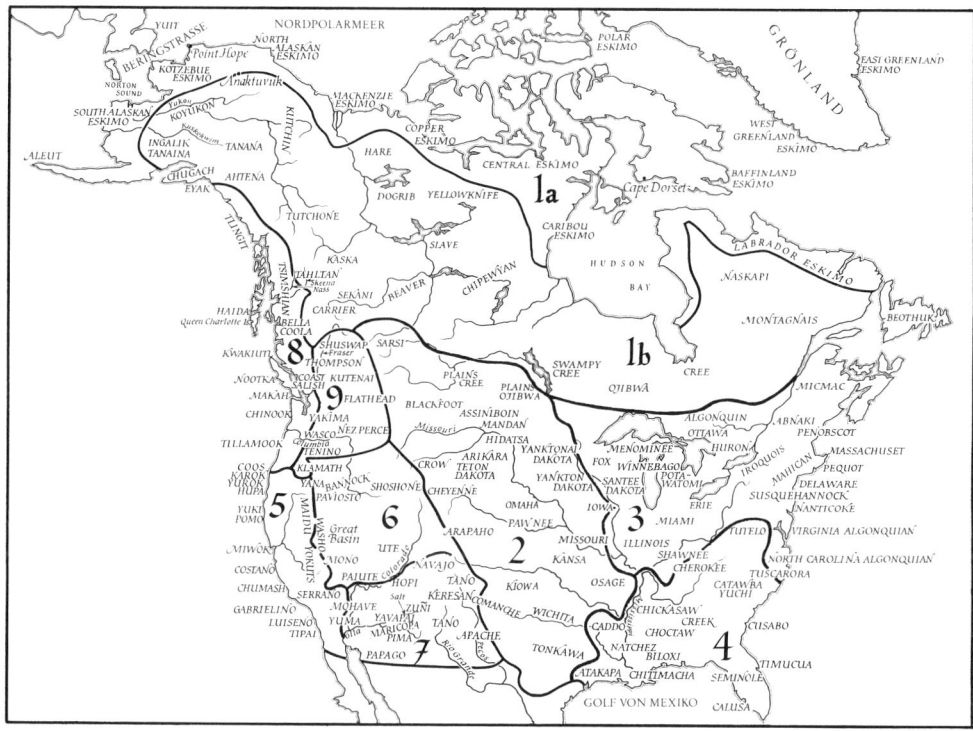

Die Eingeborenenstämme Nordamerikas und ihre Hauptgebiete: 1a Arktis. 1b Subarktis. 2 Great Plains. 3 Östliches Waldland. 4 Südosten. 5 Kalifornien. 6 Great Basin. 7 Südwesten. 8 Nordwestküste. 9 Columbia-Plateau.

ten Verwandtschaftsgruppe. Erbfolgeregelungen waren wichtig, aber selbst die reichsten und bedeutendsten Leute mußten ihre Reichtümer mit anderen teilen.

Jedes Dorf hortete Reserven aus getrocknetem Fisch und Fleisch von Meeressäugern und Fischöl, die für die kargen Wintermonate ausreichen mußten. Ebenso trachtete man danach, Besitz und Ansehen ständig zu vermehren. Einzelne konnten Dutzende von Booten und Pelzen besitzen, aber wie die Häuser, das Land und Prestigeobjekte aus gehämmertem Kupfer waren sie eigentlich Gemeinschaftsbesitz. Durch Reichtum wurde das Prestige der Gruppe bei den Nachbarn erhöht. Die Zurschaustellung und das Verprassen dieses Reichtums waren in den Nordwest-Gesellschaften vorrangiges Ziel. Solche Demonstrationen, die gemeinhin „Potlatch" genannt werden – ein Ausdruck aus dem Händlerjargon der Chinook-Indianer für „Weggeben" – waren würdevolle Zeremonien, die vom Oberhaupt einer Verwandtschaftsgruppe im Namen seiner Leute abgehalten wurden. Sie markierten ausnahmslos ein bedeutendes Ereignis wie die Hochzeit einer hochstehenden Person, die Geburt eines vornehmen Erben oder die Verleihung eines Titels oder einer Auszeichnung. Es wurden Reden gehalten, man tanzte und sang. Man tauschte Geschenke aus, vielleicht gab es ein Festgelage. Ein „Potlatch" war viel mehr als ein Fest. Er hatte eine gesellschaftliche Funktion, durch die Mythen lebendig gehalten, Titel und Ränge bestätigt und Reichtum umverteilt wurde. Von den Besuchern wurde erwartet, daß sie sich revanchierten. Dies alles stärkte nicht nur die Macht des einzelnen, sondern auch den Einfluß konkurrierender Verwandtschaftsverbände und den Wohlstand der gesamten Gesellschaft.

Man kann viele verschiedene soziale Mechanismen ähnlicher Funktionen bei etlichen Indianergesellschaften finden, die sich in den gemäßigten Breiten südlich der zurückweichenden Wisconsin-Eisschilde entwickelten. Es war eine andere Welt, in der Perioden tiefgreifender, weiträumiger Umweltveränderungen zu einer großen Vielfalt regionaler Traditionen führte, von denen einige ein bemerkenswertes Niveau sozialer Komplexität erreichten.

3. Ausklang

Der riesige Raum südlich der Wisconsin-Eisschilde war eine Welt für sich, ökologisch ungeheuer vielgestaltig und vor 11 000 Jahren von nur ein paar tausend Menschen bevölkert. Heute sind die fünf Stunden Flug von New York nach Kalifornien eine Lektion über die aufregende Vielfalt der gemäßigten Zonen Nordamerikas. Man fliegt über die wogenden östlichen Waldländer, über das Mosaik des Farm- und Graslands der Plains; dann kommen die westlichen Berge, Täler, Wüsten, alten Seebetten, riesigen Canyons und Felsküsten. Fast zehneinhalb Jahrtausende lebten die Nachfahren der ersten Amerikaner auf diesem vielgestaltige Kontinent ohne nennenswerten Kontakt zur Außenwelt. Als die Europäer kamen, hatten Millionen Indianer jede nur denkbare Landschaft in Besitz genommen, von den tropischen Regenwäldern bis zu den Hochwüsten, vom Grasland bis zu den Nadelwäldern des Nordens.

Die Klimaverhältnisse Nordamerikas scheinen sich vor etwa 8000 Jahren in ihrer heutigen Form stabilisiert zu haben, ebenso der Meerespegel. Allgemeiner wurde es trockener. Der Osten der Vereinigten Staaten war bewaldet. Vor etwa 5000 Jahren drang der heutige Kiefern-Eichen-Mischwald in den Südosten vor. Gleichzeitig bedeckten Wüstensträucher den Südwesten, während in der trockenen Umgebung Kaliforniens Chaparral und Küstenmacchie gediehen. Das scheint der entscheidende Augenblick gewesen zu sein, in dem die menschliche Bevölkerung anfing, schneller anzuwachsen. Fast überall in den gemäßigten Breiten Nordamerikas entstanden im Laufe eines Jahrtausends Siedlungen, deren archäologischer Nachlaß heute die Forschung beschäftigt. In weiten Bereichen stand die Bühne für kulturelle, ökonomische und soziale Veränderungen bereit, und diese Veränderungen hatten ihren Höhepunkt gerade erreicht, als die europäischen Entdecker und Siedler in die Neue Welt kamen.

Jäger und Sammler in Wüste und Waldland

Das Verschwinden der eiszeitlichen Tiere machte die Großwildjagd außerhalb des Großen Bisongürtels in jeder Hinsicht unmöglich. Die verstreuten menschlichen Bevölkerungsgruppen, die westlich und östlich der Plains in Wüsten- und Waldlandgegenden lebten, lernten statt dessen, kleinere, eher einzeln vorkommende Tiere zu jagen, wie den Weißwedelhirsch und den Elch, und ein breites Spektrum anderer Nahrungsmittel wie Nüsse, Fische und Schalentiere zu verwerten. Die ersten Siedler lebten in kleinen, weit verstreuten Verbänden und wanderten über gewaltige Strecken weitgehend unfruchtbaren Territoriums. Manchmal dürften sie sich je nach Jahreszeit in großen Lagern getroffen haben, wenn die Ressourcen vor Ort im Überfluß vorhanden waren.

Mit der Zeit füllten sich die reichsten Gebiete. Familien konnten nicht länger einfach in Neuland abwandern, wenn die Bevölkerungsdichte zu groß wurde. Sie hatten keine andere Wahl, als sich innerhalb bestimmter Gebiete niederzulassen und die örtlichen Ressourcen auszuschöpfen. Diese Notwendigkeit zwang sie zu einer vielfältigeren und ausgewogeneren Ernährung mit bislang vernachlässigten oder nicht voll verwerteten Nahrungsmitteln wie Schalentiere oder Nüsse. Diese neuen Strategien zeitigten eine Reihe neuer Gerätschaften: polierte Mahlsteine, Behälter aus Speckstein und Ton, Harpunen, Angelhaken und Netzgewichte.

Diese Form intensiverer Sammelwirtschaft entwickelte sich in der Zeit vor 9000 Jahren bis etwa vor 4500 Jahren, als die nacheiszeitlichen Temperaturen ihren Höhepunkt erreichten. Die Wüsten im Westen wurden von Menschen mit hochgradig mobiler Lebensweise bevölkert, zu manchen bevorzugten Orten kehrten sie jahrtausendelang immer wieder zurück.

Das trifft auch für die Menschen zu, die in der Danger Cave im östlichen Great Basin von Utah lebten. Die Höhle wurde seit paläoindianischer Zeit vor über 11 000 Jahren bis in die Zeit nach Christi Geburt hinein aufgesucht. Die nahegelegene Hogup Cave war von vor 8500 Jahren bis vor etwa 500 Jahren ein Stützpunkt der Wüstenjäger und -sammler. Beide Stätten gediehen, weil der Great Salt Lake in ihrer Reichweite lag. Aus den trockenen Ablagerungen in beiden Höhlen wurden schnell vergängliche Artefakte zutage gefördert, darunter Sandalen, Körbe, Netzfragmente und Knochenwerkzeuge. In erster Linie fingen die Höhlenbewohner Fische und Wasservögel, aber als sich der Wasserspiegel hob und vor 3000 Jahren das Marschland überflutete, gingen sie nach und nach zu Pflanzennahrung und zur Jagd auf kleinere Säugetiere über.

Der Gatecliff Rockshelter im Monitor Valley, Nevada, umfaßt 12 m dicke Fundschichten, die durch natürliche Schuttablagerungen voneinander getrennt sind. David Hurst Thomas vom American Museum of Natural History erforschte die Stätte und fand heraus, daß sie schon vor 9000 Jahren von kleinen Jagdscharen aufgesucht wurde. Es gab zeitlich begrenzte Jagdlager unter dem Abri, wo die Menschen vor etwa 6000 Jahren Wild ausnahmen. Drei Jahrtausende später richteten die Bewohner ein Basislager in Gatecliff ein, von dem aus sie Dickhornschafe jagten und Wildpflanzen sammelten. Gatecliff war noch vor 600 Jahren in Benutzung, zu dieser Zeit schlachteten dort die Vorfahren heutiger Schoschonen ihre Dickhornschafe.

Im westlichen Nevada bietet uns Lovelock Cave eine wunderbare Chronik vom Leben an den Ufern der Seen des Great Basin vor 4500 Jahren bis vor 150 Jahren. Die Lovelock-Leute überblickten die Humboldt-Carson-Senke, ein fisch- und vogelreiches Seengebiet. Sie jagten mit Pfeil und Speer und verwendeten lebensechte Entenattrappen aus Schilf, die manchmal bemalt, manchmal mit Federn überzogen waren. Menschliche Koprolithen (versteinerte Exkremente) zeigen, daß über 90 % der verzehrten Nahrungsmittel aus dem Seengebiet kam; dazu gehörten Sauergräser, Weißfische, Enten und Rallen. Die pflanzlichen Reste stammten aus jeder Jahreszeit, ein Hinweis darauf, daß Lovelock, wo Vogelnetze und Körbe gefunden wurden, wahrscheinlich das ganze Jahr über besetzt war.

Zu den am meisten begünstigten Gebieten Nordamerikas gehören die Ebenen des Mississippi und seiner Nebenflüsse. Dort schufen langsam strömende Flüsse ein Paradies für Wasservögel und Welse. Fruchttragende Laubbäume wie Eiche, Hickory, Buche und Walnußbaum waren in und um die Flußtäler im Überfluß vorhanden und wurden schon seit paläoindianischer Zeit genutzt.

Koster im Tal des Illinois River im Mittelwesten zählt zu den berühmtesten archäologischen Stätten der Neuen Welt. Stuart Struever von der Northwestern University grub die Ansiedlung, die mehrere Strata aufweiset, mit Hilfe eines Teams von Experten verschiedener Disziplinen und Hunderten von freiwilligen Schülern und Studenten und begeisterten Amateurarchäologen aus der ganzen Welt aus. Koster liegt am Fuße eines 45 m hohen Felsens mit Blick über den Illinois River. Der Ort liegt in der Nähe alter Clovis-Jagdgründe, denn man hat ihre typischen Spitzen in der Umgebung gefunden. Vor etwa 9500 Jahren begannen Menschen, Koster zu bestimmten Jahreszeiten aufzusuchen. Im darauffolgenden Jahrtausend war der Ort 26 mal über unterschiedlich lange Zeiträume hinweg bewohnt, wie die mindestens 13 Fundschichten anzeigen.

Die Indianer siedelten in Koster offenbar in größerer Zahl, wenn auch nur saisonal. Vor 7500 Jahren stand an gleicher Stelle ein Dorf von einem halben Hektar Ausdehnung. Die Bewohner errichteten sehr viel robustere, viereckige Behausungen und beuteten die Ressourcen der Schwemmlandebene intensiver aus. In dieser Zeit war der Illinois River ein einzigartiger breiter Kanal, dessen natürliche Dämme Sümpfe und langsam abfließende Stauwasserbecken bildeten. Die Koster-Leute konnten im Herbst Tausende ziehender Wildenten erbeuten und das ganze Jahr über weniger wendige Fischarten in den seichten Wasserrinnen mit Speeren oder Netzen fangen. Im Spätsommer und Herbst sammelten sie Zehntausende von Hickorynüssen und Eicheln. Sie ernteten auch lokal vorkommende Pflanzen und vielleicht bauten sie sogar eigens an: Maigras und verschiedene Knöterichgewächse. Vor 6000 Jahren hatten die Menschen von Koster eine gut funktionierende Jagd- und Sammelwirtschaft entwickelt. Ihre Erträge konnten mit denen der Bauerndörfer in sehr fruchtbaren Gegenden konkurrieren.

Zielgerichtetes Pflanzen und Ernten von Wildpflanzen wird häufig als dramatische Neuerung angesehen. Das war sicher nicht so, denn jede Wildbeutergruppe weiß, daß Samen keimen und wild wachsende Pflanzen zu gewissen Zeiten des Jahres abgeerntet werden müssen. Die Innovation setzt dann ein, wenn die Menschen bei ihrer Ernährung von den angebauten Feldfrüchten immer abhängiger werden. Dieser Schritt folgte aber erst lange nach der Nutzung von Wildpflanzen als Zusatzhort.

Anfangs spielten kultivierte Pflanzen bei der Ernährung nur eine geringe Rolle. Sie hatten einen begrenzten Nährwert und erforderten einen beträchtlichen Aufwand bei Ernte und Zubereitung. Dennoch waren die neuen „Gärten" eine Quelle leicht zu lagernder Nahrungsmittel, die in mageren Zeiten den Speiseplan bereicherten. Richard Ford von der University of Michigan vermutet, daß die Menschen mit dem Anwachsen der Bevölkerung und nachlassender Mobilität zunehmend von den unsicheren Wildfruchternten abhängig wurden. Kulturpflanzen konnten das Defizit unter Umständen ausgleichen, sie waren so etwas wie ein Konto aus eßbaren Pflanzen, das von schwangeren Frauen, Kindern und alten

Menschen, d.h. den unbeweglichen Mitgliedern der Gemeinschaft, bestellt wurde. Vielleicht gab die Verfügbarkeit darartiger Ressourcen auch den Anstoß für ein weiteres Anwachsen der Bevölkerung, besonders als vor 1500 Jahren mit dem Maisanbau begonnen wurde. Allerdings wurde Mais erst viel später, vor etwa 1000 Jahren, zum Hauptnahrungsmittel.

Das Bestellen der Gärten und das Lesen der Wildsamen schränkte die Mobilität der Menschen drastisch ein. Basislager wurden zu festen Dörfern. Die Bewohner entwickelten auch ausgeklügeltere Lagerungstechniken, um lebensnotwendige Vorräte an getrocknetem Fisch und Wildpflanzen zu speichern. Gleichzeitig knüpften sie zu ihren Nachbarn engere Kontakte durch Handelsnetze, über die Lebensmittel und andere Güter ausgetauscht wurden, um auf diese Weise örtliche Mangellagen auszugleichen. Mit der Zeit entstanden aus diesem Tauschnetz vielschichtige soziale Beziehungen, die zehn oder gar hundert Meilen voneinander entfernte Gemeinschaften miteinander verbanden. Es kann durchaus sein, daß diese Handelsbeziehungen nicht nur auf wirtschaftlichen Notwendigkeiten beruhten, sondern auch auf sozialen Verpflichtungen, wenn weit entfernt lebende Häuptlinge und Mitglieder des gleichen mächtigen Klans regelmäßig zeremonielle Geschenke austauschten. Diese wechselseitigen Gesten nahmen im Laufe der Generationen einen äußerst wichtigen Symbolgehalt an. Unweigerlich dürften diejenigen, die das Handelsnetz kontrollierten, auch die wirtschaftlich, spirituell und politisch Mächtigen gewesen sein. So wie an der pazifischen Nordwestküste, verschmolzen Macht und Prestige mit Verwandtschaftsverpflichtungen, und es entwickelten sich differenziertere Gesellschaften, die von den einfachen Verbänden aus paläoindianischer Zeit weit entfernt waren.

Bauern im Östlichen Waldland

Nach der Zeit vor 4000 Jahren finden wir vermehrt Spuren von Bestattungen und Hinweise auf die Beschäftigung mit dem Leben nach dem Tod, d.h. einer neuen ideologischen Ausrichtung örtlicher Gemeinschaften im Östlichen Waldland. In dem Zeitraum von vor 2650 Jahren und dem Beginn unserer Zeitrechnung blühte im Tal des mittleren Ohio eine dynamische Dorfkultur, die Gemeinschaften bis in den fernen Nordosten wie Brunswick in Kanada und weit in den Südosten hinein beeinflußte. Ihre Träger, die „Adena"-Leute lebten in einer egalitären Gesellschaft, in der gewisse Einzelpersonen einen höheren sozialen Status innehatten. Vielleicht waren diese verehrten Individuen religiöse Führer, die die weitreichenden Handelsnetze kontrollierten. Auf diesen Wegen erreichte Yellowstone-Obsidian aus den Rocky Mountains den Osten und Mittelwesten, Kupfer vom Oberen See den Südosten und Muscheln von der Golfküste das Ohiotal. Von Metallen und Muscheln bis zu exotischen Objekten, die auch als Statussymbole für die Lebenden und die Toten galten, wurde alles getauscht. Östliche Völker verfügten schon seit langem über eine Bestattungstradition, bei der dem Toten persönliche Besitztümer beigegeben wurden. Als das dörfliche Leben komplexer wurde, nahm die Zahl der Einzelpersonen mit Anspruch auf Statussymbole zu und regte eine

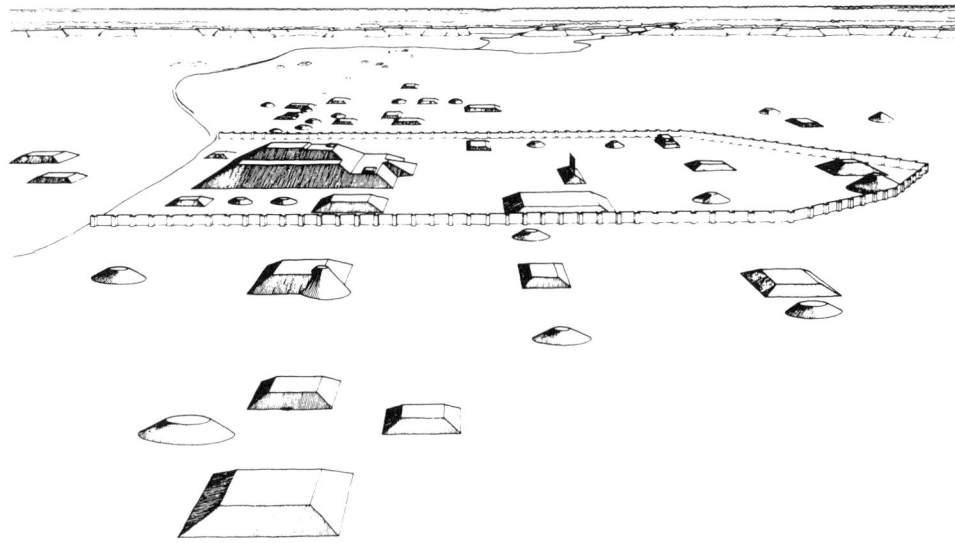

Ansicht von Cahokia, einer bedeutenden Hochburg der Mississippi-Kultur in Illinois, wie sie um 1300 ausgesehen haben könnte. Im Zentrum lag ein umfriedeter Hauptplatz mit einer riesigen Tempelplattform („Monk's Mound") und sechzehn kleineren Hügeln. Außerhalb der Umzäunung befanden sich weitere 100 oder mehr Erdhügel.

ständige und immer steigende Nachfrage nach noch ausgefalleneren Grabbeigaben an.

Die Adena-Gesellschaft fußte wie die ihrer bescheideneren Vorgänger auf dem Boden verwandtschaftlicher Loyalität. Die Menschen erinnerten an ihre Toten nicht nur durch imposante Grabhügel, sondern auch durch großangelegte Erdwerke, die im Umriß wie flache Hügel aussehen und Areale bis zu über 100 m Durchmesser umfassen können. Es waren wahrscheinlich Kultbezirke und keine Verteidigungswälle, keine „Befestigungen" wie frühe „Moundbuilder"-Theoretiker glauben wollten. Die nahe gelegenen Grabhügel waren Gemeinschaftsgräber. Die bedeutendsten Individuen lagen in langgestreckten Gräbern. Ihre Körper waren mit rotem Ocker und Graphit eingerieben. Es waren ihnen kunstvoll gearbeitete Pfeifen und Tafeln aus Seifenstein beigegeben, auf denen Wellenmuster oder Ahnensymbole wie Greifvögel eingraviert waren. Gewöhnliche Sterbliche wurden meistens eingeäschert und anschließend im Mound beigesetzt.

Vor etwa 2400 Jahren entstand im Mittelwesten ein neues und weithin um sich greifendes Handelssystem, das die Archäologen „Hopewell-Interaktionssphäre" nennen. Wir wissen nichts über die Begräbnisrituale, nur so viel, daß die Grabhügel der Hopewell-Periode sehr viel kunstvoller sind als die ihrer Adena-Vorfahren. Hochentwickelte Bestattungspraktiken waren auch im Süden und Südosten weit verbreitet und hielten sich noch lange nach dem Untergang der Hopewell-Kultur. Der weit im Süden des Hopewell-Kernlandes gelegene und etwa 1500–1000 Jahre alte Crooks Mound in Louisiana etwa ist 12 m hoch und über 30 m breit. Über 165 Menschen liegen im Bereich einer großen Erdplattform begraben, darüber liegen weitere 214 Menschen und über ihnen erhebt sich der große Grabhügel. Die neuen kulturellen Strukturen waren so durchsetzungsfähig, daß sie sich nach Wisconsin, ins tiefste Ohiogebiet, bis zum Rand des Staates New York und nach Louisiana verbreiteten. Über 1000 Jahre lang erlebte der Mittelwesten eine blühende künstlerische Tradition, die durch die erlesenen Kunstgegenstände, die den mächtigen Anführern der Hopewell-Indianer beigegeben wurden, bezeugt ist. Hinterbliebene legten ihren Toten Pfeifenköpfe und Äxte ins Grab. Die Verstorbenen nahmen ihre Lieblingswaffen mit sich, außerdem Symbole ihrer Verwandtschaftsgruppe wie Kopf- und Brustschmuck aus Kupferblech und Glimmerfolien, die in Form schimmernder Silhouetten von Menschen, Vogelklauen und abstrakten Mustern zugeschnitten waren. Die meisten dieser Artefakte wurden von Menschen hergestellt, die in der Nähe von geologischen Aufschlüssen und Rohstoffquellen tätig waren. Sie wurden über die gleichen jahrhundertealten Handelsnetze verbreitet, die auch Nahrungsmittel und Werkzeuge im Einzugsbereich der Hopewell-Kultur verteilten.

Nach einer 600jährigen Blütezeit begann der Niedergang der Hopewell-Gesellschaften. Niemand weiß genau, was geschah, aber möglicherweise wurde die Bevölkerungsdichte so groß, daß sie den Rahmen des alten Wirtschaftssystems sprengte und einzelner Glieder des Handelssystems zu Konkurrenten wurden. Dadurch brachen die althergebrachten wirtschaftlichen und politischen Beziehungen ab.

Nach und nach stieg die Bevölkerung aber wieder an, und eine neue glänzende Kultur nahm Gestalt an. Der mächtige Nachfolger der Hopewell-Kultur war die sogenannte Mississippi-Tradition. Sie begann sich etwa 700 n. Chr. den Mississippi entlang und auf den großen Schwemmlandgebieten seiner Nebenflüsse zu entwickeln und drang bis zum Ohio, Tennessee, Arkansas und Red River und ihren Seitenarmen vor. Es handelt sich um fruchtbares Land, das durch die Frühjahrsüberschwemmungen kurz vor der Saatzeit gedüngt wurde. Die Mississippi-Leute zogen nicht nur Mais, Bohnen und Kürbisse, sondern lebten auch von der Jagd und vom Sammeln. In vielen Schwemmlanddörfern machten Fische und Wasservögel mehr als die Hälfte der Ernährung aus.

Schon im Jahre 1818 schrieb ein Herr namens Henry Brackenridge einen Brief an Thomas Jefferson, in dem er von den großen Erdwerken im Gebiet von Saint Louis berichtete, von denen wir heute wissen, daß sie von den Mississippi-Leuten gebaut wurden. Er vermutete, daß in diesem Gebiet eine vorgeschichtliche Bevölkerung etwa in der Größenordnung des damaligen Philadelphia gelebt hatte, etwa 540000 Menschen. Sie mußten einen „mächtigen Führer" und eine hochentwickelte Gesellschaftsstruktur gehabt haben, um Mounds wie in Cahokia, einem Ort auf der anderen Seite des Flusses, errichten zu können. Aber erst in den 20er Jahren begann man in Cahokia mit ernsthaften archäologischen Untersuchungen. Dabei kamen Teile einer Siedlung ans Licht, die man 1924 zum State Park erklärte. In den 60er Jahren hatten Archäologen von verschiedenen Universitäten des Mittelwestens in Cahokia gegraben. Nach ihren Berechnungen lebten tatsächlich 10000

Menschen in und um die über 100 Hügel. Sie stellten fest, daß der Zentralbereich der Stätte von etwa 700 bis 1300 n. Chr. besiedelt war. Die größte Tempelplattform war in ungefähr 14 Bauabschnitten zwischen 900 und 1150–1250 n. Chr. errichtet worden. Nach den Trappistenmönchen, die in der Pionierzeit weißer Besiedlung auf dem Hügel eine Klause unterhielten, wurde sie „Monk's Mound" (Mönchshügel) genannt. Heute erhebt sich der Monk's Mound eindrucksvoll 34 m über dem Schwemmland, er ist so hoch wie ein modernes zehnstöckiges Gebäude und bedeckt eine Fläche von 6 Hektar. Millionen Körbe voll Erde wurden für den Bau dieses gigantischen Grabhügels benötigt. Auf der Spitze stand einst ein strohgedeckter Tempel, der nach Osten auf einen riesigen zentralen Platz blickte. Um den Platz herum erhoben sich weitere Hügel, Tempel, Vorratshäuser und die Behausungen der Elite. Der gesamte Kultbezirk umfaßte 80 Hektar und war von Palisaden mit Toren und Wachtürmen umfriedet. Zahlreiche Satellitensiedlungen lagen außerhalb des abgegrenzten Kerngebietes von Cahokia, jede hatte ihren eigenen Hauptplatz und ihre eigenen Heiligtümer. Die aus Bohlen errichteten, strohgedeckten Häuser der Wohnbezirke erstreckten sich über 800 Hektar Land und jede Häusergruppe war mosaikartig von Stücken bebauten Lands umgeben.

Cahokia lag im Norden des Mississippi-Gebiets an einer strategisch wichtigen Stelle, wo man die örtlichen Salzvorkommen und den feinkörnigen Hornstein nutzen konnte. Ein anderes großes Zentrum lag beim heutigen Moundville in Alabama. Dutzende von kleinen Zentren und großen Dörfern lagen zwischen den beiden. Neben ihrer Funktion als heilige Orte für die jährlichen Aussaat-, Reife- und Ernte-Feiern waren die großen Niederlassungen auch Märkte und politische

Zwei gravierte Muschelscheiben (links aus Spiro, Oklahoma; rechts aus Etowah, Georgia), die Adler in Menschengestalt darstellen. Die Mississippi-Künstler entwickelten einen Stil mit festgelegten Motiven; dieser steht nach Ansicht der Experten für einen weit verbreiteten „südlichen Kulturkomplex", der mit den Zeremonien, die auf den riesigen Tempelplattformen abgehalten wurden, zusammenhängt.

Mittelpunkte, die von einer Elite mächtiger Einzelpersonen regiert wurden. Es waren Führer von Verwandtschaftsgruppen, die zu Häuptlingen wurden, und ihre Macht nicht nur vererbter Klanzugehörigkeit und der Kontrolle einträglicher Handelsstraßen verdankten, sondern auch ihren religiösen Funktionen.

Die jüngsten Forschungen geben neue Hinweise auf das Wesen der Mississippi-Gesellschaft. Die größte Zusammenballung zentraler Autorität fand man in kleinen „Kerngebieten", wo mächtige Häuptlinge über einzelne Täler oder Talgruppen herrschten. Darüberhinaus soll es „Provinzen" mit noch höher gestellten Persönlichkeiten an der Spitze gegeben haben. Die politische Geografie war selten klar umrissen, und die rivalisierenden Häuptlinge wetteiferten untereinander um Ansehen und Einfluß. Späteren spanischen Berichten zufolge lebten ihre Nachfahren im Zustand dauernder Gruppenkonflikte. Die Welt am Mississippi bestand aus ständig wechselnden Bündnissen unter Nachbarn, kurzen Kriegen und dem Austausch von Prestige- und Gebrauchsgütern über kurze und lange Entfernungen hinweg.

Die schwer greifbaren religiösen Vorstellungen der Mississippi-Völker hingen eng mit dem Häuptlingstum zusammen. Die Einrichtung von Haupt- und Nebenzentren sollte dem Amtsinhaber wohl Macht und Ehrfurcht verleihen. Die Experten nehmen an, daß drei ineinandergreifende Kulteinrichtungen mit jeweils verschiedenen Paraphernalien und Merkmalen die Macht des Oberhauptes stützten. Eine dieser Institutionen beruhte auf verwandtschaftlicher Segmentierung, dem Glauben an bestimmte göttliche Wesen und kriegerischem Geist, Wesenszüge, die sich an der ausgeprägten Bildtöpferei und kultischen Motiven ablesen lassen. Ein anderer war ein Gemeinschaftskult im Zusammenhang mit Tempelplattformen, die den rituellen Bedürfnissen einer breiteren sozialen Gruppierung dienten. Der dritte Aspekt knüpfte sich an Priesterschaft, die für die Ahnenverehrung und die Begräbnisriten zuständig war. Diese Priester traten möglicherweise als Vermittler zwischen den Ritualen der Elite und dem einfachen Volk auf.

Die einzigen Hinweise, die wir zur Mississippi-Religion haben, sind überkommene Kunstgegenstände, von denen die meisten aus Zentren wie Spiro in Oklahoma stammen. Töpfe, große Seemuscheln und andere Kultparaphernalien weisen eindringlich gestaltete Motive auf, wie z.B. Menschenhände mit einem Auge auf der Handfläche, Sonnenräder oder tränende Augen. Manche Forscher vermuten, daß diese Motive, die im gesamten Mississippi-Gebiet verbreitet waren, Ausdruck eines „südlichen Kulturkomplexes" sind, der vielleicht von mesoamerikanischen (südlichen) Einflüssen stimuliert wurde. Wohl die berühmtesten Kultgegenstände dieser Gegend sind Bildgefäße mit menschlichen Gesichtern, die manchmal Spuren von Kriegsbemalung und Tatauierung aufweisen. Andere zeigen Köpfe geopferter Menschen mit geschlossenen Augen und fest geschlossenen Lippen. Oft scheinen die abgebildeten Personen zu weinen, vielleicht ein Hinweis auf den Zusammenhang von Tränen, Regen und Wasser innerhalb der Kosmologie der Mississippi-Völker.

Wo auch immer die Ursprünge ihres religiösen Glaubens liegen mögen, die Kultur der Mississippi-Völker die auf ihre Weise so spektakulär war wie die großartigen zeitgenössischen mexikanischen Traditionen, ging auf einheimische

Der französische Forscher Le Page du Pratz läßt uns einen letzten Blick auf die Mississippi-Kultur werfen. Im Jahre 1720 wohnte er einem Begräbnisritual für den Natchez-Indianer-häuptling Tattooed Serpent (Tatauierte Schlange) bei. Der Tote wurde auf einer Bahre zu seinem Tempel getragen, der oben auf einem Erdhügel lag. Dort wurde er mit seiner Frau und Dienerin, die vorher erwürgt wurden, begraben.

Wurzeln zurück. Ihre Nahrungsversorgung war vielfältig und so stabil, daß sie ihren Charakter bis ins 16. Jahrhundert bewahren konnte. Als der spanische Konquistador Hernando de Soto zwischen 1539 und 1542 von Florida aus den Mississippi bereiste, traf er auf befestigte Siedlungen mit Tempelhügeln und großen Plätzen. Seine plündernden Soldaten staunten über die Geheimlager voll kupferbeschlagener Waffen, Streitäxte und Keulen in den Heiligtümern der Häuptlinge. Sie beobachteten „schön aussehende" Indianer in ihren Booten, die ihnen „wie eine großartige Armada von Galeeren erschien". Unglücklicherweise brachten die Spanier die Pocken mit. Die gefürchtete fremde Krankheit dezimierte ein Dorf nach dem anderen und schwächte die Mississippi-Kultur so weit, daß sie sich nicht mehr erholte. Dennoch stießen die europäischen Siedler im Süden im 17. Jahrhundert im Gebiet des heutigen Alabama und Georgia auf einen mächtigen Bund 50 großer Siedlungen der Creek-Indianer. Im Norden lebten die Cherokee, die noch über 60 000 Menschen zählten und auf mindestens 100 Siedlungen verteilt wohnten. Die ersten europäischen Missionare, die unter ihnen lebten, berichteten von verschwommenen Erinnerungen an Hügelbauer in früheren Jahrhunderten.

Unseren letzten Blick auf die Mississippi-Kultur werfen wir zusammen mit dem französischen Forscher Le Page du Pratz, der 1720 eine gewisse Zeit im Hauptdorf der Natchez-Indianer verbracht hatte. Zufällig starb der Natchez-Häuptling Tattooed-Serpent (Tatauierte Schlange) während seines Aufenthalts. Le Page beschreibt die Verzweiflung, von denen die Natchez ergriffen wurden. Die Feuerstelle des Häuptlings war erloschen. Er war feierlich aufgebahrt, wie für eine weite Reise bekleidet, seine Besitztümer lagen neben der Bahre. Eine feierliche Prozession brachte den Leichnam zu seinem Schrein hoch oben auf dem Erdhügel, gefolgt von seiner Frau und vertrauten Beratern mit rot geschminkten Köpfen und roten Federn im Haar. Sie setzten sich in einer bestimmten Ordnung auf Matten und bedeckten ihre Köpfe mit Fellen, kauten Tabakkugeln, die als Betäubungsdrogen wirkten. Wenige Augenblicke später wurden sie erwürgt. Tatauierte Schlange wurde in einem großen Graben zusammen mit seiner Frau bestattet und sein Haus bis auf den Grund niedergebrannt.

Neun Jahre später erhoben sich die Natchez in einem blutigen Aufstand gegen die Franzosen. Innerhalb von wenigen Jahren waren die Indianer stark dezimiert, das Hauptdorf aufgegeben und vergessen. Zu dieser Zeit waren Cahokia, Moundville und andere große Zentren der Mississippi-Kultur schon lange verlassen. Knapp ein Jahrhundert später wurde der Moundbilder-Mythos geboren, als europäischen Siedler das hügelige Waldland rodeten und Spuren früherer menschlicher Besiedlung in der Wildnis fanden.

Die Pazifikfischer und die Pueblos des Südwestens

Bis weit in den Westen hinein lebten die Indianergruppen weiter von der Jagd und der Sammelwirtschaft, bis sie mit den Europäern in Berührung kamen. Die wohlhabendsten waren diejenigen, die an begünstigten Stellen der kalifornischen Südküste lebten. Im Bereich des Santa Barbara Channels lebten die Menschen schon vor 8000 Jahren sowohl von der Küsten- und Meeresfischerei als auch von der Jagd auf Meeressäuger und setzten gleichzeitig ihre jahrtausendealten Sammlertraditionen fort. Im Laufe der Zeit entwickelte sich diese Tradition zur geschichtlichen Chumash-Kultur, einer der fortschrittlichsten Formen des frühgeschichtlichen Kalifornien. Die Chumash lebten in großen Dorfgemeinschaften, angeführt von Häuptlingen, die über weite Gebiete des Westens Handelsbeziehungen unterhielten. Die Menschen lebten vom Meer und vom Land. Während der Regenzeit von November bis März zehrten sie von getrocknetem Fleisch und Pflanzenvorräten. Sie sammelten auch Schalentiere und fingen in den dichten Seetangwisen nahe der Küste ihre Fische. Im Frühjahr streiften die Chumash weit umher und sammelten frische Pflanzentriebe und Knollen. Der Sommer brachte Thun- und andere Warmwasserfische in die Channelgewässer. Die Fischfangsaison erreichte ihren Höhepunkt Ende des Sommers und im Frühherbst, wenn die Boote riesige Mengen von Thunfisch einholten. Samen der Nußkiefe und Eicheln wurden im Herbst gesammelt und für die strengen Wintermonate gehortet. Die Indianer jagten Meeressäuger, wann immer sich Gelegenheit bot und weideten gelegentlich Walkadaver aus, die an den Strand geschwemmt worden waren. Dieser Reichtum des Meeres resultierte aus der Aufdrift, die die Oberflächengewässer des Santa Barbara Channels mit Nährstoffen und tierischem Plankton anreicherten. Milliarden von Sardinen fanden hier im Frühjahr Nahrung, größere Fische und Pelikane ernährten sich wiederum von den Sardinen. Die Chumash ernteten die Fische im wahrsten Sinne des Wortes mit Haken, Netzen und Speeren. Schließlich gab es in den wogenden Tangwiesen vor der Küste allein 125 Fischarten.

Der unglaubliche Reichtum der Channel-Gewässer ermöglichte den Chumash, in mehr oder weniger festen Dörfern zu leben. Innerhalb eines Jahrtausends stieg die Bevölkerung dramatisch an. Anthropologen vermuten, daß in geschichtlicher Zeit mindestens 15 000 Chumash über die Distrikte von Ventura und Santa Barbara verstreut waren, und möglicherweise lebten an die 3000 Menschen auf den Inseln vor der Küste. Dies war mit die dichteste Sammler- und Jägerpopulation in Nordamerika.

Sobald man sich von der Küste entfernte, ging die Bevölkerung auffällig zurück, auf durchschnittlich weniger als eine Person pro Quadratmeile. Das aber galt nicht für eine Hauptregion der späteren Vorgeschichte: für den Südwesten. Dort liegen die berühmten Kulturdenkmäler der Indianer wie Pueblo Bonito und Mesa Verde. Hier wuchs die Zahl der Menschen schließlich so stark, daß der Anbau von Nahrungsmitteln eingeführt werden mußte. Mais, Bohnen und Kürbis wurden im nördlichen Mexiko schon mindestens 1000 Jahre lang angebaut, ehe sie im Südwesten Verbreitung fanden. Nicht daß die örtlichen Bewohner den Ackerbau

Zwei Schalen mit mythischen Menschen- und Tiergestalten. Vor 900 Jahren stellten Töpfer in Mimbres Valley, New Mexico, mit die schönsten keramischen Erzeugnisse der Neuen Welt her. Der Durchmesser beider Schalen beträgt etwa 18 cm.

nicht gekannt hätten – sie brauchten ihn einfach nicht. Nichtsdestotrotz dürfte
zwischen den begrenzten Vorkommen an Wildpflanzen und dem Siegeszug der
neuen Feldfrüchte im Südwesten ein unmittelbarer Zusammenhang bestehen. Um
etwa 200 n. Chr. hatten sich viele Lokalgemeinschaften in festen Dörfern niedergelassen. Ihre Größe schwankte beträchtlich, denn sie waren vom Angebot lokaler
Nahrungsressourcen und der Fruchtbarkeit der umgebenden Böden abhängig.
Ihre Nachkommen sind die heutigen Südwestindianer.

Die Landwirtschaft in Trockengebieten ist immer ein riskantes Unternehmen,
eine Frage sorgfältiger Bodenwahl und genauer zeitlicher Berechnungen, um
sicherzustellen, daß die Aussaat mit der unzuverlässigen Regenzeit zusammen-
fällt. Manche Südwestvölker in New Mexico stützten sich ganz auf Regenfeldbau.
Die Bauern der Mogollon-Tradition in New Mexico, Arizona, und Nordmexiko
lebten zwischen 300 v. Chr. und 1350 n. Chr. von dieser Art Landwirtschaft, aber
auch vom Jagen und Sammeln. Es gab etliche Varianten dieser Mogollon-Kultur,
die wohl berühmteste hatte ihr Zentrum im Mimbres Valley in New Mexico, wo
vor 900 Jahren geschickte Töpfer schön verzierte Keramik herstellten. Ihre
Erzeugnisse gehören zu den kunstvollsten Produkten Altamerikas.

Im Gegensatz dazu begannen vor 2000 Jahren die Hohokam-Indianer in
Arizona damit, den Anbau ihrer Feldfrüchte auf die halbjährigen Niederschläge
und Überschwemmungszyklen abzustimmen. Sie gruben Kanäle und errichteten
Terrassen und Rückhaltebecken, über die sie Fließgewässer anzapften oder den
Regen der Wolkenbrüche auffingen. Ihre Kultur erreichte zwischen 1100 und 1450
ihren Höhepunkt, als sie in großen Wüstengemeinschaften, die von Häuptlingen
beherrscht wurden, zusammenlebten. Die langlebigste Bauerntradition des Südwestens war allerdings die der Anasazi. Sie waren, allgemein gesprochen, die
Vorfahren der modernen Pueblo-Indianer, der Hopi, Zuñi und anderer. Ihre
Kultur hat eine mehr als 200 Jahre alte Geschichte, deren Wurzeln aber auf viel
frühere Traditionen zurückreichen. Um das Jahr 900 waren viele Anasazi von
kleinen Dörfern, bestehend aus Grubenhäusern, in Wohnstätten, die aus mehrräu-
migen Oberflächenkomplexen mit Lehm- oder Steinmauern übergesiedelt. Diese
„Pueblos" wurden zunehmend größer, sie hatten Raum für Vorräte, Nahrungszubereitung und für *Kivas,* halb unterirdische Zeremonialkammern.

Aus rätselhaften Gründen, vielleicht aber teilweise auch aufgrund zunehmender
Trockenheit, wuchs die Bevölkerung nach 1000 zu wenigen, aber größeren
Pueblos zusammen. Einige von ihnen wie Pueblo Bonito im Chaco Canyon, New
Mexico, befanden sich in dicht bevölkerten Gebieten. Pueblo Bonito bestand aus
einem riesigen D-förmigen Komplex mit nicht weniger als 800 Räumen, die sich
über mehrere Stockwerke um die Rundung des D-Bogens erhoben. Die Raum-
komplexe umgaben Höfe, deren obere Stockwerke hinten lagen. Innerhalb des
Hofes befanden sich die *Kivas,* immer ein großer *Kiva* und mehrere kleine. Es
waren unterirdische Räume, in denen sich Geheimbünde trafen und Klanrituale
gefeiert wurden. Die großen *Kivas* maßen bis zu 18 m im Durchmesser und hatten
ringsum große gemauerte Bänke. Eine Treppe schloß den heiligen Bezirk.

Mesa Verde in Südwest-Colorado war ein weiteres Zentrum der Anasazi-
Kultur. Gegen Ende des ersten Jahrtausends n. Chr. lebten die Mesa Verde-Leute

in Grubenhäusern auf dem Plateau des Tafelberges mit Blick über den Canyon. Zwischen 950 und 1000 nahm die örtliche Bevölkerung zu und die Bewohner rückten in größeren Pueblos zusammen, die häufig in Felsnischen oder am Talboden lagen wie der berühmte Cliff Palace. Nach 1300 wurde Mesa Verde verlassen; die Gründe dafür sind nach wie vor ein Rätsel.

Im Gebiet des Chaco Canyon nutzten die Anasazi-Indianer Straßen und ausgedehnte Bewässerungssysteme, außerdem verfügten sie über weitreichende Handelsbeziehungen. Keiner der großen Siedlungshaufen bestand lange, da sich die gesellschaftlichen Verhältnisse im Südwesten ständig änderten. Wir wissen nicht, warum autarke bäuerliche Gemeinschaften, die jahrhundertelang auf so engem Raum zusammengelebt hatten, zwischen 1200 und 1300 ihre Großsiedlungen aufgaben und sich in der Umgebung verteilten. Verstärkte Aridität, gesellschaftliche Umwälzungen oder Anpassungsprobleme, die sich aus der Kombination beider Faktoren ergaben, könnten den Kulturwandel herbeigeführt haben.

Die Pueblos waren vermutlich Gemeinschaften eng miteinander verbundener Klane, die zum Wohl des Kollektivs zumindest eine gewisse gesellschaftliche Rangordnung mit einem gemeinschaftlichen Oberhaupt an der Spitze besaßen. In der modernen Hopi-Gesellschaft z. B. spielen die Vorherrschaft eines Klans und Verwandtschaftsbeziehungen bei der Wahl solcher Personen eine große Rolle. Bedingt durch die von Architektur und Umwelt erzwungene Intimität, entwickelten die Pueblo-Indianer einheitliche religiöse Rituale, um die aus dem engen Zusammenleben erwachsenden Spannungen zu kanalisieren und abzubauen. Sie überlebten, weil sie gelernt hatten, beschränkte Wasservorräte zu speichern und Wasser und Böden mittels Dämmen, Kanälen und anderer Verteilersysteme zueinanderzubringen. Wie ihre Wildbeuterahnen nutzten sie alle Ressourcen, die die Wüste hervorbrachte, und ergänzten sie mit den Erträgen ihrer eigenen Gärten – eine hervorragende Art der Anpassung, die sich bis ins 16. Jahrhundert, als die Europäer kamen, bewährte.

Ein Franziskanermönch namens Fray Marcos de Niza war der erste Spanier, der im Jahre 1538 das Land der Pueblos erreichte. Heimlich betrachtete er das Zuñi-Pueblo Hawikuh. „Es war ein sehr schöner Anblick für ein Dorf", berichtete er, „es gehört zu den schönsten, die ich in diesen Teilen gesehen habe... Die Häuser sind, wie mir die Indianer erzählten, alle aus Stein, in Stockwerken und mit flachen Dächern gebaut." „Die Siedlung ist größer als die Stadt Mexiko", fügte er unrichtigerweise hinzu. Der übertriebene Bericht von Fray Marcos mit seinen Anspielungen auf Gold und großen Reichtum, wurde in Mexiko-City zur Sensation. Im Juli des Jahres 1504 erschien Francisco Vasquez de Coronado an der Spitze einer Abteilung goldhungriger Konquistadoren. Er erwartete die legendären Sieben Verlorenen Städte von Cibola vorfinden. Voller Abscheu sah er vor sich „ein kleines, überfülltes Dorf, das aussieht, als habe man es zusammengequetscht... Es ist ein Dorf von ungefähr zweihundert Kriegern, drei oder vier Stockwerke hoch, die Häuser sind klein und haben nur wenige Räume." Nach einer Stunde tapferen Kämpfens war Hawikuh in den Händen der Spanier und die Bewohner flüchteten in die Berge. Die Konquistadoren fanden „viel Mais, Bohnen und Geflügel". Aber von Gold war keine Spur. Für die Pueblo-Indianer war es ein

Zuñi-Indianer bei der Verzierung von Töpfereien (oben) und dem Mahlen von Korn (gegenüber); Illustrationen aus einem Bericht über diese Pueblo-Indianer, der in den 8oer Jahren des 19. Jahrhunderts zum ersten Mal veröffentlicht wurde.

Glück, daß sie in einem Land lebten, in dem Gold unbekannt war. Viele Elemente ihrer überlieferten Kultur konnten nahezu unversehrt bis ins 19. Jahrhundert und noch länger überdauern.

Zu der Zeit, als Fray Marcos das Zuñi-Land und Hernando de Soto den Mississippi erreichte, hatten Europäer die Küsten Nordamerikas schon fünf Jahrhunderte lang besucht. Zuerst waren es die Wikinger, dann die Engländer, Franzosen und Spanier, die die Küsten des Erdteils erforschten und sich dann für immer niederließen. Die lange Vorgeschichte der Indianer endete abrupt mit der Ankunft der Konquistadoren und Kolonisten, der Missionare und Forschern. Ein neues Kapitel begann, das von Massenmord, Epidemien, ständigen gesellschaftlichen, wirtschaftlichen und kulturellen Umbrüchen und der Zerstörung der traditionellen Lebensweisen, die sich ungestört seit der Clovis-Kultur weiterentwickelt hatten, geprägt war. Mehr als zwölf Jahrtausende kultureller Evolution wurden in ein paar Jahrhunderten hinweggefegt. Unterdessen geriet die große kulturelle Vielfalt weitgehend in Vergessenheit und existiert im öffentlichen Bewußtsein allenfalls als verworrenes Sammelsurium grober und falscher Allgemeinplätze: federgeschmückte Krieger, Tipis und edle Wilde. Erst jetzt versucht die moderne

Wissenschaft, ein Gegengewicht zu schaffen und die faszinierende Vielschichtig-
keit des vorgeschichtlichen Indianerlebens aufzuarbeiten. Die wohl weitreichend-
ste Schlußfolgerung aus den Forschungen von Samuel Haven und seinen Nachfol-
gern ist die, daß der Mensch auch mit den simpelsten Knochen- und Steinwerkzeugen fähig ist, zu siedeln, sich auszubreiten und sich mit Erfolg den Umweltbedingungen eines riesigen Kontinents anzupassen, ohne die hochentwickelten Hilfsmittel der modernen Industriegesellschaft zur Verfügung zu haben. Der Geist von
Havens „kenntnisreichen und erfinderischen Menschen" und ihrer modernen
Nachkommen hat ein großartiges Panorama menschlicher Kultur hinterlassen, das
so bedeutend ist wie die industrielle Revolution oder die Eroberung des Weltraums. Um so bedauerlicher ist es, daß der Einfluß der westlichen Zivilisation und
ihr lang gehegter Ethnozentrismus das Wissen um die Größe der Indianer vor
Kolumbus bis heute behindert haben.

Danksagung

Die Forschungen für dieses Buch führten mich in alle Winkel Nordamerikas und in viele andere Gegenden. Während der drei Jahre Arbeit an *Die ersten Indianer* las ich Tausende von Büchern und Aufsätzen, sah mir Dutzende umfangreicher und auch kleinere Sammlungen an und suchte viele tatsächliche und angebliche Fundstätten auf. Vor allem sprach ich mit meinen Kollegen, die mir nicht nur mit Rat und Kritik zur Seite standen, sondern mich auch ermutigten und Halt gaben. Ich kann hier unmöglich allen danken, die mit mir über ihre Funde und Spekulationen diskutierten, mir Gastfreundschaft gewährten oder Teile des Manuskripts lasen. Ich hoffe darauf, daß sie diese allgemeinen Worte des Danks und die Tatsache, daß es dieses Buch nun wirklich gibt, als meine Anerkennung für ihre engagierte Arbeit annehmen. Es erübrigt sich wohl zu sagen, daß die in diesem Buch vertretenen Ansichten nicht immer von ihnen allen geteilt werden.

Einigen Freunden und Kollegen gebührt besonderer Dank. Bob Griffith und Jack Lobdell waren eine unerschöpfliche Quelle wichtiger Auskünfte über Alaska. Großes Wissen erwarb ich mir durch einen denkwürdigen Besuch bei Richard Morlan und Jacques Cinq-Mars im Museum of Man in Ottawa. Jeff Flenniken und seine Kollegen an der Washington State University Lithic School trugen in wenigen erinnerungswürdigen Tagen zu meinem neuen Verständnis der paläoindianischen Steinbearbeitungsmethoden bei. Frederick Hadleigh West erlaubte mir Einblick in seine Forschungen zu Alaska. James Adovasio, Roy Carlson, Vance Haynes, Thomas Lynch, Robert McGhee, Jon Muller, Colin Ridler, Jeremy Sabloff, Olga Soffer, Andrew Stewart und Chris Stringer gehören zu den vielen, die mir durch ihre kritischen Kommentare halfen. Ich stehe besonders in der Schuld Esmée Webbs, die mir großzügig ihr eigenes Forschungsmaterial über die ersten Amerikaner zur Verfügung stellte und auch eine erste Fassung meines Textes in Stücke riß, was voll und ganz berechtigt war. Kathleen Brandes nahm sich des Manuskripts in einer kritischen Phase sehr erfolgreich an.

Finanzielle Unterstützung für einen Teil der mit diesem Unternehmen verbundenen Reisen erhielt ich von ARCO Alaska, dem National Endowment for the Humanities, der National Geographic Society und dem UCSB Academic Senate Faculty Research Fund.

Abbildungsnachweis

Textabbildungen

Die Zahlen beziehen sich auf die Seiten im Text. Die Karten und die meisten Zeichnungen stammen von Simon S. S. Driver.

11 Drei Azteken am spanischen Hof.

18 Frontispiz der venezianischen Ausgabe einer mittelalterlichen Textsammlung zur Astronomie von Sacrobosco.

20 Der König von Spanien beobachtet die Landung des Kolumbus auf den Indischen Inseln. Aus *La lettera dellisole che ha trouato nouamente il Re dispana*, Florenz 1493.

23 Jagdszene in Florida. Ausschnitt aus Th. de Bry, *Indorum Floridam...*, Frankfurt am Main 1591.

26 Der Grave Creek Mound in West Virginia. Aus: E. Squier und E. Davies, *Ancient Monuments of the Mississippi Valley*, Washington 1848.

29 Stele aus Copan. Aus F. Catherwood, *Views of the Ancient Monuments in Central America...*, 1844.

35 Karikatur über Charles Darwin. Aus: *Punch*, 6. Dezember 1881.

39 Clovis- und Folsom-Spitzen. Nach B. Fagan, *People of the Earth*, Boston 1985, Abb. 7.4.

46 Karte der Welt im Zeitraum von vor zwei Millionen bis vor 35 000 Jahren.

50 Vereinfachter Stammbaum der Primaten. Nach H. Wendt, *From Ape to Adam*, 1971, S. 269.

56 Vergleich zwischen dem Neandertaler und dem modernen Menschen. Nach G. Caselli.

65 Rekonstruktion einer Hütte in Dolní Věstonice. Nach J. Wymer, *The Palaeolithic Age*, 1982.

67 Die Herstellung von Steinwerkzeugen im Jungpaläolithikum. Nach B. Fagan, *People of the Earth*, Boston 1985, Abb. 6.4.

69 Elfenbeinschnitzereien aus Mal'ta, Sibirien. Nach Abramova.

71 Zwei sibirische *Skreblos*. Nach Larichev.

72 Karte Nordostasiens und Westalaskas.

80 Karte Beringias.

83 Teile der kalifornischen Pazifikküste mit dem höher liegenden Küstenverlauf der Eiszeit. Nach W. M. Davies, 1933.

85 Übersicht über die Klima- und der Meeresspiegelfluktuationen im Gebiet der Beringstraße.

91 Tiere der Eiszeit nach Darstellungen von Künstlern des Spätpaläolithikums in Südwestfrankreich. Nach J. Wymer, *The Palaeolithic Age*, 1982.

102 Der „Schaber" aus Old Crow.

109 Waffenherstellung aus Mikroklingen. Nach F. und F. Zubrow (Hrsg.), *New World Archaeology*, 1974, S. 68.

116 Karte Amerikas in den Endstadien der Eiszeit.

122 Little Salt Spring. Nach *National Geographic*, 1979, S. 362.

140 Eine „El Jobo"-Spitze.

152 f. Der Atlatl, eine Speerschleuder, im Gebrauch.

163 Hypothetisches Schema zur raschen Ausbreitung der Jäger über ganz Amerika. Nach P. Martin, „The Discovery of America", *Science,* 179 (1973), S. 969.

167 Ein ausgestorbenes Känguruh, *Sthenurus.* Nach P. Murray.

172 Karte Nordamerikas nach der Eiszeit.

176 Paläoindianische Waffenspitzen.

181 Paläoindianische Schlachtmethoden. Nach J. B. Wheat, in F. und F. Zubrow, *New World Archaeology,* 1974, S. 221.

182 Als Wölfe verkleidete Jäger. Nach G. Catlin.

185 G. Catlin zeichnet den Häuptling Four Bears. Aus G. Catlin, *North American Indians,* I.

191 *Interieur eines Winterhauses auf der Halbinsel Kamtschatka.* Stich aus J. Cook, *Voyage to the Pacific,* 1784.

194 Elfenbein„maske" der Ipiutak-Kultur aus Point Hope, Alaska. Nach H. Larsen und F. G. Rainey, „Ipiutak and the Arctic Whale Hunting Culture", in *Anthropological Papers of the American Museum of Natural History,* 42 (1948).

196 Grönland-Eskimo, der eine Robbe trägt. Illustration aus dem 19. Jahrhundert.

197 Der tote Wikinger. Illustration aus dem 19. Jahrhundert.

201 Das Innere eines Hauses am Nootka Sound, Nordwestküste. Stich von W. Sharp nach einem Aquarell von J. Webber aus dem Jahre 1778.

202 Totembild einer Zeremoniendecke. Nordwestküste.

203 Karte der Eingeborenenstämme Nordamerikas. Zeichnung von H. Bailey.

209 Rekonstruktion der Siedlung Cahokia, Illinois, um 1300 n. Chr. Nach W. N. Morgan, *Prehistoric Architecture in the Eastern United States,* 1980, S. 50.

211 Zwei gravierte Muschelschalen der Mississippi-Kultur. Nach A. J. Waring und P. Holder, 1945.

213 Begräbnisritual für einen Natchez-Häuptling. Nach Le Page du Pratz, 1758.

215 Zwei bemalte Schalen aus dem Mimbres Valley.

218 Zuñi-Indianer bei der Verzierung von Töpfereien. Nach Cushing.

219 Zuñi-Indianer beim Kornmahlen. Nach Cushing.

Tafelabbildungen

1 Porträt eines Indianers von E. Curtis. Mit freundlicher Genehmigung des Centre for American and Commonwealth Studies.

2 Nordamerika und die nördliche Halbkugel. Nachdruck mit freundlicher Genehmigung aus dem *Times Atlas of the World,* Comprehensive Edition.

3 Aztekischer Kalenderstein. Museo Nacional de Antropología, Mexiko.

4 Tenochtitlan. Rekonstruktion von I. Marquina. American Museum of Natural History, New York.

5 J. Mostaert, „Episode aus der Eroberung Amerikas" (1542). Dienst Verspreide, Rijkskollekties, Frans Hals Museum, Den Haag.

6–9 Virginia-Indianer (6, 7, 9) und Eskimos (8) von John White. Trustees of the British Museum.

10 J. Le Moyne, „René de Laudonnière und Häuptling Athore" (1564). New York Public Library. Astor, Lenox and Tilden Foundations.

11 John Lloyd Stephens. Aus *Harper's Monthly Magazine,* 1859.

12 Das Castillo von Tulum, Nord-Yucatán. Aus: F. Catherwood, *Views of the Ancient Monuments in Central America...,* 1844.

13 Ephraim Squier. Smithsonian Institution National Anthropological Archives, Bureau of the American Indian, New York.

14 Luftaufnahme des Großen Schlangen-Mounds, Adams County, Ohio. Museum of the American Indian, New York.

15 Samuel Haven. Peabody Museum, Harvard University.

16 Darstellung der Großartigkeit des Mississippi-Tales (Ausschnitt: Dr. Dickeson gräbt einen Hügel aus) von J. J. Egan. Saint Louis Art Museum. Eliza McMillan Fund.

17 Cyrus Thomas. Smithsonian Institution National Anthropological Archives. Bureau of American Ethnology Collection.

18 John Wesley Powell und ein indianischer Führer. Aufnahme des U.S. Geological Survey in den National Archives, Washington, D.C.

19 Steinaxt aus dem Paläolithikum (links) und „Paläolith" (rechts).

20 Frederick Peabody. Putnam Museum, Harvard University.

21 Aleš Hrdlička bei der Untersuchung eines Schädels *in situ*, Uyak Bay. Smithsonian Institution, National Anthropologial Archives series B, box 20.

22 William Henry Holmes. Um 1890. National Museum of American Art and National Portrait Gallery Library, Smithsonian Institution, Washington, D.C.

23 W. F. Libby in seinem Labor. Aufnahme University of California, Los Angeles.

24 Louis Leakey auf einer Pressekonferenz (1964). The Associated Press Ltd.

25 Clovis- (links) und Folsom-Spitze aus der Fundstätte bei Colby, Wyoming. Aufnahme G. Frison bzw. W. Forman.

26 Folsom-Spitze und Bisonknochen *in situ,* Folsom, New Mexico. Peabody Museum, Harvard University. Aufnahme H. Burger, no. N28901.

27 Junger Schimpanse. Aufnahme W. Saschitzky.

28 Modell eines *Australopithecus africanus.* British Museum.

29 Europäische Neandertaler während der Eiszeit. Gemälde von G. Castelli.

30 Modell eines weiblichen *Homo erectus* von D. Freeborn.

31 Mammutreste aus Beresovka, Sibirien. Nowosti Press, no. 42/43.

32 Alaskischer Mammut. Mit freundlicher Genehmigung des Department of Library Services, American Museum of Natural History, neg.no. 320496.

33 Rekonstruktion eines Mammuts. British Museum.

34 Mammutbein im Museum von Yakutsk. Nowosti Press, no. R35793.

35 Doppelausleger der Ra'iatea, Gesellschaftsinseln. Zeichnung von S. Parkinson auf Cooks erster Reise. British Library.

36 Die Ra II. Aufnahme Thor Heyerdahl.

37 Das Oseberg-Schiff. Universitets Oldsaksanling, Oslo.

38 Die ersten Amerikaner in Beringland.

39 Moschusochse, Ellesmere Island. Aufnahme A. J. Sutcliffe.

40 Karibu im Yukongebiet, Kanada. National Film Board Ottawa, no. 94329.

41 Taiga vor dem Alaska Range. Fran Lane Picture Agency Ltd. Aufnahme W. Wisniewski.

42 Eiszeitlicher Bisonkadaver, Dome Creek bei Fairbanks, Alaska. Aufnahme T. L. Péwé.

43 Teilansicht der „Knochengrube" vor Cave I, Bluefish Caves. Aufnahme Jacques Cinq-Mars, Archaeological Survey of Canada, National Museum of Man.

44 Ostseite der Ausgrabung am Meadowcroft Rockshelter, Washington County, Pennsylvania (1978). Aufnahme Dr. J. M. Adovasio, Department of Anthropology, University of Pittsburgh.

45 Luftaufnahme der Ausgrabungen am Meadowcroft Rockshelter, Washington County, Pennsylvania (1973). Aufnahme Dr. J. M. Adovasio, Department of Anthropology, University of Pittsburgh.

46   Ausgrabungen in Boqueirão da Pedra Furada, Brasilien. Aufnahme N. Guidon, Ecole des Hautes Etudes en Sciences Sociales, Paris.

47   Gesamtansicht von Boqueirão da Pedra Furada, Brasilien. Aufnahme N. Guidon, Ecole des Hautes Etudes en Sciences Sociales, Paris.

48   Felsmalerei in Boqueirão da Pedra Furada, Brasilien. Aufnahme N. Guidon, Ecole des Hautes Etudes en Sciences Sociales, Paris.

49   Pikimachy, Peru. Aufnahme Dr. R. MacNeish, Andover Foundation for Archaeological Research.

50   Ruth Gruhn bei der Reinigung von Knochen in Taima Taima, Venezuela; im Vordergrund das Skelett eines jungen Mastodons. Aufnahme Prof. L. Bryan.

51   Diorama eines Mammutfangs. Arizona State Museum, University of Arizona. Aufnahme E. B. Sayles.

52   Paul Martin an der Fundstätte in Naco. Arizona State Museum, University of Arizona. Aufnahme A. E. Johnson.

53   Clovis-Spitzen aus Naco. Arizona State Museum, University of Arizona. Aufnahme E. B. Sayles.

54   Emil Haury bei der Arbeit in Naco. Arizona State Museum, University of Arizona.

55   George Frison und Bruce Bradley an der Fundstätte in Colby, Wyoming. Aufnahme G. Frison.

56   Emil Haury und Vance Haynes an der Lehner-Stätte (1974). Arizona State Museum, University of Arizona. Aufnahme H. Teiwes.

57   Schlachtexperiment mit einem Elefanten. (1975). Arizona State Museum, University of Arizona. Aufnahme B. Huckell.

58   Elefant nach der Entfernung des linken Vorderbeins und dreier Hautpartien. Arizona State Museum, University of Arizona. Aufnahme B. Huckell.

65   Rekonstruktion des Bisonsprungs in Olsen-Chubbock.

66   Bisonknochen in Olsen-Chubbock. University of Colorado Museum. Aufnahme J. B. Wheat.

67   Gruppe von Sioux-Indianern und Büffel. Gemälde von G. Catlin. American Museum of Natural History, New York, neg. no. 325896.

68   Bisontanz der Mandan-Indianer. Zeichnung von K. Bodmer. Smithsonian Institution National Archives, Washington, D.C., neg. no. 20560.

69   Tsimshian-Maske eines Mädchens von der Nordwestküste. Portland Art Museum, Portland. Aufnahme W. Forman.

70   Inuit beim Speerwurf, Spence Bay, Northwest Territories, 1951. Public Archives Canada, PA 129872. Aufnahme R. Harrington.

71   Mann und Frau in einem Kajak, Nunivak Island, Alaska. Smithsonian Institution, no. S. I. 34538B.

72   Walroßstoßzahn. American Museum of Natural History, New York. Aufnahme W. Forman.

73   Rekonstruktion einer indianischen Entenjagd.

74   Rabe oder Krähe aus geschlagenem Kupfer. Hopewell-Kultur, Ohio. Field Museum of Natural History, Chicago. Aufnahme W. Forman.

75   Muschelornament aus Tennessee. Museum of the American Indian, New York. Aufnahme W. Forman.

76   Zeremonienpfeife aus Stein. Museum of the American Indian, New York.

77   Kopfgefäß der Mississippi-Kultur aus Arkansas. Museum of the American Indian, New York. Aufnahme W. Forman.

78   Felspalast, Mesa Verde. Arizona State Museum, neg. no. 40690. Aufnahme H. Teiwes.

Register

Normale Ziffern beziehen sich auf eine Erwähnung im Text, *kursive* auf die Legenden der Textabbildungen, **halbfette** auf die Tafelabbildungen

Abbott, Charles 33, 36, 40, 123, 142; *17–20*, 22
Acosta, José de 24, 81
„Adena-Leute" 208f.
Adovasio, James 131–133
Affen 48–50; *50*; **28–30**
Afontova Gora 70, *72*
Afrika 10, 19, 21, 38, 42, 53, 89, 104, 143, 168;
– erste Menschen 13, *46*, 48f., 51, 54, 61, 168
Agassiz, Louis 32
Agate Bassin *172*, 179
Akmak 110, 113
Alaska 14, 71, 81, 84f., 88–93, 99–102, 104, 107, 113, 199
Alaska Range 99, 110f.
– früheste Besiedelung 73, 97, 158, 161
– Geschoßköpfe 160
– Siedlungen in ~ 108, 111–113, 188
– Verbindungen zu Asien 55, *72*, 82f., 86, 187
Aldan-Tal 70f., 113
Alëuten 63, 73, 99, 100, 113, 187f.
– Alëuten-Eskimos 158–160, 188, 196, 198
– Herkunft 188–190
– Sprache 188
Alexanderarchipel 112
Algonkin-Indianer 160, 203
Alice Böer *116*, 144f., 148
altarktische Tradition 110–113, 198
Aminosäuren-Messung 43
Anangula *80*, 112, *172*, 188
Anasazi-Kultur 216–218
Anden 14, 42, 139–141, 168
Anderson, Douglas 110
Angara 68, 71, *72*

Anthropoiden 48
Anzick *116*, 155
Apachen 158, 188, *203*
arktische Lebensbedingungen 33, *46*, 52, 55, *57*–59, 76, 82, 84, 93f., 96, 98, 100, 105, 114, 168f., 190, 196; **28–30**
Arktisches Meer 81, 90, 99, 118, 192
Siedlungen an der Küste 189
Asien 19f., 28, 44, 61f., 93, 114
Homo sapiens in ~ 59, 61
Inner~ 70, *72*
Nord~ 73f., 158, 168
Nordost~ 38, 58, 68, 70, *72*, 73–75, 84, 86, 88, 111, 161
Ost~ 73–75
Südost~ 50f., 55, 62, 73
Zentral~ 59, 68, 74, 91
– erste Kolonialisierung 46, 51, 54
– mögliche Übergänge von ~ 12, 14, 24, 27, 37f., 64, 81f., 86, 89, 187
– Neandertaler in ~ 57
– Ursprung der Amerikaner 30, 189
Athapasken 74, 117, 158, 187f., 190
Atlantik 12, 21, 63
Atlantis 11, 21
Atlatl *152*, 154
Atwater Caleb 27f.
Australien 51, 76, 113, 135, 139;
ausgestorbene Tierarten in ~ *162*, 167
Siedlungen in ~ 13, 62f., 76, 86, 139
Australopithecus africanus 46, 49, *50*, 104
Azteken 10, *11*, 20, 22, 24, 29f., 32; **3, 4**

Bacon, Francis 24
Bada, Jeffrey 43
Baffinland 23, 121, 196
Bahamas 19–21
Baikalsee 68, *72*, 73, 110

Balboa, Vasco Nuñez de 19
Barton, Benjamin Smith 25
Bartram, John 25 f.
Bartram, William 25 f.
Baryšnikov, G. F. 93
Bearbeitungstechniken
– bifaziell, beidseitig 57, 70, 76, 106,
  111–113, 127, 138 f., 142, 144, 146,
  156, 161, 177; **51, 58**
– unifaziell, einseitig 58, 137–140,
  142, 144
Beltrão, Maria 144
Berelech 71, 72, 92; **31–34**
Beresovka 91; **31–34**
Bering, Vitus 24, 81
Beringia s. Beringland
Beringland 80, 81–84, 86–88, 99–101,
  107, 118, 120
– Einwohner 104, 108, 113 f., 120 f.
– Fauna, Tierwelt 92–96
– Lebensbedingungen 89–91, 96–98
– Tradition 110 f.
Beringlandbrücke 24, 76, 84, 86–91, 94,
  97–100, 107, 113, 161, 168, 187 f.
Beringsee 80, 82, 84, 99, 190, 192 f.
Beringstraße 24, 28, 59, 72, 76, 80, 81 f.,
  84, *85*, 87, 99 f., 111, 188 f., 193, 196
– Überquerung der ~ 28, 30, 63 f., 77,
  87, 113, 159; **70–72**, s. auch Bering-
  landbrücke
Beverley, Robert 25
Bildtöpfereien 212; 74–77
Binford, Lewis 104
Birke 88, 92, 99, 106, 110
Bison 58, *95*, 96 f., 126, 169, 173–175,
  178, *182*, 184, 186
– ausgestorbene Arten 39 f., 134, 150,
  152
– Großer Bisongürtel 174, 205
– ~jagd 178–186, *182*
– Populationsrückgang 186
– ~reste 99, 103, 106, 108, 126, 129,
  151, 156
– Schlachttechniken 180 f., *181*
– ~sturz 181–183
Bliss, Lawrence 96 f.
Bluefish Caves 80, 106 f., 113, *116*, 149,
  161, 168
Bonnichsen, Robson 104, 129

Boot 62 f., 81, 86 f., 113, 189 f.,
  198–200, 213; **35–37, 70, 72**
Boqueirão da Pedra Furada, siehe Pedra
  Furada
Boucher de Perthes, Jacques 28, 31–33
Boule, Marcelin 142
Bradley, Bruce 177
Brain, C. K. 104
Brasilien 13, 21, 44, 48, 144, 169; 46–48
Broecker, W. S. 83–86
Brooks Range 80, 90, 99, 101, 110
Brown, Barum 40
Bryan, Alan 101, 106, 136, 139–141,
  140, 144, 148

Cahokia *172*, 209, 210 f., 214
Calveras-Mine 37
Calico Hills 13, 43, *46*, 52–54, 137
Camacho, Juan Armento 136 f.
Campus-Fundort 108, 110
Canby, Thomas 118
Casper 179
Catherwood, Frederick 28 f., *29*; **11, 12**
Catlin, George *182*, *185*
Caulapan 137
Chaco Canyon *172*, 216 f.
Chalzedon-Fragmente 52 f., 155
Cherokee-Indianer 26, *203*, 213
Cheyenne-Indianer 184, *203*
Chichen Itza 29
China 9, 19, 51, 59, 72–75
China Lake Valley *116*, 127
Chinook-Indianer *203*, 203
Chumash *203*, 214 f.
Cinq-Mars, Jacques 106 f.
Clausen, Carl 134
Clements, Thomas 53
Clovis 14, 41 f., *116*, 130, 134, 150–162,
  168 f., 173, 218
– Jagdmethoden 150–157, *152*, *153*
– Kultur 155, 157–160, 168 f., 218
– Siedlungen 168 f.
– Spitzen *39*, 41, 130, 138, 151, 154 f.,
  160, 175, 207
– Verschwinden 162
– Werkzeug 155–175
Cockrell, Wilburn 134
Colby *116*, 151
Colinvaux, Paul 89–91

Collins, Michael 147
Colorado 34f.
Comanchen-Indianer 184, *203*
Cook, James *191*, 200f.
Copan 29, *29*; 11, 12
Cortés, Hernán 11, 20
Cree-Indianer 104, 184, *203*
Creek-Indianer 26, *203*, 213
Crook's Mound *172*, 210

Daly, R. A. 82
Danger Cave *172*, 206
Dart, Raymond 49, 104
Darwin, Charles 28, 32, *35*, 40, 48
Daugherty, Richard 200f.
Davis, Edwin *26*, 28f.
Davis, Emma Lou 128
Dawson, George 82
Denali-Komplex 109f., 112f.
Diaz, Bernal 20
Dikov, Nikolaj 76
Dillehay, Tom 147f.
Djuchtai 70f., *72*, 74–76, 97, 108
 – ~-Tradition 71f., 76, 107, 110, 113, 188
Dnjepr 64–66
Dolní Věstonice *46*, 64, *65*
Donelly Ridge 108
Donk, J. van 83–86
Dordogne 36
„Dorset"-Tradition 192f., 196
Dry Creek 111–113, *116*, 161
Dutchess Quarry Cave *116*, 135
Dutton *116*, 129f.

Ehringsdorf *46*, 58
Einsturzdolinen 133f.
Eiszeit 13–15, 36f., 47, 55, 68, 71, 75f., 82f., *83*, *85*, 88f., 101–103, *109*, 111, *116*, 117, 121, 150, 158, 162f., 166, *167*, 168, *172*, 173f.
 – eisfreier Korridor 118–121
 – Fauna 39, 91–94, *95*, 102f., 105, 161
 – Gletscher, Eisdecken 14f., 33, 55, 82–84, 87f., 101, *116*, 117, 161, 168, 205
 – Kordilleren-Eisschild *116*, 118–120, 133, 161, 168,. 198

 – Laurentischer Eisschild 102, *116*, 118–120, 133, 161, 168
 – Meeresspiegel 14, *85*, 86, 89, 99, 158, 166, 205
 – Megafauna 14, 161–169, *167*, 173f., 205
 – Siedlungen in Amerika 33, 37f., 47, 106, 134f., 141, 158, 205
Eiszeitmensch 33, 35f.
El Abra 141
El Bosque *116*, 136
El Jobo *116*, *140*, 141
Elefant 31, 45, 54f., 58, 92, 129, 152f., 156f., 166; **57, 58**
Elfenbein 65, 69, 71, 128, 192–194, *194*, 198
Eskimos 23, 74, 81, 100, 110, 112, 158, *172*, 187–192, *196*, *197*, 203
 – Sprache 189
 – Ursprünge 188f.; **8, 70–72**
Europa 20f., 25, 28, 33f., 38, *46*, 54f., 55, 57, 59f., 84, 88
Ežantsy 70

Fairbanks *80*, 108
Faultier 134–136, 141f., 147, 167
Faustkeile 33, 51, 57, 147
Feuerstein 39, 57, 146
Figgins, Jesse 39
Fladmark, Knut 121, 126
Flenniken, Jeffrey 175–177; **59–64**
Florida 23, 26f., 34, 133–135, 213
Folsom 38, *39*, 40–42, *172*, 175, 177f.
 – ~-Leute 15, 41f., 176f.
 – ~-Spitzen *39*, 40f., 138, 175f., *176*
Ford, Richard 207–208
Fort Rock Cave *116*, 127, 130
Franklin, Benjamin 25
Frison, George 154, 156, 177, 179
Frobisher, Martin 23

Gai Pei 75
Gallagher Flint Station *80*, 112
Garnsey *172*, 182f.
Gatecliff Rockshelter *172*, 206
Gerasimov, M. M. 69
Geweih, Geweihstangen 61, 65, *67*, 75, 104, *109*, 194, *194*
Giddings, J. Louis 100, 110

Glimmerschmuck 27, 210
Gm-Allotypen 74, 158f., 187
Goodman, Jeffrey 43
Grabstätten 27, 57, 69, 73, 134, 208f.,
  213
Grave Creek Mound 26
Great Plains 15, 160, 162, 168f., *172,*
  173–175, 178, 183f., 187
  – Indianer 175, 180, *181,* 182, 184
  – Kultur 169, 175f., 178; **67, 68**
Great Serpent Mound *172;* **13, 14**
Greenberg, Joseph 159
Große Seen 27
Groundhog Bay 112
Gruhn, Ruth 136, 140
Guidon, Nièdè 145f.
Guthrie, Dale 75, 89f., 99

Hacksteine, Abschlaggeräte 49, 51, 59,
  71, 128, 135, 137f., 142f., 147, 156,
  177
Hanson *172,* 177
Harpune 193, 206
Harrington, C. R. 102f.
Haury, Emil 151; **52–56**
Haven, Samuel 17, 24f., 28–31, 63, 81,
  219
Haynes, Gary 129, 166
Haynes, Vance 129, 132, 138, 151,
  153df., 158, 160f., 166; **52–56**
Head-Smashed-In *172,* 182
Healy Lake *80,* 111f.
Heilprin, Angelo 82
Hell Gap *172, 175,* 179
Henry, Alexander 184, 186
Henry, Joseph 32
Heyerdahl, Thor 63; **35–37**
Hirsch 138, 141, 205
Hogup Cave *172,* 206
Holmes, William Henry 34, 36–38, 40,
  133, 143; **22**
Hominiden 49
Hominoiden 48f.
Homo erectus 13, 46, 51, 58, 168; **28–30**
Homo sapiens 13, 38, 51, 54f., 58, 61,
  168; **28–30**
Homo sapiens neanderthalensis 55; **28–30**
Homo sapiens sapiens 9, 13, 43, 46,
  58–61, 64, 68, 75–77, 114, 168; **28–30**

Hopewell-Gesellschaften 210; 74–77
Hopi-Indianer *203,* 216f.
Hopkins, David 84f.
Hornsteinabschlag 106, 128, 135, 211
Hrdlička, Aleš 37f., 40, 72, 74, 133, 143;
  21
Huckell, Bruce 156f.
Hügel 24–28, *26,* 32, *209, 209,* 210, *213,*
  13–20
Hügelbauer 24–26, *26,* 32, 34, 41, 209,
  214; **13–20**
Hulten, Eric 82f., 89
Hundeschlitten 76, 100f., 190
Hurd, Wesley 144f.
Huxley, Thomas 31, 55

Inka 24, 28
Indianer, Nordamerika 19f., 24–28, 30,
  32f., 40, 70f., 75, 77, 187, 198f., 218
  – moderne 183–185
  – Sprache 159f.
  – verschiedene Stämme *203;* **1, 6, 7, 9,**
  69
Inuit 188, s. auch Eskimos
Ipiutak *172, 193, 194, 195*
Irving, William 136f.
Irwin-Williams, Cynthia 136f.
Iztapan *116,* 137

Japan 63, 71, *72,* 75f.; **35–37**
Jefferson, Thomas 25, 27, 210
Jenissej *70, 72*
Judge, James 154

Kajak 190, 193, 196
Kalifornien 13, 37, 43, 46, 52, 54, *83,*
  128, *172, 173,* 199, *203,* 205, 214
Kamtschatka 71, *72,* 76, 188f., *191*
Kamel 119, 128f., 152
  – ausgestorbene Arten 129, 142, 162
Kanada 33, 43, 64, *83,* 92f., 102, 117,
  119, 161, 189
Karibik 63, *83,* 140
Karibu *95,* 100f., 108, 110, 112, 135,
  187, 190, 196
  – Kleidung 195
  – Knochenwerkzeug 102, *102,* 105
Kimswick 131

Klima 14, 51, 55, 57, 59, 62, 64, 76, 84, 86, 88, 100, 107, 117, 133, 162f., 205
– Klimawechsel, ausgestorbene Tierarten 162f.
– gemäßigtes ~ 14, 59, 84f., 133f.
– postglaziales ~ 199, 206
– subtropisches ~ 51
– tropisches ~ 14, 33, 51, 59, 62
Klinge 58, 64, 67, 70, 108, 110–112, 145f., 193; s. auch Mikroklingen
Knochen-Artefakte 57f., 61, 64f., 67, 71, 101f., 102, 103–108, 136–139, 148, 202, 206, 219
Knochen-Kollagen-Datierung 93f., 103
Kobuk 80, 110
Koch, Albert 30
Kolumbus, Christopher 19, 20, 21, 41, 63, 219
Konquistadoren 9, 20, 21, 183
Koobi Fora 53
Koster 172, 207
Kostienki 73
Kreiger, Alex 122, 136
Kuchtyi 111
Kupfer 27, 203, 208, 210; **74–77**

Laguna Beach 43
Lamb Springs 116, 129f., 166
Landa, Bischof Diego de 22
Larsen, Helge 108
Las Casas, Bartolome de 24
Laughlin, William 189
Lawson, John 25
Leaky, Louis 13, 42, 52f., 59, 124; **23–26**
Lebenstedt 46, 58
Lehner 116, 150, 153f.
Lehringen 46, 58
Lena 70, 72, 74, 84, 189
Le Page du Pratz, Antoine Simon 25, 213, 214
Lerma 116, 138
Levi-Abri 116, 130
Lewisville 30, 116
Libby, Willard 41f.; **23–26**
Lindenmeier 172, 178
Little Salt Spring 116, 134
Lone Wolfe Creek 40
Lorenzo, José Luis 124

Lovelock Cave 172, 203; **72**
Lumnius, Johannes Fredericus 21f.
Lynch, Thomas 139

MacDonald, George 131
McJunkin, George 38, 40
MacNeish, Richard 100, 136f., 141–143
Makah-Indianer 201f.
Mal'ta 68–70, 69, 73, 161
Mammut 15, 58, 64f., 69, 90–92, 94, 95, 96f., 103f., 126f., 151f., 156, 161, 164f.
Manis 116, 126
Marmes-Abri 116, 126
Martin, Paul 162f., 163, 164, 166, 167
Mastodon 30, 126, 137, 140f., 147, 162–164; **49, 50**
Matthews, J. V. 91, 94
Maya 22f., 28f., 29; **11, 12**
Maxwell, Morlan 196
Meadowcroft Rockshelter 116, 131–134, 149, 157
Meeresspiegel 14, 55, 62f., 76, 82–85, 89, 97, 99, 107, 112, 117, 122, 158, 166, 198, 205
Meeresüberquerung 21, 24, 60, 62–64, 76, 80, 86, 198; **35–37**
Mesa Verde 172, 215f.
Messer 51, 64, 71, 76, 111f., 138, 193
Mexiko 10, 11, 22, 24, 28, 40f., 48, 136f., 160, 215f., 215
– Eroberung 20, 30
– früheste Besiedelung 22, 137
– Mexico-City 29, 136f., 217
Mežirič 46, 65f.
Mezin 46, 65
Mikroklingen 70f., 74f., 106–108, 109, 111–114, 161, 188
Mimbres Valley 215, 216
Mississippi 25, 28, 130f., 174, 207, 210, 212f., 218
– Gesellschaft 209–212, 211
– Kultur 209, 211, 213, 213f.
– Religion 212
Missouri 30, 131, 183, 185
Mittelamerika 14, 19, 29, 44, 74, 123, 135f., 166
– früheste Besiedelung 136, 159
Mittelmeer 11, 21

Mittelwesten 27, 41 fd., 207–210
Mochanov, Yuri 70, 72, 74, 111
Mongolei 30, 52, 59, 74 f., 108, 216
Monk's Mound *209*, 211
Monte Circeo *46*, 57
Monte Verde *116*, 140, 147–149, 165
Morgan, Henry Lewis 34
Morlan, Richard 103–105, 136
Morton, Samuel 30
Moundville *172*, 211, 214
Moschusochse 70, 92–94, 120, 192, 196;
  39, 40
Müller-Beck, Hansjürgen 45, 161
Murray Springs *116*, 150 f., 156 f.
Muschel 32, 65, 134, 137, 199 f., 208,
  211; **74–77**

Naco *116*, 151, 155; **52–56**
Nadel 61, 117, 194
Na-Dene 159 f., 187 f.
Naher Osten 51, 61 f., 114
Namu *172*, 199
Natchez-Indianer 25, *203*, *213*, 214
Navajo-Indianer 159, 188, 203
Neandertaler 9, 13, 38, *46*, 54–61, *56*,
  64, 66, 68, 70, 168; **28–30**
Nelson, Nils 108
Nelson, Richard 87, 190–192
Nordwestküste 198 f., *201, 202. 203, 203*
Norton Bay *172*, 192
  – Tradition 192 f.

Obsidian 137, 155, 208; **59–64**
Ochotskisches Meer 71, **72**
O'Connell, James 62
Ohio 27–30, 33, 131, 155, 210; **13, 14**
Old Crow *80*, 102–107, *116*, 129
Olduvai-Schlucht 13, *46*, 143
Olsen-Chubbock *172*, 180 f., *181*
Onion Portage *80*, 110
Orr, Phil 127
Osterinseln 63
Ozette *172*, 200 f.

Paläolithikum 33–35, 58, 111; **39, 40**
  – Alt~ 58
  – Jung~ 38, 58 f., 65, 67, 68–70, 73,
    81, 86 f., 91–94, *95*, 97, 111, 157,
    161
  – Mittel~ 58

Paläolithen 31, 33, 36, 142; **17–20, 22**
Palenque 29; **11, 12**
Paläoindianer 40–42, 118, *122*, 134 f.,
  147, 149, 158 f., 161, 165, 173, 178,
  187, 206 f.
  – Bevölkerungszunahme 164 f.
  – Jagd 178, 180
  – Spitzen 175 f.
  – in Südamerika 138 f., 144 f., 147, 165
  – Werkzeug 101, 140, 154, 161, 177
  – Zahnmorphologie 158 f., 161
Pavlov *46*, 64
Pazifik 12, 19, 63, 81, *83*, 86, 98 f., *116*,
  126, 147, 189, 198
Pedra Furada, Boqueirão da *116*,
  145–147, 149; **46–48**
Pelukian Beaches 84 f.
Peru 24, 28, 41, 141
Pfeil 76, 113, 181, 186
  – ~spitze 36, 70, 193
Pferd 58, 65, 93 f., *95*, 96 f., 99, 106, 108,
  128 f., 141 f., 152
Phönizier 10, 25; **35–37**
Pikimachay *116*, 141 f., 144, 148 f.
Pleistozän 43, 82
Pollenanalyse 88–91, 106 f., 162
Polynesien 63; **35–37**
Postglazial 75, 111, 160, 166, 174, 188,
  199
  – Ablagerungen 91
  – Siedlungen 108, 111, 119, 127, 133,
    148, 198 f.
Post, Lennart von 88
Potlach *202*, 203 f.; **69**
Powell, John Wesley 34–36; **17–20**
Powers, Roger 111
Prä-Clovis-Siedlungen 123 f., 127 f.,
  130–132, 135 f., 138, 149
Prescott, William 29
Priest, Josiah 27
Primaten 48 f., 50, 104
Pueblo Bonito *172*, 215–217
Pueblo-Indianer 158, 216
Putnam, Frederick 33; **13, 14, 17–20, 22**

Quarz 145–147, 155
Queen Charlotte Inseln 121, *172*, 199,
  202

Radiokarbon-Datierung 42, 44, 70f., 94, *102*, 103, 105–108, 111f., 123, 126f., 129, 131f., 134, 137f., 140–142, 144, 146, 148–150, 166f.
- Anwendungsweisen 93f., 105f., 166f.
- Entwicklung 41f.; **23–26**

Rentier 58, 65, 74f., 93f., 161; siehe auch Karibu

Richards, James 96f.

Rituale 57, 61, 183, 193, 196, 200, 211f., 217

Roberts, Frank 40f.

Rogers, Richard 40, 159f.

Rußland 47, 57f., 64f., 68f., 71, 73, 161
- Ebenen 64, 68

Rutter, Nat 118

Sahagún, Bernadino de 22

Saiga-Antilope 58, 90, 92

San Isidro 136

San Luis Potosí 137

Santa Barbara Channel 127, *172*, 214f.

Santa Rosa Inseln *116*, 127

Saunders, Jeffrey 153

Scottsbluff 175, *176*

Schaber 64, 67, 70f., 136, 138, 142, 144, 154
- Klingenschaber 145
- Seitenschaber 136, 146

Schädel 30, 42–44, 55, 57; **21**

Schlachtung 47, 54f., 58, 64, 126, 148, 151, 154, 156f., 179, 183; **57, 58, 65, 66**
- Schlachtspuren 104
- Schlachtplätze 128f., 147, 151, 154
- Schlachtwerkzeug 51, 70, *102*, *102*, 142

Schwarzes Meer 59, 64, 66

Schwarzfußindianer 184, *203*

Sibirien 24, 55, 57, 59, 63, 68, 69, 72–77, 80, 81, 90–92, 95, 97, 109, 111, 158, 189
- erste Besiedelung 38, 52, 59, 62f., 68, 74–76, 91, 97, 111
- Vereisung 55, 83f.
- Wanderungen nach Nordamerika 55, 63, 74–76, 91, 111, 158

Simpson, Ruth de Ette 52

Sinodonten 73, 75, 77, 158, 161

Sintflut 21, 28

Sioux-Indianer 1, **67, 68**

Skreblos 70, *71*

Smithsonian Institution 31–34, 128, 166

Soffer, Olga 66

Somme 28, 31–33, 36; **17–20**

Spanien *11*, 19, 20, 22
- Eroberer 20, 22, 29f.; **3, 4, 11, 12**

Speer 47, 76, 176, 206; **70–72**

Speerschleuder 134, *152*, *153*, *154*, 175

Speth, John 182f.

Spiro *172*, *211*, 211

Spitzen, Waffen- und Geschoßspitzen 39, 64, *109*, 111f., 126, 130f., 133, 136, 138f., 140, *140*, 142, 145f., 154f., 175–177, 193
- blattförmige ~ 144
- gekehlte ~ 75, 131, 175
- Speerspitzen 14, 39–41, 57, 61, 70, 108

Sprache 49, 58, 159f., 188f.

Squier, Ephraim 26, 27–29

Stalker, Andrew 119

Stanford, Dennis 128–130, 138

Steinzeit 58, 76–78, 98, 108
- China 74
- Europa 33, 59, 108
- Rußland 59, 65f., 108
- Steinzeitmenschen in Amerika 33f., 36f., 43, 58, 76f., 97f., 101, 104, 114, 125

Steinwerkzeug 32f., 37, 40, 43, 47, 49, 53, 58, 61, 64, 67, 101, 106, 108, *109*, 138f., 142, 146, 148, 219
- Probleme der Unterscheidung 142–144
- Steinäxte 28, 31–33, 210; **17–20**
- Steinfragmentwerkzeuge, Abschläge, Splitter 53, 59, 105f., 108, 111–113, 127f., 130, 137–141, 143–145, 156, 161
  - doppelkantige ~ 145
  - druckretuschierte ~ 138
  - gekerbte ~ 177
  - natürliche ~ 143
  - retuschierte ~ 145
  - unretuschierte ~ 145
- Steinkerne, Abschlagkerne 36, 67, 71, 104, 108, 141, 143, 147

– keilförmige ~ 70, 75, 106, 108
– scheibenförmige ~ 70
Stephan, John Lloyd 28
Stichel 64, 67, 70, 136, 145
Struever, Stuart 207
Südamerika 44, 63, 136, 138, 147, 166
– erste Besiedelung 136, 138–140, 142–159
– Sprache 158f.
Südwest-Gesellschaft 214–217
Sundadonten 73, 75

Taima Taima *116, 140*, 141, 149
Tamaulipas 136, 138
Tang Chung 75
Tangle Lakes *80*, 110
Tataren 10, 23, 25
Tenochtitlan 20
Tešik-Taš *46, 57*
Thermoluminiszensverfahren 144
Thomas, Cyrus 34; **17–20**
Thomas, David Hurst 206
Thule 192–197
Tibito 141
Tlapacoya *116*, 137f.
Tlingit-Indianer *172*, 188, *203*
Torralba *46*, 54
Trail Creek *80*, 108
Trail Creek *80*, 108
Trenton 33f.
Tschuktschensee *80, 82, 84, 86*, 110, *172*, 193
Turner, Christy 38, *72–75, 158f.*, *161, 187, 198*

Ugashik *80*, 112
Umiak 190, 193, 196
Uran-Thorium-Datierung 53
Uški-See *72, 76*, 189
Uxmal 29

Valsequillo *116*, 136f.
Verescagin, N. K. 93
Verchene Troitskaja *71, 72*
Vero Beach 135

Village-Fundstätte 111
Virchow, Rudolf 55
Vitim *72, 75*
Vor-Waffenspitzen-Horizont 122, 136; **59–64**

Wallace, Paul 162
Walroß 192–194; **70–72**
Warm Mineral Springs 134
Waxhaw-Indianer 25
Werkzeugverarbeitung 49, 61, 64, 67, 129; **59–64**
West, Frederick Hadleigh 107–110, 113
Wheat, Joe Ben 180, *181*
White, Peter 62
Wikinger 63, *197*, 198, 218
Willey, Gordon 122f., 138
Williams, Robert 158f.
Wilmsen, Ed 178
Wilmson, Thomas 35f.; **22**
Wilson Butte Cave *116*, 127, 130, 149, 157
Wisconsin-Eiszeit 99, 107, 117–121, 133, 148, 168, 173, 198
– Ende 133, 150, 158, 188, 204
– Siedlungen 127, 133, 148f.
– Sprache 159f.
Wisent 58, 93f., *95, 96*, 173; **41–43, 65, 66, 67, 68**
Wollnashorn 65, 69
Workman, William 101
Wormington, Marie 177
Wright, G. Frederick 36

Yermo *43, 52*
Young, Steven 89f.
Yucatán 22, 29; **11, 12**
Yukon 90, 99, 197
Yukongebiet 14, 42, *80*, 99, 101f., 105, 107f., 113, 125, 160, 193, 197; **41–43**

Zahnmorphologie 38, *72–75*, 77, 158f., 161, 187, 198
Zuñi-Indianer *203*, 216–218, *218, 219*